Rapport Moral sur l'Argent dans le Monde 2015-2016

Le *Rapport moral sur l'argent dans le monde*, publié annuellement par l'Association d'économie financière, avec le soutien de la Caisse des Dépôts, fournit chaque année une large synthèse des grands débats qui ont traversé le monde de la finance au cours de l'année écoulée.

Le *Rapport moral sur l'argent dans le monde 2015-2016* traite de l'émergence de nouveaux modèles et de nouveaux comportements : ubérisation et, plus généralement, économie du partage sont en train de modifier le cadre de nombreuses activités ; la responsabilité écologique est intégrée dans un grand nombre de démarches. Les initiatives se développent et sont de nature à transformer les modèles d'entreprise : FinTech, économie sociale et solidaire ; les critères de l'investissement responsable et la prise en compte de son impact social se généralisent chez de nombreux acteurs tant en France qu'à l'étranger.

Ces évolutions porteuses de progrès interviennent paradoxalement dans un contexte plus noir : celui du terrorisme dont l'existence constitue en soi une donnée économique du fait des diverses formes de son financement, par son impact, ainsi qu'en raison des impératifs de la prévention.

Œuvre collective éditée par l'Association d'économie financière

Direction :
François Champarnaud

Membres du Comité de pilotage :
Pierre-Henri Cassou, Jean-Louis Fort, Isabelle Laudier, Xavier Mahieux, Bertrand du Marais, Antoine Mérieux, Olivier Pastré, Carine Romey, Hubert de Vauplane et Thierry Walrafen

Rédaction : Paola Camilleri, responsable de la rédaction, en collaboration avec Françoise Coscuella.

Le *Rapport moral sur l'argent dans le monde 2015-2016* **en est à sa 20e édition** ; il a été publié pour la première fois en 1994 d'après une idée originale de Jean-Marie Thiveaud dans le cadre du programme international de recherche « Finance éthique confiance » initié par la Caisse des Dépôts. Il est devenu, au fil des années, l'instrument de réflexion et de travail incontournable pour tous ceux (professionnels de la finance, décideurs publics, chercheurs, enseignants) qui s'intéressent aux enjeux fondamentaux de notre système financier dans ses composantes nationales et internationales.

Cet ouvrage n'aurait pu être réalisé sans le concours bénévole de près de quarante auteurs, à qui l'Association d'économie financière adresse ses plus vifs remerciements.

Le *Rapport moral sur l'argent dans le monde 2014* a reçu la mention spéciale du « Meilleur livre d'économie financière de l'année » dans la catégorie « Ouvrages collectifs » lors de la cérémonie officielle du 28e Prix Turgot qui s'est déroulée le 25 mars 2015.

Sommaire

DEUXIÈME PARTIE – **VERS DE NOUVEAUX MODÈLES D'ENTREPRISE ?**

TROISIÈME PARTIE – **L'INVESTISSEMENT À IMPACT SOCIAL**

Avant-Propos

Pierre-René LEMAS*

En cette année de bicentenaire de la Caisse des Dépôts, j'ai tenu à préfacer cette édition du *Rapport moral sur l'argent dans le monde*. Cette publication, soutenue depuis l'origine par la Caisse des Dépôts, fait le point annuellement sur les évolutions de notre environnement économique et financier, en insistant sur la dimension éthique des débats et – ce qui est, à mes yeux, essentiel dans un monde qui semble parfois en perte de repères – sur la recherche du sens.

Je retiendrai que les auteurs du *Rapport moral sur l'argent dans le monde 2015-2016* ont voulu souligner les paradoxes des mutations que nous vivons : d'un côté, l'initiative, l'innovation et la générosité sont sources de progrès ; d'un autre côté, hélas, nos sociétés traversent des épreuves et subissent de fortes tensions.

L'initiative et l'innovation sont au cœur de l'activité d'une institution qui, comme la Caisse des Dépôts, irrigue par ses financements l'économie française et soutient son développement. Investisseur de long terme, le Groupe Caisse des Dépôts est au premier rang de l'apport en ressources financières des secteurs innovants dont notre pays a besoin pour renforcer sa compétitivité et lui assurer une croissance forte.

Un domaine d'intervention de la Caisse des Dépôts en faveur des activités innovantes est, bien sûr, celui de la transition écologique et énergétique. Pionnier dans l'économie du changement climatique et de la biodiversité comme dans la promotion de la ville durable, investisseur responsable et actionnaire engagé, le Groupe Caisse des Dépôts se donne pour ambition de devenir un grand créateur d'actifs verts. C'est le cœur de sa responsabilité sociétale et de la soutenabilité de son modèle économique. Avec l'accord de Paris obtenu à l'issue de la COP21, c'est enfin une trajectoire qui va s'imposer à l'ensemble de la sphère financière.

Enfin, nous avons la conviction qu'aucun développement durable n'est possible sans la participation de tous à l'effort collectif comme à ses bénéfices. En témoigne l'action en faveur des entreprises sociales et solidaires qui font pleinement partie de notre économie.

---

* Directeur général, Groupe Caisse des Dépôts.

Mais ce *Rapport moral sur l'argent dans le monde* met aussi en évidence que ces développements porteurs d'espoirs et de progrès interviennent sur fond de drames et d'épreuves. Le défi terroriste requiert de tous civisme et unité. C'est vrai aussi, bien entendu, pour la sphère financière qui doit contribuer par sa vigilance et son professionnalisme à la lutte contre les financements et les circuits illicites.

L'année 2015 s'est ouverte et refermée pour notre pays sur des événements dramatiques qui rappellent l'urgence impérieuse d'une telle prévention. À l'aube de son troisième centenaire, la Caisse des Dépôts est pour sa part pleinement engagée pour affronter les menaces auxquelles nous faisons face et mobiliser les facteurs d'espoir et de progrès économique pour notre pays.

INTRODUCTION
LE TEMPS DES PARADOXES

FRANÇOIS CHAMPARNAUD*

Générosité, solidarité, progrès sur fond de drames et de tensions, telle est l'image paradoxale que les auteurs de ce 20e *Rapport moral sur l'argent dans le monde* ont voulu retenir de 2015. C'est l'année qui a vu s'affirmer au plan mondial des objectifs de responsabilité écologique (COP21), l'économie du partage prendre son essor, se développer les techniques de l'investissement à impact social. Mais, dans le même temps, 2015 s'est ouverte et se termine sur des épisodes sanglants à l'empreinte sans doute durable sur nos sociétés.

Nos systèmes économiques et financiers, avec l'ensemble des acteurs dans un monde interdépendant, vivent de – voire amplifient – ces contradictions.

DONNER – PARTAGER

La générosité en économie peut faire sourire. À tort. Dans ce volume, Sir Ronald Cohen parle de « la main visible du cœur ». Excellente formule, en effet, qui souligne les limites ou le caractère trop strictement utilitariste de celle – célèbre – à laquelle elle renvoie. Il est vrai que le don a toujours constitué un défi à la rationalité et à une science économique longtemps dédaigneuse des analyses d'un Marcel Mauss[1] qui voyait dans la réciprocité généralisée la forme archaïque et originelle de l'échange marchand. Dans un texte important qui a participé à la critique la plus radicale de la raison économique, Jacques Derrida[2] situe le don au-delà de tout calcul et ne peut donc l'intégrer à quelque logique économique que ce soit. Les auteurs de ce *Rapport moral sur l'argent dans le monde* adoptent un parti différent et tentent d'articuler principe éthique et vie économique. Pierre de Lauzun y rappelle opportunément que l'acte économique comporte toujours une

* Délégué général, Association d'économie financière (AEF).

forme de don mutuel. Cet altruisme réciproque, fut-il implicite ou réduit à sa composante minimale, est la condition d'un développement satisfaisant de la vie économique et sociale. Dès lors, l'échange marchand cesse d'être vu comme le produit du seul calcul économique à des fins de satisfaction des intérêts égoïstes. Cette réhabilitation permet d'explorer et d'exploiter, même à la marge, les éléments de générosité qu'il recèle et qui connaissent des développements nouveaux. C'est le cas, en particulier, de la finance solidaire ou de l'investissement à impact social qui fait l'objet d'un cahier spécial dans cet ouvrage.

Le partage, comme le don, ne trouve pas spontanément sa place dans l'analyse économique traditionnelle qui décrit le consommateur ou le producteur comme des agents isolés à la recherche de la maximisation de leur seule utilité. Les comportements coopératifs envisagés y sont soit de nature collusive (ententes concurrentielles, etc.), soit une rationalisation d'approches conflictuelles (théorie des jeux). La technologie a changé la donne. Ce que l'on appelle l'économie de partage ou l'économie collaborative touche aujourd'hui un grand nombre de secteurs : consommation (échange de biens et de services), production, finance (*crowdfunding*) ou activités intellectuelles (éducation scolaire et universitaire, information, édition et diffusion en ligne du savoir). On ne saurait donc ramener à un modèle unique ce qui prend forme et évolue sous nos yeux à travers des initiatives multiples et décentralisées.

Sous sa forme idéale, l'économie collaborative constitue un puissant facteur de communication et de rapprochement par la mise en contact, souvent à un coût marginal nul comme l'a souligné Jeremy Rifkin[3], d'offres et de demandes non satisfaites par les formes d'organisation traditionnelles. Il faut donc l'analyser comme une extension de la sphère marchande et non comme une alternative à cette dernière. D'un point de vue sociétal, c'est potentiellement une source d'extension de la sphère relationnelle à des fins de partage, nous rapprochant des grandes utopies communautaires mais, usage étant fait de la technologie numérique, sur une base déterritorialisée. Elle réalise certaines des promesses, formulées dès les années 1990 par les premiers théoriciens du web, d'un partage sans limites des forces et des compétences pour une plus grande émancipation individuelle et collective. Une telle mutation est de nature à changer notre rapport à la propriété, l'usage et l'accès devenant plus important que la détention et l'immobilisation du capital (« Plus on partage, plus on possède » rappelle le slogan d'un site de prêts entre particuliers). Elle est ainsi censée mener à une réinvention, mais par le marché, des biens communs.

Ces principes, en soi positifs, ne doivent pas cacher que comme toute rupture technique, l'économie du partage est génératrice de tensions : disparition ou évolution brutale de certains métiers, en particulier les fonctions d'intermédiation devenues obsolètes ; sentiment d'une concurrence déloyale ; risque d'exclusion de la fraction de la population la moins apte à suivre l'évolution des nouvelles technologies. Il appartient aux responsables publics, mais aussi aux promoteurs privés de ces techniques, de répondre à de telles craintes par la pédagogie, l'information, le dialogue et, finalement, une régulation adaptée. Les régulateurs ont en effet une tâche difficile, n'étant jamais que réactifs à des innovations dont l'origine se situe dans la société civile. Il leur faut donc être à l'écoute des acteurs pour veiller à ce que l'économie collaborative reste le domaine des consommateurs et des entrepreneurs individuels comme des innovateurs décentralisés et ne soit pas à l'excès récupérée par un *big business* dont tout prouve qu'il est d'ores et déjà à l'affût.

N'oublions pas, également, que toute évolution technologique ou organisationnelle est neutre par nature et qu'elle ne préjuge pas de l'usage qui en sera fait. L'économie collaborative est celle du partage, de l'échange et de la démultiplication des compétences. Mais elle peut être aussi celle de la perte de sens (le cadeau que l'on revend...), d'un repli sur soi ou sur un univers relationnel restreint au seul numérique, voire le vecteur des trafics les moins licites.

INNOVER – ENTREPRENDRE

Ces mutations et les interrogations qu'elles suscitent ne s'arrêtent pas aux portes de l'entreprise, ne serait-ce que parce que beaucoup d'entre elles y naissent. La révolution numérique et les nouvelles formes d'échange s'appuient en effet sur un renouveau du phénomène entrepreneurial. Elle s'insère dans un paysage juridique marqué par la diversité.

Mutualisme. L'économie de partage et plus généralement celle des plates-formes ne rejoignent-elles pas la démarche mutualiste : effacement des distinctions traditionnelles (propriétaires/consommateurs/producteurs) ; recherche du partage le plus équitable entre utilisateurs ; existence d'un bien commun (entreprise/réseau) que tous ont intérêt à préserver ?

Mouvements coopératifs. Comme l'économie de partage, ils visent à augmenter la valeur que la coopération génère pour l'entreprise, les individus qui y participent, mais aussi leur environnement sociétal.

Économie sociale et solidaire. Participe également à ces évolutions l'ensemble des institutions (associations, fondations) dont le fonctionnement et les activités sont fondés sur le principe de solidarité et d'utilité sociale. Ce secteur en expansion, dont la Caisse des Dépôts appuie le développement par son action, a su trouver des modes de fonctionnement originaux : encadrement strict et réinvestissement des profits, modes de gestion démocratiques et participatifs.

De façon cohérente, l'action publique cherche à répondre à ces évolutions en adaptant notre cadre juridique afin de favoriser l'essor du numérique (projet de loi en préparation), encourager la concurrence (loi Macron pour la croissance, l'activité et l'égalité des chances économiques) et promouvoir l'économie sociale et solidaire (loi du 31 juillet 2014 relative à l'économie sociale et solidaire).

Il faut également espérer que l'économie de partage irrigue l'ensemble des entreprises et non plus seulement celles qui développent une offre car leur activité s'y prête. Toutes doivent favoriser en interne la diffusion des compétences, l'échange d'informations, la collaboration optimale entre salariés, fournisseurs et clients, ainsi que la flexibilité. Derrière l'épanouissement individuel et collectif qui en découle, c'est finalement un enjeu de compétitivité.

La grande entreprise mondialisée est elle-même dans une phase d'interrogation et d'adaptation. Il lui faut justifier en permanence sa légitimité. Son objectif prioritaire de maximisation de la valeur actionnariale n'est pas à lui seul suffisant pour répondre aux attentes de l'ensemble des parties prenantes. Elle doit prouver son utilité collective et faire preuve de responsabilité sociétale. Cela doit être accompli par des comportements éthiquement responsables et acceptables par toutes les sociétés dans un monde qui reste, malgré la globalisation, culturellement hétérogène. Tâche difficile, Volkswagen n'a-t-il pas appris à ses dépens que si la fraude est condamnable partout, le mensonge, en particulier devant les autorités judiciaires ou de contrôle, ne génère pas le même rejet selon le cadre juridique ou culturel dans lequel on se trouve ?

INVESTIR RESPONSABLE

Parce qu'il engage l'avenir, l'investissement se doit, plus que tout autre acte économique, être responsable. Le dossier sur l'investissement à impact social, préparé pour cet ouvrage par Antoine Mérieux, montre l'apport et les potentialités de cette approche. À travers les techniques utilisées (*social impact bonds*, *reporting* sociétal, réflexions sur une société à objet social élargi), il s'agit d'intégrer explicitement, dès la conception d'un projet, les objectifs de retour social. Un progrès est donc réalisé par rapport à l'investissement socialement responsable qui repose sur le jugement des investisseurs quant au caractère durable d'un point de vue environnemental ou sociétal d'entreprises ou de projets existants. Les acteurs publics viennent aujourd'hui soutenir l'investissement à impact social, tels Bpifrance ou l'Agence française de développement (AFD) dans le cadre d'un développement équilibré des économies africaines. Les acteurs privés sont également à la manœuvre, dont des institutions de renom. Les montants en cause restent limités, mais sont en forte croissance. L'intérêt porté à cette formule est évident : donner un sens différent à l'acte d'investir, non plus seulement en escomptant des retombées positives en termes de bien-être comme conséquence dérivée d'une action économique qui visait d'autres fins, mais, par une approche téléologique de la responsabilité sociale, en fixant *a priori*, évaluant et si possible enregistrant les bénéfices humains recherchés.

La responsabilité est aussi écologique et énergétique. Ici, les enjeux sont tels que le politique, à travers la régulation, impose sa marque. Les investissements sont le plus souvent importants et relèvent de décisions centralisées. Pour celles qui sont du ressort des agents individuels, l'innovation technologique (*smart grids*) constitue aujourd'hui un guide utile. Les investisseurs, enfin, ont à travers les obligations vertes une capacité de diversification dans des projets durables. À considérer les engagements pris à l'occasion de la COP21 par les responsables publics et privés de l'énergie – mais aussi par ceux des autres secteurs –, on peut penser que les mentalités sont en train d'évoluer vers une plus grande responsabilité écologique et surtout que les actions suivront. Car, faut-il le rappeler, la responsabilité en ce domaine s'exerce vis-à-vis de l'ensemble de la société et d'abord à l'égard des générations futures.

FAIRE FACE

C'est encore au titre de leur responsabilité sociétale que les acteurs de la sphère économique et financière, avec l'ensemble des citoyens de sociétés libres et ouvertes, ont à affronter le défi terroriste.

Il ne s'agit pourtant pas d'un phénomène économique de grande ampleur. Certes, les objectifs économiques (pillage, destruction d'infrastructures, etc.) ont toujours été une composante des guerres irrégulières et la protection des sites sensibles doit aussi s'étendre à ceux qui ont un caractère nodal dans notre chaîne de production. Il reste que le montage d'une opération – même la plus meurtrière – nécessite des moyens limités. Mais c'est précisément cet écart entre une logistique modeste et le caractère effroyable de l'impact qui rend le repérage difficile. Le monde bancaire et financier a, dans ce domaine, un savoir-faire éprouvé. Mobilisé depuis plus de vingt-cinq ans pour la lutte contre le blanchiment, il a su mettre sur pied des méthodes et une organisation de détection, de suivi et de déclaration des transactions suspectes. Il joue également un rôle central dans le nécessaire isolement des États non coopératifs et la mise en œuvre des sanctions économiques et financières.

Au-delà de l'indispensable prévention, des interrogations plus fondamentales surgissent. Quel équilibre nos sociétés ouvertes doivent-elles trouver entre protection et libre circulation des personnes, des idées et des biens ? Si l'enjeu est d'abord politique et civilisationnel, il comporte une dimension économique. Le marché vit de libertés, celle d'échanger des biens et des services, mais aussi celle de communiquer et de s'exprimer sans laquelle il n'y aurait ni création ni innovation, sources de tout progrès économique. On peut ainsi penser que la régulation et la surveillance d'Internet vont constituer dans les années à venir un enjeu de société aux conséquences économiques majeures. Plus généralement, le terrorisme s'est développé dans les interstices d'une globalisation dont il constitue une excroissance monstrueuse. Il s'appuie sur une technologie en accès libre pour le plus grand nombre. La lutte des démocraties pour l'endiguer, le réduire, voire l'éliminer ne doit pas remettre en cause la liberté des échanges, condition de la croissance et qui a permis à des populations entières de sortir de la misère.

En définitive, le terrorisme demeure aussi un défi à notre rationalité. On peut sans doute analyser le terreau sur lequel il prospère (misère, intégration incomplète, etc.), même si historiquement beaucoup de terroristes sont issus de classes favorisées. Il reste que le saut que fait un individu qui devient un meurtrier de masse s'enracine dans les profondeurs les plus noires de l'âme humaine et reste largement inexpliqué. De ce point de vue, la littérature, de Malraux à Vargas Llosa en passant par Camus et Dostoïevski, approche sans doute mieux ce phénomène que les sciences humaines. Ces limites doivent nous conduire à la plus grande modestie intellectuelle.

CONCLUSION

Le meilleur comme le pire en 2015. C'est le propre d'un paradoxe d'être dépassé et celui-ci le sera. Mais c'est aussi le propre de toute activité humaine de comporter une part d'indétermination qui laisse ouvertes les évolutions à venir. Notre pari reste résolument optimiste : les facteurs de progrès et de générosité devraient prévaloir. Pour cela, il convient d'être résolu et vigilant. C'est cette vigilance – qui doit toujours comporter une dimension éthique – que veut exercer depuis sa création le *Rapport moral sur l'argent dans le monde*. L'édition 2015-2016 s'inscrit dans cette continuité. Elle n'apporte aucune réponse définitive aux questions posées, mais propose des clés de compréhension. On notera cependant que la quasi-totalité des articles mettent l'accent sur les perspectives de progrès. En formulant le souhait que les éditions futures confirmeront cette espérance, l'équipe de la rédaction vous en souhaite une bonne et stimulante lecture.

Mars 2016

NOTES

1. MAUSS M. (1923), *Essai sur le don.*
2. DERRIDA J. (1991), *Donner le temps*, Galilée.
3. RIFKIN J. (2014), *La nouvelle société du coût marginal zéro. L'Internet des objets, l'émergence des communaux collaboratifs et l'éclipse du capitalisme*, Les liens qui libèrent.

Première partie

PARTAGE – DON – RESPONSABILITÉ : DE NOUVEAUX COMPORTEMENTS ?

Présentation

Nos modèles économiques connaissent aujourd'hui une évolution radicale sous le triple effet de la révolution technologique, de l'apparition de nouveaux comportements et des contraintes environnementales.

L'économie collaborative en est un premier exemple. Notion polysémique et multiforme, il convenait de la définir et de la replacer dans son cadre conceptuel. Bien qu'elle touche de nombreux secteurs (logement, agriculture, échanges intellectuels, transports, financements, etc.), c'est un objet d'étude en sciences sociales encore émergent. *Simon Borel, Damien Demailly et David Massé* décrivent les champs théoriques dans lesquels s'inscrivent les divers modèles d'économie collaborative. Le premier est lié à la mouvance des formes libres et gratuites de diffusion et accès sur Internet. Elles ont contribué au passage d'une logique propriétaire basée sur des droits exclusifs à celle d'une distribution et d'une consommation libre et sans coût aux connaissances, ainsi qu'aux ressources naturelles. Dans ce cadre, le consommateur auparavant passif est devenu acteur. Le deuxième champ est celui du don qui permet de rompre avec l'hégémonie de l'échange marchand en redonnant une dimension symbolique aux liens sociaux et en renforçant la qualité des relations interpersonnelles. Cette approche suppose une rupture théorique avec l'utilitarisme dominant dans la pensée économique. Le troisième champ est formé par l'économie de la fonctionnalité et permet d'analyser la logique d'usage, caractéristique d'une économie de service ou le bien, y compris physique, n'est plus considéré comme un objet consommable, mais comme une immobilisation. Cet ensemble bien/service est fortement générateur d'externalités. Les auteurs prennent toutefois du recul par rapport à ces analyses et mettent en lumière leurs limites empiriques.

La régulation de l'économie numérique est l'objet de la réflexion de *Bertrand du Marais*. Il convient, selon l'auteur, de donner la priorité aux buts de la régulation plutôt qu'à ses modalités. Pour cela, une bonne compréhension de la révolution du Web 2.0 est nécessaire. Elle constitue une rupture par rapport à la première génération d'Internet (années 1990) qui malgré ses percées évidentes (diffusion de données à coût marginal nul...) restait dépendante d'une architecture hiérarchisée, d'une utilisation unilatérale et a conduit à des situations de quasi-monopole. Le Web 2.0 se caractérise par la convergence des médias sur un seul terminal, la participation des destinataires au contenu et à la définition des services, l'impression 3D. Il en résulte d'importants changements de modèle économique et social : revenus de substitution, marchés bifaces, etc. Face à une situation qui crée des tensions et des inquiétudes, trois attitudes sont envisageables pour la régulation : maintien de l'ordre existant par l'interdiction pure et simple ; régulation des seuls effets pathologiques par leur encadrement, leur contrôle et leurs sanctions ; émergence d'un droit spécifique, par exemple en matière de création d'entreprise et de relations sociales. L'auteur note que notre pays hésite entre ces trois approches, mais reste confiant quant à l'équilibre qu'il saura trouver, sachant qu'aucune solution ne saurait rester purement nationale.

Jean-Baptiste Soufron s'attache à démontrer que le contexte juridique dans lequel s'est développée l'économie collaborative n'est pas neutre. Il est le reflet de pratiques et de rapports de force. Sans doute s'agit-il d'une constatation propre au cadre légal de toute activité. L'auteur montre cependant que dans les nombreux domaines de l'économie collaborative, du logiciel libre à l'échange d'appartement, ce sont les acteurs les plus puissants du secteur qui ont forgé les nouveaux concepts juridiques et les ont imposés comme instruments des nouvelles régulations par un mélange de *lobbying* et de combat idéologique. Les acteurs les plus traditionnels sont ainsi sur la défensive face à un discours qui se pare des vertus de l'innovation et de la liberté. Mais la même stratégie peut et doit être utilisée par l'ensemble des intervenants pour protéger les piliers de la justice sociale.

Pierre de Lauzun reprend la question du don qui a connu au XXe siècle de nombreux développements anthropologiques et à la frontière de l'économie. Il montre que le don, loin d'être un acte extérieur à la logique économique et au calcul, constitue un ciment du lien social dont toute société a besoin pour se constituer. Le premier cercle d'application est, de loin, la famille. Mais la gratuité et le don irriguent plus largement la vie économique. La logique du don s'insère dans l'activité économique normale, chacun donnant toujours davantage que ce que le simple calcul et l'engagement contractuel exigeraient. Sans cela, l'économie ne fonctionnerait pas. Tout acte économique est hybride, mélange de don et de calcul ; aucun n'est purement utilitariste ou purement altruiste. C'est le cas de la finance, laquelle permet de reporter dans le temps la contrainte de financement en mettant face à face excédents d'épargne et besoins d'investissement. La décision financière peut intégrer des considérations éthiques, même si elle reste dominée par l'échange et la réciprocité, loin du don pur. Mais l'élément de don qui subsiste mérite d'être pris en considération, la transaction n'excluant pas la relation, en particulier la relation de longue durée. Fidélité et loyauté peuvent trouver leur place dans une finance bien comprise. Associations, mutuelles, coopératives en sont la preuve, ainsi que la finance solidaire. Cette dernière est en fait un investissement classique avec un élément de don plus ou moins important selon les cas. Au total, il n'y a pas de rupture radicale entre altruisme et calcul économique. La finance, comme toute activité marchande, résulte d'actes relevant à des degrés divers des deux logiques.

Pour *Patrice Geoffron*, la révolution numérique et les nouveaux modèles qu'elle génère atteignent également le monde énergétique, grand secteur sous contrainte environnementale. Il ne s'agit plus aujourd'hui d'évaluer les services énergétiques par leur seule valeur intrinsèque pour le consommateur final, mais à l'aune de la valeur extrinsèque, c'est-à-dire après prise en compte de leurs effets externes. Domaine d'activité caractérisé par des investissements à cycle de vie généralement très long, l'énergie est affectée par un triple choc : le premier, la libéralisation de secteurs qui obéissaient jusqu'ici à la logique du monopole intégré et qui vise à remplacer les tarifs intégrés par des prix de marché ; le second, une transition vers le bas carbone ; et le troisième, l'utilisation de systèmes d'information alimentés par les *big data* pour optimiser un pilotage en réseaux des choix économiques. L'essentiel de futurs changements dans l'organisation des systèmes, la nature des services offerts et les modèles économiques associés se jouent dans la convergence en cours entre technologies électriques et technologies de l'information, au sein de *smart grids*. Les acteurs traditionnels verront leurs fonctions modifiées par les évolutions technologiques et connaîtront de nouvelles formes d'organisation des systèmes. La transition énergétique s'annonce donc comme une série de défis technologiques et sociétaux. La capacité, au cœur de cette révolution copernicienne, à faire naître des modèles économiques innovants (en rupture avec le modèle traditionnel indexant la création de valeur sur le volume de l'énergie vendue) ne sera pas le moindre des défis.

Parmi ces défis posés par la mutation, les besoins de financement qu'elle engendre figurent au premier rang. *Philippe Garrau, Cécilia Matissart et Olivier Rocamora* (AMF) montrent que dans un contexte de désintermédiation bancaire des financements et de contraintes accrues sur les finances publiques, le recours aux obligations vertes (*green bonds*) est rapidement apparu comme une solution possible pour le financement de ce type de projets. Leur développement a été rapide, la base d'investisseurs s'étant significativement élargie au cours des années récentes, au-delà du cercle initialement restreint de l'investissement socialement responsable (ISR) pour inclure notamment les investisseurs de long terme. Mais les *green bonds* relèvent d'un concept encore flou et aucune règle contraignante spécifique à ce marché n'existe aujourd'hui : un émetteur peut annoncer qu'il a émis une obligation *green bonds* sans qu'aucun contrôle par des tiers n'ait été défini. Cette situation caractérisée par un faible degré de standardisation ne permet pas un développement pérenne et les principaux acteurs du marché s'accordent aujourd'hui sur la nécessité d'élaborer des standards communs afin de contribuer à la structuration de ce marché.

Les fondements théoriques de l'économie collaborative

Simon BOREL*
Damien DEMAILLY**
David MASSÉ***

« Le déplacement majestueux de l'iceberg est dû au fait qu'un neuvième seulement se laisse voir à la surface de l'eau. »

Ernest Hemingway

Les yeux rivés sur le succès et la croissance exponentielle de plates-formes comme Airbnb, blablacar ou eBay, il nous est difficile de dégager les mouvements structurants de ces nouvelles pratiques en perpétuelle reconfiguration. Ces plates-formes se dessinent aujourd'hui comme le sommet d'un vaste iceberg appelé « économie collaborative ». Le concept recouvre lui aussi une réalité immergée et méconnue, mais dont les mouvements impliquent de profondes transformations pour nos économies traditionnelles.

L'économie collaborative est un concept porté par une véritable catégorie socioéconomique d'acteurs constituée d'essayistes à succès comme Jeremy Rifkin, Rachel Botsman ou Fred Turner, de militants comme Michel Bauwens, de médias comme Shareable aux États-Unis, de *think tanks* et *do tanks* comme OuiShare en France, ou encore par certains entrepreneurs et dirigeants de *start-up*, voire de plus en plus par de grandes entreprises. L'objectif de cet article est d'identifier les champs théoriques centraux mobilisés par cette communauté et mobilisable pour penser les pratiques que le concept recouvre.

* Laboratoire Sophiapol, Paris Ouest Nanterre La Défense et Paris Sud.
** Institut du développement durable et des relations internationales (IDDRI).
*** ESCP Europe ; École polytechnique (i3-CRG).

Cette approche épistémologique est utile pour mieux comprendre et analyser l'origine des promesses économiques, sociales et environnementales liées à l'économie collaborative. En effet, pour cette communauté, les pratiques collaboratives apparaissent de plus en plus comme une alternative socioéconomique à la crise du modèle de croissance et du modèle industriel classiques (Rifkin, 2012). Elle est aussi l'une des réponses possibles à la crise écologique et environnementale (Demailly et Novel, 2014) et s'avère être un moyen de refonder le lien social, les solidarités collectives et la convivialité dans des sociétés occidentales (Caillé, 2013) en proie à la fragmentation et aux cloisonnements sociaux. Si ces promesses et ces attentes très fortes émanant de ces différents acteurs doivent être prises au sérieux, elles suscitent à juste titre de nombreuses réserves, voire de nombreuses critiques. Un certain nombre de penseurs s'attachent en effet à définir les limites de l'économie collaborative en termes de réintermédiation (rentes de monopoles des grandes *start-up* du collaboratif), de mise au travail et d'exploitation du travail précaire des producteurs-usagers du collaboratif (*sharewashing*), d'effets pervers et de rebonds de l'économie du partage pouvant mener à de l'hyperconsommation, d'instrumentalisation et de faiblesse des liens sociaux réels des pratiques collaboratives, d'extension du domaine marchand et de l'utilitarisme sous prétexte de partage (Felson et Spaeth, 1978), etc.

L'économie collaborative[1] est aujourd'hui un concept polysémique et flou qui fait l'objet de multiples tentatives de définition. Botsman (2013) spécifie cette économie comme « un modèle économique basé sur l'échange, le partage, la location de biens et de services privilégiant l'usage sur la propriété », quand d'autres auteurs insistent sur la mise en relation des consommateurs entre consommateurs (Bauwens, 2012). Ces tentatives font l'objet de discussions et reflètent les clés de lecture et les influences théoriques de chacun des auteurs. Certains insisteront sur l'importance du passage de l'usage à la propriété, d'autres sur la mise en rapport des individus *via* des dispositifs plus « horizontaux » et des échanges désintermédiés ou réintermédiés, d'autres encore sur les communautés constituées d'échanges, des communautés constituées en réseaux, etc.

Parallèlement à cette profusion de définitions de l'économie collaborative, il émerge des essais de typologies pour clarifier ce nouvel objet d'étude. Ainsi, pour Botsman et Rogers (2011), l'économie collaborative regroupe quatre grands domaines de pratiques : (1) la consommation collaborative, avec l'organisation des échanges et de la consommation *online* et *offline* (achats groupés, conciergeries, consignes, locations P2P, reventes et dons d'objets, troc, systèmes d'échange locaux, monnaies complémentaires, etc.), le logement (habitat partagé, colocation, autoconstruction, échange de logements), l'énergie (coopération dans la production d'énergie, achats groupés, *smart grids*, etc.), la mobilité (autopartage, covoiturage), l'alimentation et l'agriculture (autoproduction alimentaire, circuits courts, coopératives de consommateurs, etc.) ; (2) la réparation et la fabrication d'objets (*hackerspaces*, Fab Labs, TechShop, *repaire cafe*, etc.) ; (3) le financement de projets (*crowdfunding*, investissements citoyens, finance solidaire, etc.) ; (4) l'éducation et le savoir (partage de contenus numériques, MOOC – *massive online open courses* –, encyclopédies contributives).

La typologie de Botsman et Rogers nous révèle un périmètre très large des pratiques liées au concept d'économie collaborative, quand d'autres retiennent des périmètres beaucoup plus restreints. Si cette typologie apporte un éclairage sur les activités impactées par l'économie collaborative (consommation, production, financement, éducation), celles retenues par d'autres acteurs révèlent des différences fondamentales d'autres natures dans les pratiques dites « collaboratives ». Ces typologies insistent sur les différences dans la nature des biens et des services échangés, la présence ou non de monétarisation, l'animation *online* et/ou *offline*, l'ancrage territorial, etc.

L'économie collaborative ne fait pas encore l'objet d'un courant de littérature bien défini, car il s'agit d'un objet d'étude émergeant dans les sciences sociales. Il prend donc racine à la frontière de plusieurs champs théoriques qui contribuent à le porter et à le penser. Ces différents courants semblent néanmoins se recouper sans pour autant se recouvrir totalement, ce qui favorise l'émergence d'une grande richesse d'approches mobilisées par les acteurs de cette « nouvelle » économie. Face à ce foisonnement, l'objectif de cet article est de présenter les différentes réflexions théoriques mobilisées par les acteurs de l'économie collaborative, et qui sont mobilisables pour mieux comprendre ce nouvel objet d'étude. Pour ce faire, nous avons recensé les influences théoriques revendiquées par ces acteurs : l'économie du Libre et du *peer to peer* (P2P), l'économie du don ainsi que l'économie de la fonctionnalité et circulaire. L'exploration de ces différents courants montre l'insistance et l'éclairage qu'ils procurent sur tel ou tel aspect de l'économie collaborative.

L'ÉCONOMIE DU LIBRE ET DU P2P : DU CONSOMMATEUR PASSIF AU CONSOM'ACTEUR

La *peer production* ou la production collaborative par et entre les pairs est au croisement des mouvements du Libre et du P2P. Le premier est un modèle socioéconomique fortement influencé par l'éthique *hacker* (autonomie dans le travail, créativité technique et libre circulation de l'information) et le mouvement du logiciel libre (Raymond, 2001 ; Aigrain, 2005 ; Stallman *et al.*, 2011), basé sur l'accès libre, gratuit et ouvert à l'information, à la copie, à la duplication des codes sources, programmes, œuvres, et permettant la modification et la distribution de l'information et des connaissances. Le Libre se caractérise en effet par le passage d'une logique propriétaire fondée sur les droits de propriété et d'auteur exclusifs et excluants à une logique de libre accès gratuit et universel pour les utilisateurs *via* des systèmes ouverts/distribués. Initialement cantonné au monde du *software* et de l'immatériel, il dépasse aujourd'hui le monde du logiciel libre (Broca, 2013) et de la culture pour s'ouvrir et venir influencer la finance participative et le monde *hardware*. À l'intersection du *software* et du *hardware* existe en effet un modèle de production collaborative basé sur l'usage massif des technologies *open source* permettant de réaliser une fusion entre production et consommation, les clients pouvant prendre part à la création de produits qu'ils utilisent d'une manière active et continuelle (Tapscott et Williams, 2007).

Au-delà, de même qu'il existe, avec les logiciels libres, les libertés d'accès, de copie, de modification et de distribution, le matériel libre permettant de « saisir, modifier et fabriquer » (Anderson, 2012) des objets manufacturés est en train de monter en puissance. En effet, avec le partage ouvert (code source, connaissance, etc.), le mode *peer production* s'ouvre aux biens matériels où l'on partage non plus des codes, mais des fiches numériques qui permettent de reproduire un objet à l'identique. Il s'agit d'une hybridation créatrice entre l'*open source* et l'*open hardware*. Il rejoint en cela le modèle de la *peer production* qui assume la nécessité et la possibilité d'un dépassement de l'économie marchande[2]. Selon son principal penseur, théoricien et activiste, Michel Bauwens (2005), il se caractérise par l'émergence d'un « troisième mode de production », dans lequel la valeur d'usage est produite *via* la coopération libre entre producteurs ayant accès au capital distribué et dont le produit n'est pas marchandisable, d'un « troisième modèle de gouvernance », dans lequel la communauté des producteurs conduit directement ses affaires, sans hiérarchie, ni intermédiaires centraux publics ou marchands, et d'un « troisième mode de propriété », dans lequel la valeur d'usage produite est librement et universellement accessible à travers un nouveau régime de propriété commune distinct de la propriété privée comme publique (étatique). La *common-based peer production* (Benkler et Nissenbaum, 2006) pourrait dans un futur proche à la fois coexister avec les autres modes de production, de propriété et de gouvernance et contribuer à les changer en profondeur (Bauwens, 2005) en revigorant puissamment la sphère de la réciprocité (économie du don) autour notamment des monnaies complémentaires et de l'économie du partage. Elle pourrait également permettre de réformer la sphère marchande en vue d'un dépassement de l'externalisation systématique des coûts sociaux et environnementaux de la production et de la consommation (*via* la production collaborative). Elle ambitionnerait aussi de réformer l'État qui gouvernerait non plus seul, mais en combinaison avec de multiples acteurs, et qui tendrait vers un rôle d'arbitre régulateur en justice entre les communs, le marché et l'économie du don.

Outre les bouleversements du rapport économie et société et des infrastructures, cette *common-based peer revolution* implique également la libre participation des personnes à la production de ressources communes (à chacun selon ses moyens et ses besoins) et le dépassement de la division entre producteur et consommateur (Bauwens et Sussan, 2005). Le P2P se comprend ainsi dans une forme politique holoptique qui, à la différence du panoptique, autorise les participants à avoir librement accès à toutes les informations concernant le projet et les contributions des autres participants. Ce modèle vise en effet à accroître au maximum la plus grande capacité de participation par les participants équipotentiels (sans filtre et présélection à la participation autre que la compétence reconnue par les pairs). La production collaborative fondée sur les communs matériels et immatériels se caractérise en effet par la collaboration entre des groupes d'individus connectés entre eux à distance ou regroupés dans des lieux physiques de production qui coopèrent pour partager de l'information, du savoir et des biens culturels, et/ou produire sans passer par un quelconque prix de marché ou des hiérarchies managériales pour coordonner leur entreprise commune (Benkler et Nissenbaum, 2006).

Les points de recoupement du Libre et de la *peer-based production* avec l'économie collaborative résident dans le passage d'une logique propriétaire restrictive à un accès distribué, libre et universel aux biens immatériels et matériels, dans les possibilités décuplées d'échanges et de production en pair à pair[3], et dans le changement de posture de l'individu-usager, du consommateur passif au consommateur et coproducteur. Concrètement, ces recoupements se retrouvent, d'une part, dans la sphère de la production collaborative, au sein des *hackerspaces* et des Fab Labs, ateliers contributifs et collaboratifs dotés de nouveaux outils de conception paramétrique et d'outils de fabrication numérique (imprimantes 3D, découpeuses laser, fraiseuses à commande numérique, etc.) où les utilisateurs peuvent passer d'un prototype numérique à un coût modeste à une production fonctionnelle en petite série. Cette production collaborative ne marche en outre que par les effets de réseau liés à la production/fabrication distribuée permettant de concevoir local et de fabriquer global en agençant les rôles du *designer* et du fabricant local *via* des plates-formes physiques. D'autre part, le Libre et la *peer-based production* ont une influence importante concernant les plates-formes d'échanges P2P (locations et ventes directes en P2P, P2P *lending*, etc.) ainsi que les formes collaboratives et ouvertes d'éducation (licences libres, MOOC, partage de contenus numériques, encyclopédies contributives) où circulent (échange/partage/mutualisation) des biens, des informations, des connaissances et des savoirs.

L'ÉCONOMIE DU DON : LA VALEUR DE LIEN DES BIENS ÉCHANGÉS

Pour comprendre les influences qui ont nourri l'économie collaborative, il nous semble important de prendre en compte un autre courant émanant des sciences humaines et sociales et d'un pan de l'économie sociale et solidaire : l'économie du don. L'économie du don ne concerne pas seulement les formes d'échanges non monétaires, mais irrigue une partie de la production, de l'éducation et de la consommation collaboratives. En sous-bassement théorique, le paradigme (anthropologique) du don (Caillé, 2000) s'oppose au postulat utilitariste selon lequel les individus seraient des êtres intéressés, calculateurs et maximisateurs et la société un nœud de contrats (marchands, sociaux) et de règles juridiques visant à l'harmonisation (naturelle ou artificielle) des intérêts entre individus mutuellement indifférents et séparés. Il lui oppose un paradigme alternatif anti-utilitariste (Chanial, 2008) basé sur la reconnaissance et le don. Les individus sont avant tout des êtres sociaux et politiques qui aspirent à être reconnus (identifiés, valorisés dans leur dignité et leur créativité) comme des donateurs[4], et la société s'organise autour de la triple obligation de donner, recevoir et rendre (Mauss, 2012). Les dons (objets, biens, services, etc.) en circulation nouent des alliances et du lien par un endettement mutuel positif entre les personnes. Les individus sont en effet interdépendants et reliés entre eux par les biens qui circulent entre eux (Godbout, 2009) et qui symbolisent, plus que ce qu'ils représentent, une partie de l'esprit du donateur venant se loger à l'intérieur des objets donnés.

Le courant principal et majeur de l'économie du don (Cheal, 1988), anti-utilitariste, recouvre plus précisément les modes d'échange où les biens et les services en circulation ne sont pas vendus et sont considérés en première instance pour leur valeur d'échange dans des rapports contractuels emprunts de rareté, mais donnés, sans accord explicite sur un retour/rendu immédiat ou futur, pour la valeur de lien qu'ils procurent. Dès lors, l'économie de la réciprocité peut apparaître comme un tiers-secteur (qui s'étend bien au-delà de la seule économie domestique) des formes d'échanges, de production, de distribution et de consommation encastrées dans les sphères sociales et politiques (Polanyi, 2009) à côté de l'économie marchande (mise en concurrence des producteurs par les prix sur le marché des biens et des services, accumulation et valorisation monétaire des biens et des services échangés) et de la redistribution publique (prélèvements par l'impôt et les taxes des ressources et redistributions sous forme de revenus et/ou de services publics universels). Le site de revente d'objets Leboncoin est, par exemple, situé « entre don et marché » (Garcia-Bardidia, 2014). On fixe les prix, on fait un travail de valorisation marchande des objets, mais il s'agit également et surtout de conclure la transaction avec de la confiance, de choisir les acheteurs, de définir les moments, les lieux et les conditions de la transaction, choses qui excèdent le contrat marchand et les échanges monétaires.

Un autre courant important de l'économie du don est l'« économie du don *high-tech* » (Barbrook, 2000) qui s'est développée dans le sillage du logiciel libre, du partage de fichiers (textes/musique/œuvres) en ligne, des encyclopédies contributives et des communs de la connaissance. Elle se caractérise, en lien avec la *peer production*, par la coopération libre entre producteurs-consommateurs associés sans attente de contrepartie monétaire *via* un « travail en tant que don » où sont reconnus les talents et les mérites des uns et des autres de façon égalitaire *via* une reconnaissance entre/par (les) pairs. Ainsi, à l'opposé de la rareté marchande et des droits propriétaires, « le travail intellectuel libéré s'épanche continuellement sous forme de dons » (Barbrook, 2001). De fait, les pratiques du logiciel libre comptent sur le don comme une façon d'obtenir de nouvelles idées et des prototypes à faire circuler. On peut comprendre cette culture comme une sorte d'amalgame de collectivisme et d'individualisme : le don à la communauté est ce qui fait de l'individu un héros aux yeux des autres, impliquant de fait une asymétrie des relations de pouvoir notamment si les dons faits par certains ne peuvent en aucune manière être rendus par les autres (Bergquist et Ljungberg, 2001). Enfin, un dernier courant de l'économie du don, la gratuité pure, définit un type de dons faits sans contreparties et réciprocité. L'exemple des magasins gratuits, des Givebox et des dons d'objets peut néanmoins être interprété comme impliquant une réciprocité élargie entre étrangers (A donne à B, qui donne à C, etc.) sur des échelles plus ou moins grandes (hyperlocales, locales, nationales, transnationales).

Les points de recoupement centraux de l'économie du don avec l'économie collaborative s'articulent autour de la primauté (mais pas l'hégémonie) des relations interpersonnelles et de la valeur de lien sur les rapports instrumentaux, fonctionnels, et la valeur de biens, et autour de la conception de la propriété comme étant avant tout un réseau de relations sociales fixant l'usage des choses (*gift circles*) avant d'être une possession individuelle exclusive. Dans la pratique, l'économie du don influence la production collaborative (activité de travail comme plaisir de faire en soi avec les autres), la consommation collaborative (don et prêt d'objets entre particuliers sur des plates-formes internet, magasins gratuits, etc.), les coopératives locales de production et de consommation (donner, recevoir et rendre entre proches et/ou étrangers dans un équilibre entre producteurs et consommateurs), le partage de temps, de savoir, de connaissances et de compétences en ligne et hors ligne (on donne de son temps et de ses savoirs pratiques dans les « *repear* cafés », par exemple), le prêt sans intérêt (autre que les gratifications symboliques) dans la finance collaborative.

L'ÉCONOMIE DE LA FONCTIONNALITÉ ET CIRCULAIRE : LE PASSAGE DE LA PROPRIÉTÉ À L'USAGE

L'économie de la fonctionnalité est définie par Stahel (1986) comme l'économie qui « vise à optimiser l'utilisation – ou la fonction – des biens et des services, se concentre sur la gestion des richesses existantes, sous la forme de produits, de connaissances ou encore de capital naturel. L'objectif économique en est de créer une valeur d'usage la plus élevée possible pendant le plus longtemps possible, tout en consommant le moins de ressources matérielles et d'énergie possible » (traduction des auteurs). L'idée que supporte ce courant est que la valeur d'un produit ne réside plus dans le bien en lui-même (ou dans sa possession), mais dans les bénéfices de son utilisation. Cette observation s'accompagne aussi d'externalités positives en matière de développement durable tant pour le consommateur que pour le producteur et qui se matérialisent principalement à travers des réductions de consommation de matière ou d'énergie. Ainsi, pour bon nombre d'économistes (Zacklad, 2006 ; du Tertre, 2008 ; Béraud et Cormerais, 2011), l'économie de la fonctionnalité apparaît comme une alternative au capitalisme traditionnel laissant place à de nouveaux modes d'organisation de la consommation et de la production. On retrouve deux approches de l'économie de la fonctionnalité qui renvoient à deux modèles d'application plus ou moins avancés du concept.

D'une part, le modèle d'une offre de services centrée sur l'usage qui renvoie à « une économie de services dans laquelle le bien au sens physique du terme est considéré comme une immobilisation et non plus comme un consommable » (Lauriol, 2008). Cette approche a été popularisée par l'essayiste américain Jeremy Rifkin qui voit dans cette évolution une forme de révolution qui nous pousse à repenser les rapports de propriété sur un certain nombre de marchés. L'exemple emblématique de cette approche est l'entreprise Xerox (Chesbrough et Rosenbloom, 2002) qui rencontrait des difficultés à faire adopter les innovations techniques à ses clients en raison du prix élevé des photocopieurs. L'entreprise décide alors de ne plus vendre ses photocopieurs, mais de les mettre à disposition des clients et de facturer l'usage de la machine. L'avantage pour l'entreprise est qu'elle reste propriétaire des machines qu'elle peut récupérer, réparer et améliorer ses produits de manière continue. Il en découle d'importantes économies en raison de la récupération des composants d'occasion (70 % à 90 % des composants des nouvelles machines sont issues d'anciennes machines).

D'autre part, la seconde approche déplace l'attention vers les externalités de l'économie de fonctionnalité qui influencent à leur tour le *design* de solutions intégrées. En pratique, ces nouveaux modèles d'organisation supposent le remplacement de la vente d'un bien par la vente d'« une solution adossée à une performance contractualisée et fondée sur l'usage d'un ensemble intégré de biens et de services » (Gaglio *et al.*, 2011). Ce passage du « bien » vers la « solution » permet ainsi à l'entreprise de mieux répondre aux besoins de ses clients grâce à des réponses personnalisées et de favoriser les externalités positives reliées à ce modèle. Par exemple, la société néerlandaise Koppert spécialisée dans la protection agricole propose de vendre une solution intégrée de protection des cultures qui repose sur une tarification proportionnelle à la surface protégée (Sempels et Hoffmann, 2013). Le fait de ne plus vendre uniquement des pesticides en volume a permis à l'entreprise de proposer à ses clients des solutions alternatives adaptées notamment à base d'insectes. Le positionnement à travers la vente d'une solution a donc permis à l'entreprise d'innover de manière importante sur des modes de protection naturels qui s'avèrent plus écologiques et durables pour les cultures et les exploitants.

Sur l'aspect production et le cycle de vie des produits, cette approche se rapporte aussi au courant de l'économie circulaire apparue en 1990 dans un livre intitulé *Economics of Natural Resources and the Environment* de Pearce (1990). Ce n'est cependant qu'à partir des années 2000 que ce concept va prendre un nouvel essor, à travers notamment la théorie du « berceau au berceau » de McDonough et Braungart (2002) qui développe une éthique de la production industrielle intégrant l'ensemble des éléments du cycle de vie du produit allant de la conception au recyclage et dont l'objectif ultime est une pollution nulle et un taux de recyclage de 100 %. En pratique, le concept d'économie circulaire s'inspire et entretient des liens étroits avec l'économie de la fonctionnalité, mais la notion s'avère cependant beaucoup plus large et se compose selon l'ADEME (Agence de l'environnement et de la maîtrise de l'énergie) de trois grands domaines d'action qui regroupent sept piliers caractéristiques de cette économie : (1) gestion des déchets (recyclage) ; (2) offre économique (approvisionnement durable, écoconception, écologie industrielle et territoriale, économie de la fonctionnalité) ; (3) consommation du citoyen (allongement de la durée d'usage, consommation responsable).

L'économie de la fonctionnalité est un champ théorique souvent mobilisé, au niveau de la consommation collaborative. C'est principalement Botsman et Rogers (2011) qui vont utiliser et populariser la notion de « *product-service system* » (PSS) pour définir l'un des trois grands ensembles de la consommation collaborative. Sa définition fait cependant écho à une conception restreinte du concept d'économie de la fonctionnalité qui fait principalement référence aux plates-formes de location de biens qui fournissent un accès et un usage d'une ressource physique à un moment donné. Il s'agit néanmoins d'une conception répandue que l'on retrouve dans une majorité de définitions de l'économie collaborative, car elle recouvre d'un point de vue empirique des exemples de plates-formes à succès (Airbnb, blablacar) ou en devenir (Peerby, Zilok) devenues emblématiques de l'économie collaborative. Enfin, l'économie circulaire s'avère être un champ mobilisé pour penser les pratiques de production et de consommation collaborative. L'apport de ce courant touche ainsi principalement à l'impact de cette économie dans l'allongement et la redéfinition du cycle de vie des produits, les pratiques collaboratives comme le don, la revente, la location, le prêt, la réparation, le réemploi participant à l'allongement de la durée de vie des biens de consommation.

CONCLUSION

Le concept d'économie collaborative est porté par une véritable catégorie socioéconomique d'acteurs constituée d'« évangélistes », de militants et d'entrepreneurs à succès. Nous avons effectué dans cet article une revue des champs théoriques qui sont mobilisés par les acteurs de cette économie pour porter et penser les pratiques collaboratives. À l'issu de ce travail, nous avons identifié trois champs théoriques centraux.

Premièrement, la mouvance du Libre et du P2P irrigue la réflexion sur l'économie collaborative en soulignant et en promouvant un changement de posture du consommateur passif vers un consom'acteur de cette économie. Ce passage se matérialise par un accès distribué, libre et universel aux connaissances, aux compétences et aux ressources matérielles.

Deuxièmement, les réflexions autour de l'économie du don permettent de rompre (tant au niveau des représentations que de la pratique) avec l'hégémonie de l'échange marchand (où prime la valeur de biens) en y réintégrant la dimension de l'échange symbolique basé sur le fait de donner, recevoir et rendre (où prime la valeur de lien).

Troisièmement, les travaux sur l'économie de la fonctionnalité permettent d'analyser le passage d'une logique de propriété vers une logique d'usage. Cette bifurcation ouvre la voie à un certain nombre de promesses économiques, sociales et environnementales issues des externalités de ces logiques d'usage.

À noter qu'en marge de ces apports théoriques centraux, il existe des apports théoriques secondaires intéressants à prendre en compte. Ainsi, le mouvement et la théorie des communs ont des points de recouvrement avec le Libre et le P2P, et les pensées de l'économie sociale et solidaire et de la décroissance peuvent innerver les dynamiques les plus *grassroots*, hors ligne et hyperlocales de l'économie collaborative en lien avec l'économie du don.

À la vue de la diversité des approches théoriques mobilisées – certaines étant au moins autant normatives que descriptives –, il n'est pas étonnant d'observer une pluralité des définitions du concept et une diversité des promesses émanant de ces acteurs, qu'il s'agisse du renforcement du lien social, du pouvoir des individus ou de la contribution à une économie plus respectueuse des limites de la planète, etc. Ces champs théoriques peuvent par ailleurs être mobilisés pour analyser ces promesses : l'économie du don pour le lien social, l'économie du Libre pour l'organisation des échanges, l'économie circulaire et de la fonctionnalité pour l'impact environnemental.

Analyser ces promesses est une nécessité pour la société et les décideurs publics. D'une part, au niveau des types de mesures d'accompagnement et d'incitation des/aux pratiques collaboratives à mettre en œuvre après en avoir intégré les limites, les freins et les effets de levier potentiels. D'autre part, il s'agit pour les pouvoirs publics d'appréhender les revendications (au changement comme à la conservation) qui émergent autour des cadres réglementaires et fiscaux que les pratiques collaboratives déstabilisent et appellent au moins à adapter sinon à changer.

L'analyse empirique de ces nouvelles pratiques met en lumière les limites qui viennent nuancer les promesses de l'économie collaborative comme le montrent Demailly et Novel (2014)[2] pour le bilan environnemental des pratiques collaboratives ou Bardhi et Eckhardt (2012) qui mettent en exergue la faiblesse des liens communautaires dans un système d'échange de voitures comme Zipcar. De plus, l'exploitation du travail (quasi) gratuit par de grandes plates-formes marchandes du collaboratif nuance aussi les attentes de ces nouvelles formes d'organisation de travail comme le soulignent des auteurs comme Casilli (2015), Schor (2014) ou Schneider (2014). Pour affronter ces nouveaux défis sociaux et environnementaux, les acteurs de l'économie collaborative devront se renouveler, offrir de nouvelles solutions et mobiliser de nouveaux champs théoriques pour penser une société en perpétuelle évolution.

Tableau
Contributions des trois champs théoriques à l'économie collaborative

		Approches théoriques : Économie du Libre et du P2P	Économie du don	Économie de la fonctionnalité et circulaire
		Agrain, 2005 Bauwens, 2012 Bauwens et Sussan, 2005 Broca, 2013 Raymond, 2001	Barbrook, 2000 et 2001 Caillé, 2000 Chanial, 2008 Cheal, 1988 Godbout, 2009 Mauss, 2012	Béraud et Cormerais, 2011 Du Tertre, 2008 Rifkin, 2012 Stahel, 1986 Zacklad, 2006
Types de pratiques collaboratives (Botsman et Rogers, 2011)	Production	FabLabs /*makerspaces* /*hackerspaces*	*Hackerspaces* Coopérative de production	Communauté de réparation
	Consommation		Plate-forme de dons et de prêts entre particuliers Systèmes d'échange locaux (AMAP, monnaies locales complémentaires, etc.) Coopérative de consommation	Mutualisation et redistribution Plate-forme de location entre particuliers (*product service systems*)
	Éducation	Mise à disposition en libre accès de connaissances (licences libres, MOOC, partage de contenus numériques, encyclopédies contributives)	Partage de savoir, de compétences et de connaissances (cours gratuits, partage de contenus numériques, encyclopédies contributives, etc.)	
	Finance	Plate-forme de financement participatif et assurance	Prêts sans intérêts entre particuliers	
Contributions des approches théoriques à l'économie collaborative		Passage d'une logique propriétaire restrictive à un accès distribué, libre et universel Changement de posture de l'individu : du consommateur passif au consommateur acteur	Passage d'une logique d'échange marchand (valeur de biens) à une logique d'échange symbolique (valeur de lien)	Passage d'une logique de propriété à une logique d'usage Insistance sur la finalité (économique, sociale et environnementale) des pratiques

Source : d'après les auteurs.

Notes

1. Le concept d'économie collaborative qui fait référence à la notion de consommation collaborative apparaît pour la première fois chez Felson et Spaeth (1978) qui le définissent comme les « événements dans lesquels une ou plusieurs personnes consomment des biens ou des services économiques dans un processus qui consiste à se livrer à des activités communes ».

2. Ce qui n'est pas forcément le cas du Libre qui est « hostile à l'appropriation privative du code, non aux entreprises et au marché », ne créant pas « une sphère d'activités totalement indépendante des logiques marchandes et commerciales » (Broca, 2013).

3. La réalité de l'économie collaborative est bien sûr ici plus contrastée au regard des réappropriations marchandes à l'œuvre chez les géants du numérique et les grandes plates-formes de l'économie collaborative en termes de rentes de monopole, de réintermédiation et de restrictions d'accès.

4. La conception du don ici considérée n'est pas irénique et synonyme de gratuité et d'altruisme. Si l'intention du don en première instance est inconditionnelle – l'individu fait le pari de la relation sans aucune assurance/garantie de retour –, elle est, en seconde instance, conditionnelle – il y a bien, une fois le don accepté, une attente de retour futur (un délai court du rendu d'un don étant manifeste d'une volonté de liquider la dette), en regardant ce que l'autre va rendre, plus tard, comment et dans quelles mesures (Caillé, 2000). Outre cet équilibre (précaire) entre intérêt pour soi et intérêt pour autrui, le don implique tout autant de la liberté (dans l'acte de donner/recevoir/rendre ou prendre/refuser/garder) que de l'obligation (la chose donnée contient un peu de l'esprit du donateur qui crée de l'obligation et de la dette pour le donataire).

Bibliographie

AIGRAIN P. (2005), *Cause commune : l'information entre bien commun et propriété*, Fayard.

ANDERSON C. (2012), *Makers: the New Industrial Revolution*, Random House.

BARBROOK R. (2000), « L'économie du don high tech », in Blondeau O. (dir.), *Libres enfants du savoir numérique : une anthologie du Libre*, pp. 141-162, www.cairn.info/article.php?ID_ARTICLE=ECLA_BLOND_2000_01_0141.

BARBROOK R. (2001), « Le cyber-communisme ou le dépassement du capitalisme dans le Cyberespace », *Multitudes*, vol. 5, pp. 186-199.

BARDHI F. et ECKHARDT G. M. (2012), « Access-Based Consumption: the Case of Car Sharing », *Journal of Consumer Research*, vol. 39, décembre, pp. 881-898.

BAUWENS M. (2005), « The Political Economy of Peer Production », *CTheory*.

BAUWENS M. (dir.) (2012), *Synthetic Overview on Collaborative Economy*, Peer to Peer Foundation et Orange, http://p2p.coop/files/reports/collaborative-economy-2012.pdf.

BAUWENS M. et SUSSAN R. (2005), « Le peer to peer : nouvelle formation sociale, nouveau modèle civilisationnel », *Revue du MAUSS*, vol. 26, pp. 193-210.

BENKLER Y. et NISSENBAUM H. (2006), « Commons-Based Peer Production and Virtue », *The Journal of Political Philosophy*, vol. 14, n° 4, pp. 394-419.

BÉRAUD P. et CORMERAIS F. (2011), « Économie de la contribution et innovation sociétale », *Innovations*, n° 48.

BERGQUIST M. et LJUNGBERG J. (2001), « The Power of Gifts: Organizing Social Relationships in Open Source Communities », *Information Systems Journal*, vol. 11, n° 4, octobre, pp. 305-320.

BOTSMAN R. (2013), « The Sharing Economy Lacks a Share Definition », Fast Compagny.

BOTSMAN R. et ROGERS R. (2011), *What's Mine Is Yours: How Collaborative Consumption Is Changing the Way We Live*, HarperCollins UK.

BROCA S. (2013), *Utopie du logiciel libre. Du bricolage informatique à la réinvention sociale*, Le passager clandestin.

CAILLÉ A. (2000), *Anthropologie du don : le tiers paradigme*, Desclée de Brouwer.

CAILLÉ A. (2013), « C'est devenu un outil pour reconstruire du lien », Le Monde.fr, www.lemonde.fr/vous/article/2013/01/05/c-est-devenu-un-outil-pour-reconstruire-du-lien_1812888_3238.html.

CASILLI A. (2015), « L'Uberisme est un thatcherisme », *Kaléidoscope le mag*.

CHANIAL P. (2008), *La société vue du don : manuel de sociologie anti-utilitariste appliquée*, La Découverte.

CHEAL D. J. (1988), *The Gift Economy*, Routledge.

CHESBROUGH H. et ROSENBLOOM R. S. (2002), « The Role of the Business Model in Capturing Value from Innovation: Evidence from Xerox Corporation's Technology Spin-Off Companies », *Industrial and Corporate Change*, vol. 11, n° 3, pp. 529-555.

DEMAILLY D. et NOVEL A.-S. (2014), « Économie du partage : enjeux et opportunités pour la transition éconologique », Institut du développement durable et des relations internationales.

DU TERTRE C. (2008), « Modèles économiques d'entreprise, dynamique macroéconomique et développement durable », in *L'économie de la fonctionnalité une voie pour articuler dynamique économique et développement durable : enjeux et débats*, Club Économie de la fonctionnalité et développement durable, ATEMIS, p. 56.

FELSON M. et SPAETH J. L. (1978), « Community Structure and Collaborative Consumption: a Routine Activity Approach », *American Behavioral Scientisi*, vol. 21, n° 4, pp. 614-624.

GAGLIO G., LAURIOL J. et DU TERTRE C. (dir.) (2011), *L'économie de la fonctionnalité : une voie nouvelle vers un développement durable ?*, Octarès.

GARCIA-BARDIDIA R. (2014), « Se débarrasser d'objets sur leboncoin.fr. Une pratique entre don et marché ? », *Revue du MAUSS*, vol. 44, p. 271.

GODBOUT J. T. (2009), *Ce qui circule entre nous : donner, recevoir, rendre*, Seuil.

LAURIOL J. (2008), « Développement durable et économie de la fonctionnalité : une stratégie renouvelée pour de nouveaux enjeux », in *L'économie de la fonctionnalité une voie pour articuler dynamique économique et développement durable : enjeux et débats*, Club Économie de la fonctionnalité et développement durable, ATEMIS, p. 11.

MAUSS M. (2012), *Essai sur le don*, Puf.

MCDONOUGH W. et BRAUNGART M. (2002), *Cradle to Cradle – Remaking the Way We Make Things*, Tantor Audio.

PEARCE D. W. (1990), *Economics of Natural Resources and the Environment*, Johns Hopkins University Press.

POLANYI K. (2009), *La grande transformation : aux origines politiques et économiques de notre temps*, Gallimard.

RAYMOND E. S. (2001), *The Cathedral & the Bazaar: Musings on Linux and Open Source by an Accidental Revolutionary*, O'Reilly Media.

RIFKIN J. (2012), *La troisième révolution industrielle. Comment le pouvoir latéral va transformer l'énergie, l'économie et le monde*, Les liens qui libèrent.

SCHNEIDER N. (2014), « Owning Is the New Sharing », décembre, www.shareable.net/blog/owning-is-the-new-sharing.

SCHOR J. (2014), « Debating the Sharing Economy », Great Transition Initiative, www.geo.coop/sites/default/files/schor_debating_the_sharing_economy.pdf.

SEMPELS C. et HOFFMANN J. (2013), *Les business models du futur : créer de la valeur dans un monde aux ressources limitées*, Pearson.

STAHEL W. R. (1986), « The Functional Economy: Cultural and Organizational Change », *Science & Public Policy*, vol. 13, n° 4, août.

STALLMAN R. M., WILLIAMS S. et MASUTTI C. (2011), *Richard Stallman et la révolution du logiciel libre : une biographie autorisée – Une initiative Framasoft*, Eyrolles.

TAPSCOTT D. et WILLIAMS A. D. (2007), *Wikinomics: Wikipédia, Linux, YouTube... Comment l'intelligence collaborative bouleverse l'économie*, Pearson Village Mondial.

ZACKLAD M. (2006), « L'économie de fonctionnalité encastrée dans la socioéconomie des transactions coopératives : dynamique servicielle et fidélisation soutenable », Colloque de Cerisy, « L'économie des services pour un développement durable ».

UBÉRISATION GÉNÉRALE ! LA RÉVOLUTION JURIDIQUE 2.0 EST EN COURS

BERTRAND DU MARAIS*

Au début de l'automne 2015, un mélodrame, heureusement sans trop de gravité, a secoué la France. Le conflit opposant les chauffeurs de taxi à l'entreprise Uber a constitué une magnifique occasion ratée, comme sait en inventer si souvent notre beau pays, de traiter un sujet de société crucial. En effet, en focalisant le débat politique et médiatique autour des critiques contre le service Uber Pop que fournissait l'entreprise américaine sous un mode collaboratif, cet épisode a escamoté un débat de fond : est-il opportun – voire nécessaire – d'adapter notre droit aux nouvelles formes de transactions économiques induites par le développement des technologies internet ? En particulier, est-il nécessaire de réguler, et de quelle façon, ce nouveau paradigme baptisé de façon positive « économie collaborative » ou péjorative « ubérisation » ?

Aux très intéressantes analyses développées par d'autres auteurs dans ce *Rapport moral sur l'argent dans le monde 2015-2016* [1], il est permis d'ajouter les quelques considérations suivantes, à la lumière notamment du récent projet de loi « pour une République numérique » déposé le 9 décembre 2015 sur le Bureau de l'Assemblée nationale.

En premier lieu, il faut souligner l'importance du phénomène en cours de développement : le Web 2.0, déployé à partir du milieu des années 2000, marque en réalité le début de la véritable révolution numérique (première partie). Le constat de ce phénomène est déterminant pour pouvoir non pas répondre, mais seulement aborder la question – largement oubliée – de savoir que réguler et dans quel objectif[2]. En second lieu, dans un contexte où les technologies et plus encore les usages sont mouvants, la question du but de la régulation est occultée, presque spontanément et logiquement, par celle des modalités. Or la société comme les institutions françaises ont beaucoup de difficultés à passer d'une approche traditionnelle de régulation hiérarchique univoque (*command and control*) à une

* Conseiller d'État ; président du Think Tank FIDES (Forum sur les institutions, le droit, l'économie et la société, http://fides.u-paris10.fr).

approche dans laquelle législateur et exécutif doivent faire preuve d'inventivité et d'agilité (deuxième partie).

QUE RÉGULER ? LA VRAIE RÉVOLUTION NUMÉRIQUE NE FAIT QUE COMMENCER

La première révolution numérique ou l'avènement de « vitrines numériques »

Il n'est pas besoin de souligner l'importance des phénomènes procédant de l'« économie collaborative » ou encore de l'« économie du partage ». Cependant, il est utile, pour en rappeler le développement rapide, d'essayer de caractériser brièvement l'évolution à l'œuvre depuis la fin des années 2000, et surtout la rupture qui s'est opérée avec l'avènement du Web 2.0.

La première révolution numérique était le fait de l'ouverture au grand public, par le gouvernement américain en 1993, des infrastructures et des protocoles de communication créés initialement pour ses besoins de défense et qui constituent l'Internet. Révolutionnaire, son fonctionnement était simple, mais pourtant relativement rigide : navigation par PC et logiciels navigateurs entre des liens URL sur le *World Wide Web* ; relations de point à point et entre « client-serveur » ; communication surtout descendante avec la consultation de pages de sites web à recharger, hormis la messagerie électronique et quelques logiciels de *chat*, type MSN. Dès lors, le Web 1.0 fonctionnait plutôt selon une logique de « vitrine », il est vrai potentiellement créée par tout un chacun (à travers les blogs). Comme la numérisation permettait déjà un coût marginal de la diffusion de l'information faible, voire nul, il conduisait à des rendements d'échelle croissants, voire infiniment croissants[3]. Des gains d'efficacité phénoménaux en ont résulté, bénéficiant surtout au premier commerçant en ligne qui ouvrait sa vitrine dans un secteur porteur. Loin de conduire à une économie plus concurrentielle et à la gratuité des services de l'information, il est logique que ce phénomène ait permis à chacune de ces nouvelles vitrines, dès qu'elle rencontrait un nouvel usage, de se constituer rapidement en autant de nouveaux monopoles. Leur solvabilisation passait par des logiques connues dans l'audiovisuel hertzien (par la publicité) ou grâce à des prix unitaires très faibles avec de très grands volumes (type « place de marché »). C'était la période des MSN, des Amazon et autres eBay.

Grâce à quelques innovations technologiques et surtout quelques logiciels, et davantage encore grâce à la combinaison de ceux-ci dans des services et des produits intuitifs, ouverts et participatifs, le Web 2.0 a remis en cause cette logique de « vitrine ». Il fait entrer l'économie et la société dans la véritable révolution numérique, dans un nouveau paradigme, dont l'ubérisation semble justement à tous l'archétype.

La deuxième révolution numérique : Web 2.0 et ubérisation

On ne reprendra pas une définition de l'ubérisation par ses effets comme, par exemple, « l'avènement, sur un marché donné, d'acteurs internet proposant des services à la demande et soumis à des règles plus souples » (Aïdan *et al.*, 2015). Ce type de définition est trop contingent et finalement peu précis. Préférons définir l'ubérisation par ses composantes, ou plutôt comme la confluence de deux dynamiques. Comme toute révolution économique et sociale, et sans reprendre Rifkin (2014), cette révolution numérique est ainsi le fruit de la rencontre entre des innovations technologiques et de nouveaux usages sous-tendus par des évolutions sociologiques profondes.

La première composante de cette révolution technologique est industrielle, voire technique autant que technologique. Elle rassemble plusieurs phénomènes dont le plus important est sans conteste ce que l'on a appelé la « convergence des médias ». Il s'agit de la réception de l'ensemble des flux d'informations (voix, images, données) sur un seul terminal numérique : autrefois le PC, aujourd'hui plus souvent le smartphone et, dans une moindre mesure, la tablette. Contrairement à l'écran du PC, le smartphone est hyper portable et donc omniprésent, mais aussi géolocalisable tout en recevant la même diversité de services offerts sur le web.

Celui-ci a de son côté muté vers des services réellement interactifs, dans lesquels les destinataires du service contribuent eux-mêmes à l'agrégation de contenus (type réseaux sociaux). Cette méthode d'agrégation des contenus personnels, que permettent ces nouvelles technologies applicatives, correspond d'ailleurs à une forme extrêmement élaborée et efficiente d'organisation. Certains analystes voient dans le succès opérationnel des grands projets collaboratifs (comme Wikipedia ou les logiciels libres, etc.) un nouveau mode d'organisation, plus efficient que le marché ou la firme, pour reprendre les catégories établies par les économistes Ronald Coase ou Oliver Williamson (Benkler, 2012).

La révolution des applis réside alors dans la capacité à prendre des décisions instantanément (par téléphone mobile) tout en bénéficiant de l'immensité du champ informationnel qu'offre le web, lequel s'enrichit justement par l'apport instantané des autres usagers.

La deuxième composante de cette révolution technique, dont on ne voit que les prémices, est l'Internet des objets qui, davantage qu'une communication entre objets, génère des quantités gigantesques de flux d'informations individuelles très précises sur le fonctionnement et l'usage de ces objets.

La troisième composante est l'imprimante 3D. Sans que celle-ci ne révolutionne l'ensemble de la production industrielle, qui ne constitue d'ailleurs plus qu'une part limitée du PIB (Gadray, 2014), cette innovation permet de décentraliser – voire de relocaliser – des productions en petite série au plus près de leur foyer de consommation. Elle facilite l'individualisation très précise des produits et donc parfois leur production par les consommateurs eux-mêmes.

Il faut souligner que la France bénéficie, face aux deux premières composantes de cette révolution, d'une situation très particulière, voire d'un avantage comparatif indéniable. En effet, contrairement à ce que serinent beaucoup de dirigeants publics et privés, repris sans trop de discernement par les médias, notre pays n'est pas « en retard dans la numérisation ». Au contraire, la France présente un très haut niveau de déploiement d'infrastructures de communications modernes qui sont les vecteurs de la convergence et de l'Internet des objets, deux des composantes de la révolution numérique. En outre, le niveau d'usage et de compréhension de ces technologies est plutôt élevé dans la population française, relativement à beaucoup de pays développés. Ainsi, les politiques publiques d'équipement en haute technologie soutenues par les gouvernements successifs depuis une quinzaine d'années ainsi que la relative qualité de notre système éducatif font de la France un terrain privilégié du développement d'entreprises et de services « ubérisants ». Ce n'est d'ailleurs pas un hasard si Paris a été la première ville en dehors des États-Unis où s'est installée Uber et si Airbnb s'est particulièrement développée en France.

Paradoxalement, à travers son « ubérisation », notre société touche ainsi le « dividende numérique » de tous les investissements consentis depuis quinze ans...

Toutefois, l'ubérisation n'est pas une révolution exclusivement technologique : elle s'inscrit dans une seconde dynamique, de nature sociale, ou plutôt dans une déstructuration du paradigme social traditionnel.

Ainsi, le « fordisme », ce complexe qui liait consommation de masse, organisation taylorienne de la production et salariat stable est sévèrement érodé depuis le début des années 1980, avec la montée de la précarité de l'emploi. Parallèlement, la distinction entre consommateur, salarié et producteur s'est estompée tout au long de la même période, la création du statut d'auto-entrepreneur marquant la reconnaissance officielle de la fusion de ces catégories. Enfin, les années 2000 et la permanence d'un chômage de masse dans certaines catégories de la population française ont marqué l'éviction de l'emploi salarié de toute une frange de la population : jeunes, d'origine immigrée et sans qualification.

De même, depuis le début des années 1980, la globalisation s'est traduite par l'ouverture des économies nationales à la concurrence des productions étrangères et surtout à la réification, voire la marchéisation croissante de biens, de valeurs, et donc également de relations, jusqu'alors traditionnellement exclus de la sphère marchande (du Marais, 2012).

Or ces tendances ne sont pas nées avec les applis.

Cependant, la crise financière de 2007 a introduit deux éléments supplémentaires dans cette déstructuration du modèle social. Dans les économies développées, elle a d'abord créé une profonde perte de confiance des citoyens à l'égard de leurs dirigeants, publics et privés, et, par contrecoup, dans les institutions publiques. Non seulement celles-ci ne les avaient pas protégés, mais aussi ceux-là les avaient trahis, en succombant aux mythes de l'ajustement automatique des marchés, de la financiarisation de l'économie, voire en les empoisonnant physiquement, comme en ont témoigné au même moment quelques scandales sanitaires majeurs (hormones de croissance, puis Mediator).

Ensuite, et cela est banalement logique, la crise de 2007 a imposé la nécessité de trouver des revenus de substitution aux revenus classiques du travail. La globalisation les avait déjà atrophiés en ouvrant la plupart des productions nationales, dans les pays développés, à une concurrence exacerbée des industries du sud.

Avec la crise financière, ce besoin de revenus d'appoint fait évoluer le modèle économique et social vers ce que l'on pourrait appeler l'« économie du *yard sale* » ou du « vide grenier », pour faire référence à des pratiques bien connues aux États-Unis. La classe moyenne américaine, contrainte dans ses revenus et soumise à de forts impératifs de mobilité, compense une partie de ses coûts de consommation et de déménagement par une revente systématique des objets usuels, donnant lieu à des après-midi d'âpres marchandages sur la pelouse de la maison familiale… La montée sur Internet de ce phénomène n'est pas non plus nouvelle depuis la naissance – aux États-Unis d'ailleurs – d'eBay, voire plus récemment du site français Leboncoin, dont le décollage date justement de 2008… Mais le développement récent des applis permet de décupler cette recherche de revenus d'appoint, les particuliers ne vendant plus seulement des biens de consommation obsolètes, mais aussi des services qui utilisent les capacités inutilisées de leurs équipements courants.

L'ubérisation de la société ne fait que commencer…

Ainsi définie comme confluence de deux dynamiques, l'ubérisation constitue donc un changement de paradigme économique et non seulement de *business model*. Elle repose sur ce que les économistes de l'Internet appellent les « marchés bifaces »[4] dont elle entraîne, par effet retour, le développement. Elle est également le vecteur de diffusion de l'« économie collaborative » ou « économie de partage », dont elle est en même temps l'archétype. Ce nouveau paradigme pourrait se résumer ainsi, certes de façon un peu caricaturale : grâce à des applis sur smartphone, tout agent économique devient le fournisseur potentiel de quelqu'un, à tout instant, en utilisant au mieux son capital (physique, social ou en temps).

Ce nouveau paradigme remet alors en cause le paradigme consumériste traditionnel : en reposant sur l'existence de capacités excédentaires en capital physique et humain, il réduit son inutilisation et donc la demande pour l'acquisition ou le renouvellement de biens durables[5]. L'ubérisation est donc, dans une certaine mesure, favorable à l'environnement. Pour caricaturer : si à tout instant, grâce à une appli, le père de famille sait lesquels de ses voisins emmènent ses enfants à la même école, la question de posséder une seconde voiture peut se poser...

Généralisé, ce mouvement remet également en cause les nombreuses politiques qui recourent aux instruments classiques de l'intervention publique directe. La polémique autour du service UberPop, comme le développement des applis de covoiturage ont montré, par exemple, que les politiques traditionnelles de transports ou de déplacements urbains reposant sur un investissement public massif – y compris sous la forme de location de véhicules type autolib – devenaient clairement inefficientes par rapport à des solutions issues de l'économie collaborative.

Bonne nouvelle pour l'environnement et la dépense publique, mauvaise pour la croissance...

Une autre des conséquences de l'ubérisation, et sans doute la plus surprenante pour le juriste, est relative à la confiance entre acteurs économiques. De façon très contre-intuitive, la révolution technologique du Web 2.0 produit chez ses utilisateurs une confiance qui se construit, à partir de la technologie, sur le nombre, érigé en label de qualité, et donc sur l'information.

Cette situation est d'autant plus paradoxale que dans la période du Web 1.0, une large partie du débat public portait en France sur le sentiment d'insécurité des consommateurs, obstacle au développement de la société de l'information. La priorité des pouvoirs publics a alors été de créer des moyens de certifier la sécurité des transactions par l'intervention de « tiers de confiance », de les garantir par des obligations pesant sur les fournisseurs d'accès et les hébergeurs[6].

Aujourd'hui, au contraire, plutôt que de se fonder sur la proximité géographique – comme sur la place du marché du village – et encore moins sur la réglementation, les intervenants sur les marchés *peer to peer* vont se fonder sur la réputation virtuelle soit des fournisseurs avec lesquels ils sont mis en relation, soit de la plate-forme qui les met en relation. Cette réputation se construit grâce aux avis des autres internautes, à la notation, voire aux échanges directs avec le futur partenaire, donc de façon extrêmement informelle. Le rôle de la notation par les autres consommateurs est à cet égard primordial (Beauvisage, 2013). Ce n'est pas un hasard si le projet de loi « République numérique » prévoit plusieurs dispositions relatives à « la loyauté des plates-formes » et surtout à « l'information des consommateurs sur les avis en ligne ». C'est donc largement la technique qui va permettre la confiance.

La prospective que l'on peut tirer de ces tendances sociétales est que l'ubérisation devrait particulièrement frapper les secteurs de services et/ou les marchés dans lesquels la confiance est un élément majeur de la transaction. Cela peut valoir notamment dans tous les marchés où s'échangent des « biens de confiance », dont la consommation est trop peu fréquente – voire unique – pour permettre de révéler au consommateur leur qualité. Ces marchés recouvrent surtout des services, aussi variés que les services juridiques de notaire ou d'avocat, les soins médicaux, les pompes funèbres, etc. La confiance – et donc la qualité – sur ce type de marchés était traditionnellement garantie par une régulation à la fois *ex ante*, portant sur les conditions d'entrée dans ces activités, et *ex post* par un régime disciplinaire interne à la profession, qui en assumait le contrôle par délégation des pouvoirs publics (Chaserant et Harnay, 2015). On aura identifié dans ces caractéristiques le modèle français des professions réglementées – comme les taxis – et des ordres professionnels.

Les marchés financiers et plus encore les banques, pour lesquelles la confiance dans l'emprunteur ou dans le produit d'investissement joue un rôle déterminant, devraient également être profondément bouleversés par cette construction à la fois technologique et collective de la confiance. Ces secteurs avaient été relativement épargnés par la logique de « vitrine » du Web 1.0. Or, traditionnellement très réglementées, la banque et la finance ont présenté les pires faiblesses pendant la crise financière. Le *crowdfunding* et ses divers avatars conduisent alors à ce paradoxe que les épargnants, réputés les consommateurs les plus frileux, préfèrent investir leurs économies dans des projets souvent flous, portés par des inconnus, plutôt que de les placer dans un établissement bancaire « de la place », sujet à de nombreux contrôles et sous observation constante du régulateur. Encore sans doute les épargnants consentent-ils à prendre ce type de risques parce qu'ils n'investissent certainement qu'une part marginale de leurs économies dans ces projets collaboratifs.

Le nouveau paradigme de l'ubérisation remet alors paradoxalement en cause l'un des fondements de la réglementation publique : la prévention des risques, qui constitue la raison d'être du régime de police administrative. Le fonctionnement de ces nouveaux marchés, dans lesquels la confiance est une construction collective du marché lui-même, pourrait rendre inutile la régulation *ex ante*.

POURQUOI ET COMMENT RÉGULER L'UBÉRISATION ?

Pour maintenir l'ordre existant ?

L'opinion que l'on peut se faire de la réponse spontanée du système juridique et institutionnel français devant ces phénomènes d'ubérisation est plutôt mitigée.

En effet, les premières mesures ont été davantage orientées vers l'interdiction pure et simple, ou tout au moins vers l'encadrement général, que vers le soutien, voire la simple prise en compte, du phénomène.

De ce point de vue, celui-ci n'a pas échappé à une tradition nationale qui aborde toujours l'innovation avec circonspection, souvent par incompréhension, parfois en raison de la capture des décideurs par les producteurs en place. À cet égard, la régulation n'est jamais innocente et la lutte contre la capture constitue un enjeu majeur pour le fonctionnement de la démocratie, mais aussi l'équilibre du marché. On le sait depuis Marx en passant par l'école du *public choice* : la puissance publique est rarement neutre et foncièrement bienveillante. L'intérêt général, pivot de la tradition institutionnelle française, est plus souvent l'intérêt « du » général...

À l'égard de la société Uber elle-même, les réactions des pouvoirs publics, l'exécutif comme les juridictions, mais aussi des médias ont été la parfaite manifestation de ce réflexe traditionnel. Le débat public et juridique est allé de l'incompréhension à l'interdiction, en passant parfois par la satisfaction de *lobbies* (les taxis) ou d'opérateurs dominants (comme le G7) (Nora, 2015). La problématique de fond a été obscurcie par une succession de décisions juridictionnelles éparses et de textes souvent de circonstance. La logique de l'ensemble est parfois difficile à discerner, comme en témoigne la libéralisation des VTC aussitôt suivie d'une lutte sans merci contre Uber (Broussolle, 2015 ; Delebecque, 2015). À cet égard, il reste à démontrer que les alternatives réglementées à Uber (les taxis notamment), mais aussi aux autres plates-formes collaboratives, sont toutes exemptes des maux reprochés à ces dernières, parfois sur la seule foi d'articles de la grande presse[7] : travail au noir, exploitation de travailleurs dits « indépendants » par les plates-formes de donneurs d'ordres, fraude fiscale, méconnaissance des obligations de sécurité, etc.

Finalement, les conflits entre professions réglementées et plates-formes collaboratives attestent de la nature, à la fois triste et rassurante, des relations humaines dans une société moderne. Dès lors qu'il existe un échange économique et quelles que soient les promesses libératrices de la technologie – et les promesses d'Internet en cette matière sont aussi nombreuses qu'illusoires et manipulatrices[8]–, le capitalisme reprend ses droits, avec son cortège d'innovations et de progrès, mais aussi d'exploitation et de souffrances. Dit d'une autre façon, qui n'aurait pas déplu à Ronald Coase : dès lors qu'il existe des besoins et que les technologies peuvent les satisfaire moyennant finance, des relations d'échange se nouent et, avec elles, apparaissent des comportements stratégiques et des dysfonctionnements du marché.

Ce sont donc sur ces dysfonctionnements, ces pathologies, qu'il faut mettre l'accent et axer la régulation publique. Ce qui suppose également une petite révolution dans l'art de réglementer.

Ou plutôt réguler les seules pathologies ?

Au moins jusqu'à ce que le nouveau paradigme soit établi et banalisé, l'intervention publique doit se concentrer sur la réduction, voire la compensation des pathologies qu'il crée, plutôt que de chercher à encadrer *a priori* son développement, et notamment ses acteurs, par des règles uniformes, précises, voire pointilleuses, établissant une relation hiérarchique entre les pouvoirs publics et les acteurs.

L'ubérisation rend également difficile, dans le droit substantiel et processuel, l'usage d'un droit constitué de garanties collectives, obtenues collectivement par des luttes sociales et mises en œuvre collectivement, que ce soit par un appareil de police administrative soumis au pouvoir hiérarchique de l'État ou par les professions elles-mêmes, par délégation de la puissance publique.

En premier lieu, la lutte contre les effets collatéraux de l'ubérisation suppose un droit plutôt centré sur les responsabilités et les garanties individuelles, mis en œuvre par des mécanismes décentralisés. Ceux-ci devraient mobiliser en priorité les juridictions étatiques.

De tels contrôles *a posteriori* et décentralisé supposent, tout d'abord, des innovations dans la mise en œuvre contentieuse du droit[9]. Du point de vue de la procédure juridictionnelle, l'économie collaborative est sans doute la terre d'élection de modes de représentation collective des intérêts des plaignants contre les plates-formes. Sans souscrire au développement généralisé de l'« action de groupe » (*class action*) à l'anglo-saxonne dont on a souligné par ailleurs les limites et les méfaits, l'ubérisation se prête particulièrement bien à l'action contentieuse d'associations représentant les intérêts des différentes parties prenantes. La création d'associations d'auto-entrepreneurs pour porter leurs revendications contre les plates-formes l'annonce d'ailleurs. L'accès des syndicats de salariés classiques aux prétoires dans ce type de contentieux devrait également être développé. Dans une certaine mesure et au moins dans une première étape, l'ubérisation confère sans doute au juge un rôle privilégié de régulateur en dernier ressort.

Par ses propres caractéristiques, l'ubérisation incite également à la recherche de mécanismes privés de réduction de ces dysfonctionnements. Compte tenu de la grande masse des transactions et de leur montant unitaire souvent réduit, le rôle de l'assurance privée devrait sans doute faire l'objet d'une réflexion de tous les acteurs.

Toutefois, si ces acteurs traditionnels, publics ou privés, doivent être mobilisés, le caractère numérique des litiges en cause appelle enfin à rechercher des solutions décentralisées à travers la technologie elle-même. Les dispositifs de ODR (*on-line dispute resolution*) devraient être particulièrement adaptés et offrir des plates-formes de médiation ou de conciliation entre les différents acteurs de l'économie collaborative. Les travaux précurseurs autour des plates-formes entièrement numériques de type eResolution ou ECODIR[10] ont montré l'intérêt de résoudre des petits litiges répétitifs par des infrastructures automatisées, gratuites ou quasi gratuites, d'aide à la négociation et à la transaction. Sans aborder les litiges purement numériques, la récente directive 2013/11/UE du 21 mai 2013 relative au règlement extrajudiciaire des litiges de consommation et modifiant le règlement (CE) n° 2006/2004 et la directive 2009/22/CE ouvre, certes à titre d'alternative et sans doute trop timidement, des possibilités d'exécuter efficacement dans l'économie réelle les décisions de ce type d'infrastructures.

En second lieu, l'ubérisation renforce le rôle de la puissance publique comme mécanisme de sanction et comme garante de l'objectivité des comportements.

À cet égard, la prétention de certains opérateurs dominants de l'économie collaborative à revendiquer la suppression des règles minimales du marché, en bâtissant sans vergogne des monopoles, ne doit pas faire illusion. Cette pratique appelle logiquement à un renforcement des contrôles et des sanctions classiques au titre de l'égale concurrence. Cette fonction rejoint le rôle traditionnel du droit de la concurrence, en particulier dans la tradition américaine, qui vient limiter l'excès de puissance, y compris politique, d'intérêts purement privés.

Un autre rôle pourrait nécessiter l'intervention de la puissance publique, en tant qu'institution surplombant les différents intérêts privés en cause et détentrice du monopole de la puissance légitime. Il s'agit de garantir l'objectivité de la notation, mais aussi des plates-formes de résolution en ligne. Ce rôle de garant pourrait être rempli par des institutions existantes, comme l'Institut national de la consommation, mais aussi à travers les pratiques qui se développent en matière de labels que l'État attribue sous réserve du respect d'un cahier des charges. Ensuite, sans créer un nouveau régime juridique, mais en renforçant ses moyens, l'administration devrait constituer un instrument de sanction rapide des infractions commises par les plates-formes, sur saisine des utilisateurs eux-mêmes, trop petits ou isolés pour actionner les mécanismes juridictionnels évoqués ci-dessus. Pour cette fonction de sanction administrative, mais actionnée par les particuliers, on peut penser à des administrations comme la DGCCRF (Direction générale de la concurrence, de la consommation et de la répression des fraudes).

Un droit spécifique ? Plutôt adapter la réponse normative

Dès lors qu'il n'est ni réaliste, ni sain d'adhérer à un discours purement permissif et de prôner un total « laisser-faire », voire une simple régulation *permissionless*[11], traiter le nouveau paradigme de l'ubérisation suppose une réflexion méthodologique préalable pour construire une approche de la régulation qui lui soit adaptée. La difficulté est à la fois de répondre au caractère parfois déstructurant du phénomène d'ubérisation, mais aussi de protéger la part d'innovation – et donc de fragilité – et d'effets bénéfiques de l'économie collaborative. Comme toute révolution, cette révolution numérique 2.0 crée des opportunités pour des *outsiders*, en particulier pour les personnes peu qualifiées dans les savoirs classiques, pour les laissés-pour-compte ou les consommateurs marginaux. Il n'est à cet égard pas fortuit de constater que beaucoup de chauffeurs de VTC sont jeunes et issus de l'immigration. De même, les sites de covoiturage – Blablacar, par exemple – ont d'abord été plébiscités par les étudiants, etc. Enfin, soulignons à nouveau que dans « économie du partage », il y a aussi « partage »...

Adopter une nouvelle attitude en matière de régulation pourrait s'articuler autour des quelques principes suivants.

Tout d'abord, il s'agit d'utiliser les instruments existants, mais d'une façon adaptée au dilemme que suscite l'économie collaborative numérique : affecter chacun des instruments de politiques publiques existants, et plus précisément chaque instrument normatif, selon les lois de Mundell et Tinbergen (autant d'instruments que d'objectifs et à chaque instrument doit être assigné l'objectif qu'il remplit le mieux)[12] ; mettre en œuvre les contrôles et les sanctions pour ce qu'ils sont, c'est-à-dire en respectant une neutralité entre acteurs de l'économie collaborative et acteurs de l'économie classique ; ne pas compliquer progressivement des règles qui ont été conçues initialement pour être simples.

Sur ce dernier principe, il est frappant de constater que deux régimes juridiques, inventés bien avant la phase d'ubérisation actuelle afin de simplifier et rendre officielles des activités individuellement de faible importance économique, ont été graduellement complexifiés. Le régime juridique, social et fiscal des employeurs de personnel à domicile et celui des auto-entrepreneurs pourraient être les réceptacles naturels des activités collaboratives. Il serait intéressant d'analyser s'il existe une corrélation entre, d'un côté, le développement des pathologies nées d'une ubérisation sauvage et, d'un autre côté, l'augmentation des contraintes imposées progressivement à ces deux régimes. De même, il est frappant de constater que le covoiturage se développe après une période de complexification et d'augmentation des tarifs de la SNCF pour les jeunes et les étudiants. Enfin, il serait intéressant d'identifier les effets de reports de clientèles sur des dispositifs de location type Airbnb dus à l'accumulation de normes techniques pesant sur la petite hôtellerie indépendante.

Ensuite, distinguer les dysfonctionnements inhérents à l'ubérisation d'avec les aspects positifs de l'économie collaborative impose d'adapter le niveau de la réglementation à la cible visée. Il n'est pas possible de traiter juridiquement, fiscalement, socialement les particuliers qui interviennent comme producteurs de l'économie collaborative, à l'instar de professionnels pour lesquels il s'agit de nouveaux canaux de distribution.

Enfin, comme en général dans le domaine numérique, la régulation de l'ubérisation suppose une modification en profondeur de l'attitude même des régulateurs et des producteurs de la norme, pouvoir exécutif ou législatif.

D'une part, ils doivent adopter une stratégie d'adaptation constante au comportement des grands acteurs dominants de ce secteur. Sans chercher à légiférer à tout instant, cette attitude ne peut reposer que sur une veille prospective permanente, s'appuyant sur une recherche académique dynamique sur les nouveaux modèles économiques et sociaux, mais aussi juridiques qui sont sous-jacents.

D'autre part, les caractéristiques mêmes de la société de l'information, et particulièrement sa dimension transnationale, imposent aux pouvoirs publics de mettre en œuvre une stratégie nouvelle pour l'application du droit national. Il s'agit d'user du marché comme d'un levier pour donner son effectivité à la contrainte légale légitime, ce que l'on pourrait appeler la « Yahoo ! attitude » ou la « jurisprudence Yahoo ! ». Souvenons-nous : en mai 2000, le président du tribunal de grande instance de Paris avait été brocardé par la presse nationale et internationale pour avoir imposé au géant de l'Internet de l'époque de filtrer des contenus ouvertement nazis, contraires à la loi Gayssot. Pourtant, malgré les dénégations des responsables du site, cette décision de justice nationale a obtenu une complète exécution, pas tellement en raison de l'*exequatur* obtenue en Californie, mais surtout en raison de l'appel au *boycott* de Yahoo ! par plusieurs ONG américaines. Cette effectivité résultait d'une subtile combinaison entre une règle de droit purement nationale (l'infraction à la législation sur l'incitation à la haine raciale définie très strictement en France), la dimension commerciale mondiale de l'Internet, mais aussi la gestion universelle et instantanée de l'information qui démultiplie les campagnes d'opinion sur le réseau (du Marais, 2004). Il reste cependant à élaborer une doctrine objective pour encadrer l'usage dans un État de droit d'une telle « ruse du marché ».

CONCLUSION : NI UBÉRISATION DU DROIT, NI DROIT DE L'UBÉRISATION

En conclusion, face à l'ubérisation de la société, il ne faut craindre ni l'ubérisation du droit, c'est-à-dire la déstructuration complète de notre système et de nos concepts juridiques, ni rechercher la création d'un droit de l'ubérisation, un régime juridique spécifique qui aurait vocation à encadrer très précisément et par avance les dérives de ce nouveau phénomène.

La première réponse est celle souhaitée par certains opérateurs dominants qui rêvent d'imposer leur stratégie comme standard normatif. La seconde est une tentation qui s'impose naturellement dans notre pays jacobin, mais elle aurait pour effet de rompre l'équilibre subtil entre ordre public et innovation qui doit prédominer pour le développement d'activités et d'usages nouveaux. La voie moyenne – donc étroite par nature – se situerait plutôt dans un usage renouvelé des instruments classiques du contrôle de la puissance publique – notamment en droit de la concurrence – et des procédures de résolution des litiges, juridictionnelles ou en ligne. Par une construction progressive et incrémentale, il s'agit de se concentrer sur la correction *a posteriori* des dysfonctionnements de l'économie collaborative. Cependant, face à ceux-ci, les pouvoirs publics ne peuvent faire l'économie d'une évolution de leur attitude face à l'instrument du droit comme outil de politique publique.

Mais que le lecteur se rassure : le génie français saura se défier également de ces deux écueils. Il suffit de se rappeler que notre pays a vu naître la première réglementation de l'aviation civile – dès 1783, lorsque le roi interdit à Jean-François Pilâtre de Roziers d'emmener des passagers humains dans sa montgolfière. Cela n'empêcha pas le roi de changer ensuite d'avis, et la France de devenir plus tard une grande puissance aéronautique…

Notes

1. Et notamment l'analyse de notre ami Jean-Baptiste Soufron, à laquelle nous souscrivons très largement.

2. Dans ce texte, on prendra comme définition de la régulation : « l'introduction de la préoccupation d'efficience économique au centre des politiques publiques et donc de leur régime juridique, dans le but d'assurer l'équilibre entre le bon fonctionnement du marché et l'intérêt général » (Bazex et du Marais, 2015).

3. À cet égard, ce phénomène issu de la numérisation de l'information n'avait pas attendu Rifkin (2014) : voir Volle (1999) cité, par exemple, dans Mandelkern et du Marais (1999).

4. Marché dans lequel une plate-forme de mise en relation entre une offre et une demande peut générer des revenus des deux côtés, tant du côté offre que du côté demande.

5. Une perceuse ne serait utilisée par un ménage qu'une dizaine d'heures dans son existence…

6. Voir notamment la loi n° 2004-575 du 21 juin 2004 pour la confiance dans l'économie numérique.

7. Sur lesquels se fondent d'ailleurs les rapporteurs du Sénat : Bouvard *et al.* (2015).

8. Promesses déjà non tenues pour le Web 1.0 : voir du Marais (2004). Quant aux promesses alléchantes faites pour le Web 2.0, on lira dans ce présent *Rapport moral sur l'argent dans le monde 2015-2016* notamment Soufron (2015).

9. Ce que les anglo-saxons appellent « *enforcement* » par complément à « *implementation* ».

10. Pour une approche à la fois complète et pionnière, voir : Benyekhlef et Gélinas (2003 et 2005), ainsi que les travaux actuels du laboratoire de Cyberjustice sur le site www.laboratoire-decyberjustice.org/, visité le 15 décembre 2015.

11. « *Permissionless innovation* » n'est pas synonyme de « sans intervention publique », mais repose sur le principe que l'option par défaut, la réponse spontanée des régulateurs devraient être de toujours autoriser l'innovation avant d'envisager une réglementation (voir : Thierer, 2014).

12. Règles de bon sens économique opportunément rappelées par le Conseil d'État (2015).

Bibliographie

Aïdan P., Le Viet S. et Rambaud T. (2015), « Vers une uberisation du droit », lemonde.fr, 19 juin.

Bazex M. et du Marais B. (2015), « Introduction – Dictionnaire des régulations : notre conception », in Bazex M., Le Berre C., Eckert G., du Marais B., Lanneau R. et Sée A. (dir.), *Dictionnaire des régulations*, LexisNexis, décembre, 700 p.

Beauvisage T. (2013), « Notes et avis des consommateurs sur le web. Les marchés à l'épreuve de l'évaluation profane », *Réseaux*, 2013/1, n° 177, pp. 131-161.

Benkler Y. (2012), « Coase's Penguin or Linux and the Nature of the Firm », *The Yale Law Journal*, vol. 112, p. 369 et suivantes.

Benyekhlef K. et Gélinas F. (2003), *Le règlement en ligne des conflits – Enjeux de la cyberjustice*, Paris, Romillat.

Benyekhlef K. et Gélinas F. (2005), « Online Dispute Resolution », *Lex Electronica*, vol. 10, n° 2, www.lex-electronica.org/s/939, visité le 15 décembre 2015.

Bouvard M., Carcenac T., Chiron J., Dallier P., Genest J., Lalande B. et de Montgolfier A. (2015), *Rapport d'information sur l'économie collaborative : propositions pour une fiscalité simple, juste et efficace*, Sénat, Rapport 690, 17 septembre.

Broussolle D. (2015), « Uber, taxis et covoiturages : fin de la saga ? », *La Semaine Juridique Édition Générale*, n° 45, 2 novembre.

Chaserant C. et Harnay S. (2015), « Self-Regulation of the Legal Profession and Quality in the Market for Legal Services: an Economic Analysis of Lawyers' Reputation », *European Journal of Law & Economics*, vol. 39, n° 2, avril, pp. 431-449.

Conseil d'État (2015), *Étude annuelle 2015 : l'action économique des personnes publiques*, La Documentation française, pp. 199-200.

Delebecque P. (2015), « Uber Pop, Uber Flop, Uber Hop ? », *Énergie – Environnement – Infrastructures*, n° 8-9, août.

Du Marais B. (2004), « Régulation de l'Internet : des faux semblants au retour à la réalité », *Revue française d'administration publique*, n° 109, pp. 83-92.

Du Marais B. (2012), « Training Lawyers for a Globalized World in Economic Crisis », *Journal of Legal Education*, vol. 61, n° 3, février, pp. 455-467.

Gadrey J. (2014), « Jeremy Rifkin, l'Internet des objets et la société des Barbapapa », *Alternatives économiques*, 28 septembre, http://alternatives-economiques.fr/blogs/gadrey/2014/09/28/jeremy-rifkin-l%e2%80%99internet-des-objets-et-la-societe-des-barbapapa/, visité le 15 décembre 2015.

Mandelkern D. et du Marais B. (1999), *Données publiques et révolution numérique*, La Documentation française.

Nora D. (2015), « Le système Rousselet : la martingale du roi des taxis », *l'Obs*, 12 février.

Rifkin J. (2014), *La nouvelle société du coût marginal zéro : l'Internet des objets, l'émergence des communaux collaboratifs et l'éclipse du capitalisme*, Les Liens qui libèrent.

Soufron J.-B. (2015), « Ubérisation : la stratégie du choc numérique », in *Rapport moral sur l'argent dans le monde 2015-2016*, Association d'économie financière.

Thierer A. (2014), « Embracing a Culture of Permissionless Innovation », *Cato Online Forum*, novembre, www.cato.org/publications/cato-online-forum/embracing-culture-permissionless-innovation, visité le 15 décembre 2015.

Volle M. (1999), *Économie des nouvelles technologies*, Economica.

UBÉRISATION :
LA STRATÉGIE DU CHOC NUMÉRIQUE

JEAN-BAPTISTE SOUFRON*

« En 2007, l'American Society of Civil Engineers indiquait que les États-Unis ont tellement de retard dans l'entretien de leurs infrastructures publiques (routes, ponts, écoles, barrages) que la remise aux normes coûterait plus de 1 500 Md$ sur cinq ans, alors même que les dépenses de ce type ont pourtant été réduites. Dans le même temps, les infrastructures publiques dans le monde sont confrontées à des événements sans précédent – ouragans, cyclones, inondations et incendies de forêts – dont la fréquence et l'intensité ne cessent d'augmenter. Il est facile d'imaginer un futur dans lequel un nombre croissant de villes auront des infrastructures fragiles, longtemps négligées, détruites par des catastrophes, et laissées à l'abandon, leurs services publics jamais remis en valeur, ni réparés. Les nantis, entre-temps, se retireront dans des résidences privées, leurs besoins satisfaits par des fournisseurs privés. »

Naomi Klein, The Shock Doctrine: the Rise of Disaster Capitalism

OÙ SONT PASSÉS LES BÉNÉFICES DU NUMÉRIQUE ?

Ce n'est que depuis 2011 que le débat public tant américain qu'international se focalise sur le partage inégalitaire des bénéfices de la croissance du numérique. Auparavant, l'objectif prioritaire était de favoriser son développement et de l'aider à optimiser la production des individus et des entreprises. Il s'agissait d'augmenter la taille du gâteau sans se poser la question de sa répartition. La régulation était vue comme un renoncement à l'efficacité et

* Avocat ; ancien secrétaire général, Conseil national du numérique.

au progrès. La situation n'a commencé à changer qu'avec les controverses sur la fiscalité des géants du web, à partir desquelles le grand public a pris conscience de l'impact concret de l'économie virtuelle sur le monde réel.

Depuis, le débat sur le numérique n'a fait que s'amplifier. Les impôts de Google en France ont baissé en 2015 alors que son chiffre d'affaires mondial augmentait de 15 %. Les innovations sont perçues comme une menace par des institutions et des entreprises de plus en plus nombreuses : les taxis parmi les plus connus, mais aussi les hôteliers, les agences de voyage etc. Les succès de Airbnb, de Uber, de Amazon ou de Google se fondent sur un modèle économique et juridique dit « de plate-forme », faisant d'eux de simples intermédiaires dans la fourniture d'un bien ou d'un service « à la demande » sur un marché « biface », c'est-à-dire mettant en relation deux types de clientèles normalement séparées et indépendantes. Google propose, par exemple, à des annonceurs d'exploiter des blogs de particuliers prêts à louer un peu de leur espace pour afficher de la publicité. Airbnb suggère à des touristes ou à des hommes d'affaires de passer leur nuit dans des chambres mises à disposition par des particuliers désireux d'arrondir leurs fins de mois. Uber permet à des clients souhaitant prendre un taxi d'utiliser la voiture d'un particulier voulant la rentabiliser un peu plus.

Mais si ces situations ont commencé par se développer comme une forme d'optimisation d'une ressource inexploitée, elles se sont rapidement professionnalisées. Google vise maintenant essentiellement les sites professionnels. Airbnb propose aussi bien des appartements de particuliers que des logements gérés par des agences. Uber fournit essentiellement des services de VTC (véhicules de tourisme avec chauffeur) professionnels. Loin d'être un avatar, cette évolution est une stratégie. On retrouve le même mouvement vers l'institutionnalisation, le professionnalisme et la massification dans de nombreux autres géants du web comme eBay ou PayPal.

Ce qui semblait acceptable et anodin à petite échelle prend une tout autre ampleur quand il s'agit de fournir le grand public en lieu et place des services qui étaient auparavant rendus. Le transfert de valeurs est massif vers les plates-formes qui organisent ces services, ainsi que vers les individus qui les contrôlent et savent les exploiter. À ce stade, il n'est plus possible de considérer qu'il s'agirait d'une conséquence inattendue de la société de la connaissance susceptible de se rééquilibrer dans le futur. C'est au contraire une stratégie pensée et organisée pour restructurer la société autour de services monopolistiques chargés de capter la valeur partout où il leur est possible de le faire.

COMMENT RÉAGIR FACE À L'ACCÉLÉRATION NUMÉRIQUE ?

Face à cette évolution qui inquiète, trois tendances se font face :

– les « dérégulationnistes » estiment que c'est l'arrivée massive des plates-formes qui impose de réformer le reste de la société, par exemple en adaptant la protection sociale et le droit du travail pour permettre aux sociétés comme Uber de se développer pleinement et de déployer leur modèle dans d'autres secteurs que celui du transport ;

– à l'inverse, les « neorégulationnistes » souhaitent réguler les plates-formes pour leur imposer des obligations nouvelles : par exemple, le fait de devoir communiquer à l'État, voire à leurs concurrents, les données d'intérêt général dont ils disposent ;

– enfin, les « intégrationnistes » pensent faire rentrer les plates-formes dans les cadres existants pour leur imposer les mêmes obligations qu'au reste de la société, par exemple lorsque c'est justifié, en appliquant le statut de l'hôtellerie aux exploitants de chambres sur Airbnb.

Les trois positions ne sont pas incompatibles et, en pratique, elles sont largement complémentaires. La réaction au développement des sites de notation en ligne est, par exemple, un mélange de réaction intégrationniste, quand il s'agit de leur appliquer le droit de la consommation, et de mouvement néorégulatoire pour décider si la DGCCRF (Direction générale de la concurrence, de la consommation et de la répression des fraudes) a le droit de s'intéresser à la réalité des notations qui sont proposées par les internautes.

Il s'agit moins de savoir s'il faut appliquer des règles que de définir le statut de la régulation.

L'idée de régulation correspond d'abord à un néologisme. Le terme français adéquat serait plutôt celui de réglementation. Mais là où la réglementation est issue de la tradition française, gouvernementale, étatique, juridique, la régulation est d'origine anglo-saxonne, fondée sur le marché, sectorielle et pragmatique. Elle correspond surtout à une approche ingénieriale : la régulation en français était à l'origine le terme utilisé permettant de contrôler des bielles et des pistons, tel le régulateur à boules de James Watts qui régulait la vitesse de rotation d'une machine à vapeur.

PEUT-ON CONTRÔLER UN SYSTÈME NUMÉRIQUE COMME ON CONTRÔLE UN MOTEUR À VAPEUR ?

La régulation ne se contente pas de résoudre les problèmes qui se posent entre les fournisseurs d'un service et leurs usagers. Elle trace un *design* et organise un marché, comme dans les secteurs des télécoms ou de l'énergie. Il va donc s'agir de savoir si Airbnb relève du secteur de l'hôtellerie – ce que Accor refuse d'admettre –, ou si Uber appartient au secteur des taxis plutôt qu'à celui des VTC – ce que le G7 et consorts défendent à cor et à cri.

L'Europe et la France ont déjà eu l'occasion de faire le choix de s'ouvrir largement au numérique. En 2000, la directive sur le commerce électronique avait décidé de favoriser le développement du numérique en dérégulant temporairement les règles de la TVA intracommunautaire pour permettre aux *start-up* d'appliquer le taux de TVA du pays où elles sont installées et non celle du pays de leurs usagers. En 2001, la LCEN (loi sur la confiance dans l'économie numérique) avait fait le pari de faciliter le travail des hébergeurs en acceptant de déréguler le droit de la presse et de la responsabilité pour éviter la multiplication à leur encontre des poursuites en diffamation ou en contrefaçon. À chaque fois, les solutions adoptées ont été d'inspiration plutôt pronumérique et antirégulation.

S'il paraissait à l'origine normal de vouloir favoriser le développement des *start-up* en France et en Europe, la situation est devenue insoutenable sur le plan fiscal comme sur le plan moral. La dérégulation a majoritairement bénéficié à des entreprises qui n'étaient ni françaises, ni européennes. Et de nombreux acteurs se réjouissent de la fin de cette mesure dont l'extinction devrait se poursuivre de 2015 à 2017. De même, s'il était important de protéger le développement des hébergeurs, la LCEN a aussi favorisé le développement d'un sentiment d'impunité qui se traduit par l'explosion des propos de haine et de racisme. Homosexuels, enfants, handicapés, loi après loi, ce sont de nouveaux groupes de victimes qui réclament la prise en compte de nouvelles exceptions au sein du dispositif de responsabilité aménagée prévu par la loi. Et petit à petit, c'est une approche communautariste qui commence à se développer en France, plutôt en ligne avec les valeurs des pays anglo-saxons où sont basées les plates-formes à réguler, mais pas celles d'une République laïque, égalitaire et républicaine.

LA QUESTION NUMÉRIQUE N'EST PAS UN PROBLÈME DE RÉGULATION, MAIS UN PROBLÈME DE VALEURS

Tel est, peut-être, le sens profond de la fameuse maxime de Lawrence Lessig : « *Code is law.* » Ce n'est pas le droit qui est à la traîne du numérique. C'est le numérique qui revendique pleinement son statut d'autorité épistémique. La stratégie juridique y est tellement centrale que le président Obama lui-même s'est récemment senti tenu de mettre en garde les acteurs institutionnels européens face à la tentation d'une régulation trop rapide des grandes plates-formes qui sont devenues l'un des fers de lance de son économie. Qu'il s'agisse de droit des robots, de consommation collaborative, d'usage des technologies par les salariés dans l'entreprise, du *cloud*, etc., les questions qui agitent ce secteur sont nombreuses et bouillonnantes d'originalité et d'énergie.

Face à cette demande de régulation, les plates-formes contestent tout droit à être contrôlées. Elles se présentent comme les défenseurs d'une nouvelle idéologie et vivent toute intervention comme une censure. Leur force est évidente. Il s'agit d'améliorer le niveau de vie de la population, de fournir des services et des produits de luxe à des gens qui n'y avaient pas accès auparavant, de leur faciliter la vie. À cette force économique s'ajoute leur capacité à s'incarner dans des *leaders* charismatiques qui sont à la fois entrepreneurs et visionnaires. Elon Musk, Peter Thiel, Jack Dorsey, Marck Zuckerberg ont rejoint le club de Steve Jobs et Bill Gates et servent de modèles à toute une population. À leurs yeux, le rôle du gouvernement consiste d'abord à leur faciliter la tâche. Il ne doit pas être un frein à l'innovation et doit créer les conditions de leur développement. À l'image des *tycoons* américains qui ont amené le chemin de fer jusqu'au pacifique, ils sont même prêts à pousser le risque juridique jusqu'au bout en jouant avec les règles autant qu'il est possible. Le numérique est vécu comme une nouvelle frontière qu'il faut coloniser le plus rapidement possible, sans regard pour les conséquences. La priorité est l'innovation, le développement de nouveaux services, la métamorphose numérique de la société.

Qu'importe si les entreprises sont valorisées dans une bulle et que les investisseurs paient des sommes mirobolantes pour participer à l'aventure. En juillet 2015, le titre Apple s'était envolé de 18 % sur l'année, celui de Facebook de 22 %, celui de Google de 28 % et celui de Netflix de... 135 %. Le Nasdaq n'est revenu à son niveau de 5 000 points qu'en 2015 pour la première fois, après la bulle des *dotcoms* en 2000 qui avait effacé 5 000 milliards de valeurs en quelques mois. Aux États-Unis, il y aurait aujourd'hui 225 000 *business angels* prêts à investir leur épargne dans la création d'entreprises. L'ouverture du *crowdfunding* à l'*equity* va encore étendre ce nombre à d'autres épargnants qui souhaitent également tirer profit de la révolution numérique.

Qu'importe aussi si la majorité de ces investissements n'ont aucune liquidité. Ils financent des apps ou des *start-up* en espérant tomber sur la fameuse « Licorne », celle qui sera valorisée de plus de 1 Md$ en moins de dix-huit mois – alors qu'il y a déjà près de 1,3 million d'apps aujourd'hui en comptant seulement les *app stores* de iOS et de Google Play.

Ces *start-up* de la Silicon Valley ont cessé d'être de petites entreprises combinant la croissance et l'ambition d'une multinationale avec le coût opérationnel d'une PME. Elles sont désormais parmi les entreprises les plus coûteuses et les plus consommatrices de capital du monde. À titre d'exemple, pris ensemble, Apple, Amazon, Facebook, Google et Twitter ont dû dépenser 66 Md$ d'investissements en 2014 pour pouvoir fonctionner. C'est huit fois plus qu'en 2009 et c'est deux fois plus que l'intégralité de l'industrie du *venture capital* aux États-Unis. À l'exception d'Apple, ces investissements représentent à peu près l'équivalent de leur chiffre d'affaires, suivant un modèle économique qui valorise l'investissement plutôt que les bénéfices. Pour se représenter l'importance de ces sommes qui sont indispensables au fonctionnement de l'économie numérique, il suffit de se rappeler que les géants de l'énergie comme Gazprom, Petrochina et Exxon dépensent « seulement » entre 40 Md$ et 50 Md$ par an pour fonctionner. Ou que les cinq géants du web ne possèdent pas plus de 60 Md$ d'équipements et d'infrastructures, c'est-à-dire à peine autant que le seul General Electric. Et qu'ils emploient, à eux seuls, 300 000 personnes dans le monde. Malgré tous les discours publics sur le sujet, l'économie numérique n'est pas *lean*. Les *start-up* ne se créent pas dans un garage et elles sont extrêmement gourmandes en capital pour pouvoir fonctionner.

QUAND LA RÉSISTANCE À LA RÉGULATION SE PARE DES VERTUS DE LA RÉSISTANCE À L'OPPRESSION

Mais les *leaders* de l'uber-économie veulent que l'on continue à les traiter comme s'ils étaient de simples *start-up* qu'il faut aider à se développer pour soutenir l'innovation. Mieux, ils en viennent à se poser en victimes du système politico-économique, comme si la recherche du profit par l'innovation pouvait quasiment être assimilée à un mouvement de résistance à l'oppression.

Quand la société Airbnb essaie toutes les stratégies juridiques qui pourraient lui permettre d'échapper aux règlements qui la requalifieraient en service d'hôtellerie, son fondateur Brian Chesky se compare avec Gandhi tentant d'échapper à la domination anglaise. Quand Uber essaie de continuer à exercer son activité malgré les accusations de travail dissimulé, un avocat explique que son combat rejoint celui de Rosa Parks face à l'injustice de la ségrégation. Le ridicule ne tue pas, mais il faut avoir conscience de l'ambition démesurée que traduisent ces références. Le moteur de la Silicon Valley ne repose pas que sur l'accès au capital, c'est aussi un réservoir d'émotions qui pousse chaque entrepreneur à viser toujours plus haut.

L'argument a beau être grossier, il prend souvent. Ses racines sont profondes et renvoient à une méfiance profonde vis-à-vis du politique, de la population et de la démocratie en général. Eric Schmidt, président de Google, explique ainsi depuis longtemps vouloir lutter contre ce qu'il qualifie de législations préemptives, c'est-à-dire tous les textes de loi et réglementaires qui sont pris trop tôt par rapport au développement d'un service ou d'une technologie.

LE NUMÉRIQUE N'EST PAS NÉCESSAIREMENT UN OUTIL DE JUSTICE SOCIALE

Hal Varian, chef économiste de Google, a inventé ce qui est désormais appelé la « règle de Varian ». Contrairement aux enseignements des penseurs de la démocratie sociale, les politiques publiques ne doivent pas viser l'amélioration des conditions de vie des plus défavorisés et de la classe moyenne. Elles doivent viser l'innovation et le développement de nouveaux services, même si ceux-ci ne profitent qu'aux plus aisés, car l'histoire des technologies démontre qu'elles finissent toujours par se démocratiser au profit de l'ensemble de la population – radios, télévisions, lave-vaisselles, écrans plats, etc.

Il n'est dès lors pas surprenant que la numérisation attaque d'abord les revenus de la classe moyenne et que les dirigeants de métiers de services comme la banque et l'assurance aient l'impression d'être la sidérurgie de demain. La croissance des emplois se produit aux deux bouts de l'échelle sociale, mais ceux qui sont au milieu n'en profitent pas. Sur les trente dernières années, le pouvoir d'achat du salarié médian a stagné aux États-Unis et si l'on tient compte des coûts d'assurance-santé, le revenu médian n'a augmenté que de 0,4 %.

La transition numérique peut être génératrice de rentes importantes. Les 1 % les plus riches ont vu leur part dans le PIB augmenter de 15 points en trente ans aux États-Unis. Peter Thiel est devenu un fervent défenseur du monopole comme moteur de l'innovation. Le concept même de firme en est transformé. Elle ne sert plus à optimiser la production en réorganisant les ressources entre les membres d'une organisation, mais à partager des obligations contractuelles entre des acteurs en réseau. La chaîne de valeurs ne forme plus l'identité d'une entreprise ou d'un secteur, mais elle devient partagée entre plusieurs publics sur le modèle des marchés bifaces exploités par Google ou Facebook dans le secteur de la publicité. Et au fur et à mesure que les services à la demande se répandent de plus en plus sous couvert de l'économie du partage, de nombreuses voix s'élèvent pour permettre la mise en œuvre d'outils plus flexibles et moins chers que ceux du droit du travail : faire des chèques emploi service devient la règle et non plus l'exception.

Encouragée par un *storytelling* prometteur et les mythes fondateurs de la Silicon Valley, la recherche de l'efficacité prônée par le libertarianisme numérique a largement supplanté celle de la justice sociale.

LES PILIERS DE LA JUSTICE SOCIALE SONT PRÉSENTÉS COMME UN FREIN AU DÉVELOPPEMENT DU NUMÉRIQUE

Le poids du filet de sécurité socioéconomique européen gêne le développement de la transition numérique. La qualité de l'école publique ralentit le développement des MOOC (*massive open online courses*, cours en ligne ouverts et massifs). La stabilité apportée par le droit du travail est un obstacle à la désintermédiation des services. La protection du droit d'auteur est un frein à l'explosion de la consommation de contenus culturels.

L'une des réponses serait de mettre à bas cet héritage du passé et de se résigner à accompagner le processus de remplacement numérique, mais ce serait une façon de mettre fin à des arbitrages qui garantissent un certain niveau de justice sociale et dont la prévisibilité est l'une des importantes contreparties d'acceptation du système. *A contrario*, le stress du monde contemporain risque de devenir aussi étouffant que dans les années 1840 quand le rapport Villermé avait pointé l'épuisement physique de la classe ouvrière avant de décider de réduire la durée du travail et de mettre fin au travail des enfants. Après les avoir vouées aux gémonies, faudra-t-il alors réinventer des règles de régulation pour répondre à la grande fatigue cognitive qui sera la conséquence de la dérégulation numérique ?

La réflexion est urgente. Le caractère global des ambitions d'Éric Schmidt s'exprimait à travers le titre de son ouvrage commun avec Jared Cohen : *Le nouvel âge digital : réformer le monde des affaires et les États*. Loin de la social-démocratie européenne ou du *welfare state* américain, ils imaginent une société dans laquelle de grandes entreprises multinationales exploitent continuellement la vie privée des individus grâce à un modèle de plates-formes monopolistiques. Et, sans prendre la peine de chercher à justifier les fondements théoriques d'une organisation de ce type, ils se contentent de prendre pour acquis que l'« interconnexion encourage et facilite les comportements altruistes ». Connectez-vous les uns les autres, il en restera toujours quelque chose. Qu'importe si l'Internet public et ouvert se privatise à vitesse accélérée car, dans leur vision, « l'information, comme l'eau, trouvera inévitablement un parcours à travers les barrières que l'on aura dressé sur son chemin ». L'émergence de plates-formes monopolistiques ne menace pas la concurrence puisque celle-ci est théoriquement parfaite dans un environnement numérique. Il ne suffit pas de nier les faits quand ils posent problème.

Dévoilées quelques semaines seulement après la parution du livre, les révélations d'Edward Snowden ont pourtant complètement décrédibilisé ces analyses et ont durablement renouvelé la défiance des citoyens et des usagers envers le complexe numérico-industriel américain.

MALGRÉ LES EFFETS DE MANCHE, LA RÉGULATION DU NUMÉRIQUE SE FAIT POURTANT SOUS NOS YEUX

La régulation du numérique peut pourtant se révéler assez évidente et consensuelle. La Cour de justice européenne (CJUE) a depuis décidé d'appliquer à Google le droit de suppression des citoyens sur leurs données personnelles qui existe en France et en Allemagne depuis 1978. Vivement combattu par les géants du web qui essaient de le qualifier de « droit à l'oubli » pour faire passer l'idée qu'il s'agirait d'une innovation réglementaire, il n'en a pas moins été mis en application avec succès par Google qui a enregistré près de 300 000 demandes en une année – 95 % concernant des informations sur des particuliers dont près de la moitié a été acceptée.

Voilà bien le paradoxe de ces débats. Au vu de ces exemples, la régulation du numérique est aussi simple et indolore à mettre en place qu'elle est combattue avec violence par les géants du web. Car en réalité, les batailles qui se jouent à cette échelle ne concernent pas la possibilité ou non de pouvoir développer et exploiter tel ou tel service. Il s'agit de combats de valeurs opposant, par exemple, le *free speech* consacré par le premier amendement de la constitution américaine ainsi que par la Cour suprême, d'un côté, et le droit au respect de la vie privée défendu par la CNIL (Commission nationale de l'informatique et des libertés) et le Conseil d'État, d'un autre côté.

Mais comment comprendre alors que les Anglo-Saxons soient si réticents face à ce qu'ils dénoncent comme de la *preemptive legislation* (réglementation anticipée) ?

LAW IS CODE

C'est parce qu'ils ont bien compris le rôle du droit dans l'environnement de la globalisation. Les modèles juridiques de leurs entreprises numériques sont étroitement imbriqués avec leurs modèles d'affaires et leurs modèles technologiques. Les arbitrages législatifs ne doivent pas être remis en cause car ils sont structurants et ont justifié d'importants investissements en temps et en argent.

Le juriste est piégé. Vouloir légiférer sur le droit des consommateurs en ligne, c'est anticiper et contrarier l'évolution technologique. S'abstenir de réglementer les algorithmes intrusifs, c'est donner l'impression que l'on est décalé avec l'actualité et se condamner à l'obsolescence.

La réponse à ce paradoxe oblige à redéfinir les termes du débat pour redonner une place centrale à la stratégie juridique car c'est elle qui libère le développement des usages, les pérennise, garantit leur légitimité et transforme l'innovation en progrès.

Dire, comme on le fait, que les données sont le pétrole du numérique, n'est-ce pas reconnaître qu'un secteur économique tout entier s'est construit autour des données personnelles – objet juridique créé en 1978 dont le contrôle, la protection et le commerce dirigent de fait l'évolution technologique, contraignant, par exemple, les moteurs de recherche à inventer un outil permettant à tout usager européen de faire oublier les données qui le concernent ?

Ne critique-t-on pas l'exploitation abusive des directives sur le commerce électronique et la TVA par les géants du web ? Mais celles-ci sont essentielles à leur modèle d'affaires et leur permettent d'obtenir des avantages qui finissent par structurer le champ concurrentiel aussi sûrement que la plus brillante des innovations techniques.

Ne s'élève-t-on pas contre la méconnaissance par les usagers des conditions générales d'utilisation et des licences des plates-formes qu'ils utilisent au quotidien ? C'est parce qu'elles ont de plus en plus de conséquences dans leur vie personnelle – en rendant, par exemple, impossible la diffusion d'images. Mais on ne s'interroge pas sur les différences qui rendent certaines représentations acceptables dans une culture et non dans une autre, tel ce fameux tableau « L'origine du monde » qui a encore l'honneur des manuels d'histoire-géographie, mais dont la diffusion est largement censurée sur les réseaux sociaux.

LA RÉGULATION DE L'UBÉRISATION SE CONSTRUIT SOUS NOS YEUX DE FAÇON PRAGMATIQUE

Une telle vision ne fait pas la distinction entre l'approche pratique et conceptuelle du droit. On construit et invente en permanence de nouveaux concepts pour être le plus à même de remporter les batailles juridiques qui sont la contrepartie des évolutions technologiques. La notion de neutralité du Net a ainsi émergé de façon opportuniste quand il a été jugé nécessaire de permettre à Flickr et à Youtube d'utiliser sans surcoût les réseaux des télécoms à égalité avec les services des opérateurs. Et elle finit par s'incarner dans le réel à l'occasion de différentes lois en Europe et au Brésil, puis par une décision historique de la Federal Communication Commission. Quant à son concepteur, Tim Wu, il passe avec aisance d'une carrière universitaire de prestige à une candidature politique pour le ticket démocrate de l'État de New York, tout en s'offrant régulièrement l'avantage de disposer des pages du *New Yorker*.

Les exemples ne manquent pas. Porté par le succès des logiciels libres et des contenus collaboratifs, Lawrence Lessig a fait ressurgir des outils ancestraux comme le droit des communs pour rationnaliser leur régime et les fonder en droit au-delà du seul périmètre contractuel qui était initialement le leur. Motivé par les apports du *big data*, Cass Sunstein invente des passerelles entre le droit, la théorie de l'information et la psychologie « behaviouriste » en imaginant le concept du *nudge* et de la régulation algorithmique, c'est-à-dire en faisant l'hypothèse que le droit peut faire l'objet d'un *design* pour orienter directement les pratiques des citoyens. Un peu comme si l'on adaptait le Code de la route pour automatiser la sanction des radars routiers et inciter les conducteurs à lever le pied. Mais cet effort visant à rattacher toute innovation concrète à un principe nouveau n'a rien d'anodin et correspond à une méthode qui se répète avec régularité.

Comprendre l'innovation est devenu le graal de nombreux entrepreneurs. L'enjeu est même devenu une question de survie depuis que l'ubérisation est réputée menacer tous les secteurs sans restriction. Les brevets sont devenus des armes dans la guerre sans fin entre *start-up*, grands groupes et *patent trolls*. Le logiciel libre et les standards ouverts remettent en question les modèles de standardisation hérités des télécoms et de l'énergie. L'industrie des contenus a dû s'adapter au développement du régime protecteur des plates-formes. Des secteurs industriels entiers voient leurs économies menacées par l'apparition de nouveaux noms de domaine comme le vin ou le *health*. La banque et les marchés boursiers sont remués par le dynamisme du *crowdfunding* et des prêts participatifs.

LA STRATÉGIE JURIDIQUE EST LA CLÉ DE L'INNOVATION

Pour tous ces secteurs, la stratégie, c'est la capacité à créer la différence, à se donner une valeur unique grâce à laquelle le retour sur investissement sera plus important. Il ne s'agit pas tant de contourner les règles existantes, mais d'exercer son activité avec un apport original.

Wikipedia utilise avec originalité les règles du droit d'auteur pour permettre de construire une encyclopédie collaborative. Airbnb construit un système de logement partagé pour créer une nouvelle expérience d'hébergement à mi-chemin entre chambres d'hôtes et chambres d'hôtel. Uber interprète la réglementation des VTC pour proposer un service dont la qualité n'était pas à disposition des consommateurs auparavant.

La stratégie juridique est essentielle à chacun de ces projets. Elle ne se contente pas d'appliquer le droit. Elle le définit directement. Quoi de plus utile que de créer soi-même les catégories juridiques qui vous permettront de légitimer l'activité que vous questionnez ?

À ce titre, le droit n'est pas un acquis et sa connaissance n'est pas une propriété que l'on peut exploiter « à l'envie ». En tant que pouvoir, le droit est une stratégie et ses effets relèvent de dispositions, de manœuvres, de tactiques, de techniques.

Il s'exerce plutôt qu'il ne se possède. Il se pratique. Il n'est pas le privilège de ceux qui le connaissent et croient le posséder, mais le résultat d'un ensemble de positions stratégiques acquises dans le temps.

À la limite, confronté à l'innovation, le droit peut presque se comprendre comme une collection d'illégalismes qu'il différencie en les formalisant. Il ne les oppose pas explicitement, mais offre aux uns le moyen de tourner les autres. Il les organise, les uns comme privilèges, les autres comme compensations. Le droit n'est plus un état de paix, mais une guerre dont l'évolution s'exprime par la stratégie de ses acteurs. La stratégie juridique de l'innovation exploite les foyers d'instabilité et crée des singularités pour leur permettre de se déployer. Elle repolitise nécessairement le droit et le contraint à s'extraire de la réthorique technicienne.

C'est ce qu'ont bien compris les entreprises du numérique qui n'hésitent pas à faire appel à des juristes dans chacun de leur projet. De One Laptop per Child à la Khan Academy, les équipes de pilotage ne se contentent pas d'assembler des ingénieurs et des managers, mais savent aller chercher le bon étudiant en droit ou le jeune *lawyer* qui sera au fait des pratiques et des astuces les plus récentes, celui qui aura le meilleur *feeling* pour trouver l'axe juridique autour duquel le projet pourra se construire, celui qui développera la meilleure stratégie.

LA CRITIQUE DE L'UBÉRISATION EST ENCORE UNE CRITIQUE JURIDIQUE

Ce n'est pas un hasard si les penseurs critiques du numérique comme Jaron Lanier, Evgeny Morozov ou Lawrence Lessig ont tous un discours qui s'exprime en forme de stratégie juridique. Certains proposent de créer un régime de propriété personnelle des données pour résoudre l'inégalité des richesses dans l'environnement numérique. D'autres réfléchissent à des outils permettant de tracer chaque création originale afin de lui appliquer un microdroit d'auteur afin de rémunérer les nombreuses créations du public. On pourrait écarter ces propositions comme anecdotiques, péchant par excès d'originalité, ou par manque de rigueur juridique. Mais comment nier l'impact qu'ont aujourd'hui les *creative commons* sur des secteurs entiers comme l'édition ou la photographie ? Qui aurait pensé, il y a seulement un ou deux ans, que la loyauté des plates-formes, l'autodétermination informationnelle ou les données d'intérêt général seraient au programme de la nouvelle Commission européenne ? Ce qui compte dans la stratégie juridique, ce n'est pas seulement le droit qui existe, c'est aussi le droit qui se crée.

Il ne s'agit pas simplement de constater que le droit précède les usages, ni en principe, ni en pratique. En revanche, il faut comprendre que la stratégie juridique peut ouvrir une fenêtre de liberté pour ceux qui veulent imaginer des usages nouveaux, à condition de développer cette approche biface, à la fois pragmatique et conceptuelle qui fait la force des Anglo-Saxons.

Des excuses valent mieux que des regrets. Quand Youtube s'est lancé en 2005, ses cofondateurs se sont épargnés le processus de vérification des droits d'auteur sur les vidéos qui étaient mises en ligne. À l'inverse, les créateurs de Google Video s'efforçaient de vérifier tout ce qui était publié. Jawed Karim a justifié sa stratégie par une interprétation large des règles du droit d'auteur en ligne, finissant par mettre au point un outil de *reporting* pour déporter ce travail sur les usagers plutôt que sur ses salariés. Tout cela s'est prolongé de façon complexe par un procès avec Viacom, un rachat de Youtube par Google et une série d'accords avec de nombreux ayants droit. Mais après une période d'aller-retour, le droit s'est restructuré autour d'un nouveau paradigme correspondant à la stratégie choisie par la *start-up* californienne.

Cette attitude agressive a bien sûr été favorisée par la sociologie du secteur. Le milieu universitaire a toujours été fortement représenté parmi des pionniers du numérique au niveau socioéconomique ou socioculturel très élevé. Se pose alors la question de savoir si ces méthodes sont un enfermement ou une ouverture, une façon de recréer un entre-soi, ou un outil dynamique de prise du pouvoir par la confrontation des idées. Cet excès de stratégie ne risque-t-il pas de provoquer de trop fortes résistances et d'aboutir à des abcès juridiques et politiques ?

En réalité, l'importance de la stratégie juridique dans l'innovation est largement liée à l'importance de la technique dans la société. La tendance à la concentration et à l'automatisation accorde de plus en plus d'importance aux normes et aux processus, tout en laissant de plus en plus de marge à leur contenu lui-même. De nouveaux procédés techniciens permettent d'élaborer des règles nouvelles – à condition de les penser de façon stratégique. Si ce phénomène n'apparaît pas au grand jour, c'est en grande partie parce que ceux qui en sont les acteurs ou les spectateurs vivent dans la religion du fait et de l'instantanéité. Qui peut légitimement juger du caractère innovant du système de messagerie de Facebook par rapport à celui de MSN Messenger, ou à ceux qui l'avaient précédé ? On peut en revanche comprendre pourquoi le premier continue à se déployer tandis que le second relève du domaine de l'histoire. La différence tient à ce que Facebook s'est doté depuis le départ d'une stratégie juridique relative aux contenus produits par ses usagers afin de pouvoir les utiliser au cœur de son modèle d'affaires – en les valorisant notamment à travers la publicité. Incarnée presque à regret dans les conditions générales d'utilisation du service, cette approche juridique ne choque pas les réglementations existantes et n'en nécessite pas non plus de nouvelles. Elle est originale dans sa technique. Et elle est stratégique car c'est autour d'elle que se définissent l'ensemble des services de la plate-forme.

L'UBÉRISATION ÉTAIT EN GERME DÈS LA NAISSANCE DU NUMÉRIQUE

Cette volonté d'autonomie fondée sur la stratégie juridique se retrouve dès les origines du numérique. Elle figure en effet dès 1950 dans l'une des principales bibles de la Silicon Valley écrite par Norbert Wiener et intitulée *The Human Use of Human Beings*, c'est-à-dire *L'utilisation des êtres humains par d'autres humains* – et non *Cybernétique et société* comme le propose timidement la traduction française. Quelle plus belle démonstration d'un programme essentiellement stratégique, politique et juridique ?

Tout ce dispositif se traduit par une pratique très concrète de la stratégie juridique dans laquelle la rencontre des différents acteurs de l'innovation permet leur coadaptation. De nouveaux métiers comme les *chief innovation officers* apparaissent autour de ce besoin. Des *think tanks* ou des structures académiques hybrides comme le Berkman Center s'installent pour développer des idées. Des groupes de standardisation et de normalisation comme le W3C leur permettent de s'industraliser. Des projets libres et ouverts garantissent la connexion à la société civile et à la recherche.

L'émergence de la problématique des données et le besoin de recruter des *data scientists* est un bon exemple. Dans une approche traditionnelle, le poste concerné serait plutôt celui d'un ingénieur statisticien. Dans une approche plus moderne comme celle retenue pour Etalab, le poste nouvellement créé d'administrateur général des données a notamment pour vocation de piloter la stratégie de licence des données publiques et leur gouvernance au sein de l'État. Sans être dirigé par un juriste à proprement parler, c'est bien de stratégie juridique dont il s'agit. Et plutôt que de l'aborder en silo comme une fonction qu'il est nécessaire de remplir, il le présente dans une perspective ouverte et participative, invitant de nombreux acteurs extérieurs à venir partager et échanger sur ces éléments afin de nourrir leur propre stratégie en retour. Ce sont les propres missions de l'État qu'il redéfinit autour de nouvelles hypothèses juridiques.

À terme, et même si la notion d'ubérisation devait s'effacer comme un phénomène de mode, c'est l'ensemble des politiques publiques qu'il faudra repenser de façon stratégique pour protéger les piliers de la justice sociale. Le numérique n'est pas neutre. Il est porteur de potentialités sur lesquelles il convient de se pencher au moins autant que ceux qui s'en font les champions. À défaut, ce pourrait être la fin d'un modèle de société.

Finance et don sont-ils compatibles ?

Pierre de LAUZUN*

Non, pourra-t-on penser en premier réflexe : l'une calcule, l'autre non ; l'une cherche toujours à maximiser le résultat qu'elle reçoit, l'autre n'attend en principe rien en retour. Mais oui, bien sûr, si l'on se place au niveau du fonctionnement social qui suppose simultanément le calcul financier et le don.

LA VIE EN SOCIÉTÉ ET LE DON

On peut distinguer pour simplifier trois grandes manières de faire circuler l'argent : l'échange marchand, la coercition et le don. Un échange marchand incorpore un calcul : je transfère quelque chose que je possède pour recevoir autre chose en échange qui, dans mon estimation, a pour moi une valeur égale ou supérieure à ce que je cède, valeur mesurée en termes monétaires et par là relevant de la finance. La coercition ensuite, dans nos sociétés, est un monopole d'État ; une contrepartie est supposée s'effectuer sous forme de prestations, mais sans qu'il y ait ni lien direct, ni logique entre eux. Le don, enfin, suppose un transfert libre, sans attente de retour stipulé à l'avance, contractuel ; ce qui ne veut pas dire qu'il n'y a pas d'attente d'un certain retour, mais il n'est pas exigible. C'est la principale forme de circulation privée non marchande de l'argent. Le point central est que la société et donc l'économie qui n'en est qu'un aspect supposent simultanément ces trois modes de circulation de l'argent, et ils sont chacun indispensables.

Le don et le lien social

Le don est un ciment essentiel du lien social[1] ; c'est lui qui crée la relation dans la société puisque le lien qu'il établit persiste dans le temps et n'est pas annulé par

* Délégué général, Association française des marchés financiers (Amafi).

un paiement, comme dans une opération commerciale. Plus précisément, la société est composée d'hommes qui sont ou entrent en relation en créant entre eux des liens, ce qui demande certains actes, principalement des échanges de dons. Ce lien créé par le don se construit notamment sur le fait qu'il faut en principe rendre, sachant que cette obligation reste morale et se trouve niée comme obligation formelle, sinon ce ne serait pas un don. L'idée de don n'est donc pas exclusive de l'idée de contrepartie : ce qui le caractérise est l'absence d'engagement formel ou juridique sur celle-ci. Il y a d'ailleurs toute une gamme de dons en fonction de cette contrepartie attendue, qui vont du pourboire au mécénat ou à la charité.

Dans la perspective utilitariste, qui façonne notre pensée collective, on tend à dire au contraire que le vrai don devrait être parfaitement désintéressé et l'on ajoute que c'est en réalité impossible. Mais même celui qui tient un tel discours accorde en général une place majeure à sa famille et lui « donne » gratuitement une bonne partie de son temps et de son argent. La famille est en effet de loin le premier et le plus important point d'application du don. Ce qui y est donné, des parents aux enfants, y est indéniablement gratuit. Or c'est une institution majeure de la société puisqu'on y fait et éduque ses futurs membres. Le rôle central du don dans la société est ici particulièrement manifeste. Il est à noter en outre qu'un tel don échappe dans une large mesure au choix : dans la famille, on ne choisit pas ses partenaires ; seul le conjoint est choisi, mais le lien conjugal échappe ensuite à la logique contractuelle, commerciale.

Le don, l'évaluation et le calcul

La considération du don conduit à relativiser la notion de valeur. On le sait, même dans un échange marchand, la valeur des choses varie selon les considérations et les priorités des participants à l'échange. Mais à un niveau plus large, elle varie aussi en fonction des liens sociaux qu'elle permet d'exprimer. Or le don crée une relation particulière, source d'une forme de « valeur de lien ». La différence est qu'elle ne peut être exprimée en termes monétaires, puisque le don doit être formellement gratuit. Biens des mots voient dès lors leur sens modifié selon que l'on parle d'échange commercial ou de dons. Ainsi, les mots « reconnaissance », « hospitalité », « confiance », « je lui dois beaucoup », « emprunter » ont des sens très différents dans l'un et l'autre cas. Prendre en compte la perspective qu'offre le don et son rôle social conduit donc à modifier nos appréciations. Par exemple, on dit que le travail des femmes au foyer est gratuit : dans une logique marchande, cela veut dire qu'elles se font rouler ; mais si le don est valorisé par son rôle dans la création du lien social, l'enjeu est différent (même si la question d'une contrepartie subsiste). En fait, si l'on analyse le don comme une transaction commerciale, on le trouvera souvent hypocrite puisqu'il nie l'existence d'une contrepartie que souvent on attend. Mais on l'a vu, il s'agit d'affirmer l'indétermination de la réciprocité, ce qui implique de laisser l'autre libre sans automaticité du retour. Le lien social est ouvert et doit le rester pour subsister.

Une différence majeure est que la transaction commerciale comme telle n'implique pas de lien durable, même si elle est compatible avec. Même s'il dure (cas d'une dette), le rapport commercial ne repose pas sur un lien antérieur et il est possible de le révoquer en remboursant. Il minimise donc le lien. C'est ainsi que les femmes sont désormais souvent payées pour faire ce qu'elles faisaient avant pour leur famille ; elles se sentent dit-on « libérées », mais si elles sont libérées, c'est du lien social : on remplace le lien social par un rapport entre des choses mesurables. En revanche, dans un échange social, non commercial, les relations entre personnes prédominent. Soyons lucides : ce n'est pas toujours de la bonne façon, ce peut être injuste ou odieux. Mais c'est souvent bon et en tout cas, la société en a un besoin absolu pour se constituer.

LA GRATUITÉ ET LE DON DANS LA VIE ÉCONOMIQUE

On a surtout évoqué jusqu'ici le lien social créé par le don dans la sphère personnelle, et notamment familiale. Mais le rôle du don ne s'y limite pas. Il a aussi sa place au centre de la vie économique au sens classique.

Système public, marché et don

Je ne parle pas ici de l'intervention du système public, de l'État. Il se situe au-delà du domaine commercial et il se prétend désintéressé comme le suggère le terme de « service public ». Mais il est très différent du don, ne serait-ce que du fait de l'usage massif que l'État fait de la contrainte, par la fiscalité. En outre, la logique des prestations publiques implique aussi une forme de calcul : on classifie les gens et on leur attribue certaines prestations car on vise une égalité de traitement pour une situation donnée. Par tous ces traits, l'intervention de l'État est très différente du don, qui fuit tout calcul explicite, y compris d'égalité. En outre, le fonctionnement bureaucratique vise plus encore que le marché à la dépersonnalisation des rapports, avec un risque important d'irresponsabilité. Par exemple, les services sociaux transforment des rapports humains personnalisés en relations formalisées, qui sont des prestations définies quoique non marchandes. En fait, État et marché impliquent tous deux un certain aplatissement du lien social.

La prédominance des rapports impersonnels, étatiques ou du marché tend alors à reléguer la sphère du don dans un domaine totalement privé que l'on suppose, comme on l'a vu, devoir être pur de tout intérêt. On voit le don comme une affaire intime, interpersonnelle, autant que possible gratuite et arbitraire. Le rapport affectif subsiste, mais on le veut désormais déconnecté de toute autre considération.

Le don dans le système économique

Mais la réalité est beaucoup moins découpée que cela. En fait, l'homme agit dans le cadre d'une société et a pour cela un besoin vital du lien social. La relation commerciale comme l'intervention étatique sont des abstractions ; elles isolent une dimension de la réalité, mais laissent subsister le besoin du lien. Sans lien, il ne reste que l'individu, qui est alors solitaire plus que libre, vulnérable et stérile. Mais si l'on a un besoin vital de lien social, on a besoin du don et cela reste vrai même dans les activités matérielles, celles dont traite l'économie. La logique du don a donc sa place à l'intérieur de l'activité économique normale, car lui seul crée de la « socialité ». Concrètement, par exemple, une entreprise péricliterait si les employés ne lui donnaient pas plus que ce que prévoit littéralement leur contrat de travail, notamment dans leur relation d'entraide. Si chacun calcule chacun de ses efforts, aucune action commune efficace n'est possible. En particulier, si une entreprise doit faire des profits et être rentable, c'est indéniablement parce que la condition de sa survie comme de son utilité sociale est qu'elle consomme moins qu'elle ne produit. Mais ce n'est là que le résultat final qu'elle doit obtenir (le profit). Pour y arriver, il faut qu'elle soit aussi vivante et active que possible en tant que communauté d'hommes ordonnés à un but ; ce qui suppose la solidarité de ses membres, et donc une forme de don mutuel. Naturellement, le dosage varie. La composante de don est, en principe au moins, évidemment beaucoup plus importante dans le cadre de formules explicitement solidaires : associations, organismes mutualistes, entreprises combinant la recherche d'une forme de profit avec la poursuite d'objectifs humains et sociaux.

Mais inversement, il est parfaitement utopique d'envisager une activité économique basée sur le seul don. Ceux qui vont dans ce sens critiquent en fait la concentration de la pensée économique sur le seul calcul quantitatif. Car, disent-ils, cela modifie la prestation réelle et dégrade la qualité de ce qui est vendu : c'est la différence entre le plat industriel et celui préparé par une maman. Même le boulanger d'Adam Smith fera un pain différent, nous dit-on, si c'est au moins en partie par altruisme. On ajoute que notre système fondé sur des critères étriqués conduit à la destruction de l'économie locale, existentiellement importante pour les personnes, mais remplacée par la production de produits standards transportés partout et plus coûteuse en consommation réelle de ressources rares. En définitive, cela conduirait à un appauvrissement de l'homme, conduisant à une insatisfaction profonde.

Une telle critique n'a de vraie portée que face à l'idée d'une exclusivité du modèle de l'échange commercial, basé sur le seul intérêt, ne tenant pas compte de la communauté et des liens humains – lesquels, on l'a vu, supposent des dons au sens large. Mais inversement, s'agissant de relations entre personnes non unies par des liens de communauté, et en particulier des liens étroits, la mobilisation de ressources que permettent la rémunération et l'échange commercial est considérablement supérieure à celle du don et accroît massivement la gamme des choix réels. Avec le rôle de l'État (ou celui d'organes collectifs comme les Églises), elle paraît même la seule possible avec une ampleur suffisante entre des personnes qui ne se connaissent pas et n'ont pas de lien réel et elle seule peut se faire sur une large échelle, car précisément on sort alors de la relation. En outre, on l'a dit, le don n'est pas par nature meilleur et toujours souhaitable. Il dépend largement du lien social, lequel n'est ni quantifié, ni prévisible, et est aussi plus risqué. Il suppose des liens, mais il faut qu'ils soient bien orientés. Et ce n'est pas toujours le cas.

De plus, l'éducation au commerce et au calcul financier est un élément indispensable au développement satisfaisant de la vie des personnes. On l'observe dans le cas de populations déshéritées : le don d'argent ou de nourriture est indispensable en cas d'urgence, mais l'apprentissage de la possibilité de fabriquer des produits et de les vendre, c'est-à-dire de les voir reconnus avec une certaine valeur monétaire, est une étape indispensable pour sortir d'un rapport d'assistance perpétuelle qui n'est pas sain. De même qu'un enfant doit devenir adulte et, ce faisant, ne plus compter pour vivre sur un échange de dons avec ses parents, même si celui-ci subsiste à un autre niveau. Plus généralement, le don reflète et nourrit la relation entre les personnes, mais ne permet pas de mesurer notre rapport aux choses comme le fait l'échange ; d'où ce paradoxe apparent qu'il ne reflète pas non plus toutes les dimensions de notre relation aux autres, car seul l'échange fait apparaître une mesure possible de cette relation, par le moyen de la monnaie. Le don n'apporte pas non plus nécessairement à celui qui reçoit ce qu'il désire, ne mesure pas la rareté des choses et ne valorise pas mon travail ou celui de l'autre dans sa relation à son résultat. Il ne peut donc régir la circulation générale des biens non seulement en termes d'efficacité, mais aussi en termes moraux. En particulier, il ne saurait suffire à l'exercice de la vertu essentielle de justice.

En même temps, il est conforme à la réalité et donc indispensable de prendre en compte l'environnement humain et social de l'acte économique, et donc le rôle qu'y joue le don, et notamment le fait qu'une prestation change de sens selon son insertion humaine et relationnelle. Le sens du don est d'être une forme essentielle de respiration sociale parce que la transaction commerciale ne couvre qu'une partie des besoins humains. En d'autres termes, le raisonnement lui-même montre la limite du calcul intéressé. Ces considérations nous conduiraient dès lors plutôt à tenter de combiner les deux dimensions du don et du calcul.

QUEL RÔLE POUR LA FINANCE ? LA FINANCE ET LE DON

La question d'ensemble

Et la finance alors ? Son rôle est d'affecter de l'argent qui n'est pas consommé et qui est donc épargné (ou mobilisé d'office, comme l'impôt) à des usages possibles, notamment des investissements – occasionnellement, une consommation anticipée. Elle arbitre alors entre les investissements possibles, c'est-à-dire les projets en lice. Il s'agit de choisir ceux qui présentent le meilleur résultat : ce terme peut inclure de multiples critères, mais notamment un retour sous forme monétaire, pour un certain risque que l'on accepte d'assumer. Les choix varient selon les priorités de chacun, le type d'argent que l'on est chargé de gérer, les engagements que l'on a pris, etc. Le marché financier est un outil aidant ou souvent permettant seul ce choix par la possibilité qu'il offre de confrontation systématique des projets en concurrence et d'arbitrage entre les différentes options.

On voit le rôle essentiel que jouent ici les priorités des participants. Il n'y a pas une finance identique pour tous. Des exigences d'ordre éthique peuvent notamment conduire à prendre en considération la logique du tissu humain dans lequel s'insère l'opération visée (communautés et institutions). Car si l'argent comme tel est fongible, la perspective de l'investisseur ne l'est pas, compte tenu des responsabilités qui sont les siennes ou qu'il assume, notamment envers la communauté qui est à l'origine de cette richesse et dans laquelle il s'inscrit.

En même temps, l'idée d'un marché mondial du capital a du sens, à l'évidence, car cela permet (au moins en théorie) de maximiser les opportunités. L'argent étant fongible (si la monnaie est convertible), il est utilisable partout sauf s'il y a un obstacle juridique et il y a un bien possible dans le fait qu'il puisse être proposé partout sur la planète. Mais la possibilité effective de faire cela n'est ni un dû, ni une nécessité. Car en même temps, cet argent est le fruit d'un certain travail et ses détenteurs s'insèrent dans une communauté donnée ; il peut être injuste qu'il se place ailleurs. Seul un jugement au cas par cas donnera la réponse à la question.

Vu dans cette optique rapidement résumée, l'investissement est une opération complexe, comportant une dimension éthique et sociale, qui paraîtrait pouvoir faire sa place au don.

Les limites de la finance

La finance réelle paraît *a priori* bien éloignée des considérations précédentes et notamment du rôle du don. On connaît les critiques faites à la finance dans l'économie actuelle, dans ce que l'on appelle « financiarisation » : influence excessive, mauvais critères de choix, mauvais signaux envoyés à l'économie et l'orientant dans la mauvaise direction, rétrécissement de l'horizon sur le très court terme, etc. En bref, elle ne viserait qu'à maximiser le profit monétaire calculé à court terme, plus précisément la rentabilité du capital compris comme facteur de production autonome, isolé de son contexte de déploiement humain. Il y a indéniablement une tendance puissante des financiers à réduire les réalités économiques et les critères de décision au seul facteur financier compris de façon étroite et univoque. Même si la nécessité de ce calcul est indiscutable.

Cela dit, tout cela n'est que la traduction monétaire des priorités de ceux qui participent au marché et de ce qu'ils pensent de la situation. Il est légitime de dénoncer l'idée que des propriétaires soient dégagés de toute considération autre que financière au sens étroit. Mais le fait est qu'en soi, rien ne les y oblige et notamment pas l'usage d'outils financiers. On ne voit pas pourquoi de tels calculs et les pratiques correspondantes devraient automatiquement déboucher sur une activité découplée de l'économie réelle, limitée à des horizons à court terme et oublieuse des considérations éthiques ou sociales. De la même manière, rien n'oblige à ne voir dans ses concitoyens que des gens à exploiter par tous les moyens. On peut, par exemple, gérer activement un parc immobilier, mesurer la rentabilité de travaux à mener, rechercher des financements, fixer les loyers selon le marché, etc., actes à forte dimension financière, et en même temps prendre en compte la situation des personnes logées, les besoins sociaux ou urbanistiques, etc., et ne pas être obnubilé par ce qui se passe sur le marché à tout instant. Aucun marché n'a jamais obligé quiconque à se limiter aux seules considérations d'argent.

En d'autres termes, il y a souvent confusion dans la critique entre la finance, comprise comme technique, et l'obsession de l'argent et, par là, sa prédominance, dans un système sans contrepoids culturel, moral ou spirituel. Cela résulte non de ces « outils » que sont le calcul financier, d'un côté, les marchés, d'un autre côté, mais du système de valeurs dominant ainsi que de l'insuffisance des dispositifs permettant de proposer un autre type de relations, sur la base d'autres priorités.

Transactions instantanées et relations à long terme

Une deuxième famille de critiques porte sur la logique même du marché, constitué de transactions anonymes et fugitives, ne créant dit-on pas de lien durable entre les parties concernées et au contraire amoindrissant le rôle des relations de longue durée du fait que la transaction permet aux parties prenantes à une relation financière de se dégager à tout moment. D'où à nouveau la financiarisation des entreprises. Cela ferait en outre disparaître la souplesse qu'offrent des relations longues grâce à la confiance qu'elles établissent. Dans une telle optique, la relation, comprise sur la durée et comportant une forme de fidélité, établit un lien avec quiconque ne se limitant pas à son objet économique étroit ; elle est créatrice d'externalités. Sa relativisation au profit de la transaction, comprise comme instantanée et impersonnelle, ne serait dès lors pas bonne pour la prise de risque à long terme et pour l'innovation, et tendrait à dégrader les rapports au sein de la société. Ainsi, elle agirait à l'exact opposé du don.

C'est pour le coup une vraie question. On ne peut pas tout baser sur des contrats éphémères. De même qu'il est meilleur et plus efficace de voir l'entreprise comme une communauté solidaire, il est en général bon d'avoir autant que possible des relations de longue durée, cultivant la confiance réciproque et fondées sur des valeurs communes, et il est souhaitable d'orienter le fonctionnement du système en ce sens. Mais en même temps, cela ne peut pas impliquer la généralisation de relations sur une longue durée. Ni les entreprises, ni les relations commerciales, ni les rapports d'argent n'ont vocation à la pérennité ; ce ne sont ni des familles, ni des patries. Et la fidélité ne s'impose pas toujours moralement : elle suppose un lien de communauté qui n'a pas toujours lieu d'exister.

Par ailleurs, la transaction n'exclut pas la relation. On peut avoir des relations de longue durée sur la base d'une série de transactions ; le marché a en un sens toujours été l'un des liens sociaux essentiels. Le retour souhaitable à des relations plus fidèles et plus responsables n'implique donc pas la disparition du marché, ou sa relégation dans un rôle mineur, mais un usage différent. Ce n'est pas en empêchant les gens de vendre que l'on crée des relations loyales dépassant le pur calcul, mais en cultivant l'idée juste que ces relations longues sont bonnes quand elles sont possibles, et c'est fréquemment le cas, et en les construisant au mieux. En outre, bien sûr, des mesures réglementaires peuvent aider. Et là encore, les problèmes soulevés relèvent plus de la logique d'ensemble de la société que de la seule technique financière. La question des relations à long terme se pose d'ailleurs bien au-delà de la finance et varie selon les cultures : capitalisme rhénan, allemand ou japonais, ou capitalisme anglo-saxon.

Dans cette optique, le don retrouve sa place : que ce soit dans le cadre d'une relation à long terme, qu'il contribue à fonder et à maintenir, ou même dans celui d'une transaction, qui redevient plus humaine et plus socialisante si elle comporte cette dimension de relation, laquelle ne se constitue pas vraiment sans une forme de don.

La finance solidaire

Tout cela n'est pas concevable sans une orientation appropriée des agents économiques et donc des entreprises, au sens large du terme. À cette fin, on peut vouloir agir sur leur gouvernance, à travers la structure de propriété, pour modifier les *mix* de priorités. Cela peut conduire aussi au développement d'entreprises à priorités différentes : elles peuvent être coopératives ou mutualistes, mais aussi commerciales, sans parler des associations. C'est une piste importante qui suppose des personnes déterminées en ce sens, ayant réuni l'argent voulu. Et que les facteurs qui ont déterminé le projet subsistent ensuite sans disruption ou trahison. Mais rien ne l'empêche, comme on le voit constamment, et c'est une forme possible de l'influence des minorités agissantes.

Cela peut s'appliquer notamment à la finance solidaire, supposée être une autre finance, reposant en partie appréciable sur le don et la solidarité. En fait, le terme recouvre des réalités assez différentes. Dans bien des cas, il s'agit d'investissements relativement classiques (avec une certaine dose d'investissements socialement responsables), mais dont le produit est en partie versé à des œuvres ou des causes diverses. En soi, c'est une bonne chose, mais pour l'apprécier, il faut distinguer les deux éléments suivants : la logique d'investissement et celle du don. Personnellement, il me paraît plus clair de les séparer dès le départ : on investit au mieux d'abord et on donne ensuite.

On a par ailleurs des investissements dans des entreprises qui pour une raison ou une autre manifestent, dans leurs objectifs et leur gestion même, une certaine forme de solidarité (mutualiste type coopératives « Mondragon », solidaire au sens, par exemple, des Focolari[2], etc.). Par exemple, elles embaucheront des personnes en recherche d'aide, elles soutiendront plus leurs fournisseurs ou les choisiront dans cette optique solidaire, etc. Dans ce cas, l'investissement et l'élément de don sont plus clairement indissociables. C'est en soi louable si l'on adhère pleinement aux objectifs de l'entreprise en question et que l'on est convaincu par la mise en œuvre. Bien entendu, là aussi, il ne paraît pas réaliste de voir le gros de l'activité économique basculer dans ces voies, dont le succès reste à ce stade limité. Cela ne dispense donc pas de la réflexion sur une meilleure orientation de l'activité économique classique, finance comprise.

En tout cas, il apparaît que la question ne se pose pas en termes de changement radical de système. Il s'agit d'abord d'une correction de la vision : ce qu'il faut faire évoluer est le mode de perception de la société. La réalité économique elle-même et en premier lieu l'échange commercial supposent un important secteur économique, fondé sur le don, et notamment associatif ; c'est en soi une excellente chose qu'il faut non seulement encourager, mais aussi intégrer à sa juste place dans la vision de la réalité. De plus, il faut reconnaître aussi la dimension de don dans l'activité marchande elle-même. Comme nous l'avons noté, cela vaut alors aussi pour l'analyse financière ou le calcul financier : on l'a vu, le chiffrage monétaire, le profit par exemple, n'est qu'une mesure finale, partielle, mais indispensable et vitale, dans une panoplie de critères à la fois plus large et intervenant plus en amont dans la décision et dans laquelle la complexité et la richesse des relations humaines, nourries par le don, doivent jouer un rôle essentiel.

Notes

1. J'utilise notamment ici Godbout J. T. (1992), *L'esprit du don*, La découverte (édition Poche 2000).

2. Avec partage égal des profits entre l'entreprise, les membres et des causes générales. Mais on l'a vu avec Fagor, filiale de Mondragon, elles peuvent être amenées à des décisions drastiques tout comme les entreprises commerciales.

L'ÉNERGIE : EN TRANSITION VERS L'« UBÉRISATION » ?

Patrice GEOFFRON*

Le monde énergétique est le premier grand secteur en révolution sous contrainte environnementale. Contrairement aux craintes nées des chocs pétroliers des années 1970, ce n'est pas la raréfaction des énergies fossiles qui oblige à inventer et déployer de nouvelles technologies énergétiques (dites « bas carbone »), mais essentiellement leurs effets environnementaux globaux (émissions de gaz à effet de serre largement à l'origine des dérèglements climatiques) et locaux (pollution de l'air par des particules fines). Usuellement, les grandes transformations sectorielles sont poussées par le progrès technique et/ou par des évolutions de la demande. Les entreprises en place ou de nouveaux acteurs proposent alors des services à valeur ajoutée, généralement autour de modèles économiques rénovés. Dans les télécommunications, le progrès technique a ainsi totalement éclipsé les anciennes références (tarification de services vocaux à la minute) au profit de nouvelles références (flux de données forfaitisés et illimités ouvrant sur une myriade de services innovants).

Dans le domaine énergétique, le cahier des charges de la transition en cours s'annonce bien plus complexe car, foncièrement, il s'agit de délivrer des services énergétiques non pas présentant une valeur « intrinsèque » à l'évidence bénéfique pour le consommateur final (comme lorsque la « Fée électricité » est progressivement entrée dans les foyers au XXe siècle), mais présentant une valeur « extrinsèque » spécifique (car débarrassée de ses effets externes négatifs). Des chocs s'annoncent pour les entreprises du monde de l'énergie dont le modèle économique est aujourd'hui directement indexé sur le volume d'énergie extraite, transformée, transportée, distribuée.

À l'avenir, il s'agira de vendre des services améliorant l'efficacité énergétique (directement à l'encontre de l'ancien modèle de vente d'énergie rémunérée au volume), des services d'effacement (incitant à déporter les consommations dans

* Professeur d'économie, université Paris-Dauphine ; directeur, LEDa (Laboratoire d'économie de Dauphine).

le temps en fonction des tensions du système) ou bien encore des services de stockage (pour compenser la disponibilité variable des énergies renouvelables). Et les consommateurs, les ménages aussi bien que les entreprises, seront des agents plus actifs *via* une capacité à installer dans leur périmètre des moyens de production d'énergie ou de stockage (par l'intermédiaire de véhicules électriques, par exemple) et leur contribution (rémunérée) à la flexibilité de systèmes énergétiques plus complexes.

Nous sommes à l'amorce d'une transition qui, d'ici à 2030, aura sans doute très profondément transformé les relations technico-économiques dans le monde énergétique (au moins dans l'OCDE – Organisation de coopération et de développement économiques). L'objectif ici n'est pas de proposer une quelconque classification des nouveaux modèles économiques de l'énergie (souvent au stade expérimental). Nous tenterons plutôt (1) d'identifier les forces du changement, (2) de montrer que la définition de nouveaux modèles économiques n'est pas une option, mais une obligation, et (3) d'indiquer que la convergence entre technologies électriques et technologies de l'information (au sein de *smart grids*) est une force puissante d'émergence de modèles innovants, voire disruptifs.

L'ÉNERGIE : QUAND LE MONDE DU « TEMPS LONG » SE TROUVE PLACÉ SOUS LE STRESS D'UNE TRANSFORMATION RAPIDE

Pour comprendre les spécificités des transformations du secteur (et anticiper les difficultés d'émergence de nouveaux modèles économiques), il importe de rappeler que l'énergie est un domaine d'activité qui combine des investissements à cycle de vie généralement très long. Du côté de l'offre, les centrales de production d'énergie (hydraulique, nucléaire, gaz, charbon, etc.) ainsi que les infrastructures permettant son transport (gazoducs, lignes électriques à haute tension, etc.) sont exploitées pendant des dizaines d'années (de l'ordre d'une cinquantaine pour une centrale nucléaire, jusqu'à un siècle pour un grand barrage hydroélectrique). Du côté de la demande, les sites industriels, les bâtiments tertiaires, les habitations ont également des durées de vie très longues et leurs performances énergétiques, sans être totalement figées, ne peuvent être améliorées qu'au prix d'investissements coûteux. L'énergie est ainsi un champ économique dominé par le « temps long » et donc intrinsèquement peu propice, à la différence des télécommunications déjà mentionnées, à l'émergence rapide de nouveaux modèles économiques à l'occasion de nouveaux cycles d'investissements susceptibles de rebattre les cartes.

Trois forces conjuguées sont aujourd'hui à l'œuvre qui placent sous stress cet univers du « temps long ».

La première de ces forces relève des efforts de libéralisation de secteurs électriques et gaziers longtemps régis par des logiques de monopoles intégrés. Les décisions de désintégration verticale (séparation des activités de production, de transport, de distribution, de fourniture), la disparition progressive des tarifs réglementés remplacés par des prix reflétant plus directement l'offre et la demande, la dévolution de pouvoirs réels à des autorités de régulation indépendantes sont autant d'évolutions propices à l'apparition de nouveaux entrants animant la concurrence. En Europe, les premières directives amorçant ce mouvement remontent aux années 1990. Si elles n'ont pas toujours produit de bouleversements des marchés nationaux, elles érodent peu à peu la puissance des opérateurs historiques.

La deuxième de ces forces procède des politiques de transition énergétique dite « bas carbone » en réponse aux menaces de dérèglement climatique. Ces efforts donnent lieu au déploiement de nouveaux moyens de production renouvelables selon une équation économique dans laquelle un soutien public (souvent *via* des tarifs de rachat garantis) est légitimé par différents effets positifs pour la collectivité : réduction des émissions de CO_2 et de polluants locaux, création d'emplois et de valeur ajoutée, diminution de la dépendance en importations d'hydrocarbures, etc. Surtout, ces politiques de transition promeuvent l'efficacité énergétique, avec la nécessité d'investir pour réduire les consommations et non plus seulement pour en accompagner la progression. Ainsi, la loi française sur la transition votée en 2015 prévoit-elle une division par deux des consommations d'énergie en 2050 (comparativement au niveau de 2012). De tels objectifs supposent, bien au-delà des limites des services énergétiques, de repenser en profondeur les systèmes de transport, le logement et l'urbanisme, l'organisation spatiale et même la logistique des secteurs les plus intensifs en énergie.

Enfin, comme tout domaine d'activité, l'énergie n'est pas étanche par rapport aux évolutions des technologies de l'information. Les nouveaux moyens de production (éolien, photovoltaïque et leur équilibrage avec des capacités de stockage), les équipements efficaces énergétiquement (bâtiments à « énergie positive », par exemple), les moyens ou l'organisation de transports économes en carbone (voitures électriques, partage de flottes de véhicules, covoiturage, etc.) requièrent un système d'information et des outils de pilotage profondément rénovés. Cette évolution est symbolisée par les *smart grids* (cf. *infra*) qui entrelacent réseaux électriques et réseaux de télécommunications et ouvrent vers un univers de *big data*. Cette convergence suggère que l'énergie n'est pas étrangère au débat sur les disruptions portées par les technologies de l'information et n'est pas nécessairement immune face au syndrome de l'« ubérisation ».

LA TRANSITION « BAS CARBONE » COMME REDÉFINITION DU MODÈLE MACROÉCONOMIQUE

Pour saisir la portée et la complexité du mouvement en cours, il importe d'adopter la vision panoramique révélant que la transition « bas carbone » n'est pas uniquement un arbitrage entre filières énergétiques, mais plus fondamentalement une redéfinition du régime de croissance économique en vigueur depuis le début de l'ère industrielle. Comme indiqué dans le graphique ci-dessous, avant la première révolution industrielle, le niveau des émissions nettes de gaz à effet de serre était négligeable : dans la mesure où le stock de la biomasse utilisée restait stable, les émissions liées à la combustion du bois (principale filière énergétique) étaient « capturées » en retour par la croissance des forêts, sans que ce modèle énergétique ait une portée globale susceptible de modifier le climat. Depuis l'entrée dans l'ère industrielle, cet équilibre est rompu, le niveau de ces émissions dans l'atmosphère avoisinant désormais les 35 milliards de tonnes (en équivalent CO_2) du fait de l'utilisation intensive des énergies fossiles (charbon, gaz et pétrole occupant les trois quarts du mix énergétique mondial). Comme, au cours des deux derniers siècles, le PIB mondial a été multiplié environ par 100 (alors que la population mondiale n'a « que » décuplé durant la même période), la formidable richesse constituée au cours de ces deux siècles est donc très directement indexée sur le carbone.

Graphique
Relation de long terme entre les émissions de CO_2 et le PIB au niveau mondial

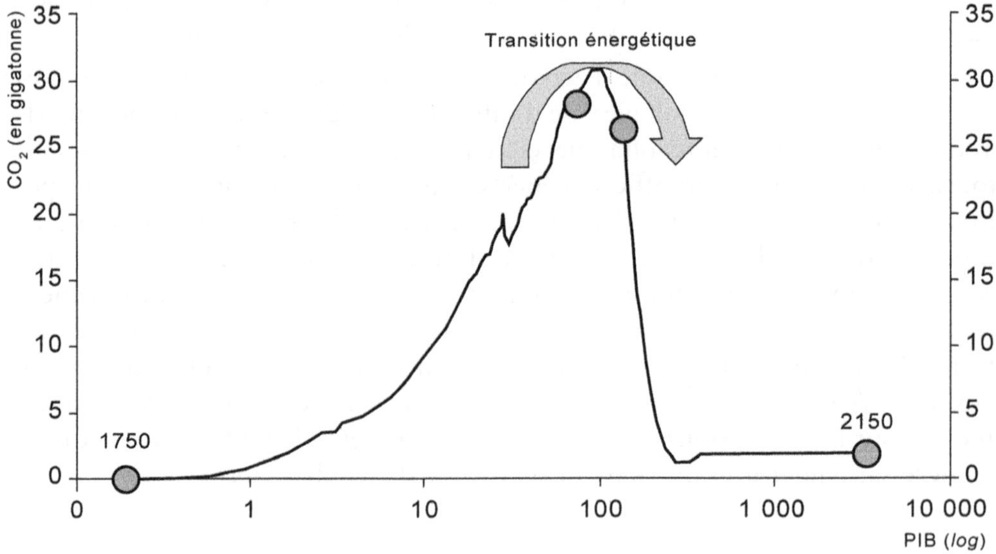

Source : Agence internationale de l'énergie.

Pour limiter l'évolution de la température à 2 °C à la fin du siècle (comparativement au niveau de l'ère préindustrielle) selon l'objectif défini en 2009 lors de la conférence de Copenhague sur le climat, il est indispensable d'inverser la courbe des émissions au cours des prochaines décennies. Une telle inversion reviendra donc à modifier les fondements historiques de la croissance économique, c'est-à-dire, en quelque sorte, à inventer un nouveau « modèle économique mondial ». Mais, au long de cette transition, les obstacles sont nombreux et divers.

Premièrement, si un tel processus est d'ores et déjà amorcé en Europe (les émissions de CO_2 auront diminué de 20 % en 2020, comparativement à 1990), cette évolution intervient dans un contexte de stabilité (voire de décroissance) de la demande d'énergie (et de faibles dynamiques économiques). Mais ce n'est pas le cas des pays les plus dynamiques économiquement, en particulier les économies émergentes (qui sont dans une phase de rattrapage) ou les économies les moins avancées (où plus de 1 milliard d'êtres humains n'ont pas encore accès à l'électricité). Et les énergies fossiles (charbon en tête) restent, au XXIe siècle à Shanghai comme au XIXe siècle à Londres, le modèle le plus efficace pour répondre à une demande d'énergie finale en forte croissance et pour nourrir une croissance économique rapide.

Deuxièmement, les filières « bas carbone » sont généralement moins efficaces que les filières carbonées qu'elles ont vocation à remplacer. Ainsi, s'il s'agit de produire de l'électricité à moindre coût, le charbon constitue une solution technico-économique dramatiquement efficace, et plus à ce stade que l'éolien ou le photovoltaïque (qui sont de filières « intermittentes » au gré du vent et du soleil). S'il s'agit, en revanche, de prendre en compte les émissions de CO_2 (et par ailleurs de particules fines), le charbon est au contraire la pire des solutions. De même, si l'objectif est de se déplacer librement, un véhicule à moteur thermique est supérieur en praticité à un véhicule électrique. Il y a donc une contradiction frontale entre les solutions souhaitables pour lutter contre le changement climatique et celles qui sont les plus efficaces sans tenir compte de cet objectif (phénomène classique d'« externalités négatives »). Un tel *hiatus* résulte très directement de la contrainte de temps sous laquelle doit être opérée la transition énergétique. Schématiquement, engager la transition revient à insérer aujourd'hui dans les systèmes énergétiques des technologies qui n'auraient vocation à émerger que bien plus tard, sans doute dans la deuxième partie du XXIe siècle (voire au XXIIe siècle), et donc à extraordinairement concentrer le temps de leur sélection et leur maturation.

Troisièmement, parce que les signaux de prix qui doivent conduire les investisseurs à préférer les filières « bas carbone » aux filières carbonées sont instables, voire incohérents. Ainsi, au niveau mondial, le soutien aux énergies fossiles est bien plus important que le soutien aux énergies renouvelables. L'Agence internationale de l'énergie évalue les subventions aux consommations d'énergies fossiles de 400 Md$ à 500 Md$ par an (soit nettement plus que pour les énergies renouvelables) dans des pays comme l'Arabie Saoudite, l'Iran, la Russie, le Venezuela, la Chine, etc. Par ailleurs, le baril de pétrole pourrait valoir deux fois moins durant la deuxième partie des années 2010, comparativement à la première. Or il sera plus aisé de promouvoir des technologies « bas carbone » pour éviter, schématiquement, de consommer du pétrole valant 120 dollars plutôt que 50 dollars... Cet effondrement de prix du brut, qui constitue certes une bonne nouvelle au plan macroéconomique pour les pays importateurs, vient brouiller les orientations des politiques publiques à l'encontre du dérèglement climatique. Ainsi, la loi française sur la transition cible une baisse très volontariste des consommations d'énergies fossiles de 30 % en 2030 (par rapport à 2012), mouvement plus aisé à impulser si le prix à la pompe est élevé. Certes, il est possible de mettre un prix aux émissions de CO_2 et il est ainsi prévu de porter progressivement la taxe carbone française à 100 euros la tonne en 2030. Mais l'expérience prouve que l'acceptabilité de ces dispositifs par les populations (et autres écotaxes par les professionnels du transport) est variable. Comme, par ailleurs, la capacité à définir un prix du CO_2 cohérent par un mécanisme de marché n'est pas encore établie (le marché européen d'échanges de quotas permet d'échanger des tonnes aux environs de 5 dollars), il faut bien convenir qu'à ce stade, ce type de signal pèse peu pour orienter les investissements à long terme. Et il y a là un danger car de nombreux investissements énergétiques réalisés durant la décennie 2010 seront encore potentiellement en activité au milieu du siècle (une centrale à charbon, par exemple), mais pourraient être déclassés plus tôt car frappés en quelque sorte d'obsolescence carbonée. Cette problématique est celle des futurs « coûts échoués » (*stranded assets*) induits par la transition énergétique et qui, pour être minimisés, supposent de pouvoir disposer rapidement d'un signal-prix du carbone qui permette d'orienter les investissements avec discernement dès à présent. L'Agence internationale de l'énergie considère que pour tenir l'objectif du 2 °C, deux tiers des réserves prouvées énergies fossiles devront rester sous terre, ce qui laisse anticiper un choc pour les entreprises dont la valeur est indexée sur le stock de ces ressources.

Enfin, nul besoin de souligner que par temps de grande crise économique, l'argent public se fait plus rare pour soutenir avec constance les filières « bas carbone », tandis que l'acceptabilité par les consommateurs de taxes dédiées fait débat dans un contexte de montée de la précarité énergétique (phénomène endémique en Europe).

UN DÉPLACEMENT PROGRESSIF VERS L'UNIVERS DU *BIG DATA VIA* LES *SMART GRIDS*

Par-delà les contradictions et les tensions qui viennent d'être énoncées, l'essentiel des futurs changements dans l'organisation des systèmes, la nature des services offerts et les modèles économiques associés se jouent probablement dans la convergence en cours entre technologies électriques et technologies de l'information, au sein de *smart grids*.

Les *smart grids* sont des réseaux dits « intelligents » qui véhiculent en temps réel des informations sur les conditions de production et de consommation entre les différents acteurs d'un système électrique (et gazier, secondairement). Cette évolution technologique crée une rupture car, jusqu'alors, l'information circulait sur un mode unidirectionnel (des consommateurs vers les gestionnaires de réseaux et les producteurs) et de façon généralement discontinue (le relevé manuel des compteurs chez les ménages reste la pratique la plus courante). Cette évolution est requise du fait des évolutions à la fois de l'offre (déploiement massif de sources renouvelables à caractère intermittent et décentralisé, comme l'éolien ou le solaire) et de la demande (développement de nouveaux usages comme le véhicule électrique).

Cette transition technologique ouvre sur de nouvelles organisations des systèmes électriques. En effet, les acteurs traditionnels (producteurs, gestionnaires de réseaux, fournisseurs et équipementiers) verront leurs fonctions modifiées par les évolutions technologiques (comptage évolué, stockage, etc.), tandis que des industriels issus d'autres champs apporteront également leurs compétences spécifiques (télécommunications, logiciels, services informatiques, etc.) et que de nouveaux acteurs, remplissant de nouvelles fonctions, verront également le jour (gestionnaires d'effacement, fournisseurs de services en aval du compteur, gestionnaires de charge du véhicule électrique, etc.). En outre, les réseaux intelligents impliqueront de nouvelles formes de coordination économique entre les « maillons » des chaînes de valeurs plus interdépendants qu'auparavant. Par exemple, le développement des énergies renouvelables par des producteurs décentralisés provoquera des fluctuations de puissance qui complexifieront le travail des gestionnaires de réseaux et mettront à l'épreuve leur capacité d'adaptation.

Surtout, la place de l'utilisateur final sera recentrée, puisque l'équilibre du système électrique dépendra de l'adaptabilité de la consommation, et non plus seulement de celle de la production, selon le schéma prédominant jusqu'alors. Ce recentrage passera par une plus grande variabilité des prix, consistant à les rendre dynamiques en fonction des conditions de production (afin de réduire le recours à des centrales thermiques pour couvrir la pointe et d'éviter l'usage d'une ressource émettrice de CO_2). Dans les projets-pilotes, les gains monétaires (mais également l'intérêt de concourir à un effort collectif) produisent un effet de réduction des consommations généralement compris entre 5 % et 15 %.

Les *smart grids* laissent entrevoir de nombreux bénéfices, à commencer par la capacité des réseaux à être « autocicatrisants » et « résilients », avec une réduction des coupures et des pertes en ligne, ainsi qu'une amélioration de la qualité desservie (caractéristique importante pour la demande industrielle). Combinées aux progrès de la domotique, les infrastructures de *smart grids* permettront le pilotage à distance d'équipements domestiques et l'adaptation des consommations en fonction d'offres valorisant l'effacement (*smart home*). Au-delà du logement, les *smart grids* sont des outils propices à l'émergence de systèmes énergétiques locaux (de l'écoquartiers à la *smart city*). En termes concurrentiels, l'information transportée par les réseaux intelligents autorisera un meilleur partage de l'information sur le fonctionnement des marchés de l'énergie.

La portée du changement amorcé apportera sans doute de la richesse en données des *smart cities* et *smart homes*, évolution laissant entrevoir, schématiquement, une confrontation des acteurs du monde de l'énergie et d'Internet. Pour mémoire, Google a racheté en 2014, pour plus de 3 Md$, Nest, entreprise pionnière dans le domaine des thermostats connectés. Et il serait possible de décliner cet intérêt des géants d'Internet dans d'autres domaines à forte composante énergétique, comme les véhicules intelligents.

Fondamentalement, les *smart grids* correspondent à un changement du système d'information de l'énergie, créant de la logique de « plate-forme » dont on sait par ailleurs le caractère disruptif (en abaissant les barrières à l'entrée, en réallouant la valeur entre les parties prenantes, en laissant même émerger parfois des logiques de gratuité, etc.). Il ne s'agit pas de prédire une « ubérisation » de l'énergie, mais de souligner que les *smart grids* créent des écosystèmes riches et complexes où des entreprises issues d'univers jusqu'alors étanches se trouveront en collaboration et/ou en confrontation autour de services pour lesquels la capacité d'analyse de données de masse sera un atout concurrentiel aussi important que la capacité à produire, acheminer et fournir de l'énergie.

La transition énergétique s'annonce comme une série de défis technologiques et sociétaux. La capacité, au cœur de cette révolution copernicienne, à faire naître des modèles économiques innovants (en rupture avec le modèle traditionnel indexant la création de valeur sur le volume d'énergie vendu) ne sera pas le moindre de ces défis épineux.

Bibliographie

Calderon F. et Stern N. (2014), *Better Growth, Better Climate, The New Climate Economy Report 2014*, Global Commission on Economy and Climate, septembre.

Carbon Tracker Initiative (2013), *Unburnable Carbon 2013: Wasted Capital and Stranded Assets*, rapport.

Ouvrard J.-F. (2015), « L'analyse macroéconomique de la transition énergétique : difficile, mais indispensable », *Revue d'économie financière*, n° 117.

Les obligations vertes : simple *green washing* ou changement véritable des comportements ?

Philippe GARRAU*
Cécilia MATISSART**
Olivier ROCAMORA***

La prise de conscience croissante dans la plupart des pays de la nécessité de tendre vers des modèles économiques plus respectueux des ressources naturelles s'est traduite au cours des années récentes par l'essor d'initiatives et le développement de mouvements visant à mieux concilier croissance économique et contraintes environnementales, à travers notamment de profonds changements dans les modes de production. Or une telle mutation n'est pas sans poser quelques défis, au premier rang desquels figurent les besoins de financement qu'elle engendre. L'Agence internationale de l'énergie estimait ainsi, à la fin de 2014, à 400 Md$ par an l'effort d'investissement supplémentaire au niveau mondial nécessaire au seul développement des énergies renouvelables d'ici à 2030[1]. Dans un contexte de désintermédiation bancaire des financements et de contraintes accrues sur les finances publiques, le recours aux obligations vertes (*green bonds*) est rapidement apparu comme une solution possible pour le financement de ce type de projets. Ce segment de marché, qui suscite un intérêt croissant des investisseurs, connaît depuis 2013 un essor rapide, même s'il doit être relativisé compte tenu de la taille encore modeste du marché. Conséquence naturelle de son stade de développement encore précoce, le marché des *green bonds* se caractérise par un faible degré de standardisation, dont l'illustration sans doute la plus symbolique est l'absence de consensus sur la définition même du concept. Conscients que cette situation ne permettrait pas un développement

---

* Direction des marchés, AMF (Autorité des marchés financiers).
** Direction des émetteurs, AMF.
*** Direction des marchés, AMF.

pérenne et afin d'éviter les risques de *green washing*, les principaux acteurs du marché s'accordent aujourd'hui sur la nécessité d'élaborer des standards communs, afin de contribuer à la structuration de ce marché.

LES CARACTÉRISTIQUES D'UN MARCHÉ EN FORTE CROISSANCE, MAIS QUI RESTE EMBRYONNAIRE

Les obligations vertes peuvent très schématiquement être définies comme un instrument de financement ayant vocation à financer des projets environnementaux tels qu'une amélioration de l'efficacité énergétique ou encore le développement des énergies renouvelables, à charge pour l'émetteur de préciser l'utilisation des fonds levés, de quantifier l'impact environnemental et d'en informer les investisseurs. Du point de vue de l'investissement responsable, elles présentent ainsi l'intérêt majeur par rapport à une obligation classique d'être transparentes sur l'utilisation des fonds levés, cette dernière devant conduire à un bénéfice environnemental.

La première émission obligataire référencée comme obligation verte date de juin 2007 et a été réalisée par la Banque européenne d'investissement (BEI) pour un montant de 600 M€[2]. Au départ hésitante, la croissance des obligations vertes s'est accélérée à partir de 2013. En 2014, le montant des émissions mondiales a ainsi avoisiné 40 Md$, soit un triplement par rapport à l'année précédente.

En l'absence d'indicateur historique fiable et de définition reconnue qui permettent de délimiter précisément les contours du marché, les estimations portant sur les montants en circulation font apparaître des écarts significatifs selon les études et les sources utilisées. Pour autant, dans tous les cas, il est clair que le degré de développement du marché doit être relativisé et reste à un stade encore embryonnaire. Ainsi, le marché des *green bonds* ne représenterait au niveau mondial, selon HSBC, que 0,5 % du marché obligataire[3] – cette estimation constituant une estimation haute puisqu'elle intègre l'ensemble des obligations pour lesquelles les fonds levés sont destinés à être utilisés à des fins environnementales –, voire moins de 0,1 % en utilisant les données Bloomberg, dont les critères de définition sont plus restrictifs[4].

Tableau
Encours des obligations vertes
(en Md$)

Année	Estimation HSBC	Estimation Bloomberg
2012	174	6
2013	346	19
2014	503	37
2015	598	63

Sources : étude HSBC (2015) pour Climate Bonds Initiative ; Bloomberg.

Graphique 1
Évolution et principales étapes de développement du marché des *green bonds* au niveau mondial

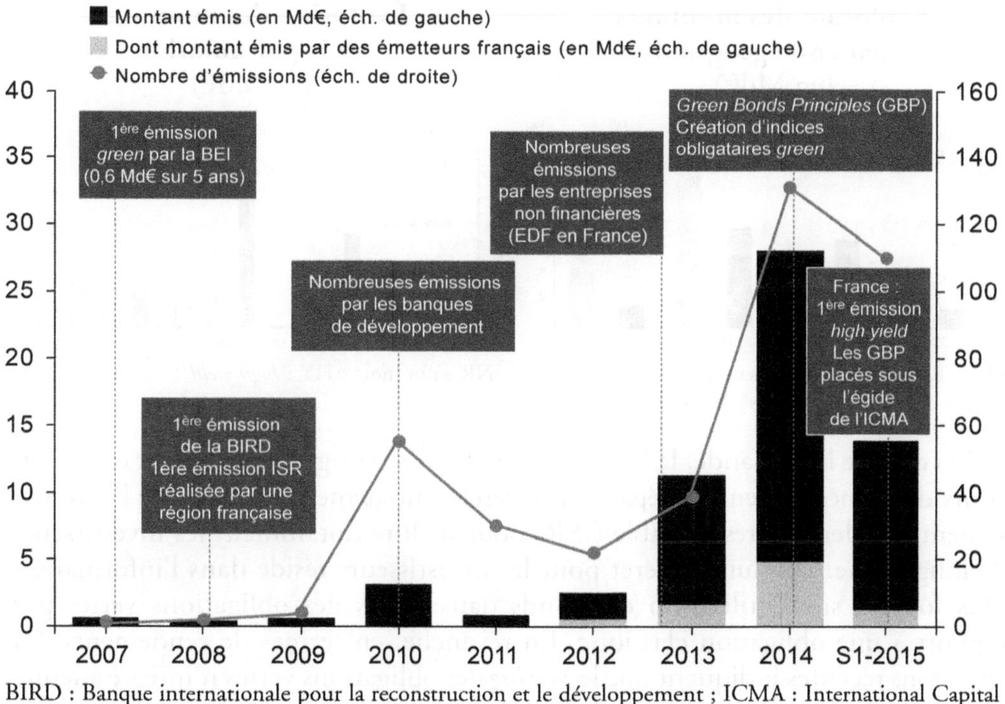

BIRD : Banque internationale pour la reconstruction et le développement ; ICMA : International Capital Market Association ; S1 : 1er semestre.
Source : Bloomberg.

L'essor récent du marché des *green bonds* doit être relié à la fois à des facteurs d'offre et de demande. Du côté de l'offre de produits, le périmètre des émetteurs, jusque-là très étroit car circonscrit aux émetteurs supranationaux tels que la Banque mondiale, s'est peu à peu élargi à d'autres acteurs publics tels que des régions[5], voire aux acteurs du secteur privé. Cette évolution s'est naturellement accompagnée d'une diversification en termes de risques de crédit. Prépondérantes jusque-là, les émissions notées AAA sont devenues minoritaires en 2014 et ne représentaient plus qu'un quart des montants levés au premier semestre 2015, selon Bloomberg. Dans cette phase de développement récente, le marché des *green bonds corporate* reste pour l'heure surtout européen. Par ailleurs, à l'instar des émissions réalisées par les émetteurs *corporate* français dont EDF et GDF Suez (Engie), ce marché reste dominé par le secteur des services collectifs (57 % des capitaux levés répartis sur six émetteurs), suivi par le secteur de l'immobilier (24 % des volumes émis répartis sur cinq émetteurs). Pour les émetteurs, les obligations vertes représentent des gains potentiels en termes de visibilité et d'image, susceptibles de permettre un élargissement de leur base d'investisseurs. Le terme « *green bond* » est généralement revendiqué par l'émetteur.

Graphique 2
Évolution des montants émis par zone géographique
(en Md€)

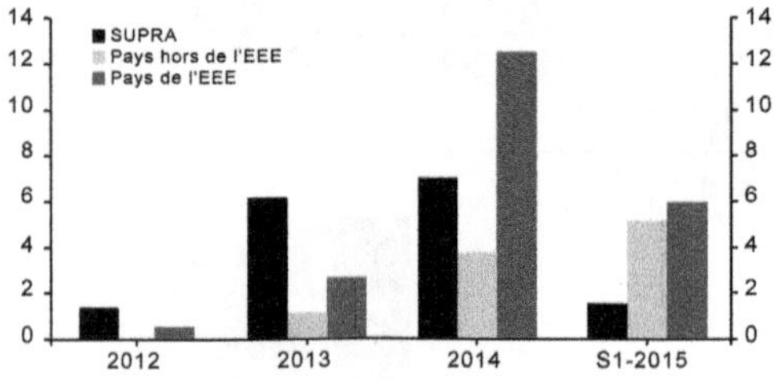

Graphique 3
Évolution des montants émis par notation
(en Md€)

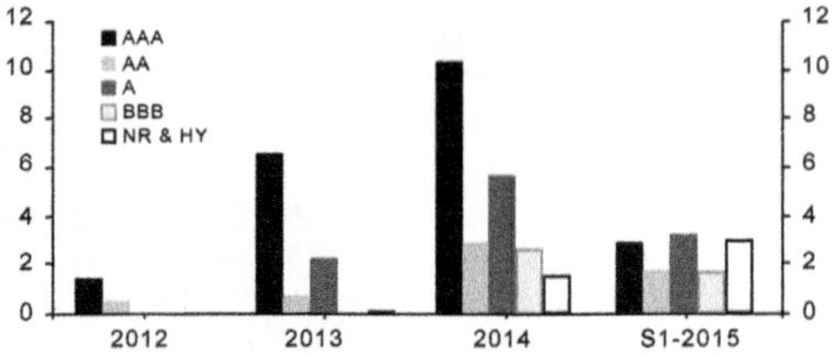

EEE : Espace économique européen.
Source des deux graphiques : Bloomberg.

NR : non noté ; HY : *high yield*.

Du côté de la demande, la base d'investisseurs s'est significativement élargie au cours des années récentes, dépassant le cercle initialement restreint de l'investissement socialement responsable (ISR) pour inclure notamment les investisseurs de long terme. Un autre intérêt pour les investisseurs réside dans l'information plus fournie sur l'utilisation des fonds dans le cas des obligations vertes par rapport à une obligation classique. En revanche, en termes de rendements, les émissions récentes indiquent que le *pricing* des obligations vertes n'intègre aucune prime particulière et qu'elles sont ensuite négociées en fonction du risque de crédit de l'émetteur et du contexte général des taux d'intérêt. À titre d'illustration, les graphiques 4 et 5 (ci-contre) montrent, dans le cas particulier des obligations émises par EDF ou GDF Suez (Engie), soit respectivement la première société non financière ayant procédé à l'émission d'obligations vertes sur le marché français et celle détenant le record mondial en termes de montants émis, que les prix des obligations sont en ligne avec la courbe de crédit de ces deux émetteurs.

Graphique 4
Prix des obligations EDF, début septembre 2015

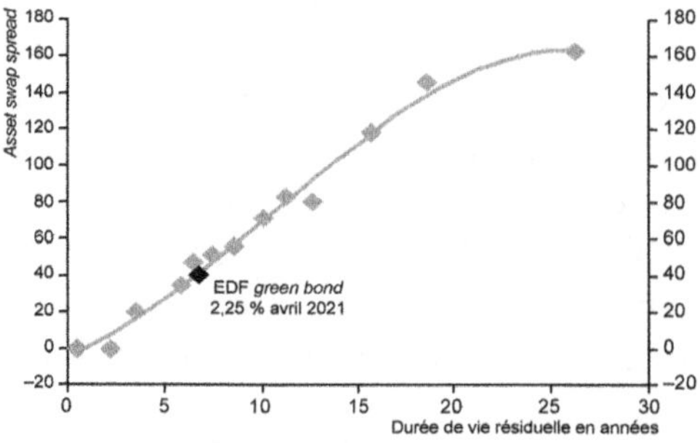

Graphique 5
Prix des obligations GDF, début septembre 2015

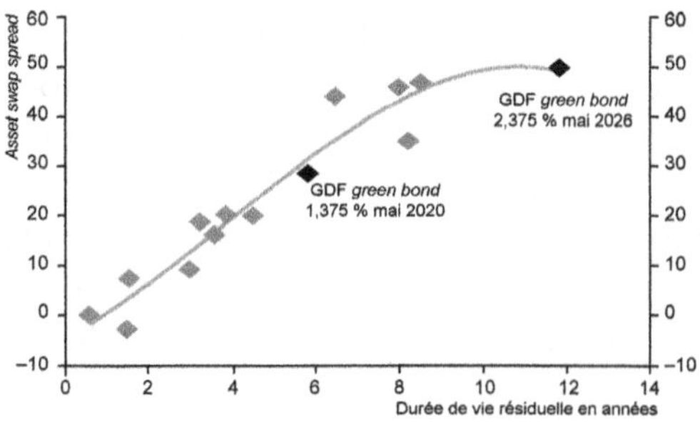

Source des deux graphiques : Bloomberg.

Bien qu'encore embryonnaire, le marché des *green bonds* bénéficie d'un réel potentiel de développement, comme en témoigne le lancement depuis 2014 d'indices dédiés par des producteurs d'indices, dont certaines banques (S&P, MSCI/Barclays, Bloomberg, BofA), reflétant à la fois des perspectives de croissance favorables, mais également une certaine maturité atteinte, dans la mesure où la création d'un indice nécessite la présence d'un nombre significatif de titres présentant une liquidité suffisante.

Le marché pourrait également bénéficier de la mise en œuvre du Fonds vert pour le climat, par lequel transitera une partie des 100 Md$ annuels devant être mobilisés par les pays développés pour financer les actions d'adaptation et d'atténuation dans les pays en développement. Au début de novembre 2015, les promesses de contributions au Fonds s'établissaient à 10,2 Md$ pour la période 2015-2018.

VERS UNE STRUCTURATION DU MARCHÉ À L'IMAGE DE L'ISR

Afin de sélectionner les entreprises les plus performantes en matière d'ISR, les investisseurs disposent des notes produites par les agences de notation extra-financière, telles que CoreRatings au Royaume-Uni, qui figure parmi les acteurs les plus importants au niveau mondial, ou encore Innovest aux États-Unis et Vigeo en France. Des labels existent également. Ils sont délivrés après vérification que le processus de gestion prend bien en compte les critères environnementaux, sociaux et de gouvernance (ESG) ainsi que la composition des fonds. D'après l'European Fund and Asset Management Association (EFAMA), les montants sous gestion incluant un processus de sélection ISR étaient de 237,9 Md€ en Europe à la fin de 2013.

Contrairement aux notations ISR, la notion d'obligation verte est un concept encore flou et aucune règle spécifique à ce marché et contraignante n'existe aujourd'hui : un émetteur peut annoncer qu'il a émis une obligation verte sans qu'aucun contrôle par des tiers n'ait été défini. Conscientes que cette situation ne permettrait pas un développement pérenne de ce segment de marché, plusieurs banques se sont mobilisées pour élaborer des standards communs, condition nécessaire pour parvenir à terme à un marché structuré ayant la confiance des investisseurs. Cette initiative s'est traduite au début de 2014 par la publication de grands principes, les *Green Bonds Principles* (GBP). Schématiquement, les GBP entendent fixer un cadre général de gouvernance permettant aux émetteurs et aux banques d'être en conformité avec les caractéristiques attendues des obligations vertes, à savoir :

– une définition de l'utilisation des fonds (*use of proceeds*) dès l'élaboration de la documentation juridique lors de l'émission, celle-ci devant financer des projets bénéfiques pour l'environnement. Une liste non exhaustive des secteurs concernés est citée, comprenant notamment les énergies renouvelables, l'efficacité énergétique, l'eau, la gestion des déchets, etc. ;

– un processus formalisé d'évaluation et de sélection des projets éligibles au financement, qui intègre en particulier des études d'impact ;

– un suivi des fonds : les montants levés doivent être intégrés à un portefeuille dédié afin d'en vérifier l'allocation dans le cadre d'un contrôle interne. Un audit externe relatif au suivi des fonds est également requis ;

– enfin, l'ensemble de ces éléments doit faire l'objet d'un *reporting* régulier.

UN CADRE DE GOUVERNANCE ENCORE PERFECTIBLE

Si les GBP ont été adoptés par la plupart des établissements bancaires impliqués dans l'origination des obligations vertes, le degré de conformité par rapport à ces principes reste inégal[6], malgré leur caractère peu prescriptif. Cela s'explique essentiellement par le stade de développement encore peu avancé du marché. De fait, les GBP, désormais placés sous l'égide de l'International Capital Market Association (ICMA) et qui ont déjà fait l'objet d'une première révision au début de 2015, devraient être amenés à évoluer, au moins sur la liste indicative des secteurs éligibles. Au-delà, la difficulté principale résidera dans l'équilibre délicat à trouver entre la nécessité d'une standardisation plus aboutie et la préservation à court terme de la dynamique de croissance du marché. Des marges d'amélioration sont en effet possibles, notamment dans la définition des projets éligibles, l'évaluation du bénéfice attendu et l'information donnée au marché à la fois lors de l'émission, mais également tout au long de la vie du produit.

En effet, les critères permettant de qualifier si un projet est ou non « environnemental » restent aujourd'hui encore à la discrétion de l'émetteur et les modalités des processus de contrôle *a posteriori* au sujet de la bonne allocation des fonds en sont au stade des prémices. Cette situation contribue à accroître le risque de *green washing*, d'autant plus grand que dans le cas des obligations vertes, les émetteurs devraient faire face à des exigences supplémentaires en matière de *reporting* par rapport à des obligations classiques, sans pour autant en retirer un avantage monétaire *via* une prime, c'est-à-dire en émettant à un niveau de rendement inférieur.

UN RÔLE DU RÉGULATEUR DE MARCHÉ POUR L'HEURE LIMITÉ

En l'absence de consensus sur la définition du concept et de règles contraignantes, l'action du régulateur de marché français en termes de surveillance ne revêt pas de dimension spécifique propre aux obligations vertes. Or s'il n'existe pas à l'heure actuelle de structuration « exotique » sur le marché français, il n'est pas à exclure qu'à l'avenir, des titres plus complexes et risqués puissent être émis avec, par exemple, des coupons indexés sur un indice environnemental ou que le remboursement du capital soit fonction de la réussite d'un projet financé par les émissions d'obligations vertes. De plus, l'intérêt de l'utilisation de ces instruments par les émetteurs étant à ce stade de nature essentiellement *marketing* (meilleure visibilité, accès à de nouveaux gisements de financement), son développement n'est pas sans soulever de questionnements en termes de transparence vis-à-vis des investisseurs.

Jusqu'à présent, les émissions d'obligations vertes réalisées par les sociétés financières ont toutes été réalisées à travers des tirages dans le cadre de leur programme EMTN (*Euro Medium Term Notes*). Il convient ici de rappeler que lorsqu'un émetteur souhaite admettre ses titres obligataires à la cote dans le cadre d'un programme EMTN, il doit faire viser un prospectus de base, établi annuellement, qui expose les caractéristiques générales des titres à émettre et qui est complété par la suite, lors de chaque émission, par un document sur les conditions définitives de l'offre (c'est-à-dire les caractéristiques détaillées de chaque émission en termes de taux, de nombre de titres émis, de calendrier, etc.), ce dernier n'étant pas soumis au visa du régulateur de marché. Le régulateur constate une fois les conditions définitives déposées et l'émission réalisée que l'émetteur a procédé à une émission d'obligations vertes. Ainsi, le contrôle *a priori* des conditions définitives apparaît limité. Pour autant, l'Autorité des marchés financiers (AMF) reste attentive à la communication financière qui accompagne ces émissions pour lesquelles l'attrait marketing est important. En particulier, s'agissant des émissions d'obligations vertes des collectivités locales, il a pu être observé que les conditions définitives intégraient une information moins détaillée sur les spécificités de ces produits, mais que ces dernières restaient largement relayées par voie de communiqué de presse notamment par les agents placeurs. À l'inverse, les grands émetteurs comme EDF et Engie, qui communiquent également largement sur ces émissions, ont bien compris l'intérêt d'être le plus transparent possible et ont ainsi introduit les caractéristiques précises de leurs obligations vertes dans le corps des conditions définitives dans la partie « raison de l'offre ». Pour autant, même si certaines variantes peuvent apparaître entre émetteurs, les objectifs renseignés remplissent les critères définis par les agences de notation extra-financière (Vigeo, BMJ Ratings) et couvrent les domaines suivants : efficacité énergétique/énergies renouvelables, protection de l'environnement et /ou de la biodiversité, développement économique et social. Ces informations sont par ailleurs disponibles également sur le site internet de ces émetteurs.

CONCLUSION

Compte tenu de l'intérêt grandissant des investisseurs pour la thématique de l'investissement responsable, des besoins de financement de long terme très élevés dans un contexte marqué par une désintermédiation bancaire et de durcissement des contraintes pesant sur les finances publiques, ainsi que de l'organisation qui se met en place pour structurer ce segment de marché, il est probable que le développement des obligations vertes se poursuive dans les prochains trimestres à un rythme soutenu.

Afin de pérenniser la croissance récente du marché, certains acteurs bancaires majeurs présents sur ce segment ont édicté en 2014 des GBP, document qui synthétise l'ensemble des étapes et présente les critères que tout émetteur devrait idéalement respecter pour que son émission obligataire soit *de facto* considérée comme une obligation verte et que les investisseurs puissent être confiants sur la nature du produit dans lequel ils souscrivent.

Ces principes portent sur l'objectif en matière d'utilisation des fonds, le processus de contrôle de cette allocation (cabinet d'audit externe), les critères qui permettent de définir si un projet est environnemental ou non et le *reporting* fait aux investisseurs. Afin de gagner en crédibilité vis-à-vis du marché, certains émetteurs français ont d'ailleurs d'ores et déjà mis en place ce processus lors de leurs émissions et ont fait appel à des auditeurs indépendants chargés, une fois par an, de produire un rapport portant sur la conformité des projets éligibles vis-à-vis des critères préétablis et de s'assurer que les sommes collectées sont allouées de manière cohérente avec les données comptables.

Pour autant, et bien que les principaux acteurs présents sur ce marché se soient engagés à les respecter, les GBP sont appliqués de manière inégale, renforçant ainsi le risque de *green washing*. Pour l'heure, ces principes ne sont encore que des lignes directrices (*guidelines*), par ailleurs encore perfectibles. Des progrès sont en effet attendus, en particulier en matière de définition des projets éligibles, de la mise en place de dispositifs de contrôle *a posteriori* sur l'utilisation des fonds levés et de transparence. Les GBP devraient ainsi nécessairement continuer d'évoluer dans les années qui viennent, en lien avec le développement d'indices obligataires, afin de permettre l'émergence de réels standards, étape indispensable à un développement pérenne du marché.

Notes

1. *World Energy Outlook* (2015) de l'International Energy Agency.

2. Cette obligation zéro coupon, arrivée à échéance en juin 2012, était un instrument financier participatif dont la performance était basée sur l'évolution de l'indice actions FTSE Good Environmental Leaders Europe 40, avec un capital garanti à échéance. Elle visait à financer des prêts « en faveur de secteurs essentiels à la protection du climat ».

3. La taille du marché obligataire mondial a été estimée à 100 000 Md$ par la Banque des règlements internationaux (BRI) en juin 2013.

4. Dans le cas de la France, ce chiffre serait de l'ordre de 0,2 %, toujours en utilisant des données Bloomberg, soit un encours total de 8,2 Md€, comparé à un encours obligataire de plus de 4 100 Md€ (source : Bloomberg).

5. En France, les premières émissions réalisées par des régions datent de 2008, mais leur essor véritable date de 2012.

6. Voir, par exemple, sur la qualité du *reporting*, l'étude de Azoulay *et al.* (2014), « Green & sustainable bonds : une croissance partie pour durer ? », Natixis Cross Expertise Research, décembre.

Deuxième partie

VERS DE NOUVEAUX MODÈLES D'ENTREPRISE ?

Présentation

Devant le foisonnement des initiatives et les transformations économiques qu'elles engendrent, le modèle traditionnel d'entreprise se transforme et une multiplicité de formes entrepreneuriales surgissent ou renaissent.

Économie positive, économie collaborative, économie circulaire, économie de la fonctionnalité... De nouvelles formes de production et d'échange se démarquant du schéma capitaliste pur semblent apparaître, en particulier ce « tiers-secteur » qui est celui de l'économie sociale. En le mettant en perspective, *Michel Audigier* montre que ses racines sont anciennes. En France, c'est la Charte de l'économie sociale de 1980 qui le consacre officiellement. Pourtant, l'économie sociale a une existence plus ancienne puisque l'expression apparaît dès 1830. Aujourd'hui, elle emploie environ 2,3 millions de salariés dans un peu plus de 220 000 établissements. La distanciation vis-à-vis du champ économique et de son orientation préférentielle vers l'activité sociale s'est opérée en quatre temps : le XIXe siècle avec l'expérience des familistères ; l'essor du mouvement coopératif entre les deux guerres ; les Trente Glorieuses qui ont consacré la dimension sociosanitaire du phénomène ; la période contemporaine caractérisée par le renouveau du mutualisme.

Cependant, l'économie sociale n'a jamais eu les moyens financiers suffisants pour constituer des entreprises capables de se confronter à la concurrence des grands groupes industriels et de s'imposer sur les marchés : difficulté à trouver des sources de financement ; obstacles idéologiques venant tant des milieux ultralibéraux que des réticences de la pensée marxiste ; appui tardif des pouvoirs publics. Aujourd'hui, l'économie sociale et solidaire est à la croisée des chemins entre la réduction des dépenses publiques qui va l'affecter durablement et un cadre juridique rénové (loi de juillet 2014).

Alain Tedaldi décrit les transformations des modèles économiques classiques historiquement adoptés par les entreprises. Dans la quasi-totalité des secteurs d'activité, ces modèles économiques sont bouleversés, l'accès aux marchés se complexifie, l'intensité concurrentielle s'accroît, les stratégies d'influence se renforcent.

Première évolution, les inflexions sociétales caractérisées par l'émergence de valeurs nouvelles : partage, frugalité, coopération, transparence, esprit collaboratif. Seconde évolution, l'irruption du numérique initialement portée par les GAFA (Google, Apple, Facebook, Amazon), qui structurent le paysage du Net, s'est largement diffusée auprès des citoyens, des entreprises, de tous les acteurs économiques. Troisième évolution qui résulte des deux premières, la relation de l'entreprise avec les clients change en profondeur. Le client est devenu un acteur maître de ses choix, pôle d'influence sur la toile, prescripteur auprès de ses pairs émettant des avis positifs ou négatifs, créateur de communautés et à l'initiative de nouveaux réseaux sociaux. Quatrième évolution, la vitesse de pénétration des nouveaux entrants sur les marchés. Les barrières à l'entrée sont battues en brèche par l'irruption rapide d'entreprises ou même de communautés d'individus positionnées hors du secteur marchand qui concurrencent les acteurs traditionnels. C'est l'ubérisation.

Les positions ne sont pour autant pas figées. Nous entrons dans l'ère de l'entreprise multipolaire et agile. La culture de l'expérience client et de l'usage se développe au profit d'une entreprise interconnectée, sans qu'il soit possible de faire rentrer ces évolutions sous un modèle unique.

Vassili Joannides de Lautour dresse un bilan du modèle coopératif qui recouvre des réalités multiples : des coopératives ouvrières aux coopératives agricoles, de celles de salariés aux groupements de fournisseurs ou d'usagers. Le mouvement coopératif trouve ses racines dans la philosophie de Saint Simon, prolongeant le modèle de cité idéale conçu par Thomas More au XVIe siècle. Au fil des ans, il est devenu un acteur incontournable de l'économie, opérant dans tous les secteurs. Dans les années 1980, le mouvement coopératif a progressivement perdu de son attrait, tant les exigences du modèle semblaient incompatibles avec un chômage croissant et une économie au ralenti. Puis, à partir du milieu des années 1990, le modèle coopératif est considéré comme une manière pour l'entrepreneur d'assurer la succession de l'entreprise qu'il a créée. Depuis, de nombreux cas de reprise d'entreprises par leurs salariés, soit pour assurer une continuité managériale, soit pour éviter une faillite, se sont fait jour. En 2014, le secteur coopératif compte plus de 800 millions de coopérateurs (membres détenant une partie du capital et ayant un droit de vote), emploie 250 millions de salariés et vient en aide à 150 millions de personnes dans 96 pays. Les coopératives emploient en moyenne 8,73 % de la population active dans le monde, avec peu de différences d'un continent à l'autre. Après presque trois décennies de relatif désintérêt pour les acteurs économiques, les coopératives apparaissent à nouveau comme un moyen d'atténuer les effets des crises économiques et financières et aussi comme une nouvelle manière d'entreprendre et de gérer. Mais des difficultés demeurent, le premier défi pour les coopératives étant de parvenir à lever des fonds suffisants pour ne pas se heurter à des barrières trop lourdes à l'entrée dans un secteur d'activité.

Olivier Basso s'interroge sur la légitimité de la grande entreprise cotée et mondialisée. Il juge insuffisant de la fonder sur la seule création de valeur pour l'actionnaire. Devenues par leur taille l'équivalent de certains États, de telles entités forment une catégorie spécifique et l'on ne saurait les assimiler à d'autres types d'entreprises. Elles sont devenues ce lieu contrôlé de l'extraction d'un profit destiné à récompenser les actionnaires sans réussir à maintenir une dimension de communauté humaine, la *corporate governance* ayant placé l'actionnaire au cœur d'un dispositif normatif qui encadre le comportement du dirigeant. Les options pour une évolution possible sont, selon l'auteur, au nombre de cinq : l'option révolutionnaire ; la réglementation internationale ; la voie de l'autorégulation ; la *pax america* ; la constitution en corps politiques légitimes. Les quatre premières lui semblant peu crédibles ou souhaitables, il plaide pour une voie démocratique renforçant le point pivot de l'entreprise, à savoir son dirigeant et faisant en sorte que ce dernier puisse s'appuyer sur une légitimité autre que celle du seul actionnaire. L'entreprise doit conserver sa nature tripartite alliant travail, capital et talent des dirigeants. Il lui semble donc nécessaire de désolidariser le pouvoir décisionnel stratégique dans l'entreprise de la seule possession d'actions dans la société qui la porte juridiquement. Il fait des propositions en ce sens : affirmer le projet industriel de l'entreprise ; étendre la légitimité du président au-delà de la nomination actionnariale ; sécuriser le développement de l'entreprise. C'est à cette seule condition que la grande entreprise pourra trouver une place non contestée dans la société moderne du XXIe siècle et contribuer durablement à la prospérité du monde.

Les entreprises ont aujourd'hui à répondre à des exigences éthiques formulées par l'ensemble des parties prenantes : salariés, fournisseurs, pouvoirs publics, mais aussi épargnants ou gérants d'actifs à la recherche d'investissements socialement responsables. Une entreprise éthiquement irréprochable relève-t-elle pour autant de l'utopie ? Sans trancher, *Jean-Marc Le Gall* circonscrit les termes du débat. Il s'agit d'articuler efficacité économique et obligation éthique à partir d'un dialogue avec les actionnaires, les salariés, mais aussi les clients, les fournisseurs et jusqu'à la société, incarnée le plus souvent par les défenseurs de l'environnement et des droits de l'homme. L'actuel intérêt de tels concepts auprès de certaines entreprises ne doit pas masquer le fait que leur adoption par ces dernières n'est pas exempte d'ambiguïtés, voire de complaisance de leur part. L'invocation de leur responsabilité sociale (RSE) n'est acceptable qu'aussi longtemps qu'elle ne remet pas en cause la primauté des actionnaires. La RSE incarne une nouvelle utopie, qui postule l'harmonie naturelle des intérêts des parties prenantes, et exclut d'emblée les contradictions et les conflits entre ces dernières. Cette vision irénique n'est tout simplement pas réaliste. Force est de constater que la RSE ne constitue encore, sauf exception, qu'un modeste infléchissement des modalités d'action des entreprises et relève simplement d'une gestion optimale des risques juridiques et de réputation. Un domaine d'application pourrait en être l'amélioration de la relation avec les salariés en matière de conditions de travail, de reconnaissance et de participation par la recherche de solutions réellement innovantes. Le temps semble, en effet, venu de reconnaître réellement aux salariés la qualité pleine et entière de « partie prenante » en définissant et généralisant la « responsabilité sociale interne » à travers une démarche exigeante et vertueuse réévaluant leur apport au projet entrepreneurial.

UNE APPROCHE HISTORIQUE DE L'ÉCONOMIE SOCIALE

MICHEL AUDIGIER*

Économie positive, économie collaborative, économie circulaire, économie de la fonctionnalité, etc. L'époque actuelle est à vouloir inventer de nouvelles formes de production et d'échange échappant à la domination du capitalisme. Pour intéressantes qu'elles soient, ces tentatives semblent pourtant ignorer qu'une partie de l'activité se situe depuis longtemps, et encore aujourd'hui, dans cette perspective. En effet, à côté des entreprises privées, à but essentiellement lucratif, et de la production de services publics figure un troisième secteur. Ce tiers-secteur est celui de l'économie sociale.

Concrètement, il s'agit d'un ensemble formé par les associations, les coopératives et les mutuelles (cf. annexe). Ce secteur, en apparence hétérogène, est en réalité unifié autour d'une finalité, de valeurs et de principes communs.

Les trois composantes de l'économie sociale ont un objectif unique : le service de la personne, de ses besoins et de son épanouissement. Pour atteindre cet objectif, les organisations de l'économie sociale reposent sur trois piliers fondamentaux :

– l'égalité : chaque membre dispose du même pouvoir (« une personne, une voix ») ;

– la démocratie : les membres de l'économie sociale prennent collectivement les décisions, nomment leurs dirigeants et en contrôlent l'action ;

– la solidarité : le but de l'activité est d'améliorer la production et les prestations fournies ainsi que la situation des membres ; dès lors, on applique les règles de « non-lucrativité » dans les associations (l'excédent éventuel est remis dans la structure) ou de « lucrativité partielle » dans les mutuelles et les coopératives (l'excédent est réparti entre sociétaires et coopérateurs, mais aussi réinvesti dans l'organisation).

Bien entendu, l'adhésion aux organisations de l'économie sociale est libre et ses membres peuvent s'en retirer à tout moment. Enfin, l'économie sociale se veut

---

* Professeur de sciences économiques et sociales ; enseignant d'économie, université du Havre.
Auteur de *L'économie sociale d'hier à aujourd'hui*, Éditions Ellipses, collection Mise au point, octobre 2014.

indépendante. Si ses membres peuvent agir dans des organisations syndicales ou politiques, elle n'affiche aucune préférence partisane et préserve son autonomie financière en diversifiant ses ressources (ventes, cotisations, dons, subventions, etc.).

En France, la Charte de l'économie sociale de 1980 consacre officiellement ce tiers-secteur. Pourtant, l'économie sociale a déjà une longue existence puisque l'expression apparaît dès 1830 sous la plume de Charles Dunoyer.

Dans ces conditions, la tendance contemporaine consistant à réinventer ce que l'économie sociale propose et met en œuvre depuis près de deux siècles interpelle. Elle ne doit cependant pas étonner car elle est le reflet d'un phénomène plus profond : l'économie sociale n'est pas encore parvenue à avoir une place et un rôle à la mesure de ses ambitions.

Certes, aujourd'hui, l'économie sociale n'est pas négligeable. En France, elle emploie environ 2,3 millions de salariés dans un peu plus de 220 000 établissements[1].

Mais ce tiers-secteur reste peu et mal connu. Il est rare que les adhérents d'une mutuelle d'assurance ou d'une banque coopérative sachent qu'ils sont membres de l'économie sociale.

Au-delà de ce déficit d'information, il apparaît que l'économie sociale est loin d'avoir imposé son modèle.

Ses 2,3 millions de salariés ne représentent que 10 % de l'emploi salarié. En retenant l'hypothèse la plus optimiste, ils fournissent 10 % du PIB. Outre le fait qu'il n'y a rien d'exceptionnel qu'un dixième des salariés assure un dixième de la richesse, cela signifie, en même temps, que l'activité relève encore très largement des secteurs public et privé.

Au-delà de ces données globales, les limites de l'économie sociale apparaissent au travers d'une approche sectorielle. Si les mutuelles ont une place significative dans la banque et l'assurance, l'économie sociale est très largement absente de la construction et de l'industrie (environ 1 % des effectifs de ce secteur). Les 42 000 employés des coopératives ouvrières, bien que deux fois plus nombreux qu'il y a un siècle, ne représentent actuellement qu'environ 2 % des effectifs salariés de l'économie sociale. À l'inverse, aujourd'hui, en France, l'économie sociale est surtout concentrée dans l'activité associative qui occupe près de huit salariés sur dix de ce tiers-secteur.

Ces constats expliquent sans doute la floraison récente d'alternatives où le profit n'est plus la motivation de l'activité et qui tendent à délaisser l'économie sociale. Mais ils posent aussi une question majeure.

Forte de près de deux siècles d'existence et des idéaux qui la façonnent, l'économie sociale devrait être actuellement dominante. Sa finalité, consistant à mettre l'économie, la production, au service de la personne et de ses besoins, est, par nature, fédératrice. Le fonctionnement démocratique et solidaire des structures de l'économie sociale est, *a priori*, attractif. Pourtant, elle reste aux marges de l'économie contemporaine dominée par la recherche du profit et où le pouvoir échappe aux salariés.

Comment expliquer le contraste entre le projet humaniste et généreux de l'économie sociale et son influence relativement limitée ? La réponse à cette interrogation exige un retour sur l'histoire de l'économie sociale. On y voit que, progressivement, ce mouvement s'éloigne de l'activité productive et se spécialise dans la sphère sociale. Cette évolution permet de mettre en lumière les principaux facteurs qui ont empêché l'économie sociale d'acquérir un statut à la hauteur de son projet.

L'approche historique, puis l'analyse qui la nourrit constituent les deux étapes de notre réflexion.

LA CONSTRUCTION D'UNE SPÉCIALISATION ET D'UNE IDENTITÉ SOCIALE

Schématiquement, la distanciation de l'économie sociale vis-à-vis du champ économique et son orientation préférentielle vers l'activité sociale s'opèrent en quatre périodes.

Dans un premier temps, au XIXe siècle, l'économie sociale s'épanouit conformément à ses principes en se développant dans le tissu économique.

Le XIXe siècle est celui où le capitalisme comme l'économie sociale prennent leur essor. Cette coïncidence n'est pas fortuite. Les révolutions industrielle et agricole aboutissent à un accroissement des richesses disponibles sans équivalent dans l'histoire. Mais ce mouvement s'accompagne d'inégalités tout aussi considérables et la population, notamment ouvrière, est abandonnée à la pauvreté et à la précarité.

Cette situation provoque des révoltes ouvrières sévèrement réprimées. En même temps, elle suscite des réflexions et des réactions qui cherchent à faire en sorte que le progrès social soit à la mesure du progrès économique.

C'est la période où l'économie sociale affirme son identité initiale. Il s'agit de donner à la production, à l'entreprise, donc à l'économie, une autre finalité que le profit, en les mettant au service prioritaire de la personne.

Deux types d'expériences se dessinent.

D'une part, ce sont des entrepreneurs audacieux qui veulent répartir plus équitablement les profits issus de leur activité. En France, on retiendra ici l'exemple le plus célèbre avec l'action de Jean-Baptiste Godin (1817-1888) dans son entreprise de Guise dans l'Aisne. Cet industriel s'est enrichi dans la fabrication de poêles. À l'appui de cette réussite, il crée un « familistère »[2] qui regroupe les salariés et leurs familles. Cet ensemble est constitué de logements salubres et confortables. Le « familistère » offre également une multitude de services comme, par exemple, l'accès gratuit aux soins ou à des produits de consommation courante à bas prix. Jean-Baptiste Godin refuse le travail des enfants et il met en place un enseignement gratuit pour les plus jeunes. Enfin, les membres du « familistère » bénéficient d'équipements de loisirs et culturels. Ce « palais social », autre nom donné au « familistère », est devenu la réalisation la plus emblématique des premiers pas de l'économie sociale en France.

On peut considérer que l'expérience est marquée du sceau du paternalisme. Mais Jean-Baptiste Godin va plus loin et l'usine de Guise est progressivement transformée en coopérative. Ce faisant, le « familistère » s'inscrit dans l'essor du mouvement coopératif, autre volet de l'économie sociale naissante.

Ainsi, on voit apparaître des formes de production qui associent activité économique et changement social en donnant la propriété de l'entreprise et le pouvoir à des travailleurs associés. En 1834, Philippe Buchez (1796-1865) lance ce mouvement en créant la première coopérative ouvrière en France[3]. Les exemples coopératifs dans l'industrie fleurissent comme, par exemple, la fameuse coopérative ouvrière d'Albi soutenue par Jean Jaurès (1896), l'Association des ouvriers en instruments de précision (AOIP) née en 1896, ou la Fraternelle de Saint-Claude dans le Jura (1899). Le principe coopératif gagne même le secteur bancaire. En Alsace, sous l'impulsion de Friedrich Wilhelm Raiffesen (1818-1888), les premières caisses bancaires coopératives se multiplient dans les années 1880.

Bien sûr l'ordre libéral n'est pas ébranlé. Les entreprises privées, notamment les plus grandes, dominent et la recherche du profit est au cœur de l'expansion économique. Mais le « familistère » de Guise et les coopératives de production montrent que l'activité économique peut se conjuguer avec le progrès social, la solidarité et la participation des producteurs aux décisions.

Surtout, au XIXe siècle, l'économie sociale porte bien son appellation. Son terrain est celui de l'activité productive, autrement dit l'entreprise. C'est dans la sphère économique que l'on doit faire émerger une autre motivation que le profit. L'efficacité nécessaire de l'entreprise doit avoir pour objet essentiel la satisfaction de ceux qui produisent et de leurs besoins.

C'est dans l'entre-deux-guerres que l'économie sociale amorce son virage vers la sphère sociale. Certes, dans cette période, des coopératives de production font preuve de vitalité. C'est le cas de l'usine de Guise qui connaît une belle prospérité (près de 1 800 salariés en 1939). On peut aussi rappeler la naissance, en 1932, de l'Association coopérative d'ouvriers en matériels électriques (ACOME) qui est encore aujourd'hui une entreprise internationalement reconnue dans la production de câbles. Mais, globalement, le nombre de sociétés coopératives plafonne (autour de 500).

Le temps est plutôt à l'essor des coopératives de consommation. Sous l'impulsion de Charles Gide (1847-1932), l'oncle du célèbre écrivain, ces associations de consommateurs connaissent un certain succès. En France, en 1930, les coopératives de consommateurs comptent un peu plus de 2,5 millions de membres (contre 880 000 en 1914). Charles Gide, inspiré par l'expérience des « Équitables Pionniers de Rochdale »[4], espère même l'avènement d'une « République coopérative » : un modèle économique refusant aussi bien le capitalisme et sa logique de profit que le socialisme et son ordre collectiviste étouffant les libertés individuelles.

On peut considérer que cette forme de coopération emprunte à l'économie puisque la consommation en est un acte majeur. Mais le développement des coopératives de consommation indique également que l'économie sociale se tourne davantage vers la répartition des richesses que vers sa création. En effet, les coopératives de consommation visent à améliorer les niveaux de vie par la baisse des prix issue du regroupement des acheteurs. La préoccupation sociale tend donc à prendre le pas sur la préoccupation économique.

Cette tendance à privilégier le développement social est d'autant plus nette que l'économie sociale y consacre une part croissante de ses activités.

Le mouvement mutualiste œuvre dans le domaine sociosanitaire (par exemple, les créations à Marseille, en 1927, et à Bordeaux, en 1930, de cliniques mutualistes). Le tissu associatif s'implique dans l'activité socioéducative. Les naissances, en 1934, de l'Union française des colonies de vacances (UFCV), puis, en 1937, du Centre d'entraînement aux méthodes d'éducation active (CEMEA) soutiennent l'accès aux loisirs des plus jeunes, notamment issus des catégories populaires. Bref, dès l'entre-deux-guerres, l'économie sociale s'engage dans la voie étroite de l'action sociale.

Les Trente Glorieuses (1945-1975) consacrent clairement la nouvelle identité de l'économie sociale. La dimension sociosanitaire devient la « marque de fabrique » de ce mouvement.

D'une part, les coopératives de production ne participent que très peu à l'essor économique de la période. Elles ne parviennent pas à quitter la stagnation observée précédemment (toujours au nombre d'environ 500 en 1975). Victimes de la progression spectaculaire de la grande distribution, les coopératives de consommation disparaissent progressivement du paysage commercial français. Le commerce associé est le seul véritable îlot de résistance, à l'image bien connue du réseau des hypermarchés Leclerc. Mais on est en présence d'une organisation coopérative particulière puisqu'elle associe des commerçants dont l'objectif lucratif reste fondamental. Son intégration à l'économie sociale suscite donc les plus extrêmes réserves.

D'autre part, cette période est celle de la domination du mouvement mutualiste. En 1975, on dénombre en France 25 millions de mutualistes, soit deux fois plus qu'en 1939. Les mutuelles deviennent l'allié décisif de l'État-providence des Trente Glorieuses.

On ne peut pas contester l'apport du mouvement mutualiste au progrès social. Avec la Sécurité sociale, on lui doit l'amélioration du sort de la population : la vie est maintenant plus sûre et plus longue comme l'attestent l'effondrement de la mortalité infantile et l'élévation de l'espérance de vie en France. Mais la réussite évidente de la mutualité devient hégémonique. L'économie sociale se confond avec sa composante mutualiste. Dans les Trente Glorieuses, elle abandonne la bataille de l'économie pour se placer sous la bannière de la question sociale.

La période contemporaine, quatrième et nouvelle étape de l'histoire de l'économie sociale, est celle du « temps associatif ». L'éloignement de l'économie sociale de l'espace économique est alors à son paroxysme.

Bien entendu, cette réalité souffre des exceptions. Les coopératives de production progressent enfin (un peu plus de 2 000 en 2011). Le commerce associé se consolide (à la réussite du groupe Leclerc s'ajoutent, par exemple, celles d'Optic 2000 ou de Chèque Déjeuner).

Cependant, on rappelle que le mouvement coopératif de production pèse de manière marginale dans les BTP et l'industrie (environ 1 % des salariés de ces secteurs). Si la réussite d'ACOME se prolonge, on doit se souvenir que les coopératives de Guise, celle d'Albi et d'AIOP ont disparu. En outre, on ne doit pas perdre de vue que le lien entre l'économie sociale et le commerce associé est assez contestable. L'économie sociale entretient surtout un rapport à l'activité économique au travers des mutuelles (ou coopératives) d'assurance et bancaires. Mais on doit souligner qu'elles ont aussi adopté des comportements financiers discutables et que leur réussite est de plus en plus menacée par la concurrence du secteur privé.

De toute façon, il y a un constat sans appel. Aujourd'hui, l'économie sociale vit d'abord par sa composante associative. Celle-ci regroupe près de 80 % des salariés de l'économie sociale. Les actions récréative, sanitaire et sociale sont les lieux majeurs d'intervention des associations. L'économie sociale s'affiche aujourd'hui d'abord par son travail associatif à vocation sociale.

La contribution des associations au mieux-être de chacun, à la cohésion sociale et à la lutte contre l'exclusion est évidemment essentielle, surtout dans ces moments de crise. En même temps, elle confirme l'ancrage nettement plus social qu'économique de l'économie sociale.

On résume souvent le projet de l'économie sociale en disant qu'il s'agit de « faire de l'économie autrement ». Le panorama historique que nous venons de dresser montre que c'est plutôt l'économie sociale qui a été conduite à faire autrement.

Au fur et à mesure du temps, elle a porté son attention sur le champ social jusqu'à en faire, aujourd'hui, sa véritable spécialité. Plusieurs facteurs expliquent cette évolution.

LES LEÇONS D'UNE HISTOIRE

L'économie sociale n'a jamais eu les moyens financiers suffisants pour constituer des entreprises capables de se confronter à la concurrence des grands groupes industriels et de s'imposer sur les marchés (en dehors de quelques exceptions comme ACOME).

Le Crédit coopératif s'est trouvé bien seul à soutenir les coopératives. Paradoxalement, les autres institutions bancaires coopératives n'ont pas prêté un grand intérêt à l'économie sociale.

On comprend que l'économie sociale n'ait pas participé à la « prospérité » des années 1920 ou très peu contribué à l'essor des Trente Glorieuses. On comprend aussi qu'elle n'ait pas, aujourd'hui, comme dans les années 1930, les moyens d'offrir des solutions fortes aux crises du capitalisme. Ne pouvant s'imposer dans l'espace économique, elle a glissé vers l'espace social.

Elle a dû faire face également à un obstacle idéologique majeur. Dans le prolongement de la pensée marxiste, les partisans d'un socialisme révolutionnaire l'ont combattue. Pour eux, l'économie sociale était au mieux un simple aménagement du capitalisme, au pire une utopie illusoire. D'ailleurs, durant l'essentiel du XXe siècle, l'idéal socialiste a bien plus mobilisé et galvanisé que le projet de l'économie sociale. Ce manque de soutien et d'audience dans le monde du travail a isolé l'économie sociale de la production et de l'entreprise.

Du point de vue politique, les pouvoirs publics, après avoir été hostiles, puis plutôt indifférents, n'ont apporté que très tardivement leur appui à l'économie sociale. Jusqu'à la fin du XIXe siècle, l'économie sociale, comme les organisations syndicales et politiques, a été étouffée par une législation répressive. Ce n'est qu'avec l'avènement d'une République plus libérale qu'elle a pu être reconnue (Charte sur la mutualité de 1898, loi sur la liberté d'association de 1901, création du statut des coopératives ouvrières en 1915).

Par la suite, seuls quelques dirigeants politiques ont été attentifs à l'économie sociale, comme ce fut le cas de Paul Ramadier (1888-1961) qui fit voter la loi de 1947 pour moderniser et stimuler le mouvement coopératif.

Ce n'est qu'à partir de la décennie 1980 que l'économie sociale est devenue officiellement et durablement un champ d'intervention des pouvoirs publics. Il a fallu cependant attendre encore pour qu'une loi-cadre concerne l'économie sociale[5].

Ces freins d'ordre financier, idéologique et politique ont empêché l'économie sociale d'avoir l'expansion que l'on pouvait attendre. Ils l'ont incité à se replier sur la sphère sociale, considérée comme son domaine de réussite.

Plus généralement, le projet initial de l'économie sociale, venue des pionniers du XIXe siècle, de généraliser une économie au service de la personne, et non plus au service du profit, s'est surtout heurté à la dynamique du capitalisme.

Ce système a traversé crises et guerres mondiales. Il a su s'accommoder d'une intervention croissante de la puissance publique. Malgré les inégalités qui l'accompagnent et les difficultés qu'il vient de connaître, il reste dominant. La culture économique libérale, fondée sur l'individualisme et la concurrence, imprègne très majoritairement les esprits, les comportements et les politiques des États. Sauf à ce qu'un changement radical s'opère, le travail de l'économie sociale doit intégrer cet état de fait.

Finalement, cette approche historique et analytique de l'économie sociale conduit à suggérer quelques lignes de force pour l'avenir de ce mouvement.

D'abord, au risque de décevoir ou de choquer, l'économie sociale doit limiter, au moins dans le moyen terme, ses ambitions. Elle doit se résoudre à n'avoir qu'une place réduite dans l'activité économique. Son tissu coopératif et mutualiste doit simplement continuer à témoigner que la poursuite d'un objectif collectif et la solidarité peuvent être aussi efficaces que la recherche du profit et l'individualisme.

Ensuite, l'économie sociale doit affirmer son expertise dans l'action sociale. Elle dispose d'une expérience longue et solide dans ce domaine. Elle y joue un rôle reconnu par son travail et sa capacité d'innovation. Elle ne doit plus craindre d'afficher son identité essentiellement sociale.

Par ailleurs, elle doit se préparer à affronter un avenir difficile car la réduction des dépenses publiques va l'affecter durablement. Elle aura donc à trouver des sources de financement de plus en plus diversifiées.

Enfin, la loi votée, en juillet 2014, en France, sur l'économie sociale (et solidaire) peut aider au développement de ce tiers-secteur. Mais l'outil législatif n'est pas forcément un atout décisif. On se souvient des effets limités des lois de 1915 et de 1947 sur le mouvement coopératif. En revanche, les lois de 1898 et de 1901 ont eu un effet stimulant pour les mutuelles et les associations. Il faut souhaiter, pour l'économie sociale, que la nouvelle loi se classe dans la seconde catégorie.

Notes

1. Insee, Clap (Connaissance de l'appareil productif), 2011.

2. Par référence aux travaux de Charles Fourier (1772-1837) prônant la création de « phalanstères » qui sont des communautés dont les habitants partagent leur travail et leur existence.

3. L'Association chrétienne des bijoutiers en doré.

4. Association de tisserands née à Rochdale près de Manchester en 1844 à l'origine d'une coopérative de consommation devenue coopérative de production.

5. Loi relative à l'économie sociale et solidaire, 31 juillet 2014.

Bibliographie

ALTERNATIVES ÉCONOMIQUES (2009), *L'économie sociale de A à Z*, Hors-série pratique, n° 38 bis, 2ème édition, mars.

BISAULT L. et DEROYON J. (2014), « L'économie sociale, des principes communs et beaucoup de diversité », *Insee Première*, n° 1522, novembre.

CNLAMCA (Comité national de liaison des activités mutualistes, coopératives et associatives) (1980), *Charte de l'économie sociale.*

DUNOYER C. (1830), *Nouveau traité d'économie sociale.*

OBSERVATOIRE NATIONAL DE l'ESS-CNCRES (2014), *Atlas commenté de l'économie sociale et solidaire 2014*, Hors-série, Dalloz, Juris éditions, juin.

ANNEXE

Les structures de l'économie sociale

I – Association

Structure d'au moins deux personnes, dont l'activité a un autre but que de partager des bénéfices (activité non lucrative).

On peut classer les associations par leur statut :

– associations non déclarées, licites, mais dépourvues de personnalité juridique ;

– associations déclarées en préfecture, ou sous-préfecture, ayant une capacité juridique, pouvant percevoir des cotisations et posséder un patrimoine, et ayant droit de recourir à toute forme de financement ;

– associations reconnues d'utilité publique car jugées, par le Conseil d'État, au service de l'intérêt général. Elles peuvent recevoir des dons et des legs, mais sont soumises à un contrôle rigoureux de l'État.

On peut aussi classer les associations par leur objet et distinguer :

– les associations sportives, récréatives, culturelles, militantes, qui sont ouvertes à tout public, mais orientées vers la satisfaction de leurs membres ou la réalisation d'un objectif ;

– les associations produisant un service pour la société (action sociale, santé, formation, insertion, etc.).

II – Coopérative

Groupement de personnes, poursuivant des buts économiques, sociaux ou éducatifs communs, dont les surplus doivent être redistribués aux coopérateurs et réinvestis dans l'entreprise.

Les coopératives peuvent avoir de multiples statuts dont les principaux sont :

– les sociétés coopératives et participatives (SCOP), anciennement sociétés coopératives ouvrières de production, qui produisent des biens ou des services et où les salariés contrôlent le capital de l'entreprise ;

– les sociétés coopératives d'intérêt collectif (SCIC), qui exercent une activité à finalité sociale et pouvant associer à la tête de l'entreprise des sociétaires de nature différente (salariés, municipalités, entreprises, usagers, bénévoles, etc.) ;

– les coopératives d'activité et d'emploi (CAE), où des entrepreneurs, de secteurs différents, mutualisent moyens, compétences et savoir-faire et sont accompagnés dans la réalisation de leurs propres projets.

Les coopératives peuvent également être regroupées en fonction de leur activité, et l'on distingue :

– les coopératives financières ou banques coopératives, nommées également banques mutualistes (voir « III – Mutuelle ») ;

– les coopératives de production (agriculture, bâtiment, artisanat, industrie, transport, etc.) ;

– les coopératives de consommation : association de consommateurs ou de commerçants (le commerce associé) ;

– les coopératives d'usagers (coopératives scolaires, HLM, etc.).

III – Mutuelle

Regroupement de sociétaires effectuant, sur le principe de la solidarité, des activités d'assurance, de prévoyance et de prévention, notamment dans les domaines de la santé ou des compléments de retraite. Les banques coopératives ont également un statut mutualiste (voir « II – Coopérative »).

On ajoute parfois les fondations : personnes morales, créées par des personnes physiques ou d'autres personnes morales, dont les biens sont affectés à la réalisation d'une œuvre d'intérêt général. Comme elles sont encore relativement faibles en France (3 % des salariés de l'économie sociale), elles ne sont pas intégrées à l'article.

L'ENTREPRISE REFONDÉE PAR LE NUMÉRIQUE ET LA CULTURE DE L'USAGE

ALAIN TEDALDI*

TERRE DE CONTRASTES, L'HEURE EST AU *BIG BANG* SOCIÉTAL ET ÉCONOMIQUE

Aujourd'hui, nous assistons à la remise en cause des modèles économiques classiques historiquement adoptés par les entreprises. L'ère est à la transformation de rupture, souvent radicale voire brutale, sur un laps de temps le plus souvent court. Dans la quasi-totalité des secteurs d'activité, les modèles économiques sont bouleversés, l'accès aux marchés se complexifie, l'intensité concurrentielle s'accroît, les stratégies d'influence se renforcent. Les illustrations de ces mutations économiques sont nombreuses, couvrant l'ensemble des secteurs d'activité. Parmi elles, nous citerons des pratiques surprenantes de prime abord telle que la création d'une chaîne musicale par la maison de luxe britannique Burberry sur le service de musique d'Apple. Ce partenariat avec le *leader* mondial propriétaire d'iTunes – aujourd'hui attaqué par les acteurs du *streaming* – témoigne du rapprochement entre le monde de la mode et celui du numérique. De son côté, Apple déploie un bracelet pour son Apple Watch réalisé par la maison de couture Hermès. Autre exemple, le « sans contact » et la diffusion de la biométrie vont rendre obsolètes nos papiers d'identité et nos cartes de paiement. Tout objet quel qu'il soit pourra devenir un moyen de paiement, ce qui a conduit Visa à imaginer les accessoires de mode de demain qui se substitueront à nos cartes et nos porte-monnaie. Quelques exemples de ruptures portées par des entreprises. Qui aurait pu réellement anticiper cela ?

* Directeur général, Institut Esprit Service.

Les origines de ce mouvement de fond trouvent en particulier leurs sources dans les évolutions socioéconomiques majeures que nous connaissons. On peut même avancer que l'heure est aux innovations en continu, ces changements impulsés, en tout cas souhaités, par les clients, et que rien ne sera plus comme avant !

Première évolution, les inflexions sociétales sont réelles, caractérisées au plan international par l'émergence de nouvelles valeurs de partage, frugalité, coopération, transparence, esprit collaboratif. À titre d'exemple, un Français sur cinq a déjà eu recours à un acteur de l'économie du partage, la France étant déjà le second marché mondial d'Airbnb. Les modèles du partage – monétarisés ou non – sont hétérogènes et ouvrent un champ des possibles assez prometteur : *coworking*, revente, don, troc, location de court et moyen terme, abonnement, emprunt, entre particuliers ou par intermédiaires de personnes morales, entreprises ou associations. Nouveau paradigme ou évolution ponctuelle, l'ampleur de la lame de fond nous laisse supposer une tendance de long terme en soulignant aussitôt les conséquences directes qu'elles peuvent avoir sur les modes de vie et de consommation devenus rituels ou quasi tribaux. Grâce aux plates-formes collaboratives, tout le monde a la capacité de donner son avis, prescrire des offres de produits et de services, privilégier la location à l'achat, s'abonner à tout, vêtements et maroquinerie compris. Cela n'est pas sans remettre en cause les fondements traditionnels de l'entreprise.

Seconde évolution, l'irruption du numérique initialement portée par les GAFA (Google, Apple, Facebook, Amazon) qui structurent le paysage du Net s'est largement diffusée partout, auprès des citoyens, des entreprises, de tous les acteurs économiques. Ces GAFA se diversifient progressivement avec des échecs, mais aussi des réussites. C'est le cas de Google dans la régie publicitaire ou l'informatique quantique. Facebook possède une base de données de plus de 1,5 milliard d'individus. Amazon outre son activité de distribution connue développe son entité Cloud devenue le plus grand fournisseur d'infrastructures technologiques. Ce sont des bons points de repères pour toutes les entreprises que de voir ces *leaders* maintenir leur agilité et chercher à préserver leurs avantages compétitifs. Pour illustrer le paysage numérique en mouvement, retenons l'explosion du *mobile commerce* (m-commerce) porté par plus de 3 milliards de smartphones dans le monde, le poids du mobile dans le commerce numérique – plus de 50 % en m-commerce d'ici à 2018 – et la place grandissante dans notre quotidien de l'usage des médias sociaux, soit trois indicateurs de la diffusion rapide et massive de la culture numérique dans la société. Mais la maturité numérique des entreprises, hors champ des technologies, n'est pas au rendez-vous.

Troisième évolution qui résulte des deux premières, la relation de l'entreprise avec les clients change en profondeur. Le client est devenu un consom'acteur maître de ses choix, influenceur sur la toile, prescripteur auprès de ses pairs émettant des avis positifs ou négatifs – à l'exemple de l'influence de TripAdvisor qui peut faire et défaire des réputations de marques –, créateur de communautés et même à l'initiative de nouveaux réseaux sociaux. Cet individu pluriel, hybride, à la fois citoyen, usager du service public, client de biens et de services haut de gamme, mais dans le même temps désireux de *low cost*, joue avec les nerfs des entreprises qui ont du mal à décrypter et à répondre à ces nouvelles tendances de consommation.

Quatrième évolution, la vitesse de pénétration des nouveaux entrants sur les marchés. La théorie économique dite des « barrières à l'entrée » est battue en brèche en voyant l'irruption rapide d'entreprises ou même de communautés d'individus positionnées hors du secteur marchand qui concurrencent les acteurs traditionnels. On parle d'ubérisation en référence à Uber pour les taxis, de Blablacardisation pour Blablacar dans le covoiturage, etc., en tout cas d'une tendance de fond à la désintermédiation ou ré-intermédiation et donc à la privation de l'accès aux clients. C'est aussi le cas d'une entreprise aujourd'hui telle que Airbnb fondée sur le modèle du *consumer to consumer* (*C to C* ou particulier à particulier) pour l'échange ou la location de lieux d'habitation. C'est, enfin, l'exemple de Leboncoin qui a modernisé et digitalisé le modèle de la brocante, de l'échange marchand entre particuliers, voire du troc.

Ces réussites actuelles s'appuient sur des modèles d'entreprise qui répondent parfaitement à des aspirations nouvelles d'individus qui ne trouvent pas ou plus de réponses dans les relations traditionnelles en *business to consumer* (*B to C*). L'enjeu pour les entreprises traditionnelles est bien là. Celui de faire autrement et de se doter des ressources nécessaires, de toute nature, pour lutter contre la désintermédiation ou la perte de contact direct avec leurs marchés et leurs clients. Celui d'inscrire l'excellence du service au cœur de leur stratégie pour créer la différenciation. Car ce qui a été possible dans le tourisme, la location de voitures, la distribution pourrait s'appliquer à chaque secteur d'activité. Peut-on désintermédier la banque, l'assurance, la finance, l'automobile, le *retail*, etc., voire les GAFA ? En effet, même les GAFA sont concurrencés aujourd'hui par les BATX – les GAFA chinois – (Baidu, Alibaba, Tencent, Xiaomi). Ce sera demain l'irruption des NATUS (Netflix, Airbnb, Tesla, Uber, Square). La question est posée et les entreprises se transforment pour y apporter des éléments de réponse.

LES POSITIONS NE SONT PLUS FIGÉES : NOUS ENTRONS DANS L'ÈRE DE L'ENTREPRISE MULTIPOLAIRE ET AGILE

Les nouvelles technologies, nous parlerons de numérique, sont encore bien trop souvent associées à des outils dans les instances de décisions. Or la transformation numérique, plus qu'une mutation des environnements de travail, est quasi philosophique et se justifie par la volonté de maintenir ses avantages compétitifs dans la durée. L'enjeu du numérique et de sa diffusion dans l'entreprise s'appuie sur la culture de sa différence fondée sur un vent nouveau d'innovation et de conquête, et par l'acceptation du droit à l'erreur et de la rupture. La montée de la menace (cybersécurité, e-réputation, confiance numérique) accélère par la contrainte la prise de conscience de la nécessité de se transformer. On sait bien qu'il est plus facile de décider la transformation dans des environnements agités que par mer calme. Comme décrit précédemment, l'ère dite du « client détenteur du pouvoir » facilite aussi la remise en cause de l'existant et le passage à la transformation. Ces deux dimensions, instinct de survie et ère du client, conduisent les entreprises à accélérer leur propre transformation en termes de modèles économiques, d'organisation et de management en particulier. L'enjeu devient un objet de direction générale et non plus celui de directions métiers.

Nous pouvons mettre en évidence le changement de paradigme de l'entreprise par la formule du passage du mode « cachalot », quelque peu difficile à mettre en mouvement, à celui de l'« otarie » plus réactive[1]. Les ressorts de l'agilité sont là – l'agilité étant une capacité à se mettre en mouvement, différente de la flexibilité – dans la capacité de l'entreprise agile à modifier son ADN, ses rites managériaux, son organisation, voire sa gouvernance en inscrivant la coopération dans ses propres valeurs. La quête de sens est aujourd'hui recherchée par les individus, y compris dans les entreprises. La porosité entre vie personnelle et vie professionnelle, renforcée par la digitalisation de nos modes de vie, accélère cet état de fait. L'entreprise porteuse de sens créera les conditions de la différence, premier pas vers sa croissance.

LA CULTURE DE L'EXPÉRIENCE CLIENT ET DE L'USAGE AU PROFIT D'UNE ENTREPRISE INTERCONNECTÉE

La réinvention des *business models* par le service se justifie à la fois par la détermination de nouveaux champs de création de valeur et par la recherche de solutions adaptées aux nouveaux courants sociétaux. La différenciation s'effectue encore plus aujourd'hui sur des critères hors prix et des propositions de valeurs en rupture avec l'existant. La mise en cohérence des valeurs, des intentions et des réalités est un socle essentiel pour mener à bien la transformation des organisations, qu'elles soient privées ou publiques d'ailleurs. En plaçant l'expérience, voire même la recherche d'enchantement, des clients, des collaborateurs et des écosystèmes comme un postulat de départ, un prérequis à la transformation, les dirigeants impulsent en donnant un signe fort de changement de paradigme. On ne peut pas mener à bien cette rupture sans changer la culture ou retravailler sur les valeurs intrinsèques, véritables racines de l'entreprise.

Vers quels modèles allons-nous ? Pour rester dans la course, résoudre le problème de l'adéquation du modèle économique et de la proposition de valeurs, l'entreprise doit aussi et surtout mettre en place une organisation et un management rafraîchissant. Il lui faut plus de coopération, plus de circularité, plus de mobilisation, plus de sens, plus d'audace, plus de talent, plus de tout en somme. Ce remodelage de l'entreprise est une phase indispensable pour accélérer l'acculturation numérique dans toutes les strates de l'entreprise et la faire évoluer en profondeur. Plus qu'un apparent paradoxe qui opposerait humain et numérique, l'heure est au renforcement de la mise en relation et à la création de connexions de toute nature entre individus. C'est tout le défi des organisations publiques et privées de redonner de la valeur au lien social sans qui la transformation ne pourrait pas être menée à bien. En cohérence avec notre temps, il y a un besoin d'émotion et de plaisir dans le travail ou dans la consommation, compatible avec la recherche de performance, à susciter et à entretenir. L'entreprise de demain sera bien celle qui trouvera les solutions pour offrir des conditions au débat, créer la rupture et même autoriser la transgression. L'ère est bien celle de l'entreprise interconnectée.

Note

1. Institut Esprit Service (2014), *Agilité dans les organisations, un avantage compétitif déterminant*, octobre.

Les coopératives : bilan et avenir

Vassili JOANNIDES de LAUTOUR*

Même si les coopératives suscitent un regain d'intérêt depuis le début de la décennie, le mouvement remonte au XIXe siècle et se trouve à la croisée des pensées de saint Simon et Proudhon. Associée à la pensée socialiste et anarcho-syndicaliste, la coopérative est d'inspiration ouvrière et à pour vocation de réconcilier travail et capital en les fusionnant. Réformiste et contestataire dans sa philosophie, le mouvement coopératif est aujourd'hui plus puissant que jamais et représente un pan non négligeable de l'économie, apparaissant souvent comme une alternative réaliste au capitalisme financier.

Deux types de coopératives sont très connus du grand public : les sociétés coopératives ouvrières de production (SCOP) et les coopératives agricoles et laitières. Ces dernières ont attiré l'attention des médias alors que commençait la crise agricole, leur pouvoir de négociation avec les acteurs de la grande distribution étant remis en cause.

Chacun de ces deux types de coopératives représente un modèle : la coopérative de salariés, d'une part, et la coopérative de fournisseurs, d'autre part. Un troisième type de coopératives reste toutefois relativement méconnu : les coopératives d'usagers ou de bénéficiaires. Le succès du modèle coopératif s'explique par une adhésion massive aux sept principes qui fondent son existence. Coop de France les énonce ainsi :

– Démocratie : « Les dirigeants sont élus démocratiquement par et parmi les membres. Tous les membres, sans discrimination, votent selon le principe : une personne, une voix. » ;

– Solidarité : « La coopérative et ses membres sont solidaires entre eux et envers la communauté. » ;

– Responsabilité : « Tous les membres, en tant qu'associés ou en tant qu'élus, sont responsables de la coopérative. » ;

– Pérennité : « La coopérative est un outil au service des générations présentes et futures. » ;

---

* Professeur associé, Grenoble École de Management et Queensland University of Technology (Australie) ; vice-président, De Burg & Associés.

– Transparence : « La coopérative a une pratique de transparence à l'égard de ses membres et de la communauté. » ;

– Proximité : « La coopérative contribue au développement régional et à l'ancrage local. » ;

– Service : « La coopérative fournit des services et produits dans l'intérêt de l'ensemble de ses membres en vue de satisfaire leurs besoins économiques et sociaux. ».

Les coopératives opèrent dans presque tous les secteurs de l'économie, comme n'importe quelles entreprises privées, mais également dans les champs de l'économie sociale et solidaire relevant traditionnellement d'organisations à but non lucratif, comme le service à la personne. Dans ce dernier cas, les coopérateurs sont les bénéficiaires desdits services qui, à égalité, peuvent décider de la stratégie, des opérations et du financement.

Dans le cas des entreprises coopératives, les coopérateurs sont les salariés, généralement issus du métier d'origine, les fonctions périphériques n'ayant pas accès au capital. Dans ces entreprises, il n'est pas rare que les services de sécurité ou d'hygiène se voient refuser le statut de coopérateurs dans la mesure où ces activités ne sont pas spécifiques à leur cœur de métier. Pour autant, contrairement à de nombreuses entreprises privées, du fait de la vocation sociale des coopératives, ces activités sont très souvent internalisées, s'ouvrant ainsi aux garanties offertes par la convention collective.

Cet article a pour vocation de clarifier l'importance relative du secteur coopératif dans l'économie mondiale aujourd'hui et de proposer une prospective de moyen terme.

LES COOPÉRATIVES : DES ACTEURS MAJEURS DE L'ÉCONOMIE

Le mouvement coopératif trouve ses racines dans la philosophie de saint Simon, prolongeant le modèle de cité idéale conçu par Thomas More au XVIe siècle. Au fil des ans, il est devenu un acteur incontournable de l'économie, opérant dans tous les secteurs.

Des origines à l'année internationale des coopératives

L'entrepreneur à l'origine des premières coopératives de production ou de consommation apparaît dans les années 1830 et peut être considéré comme un « contre-entrepreneur ». Il s'agit d'un ouvrier, ou d'un collectif d'ouvriers, qui décide de créer une coopérative pour contrer l'entrepreneur. Celui-ci est alors défini comme celui qui s'approprie la plus grosse part du revenu au motif qu'il a créé l'entreprise et en est propriétaire, laissant ainsi une faible part à ceux qui assurent le travail de production. L'exemple emblématique est la création de ce que les historiens retiennent comme la première société coopérative de consommation, puis de production, les Équitable Pionniers, fondée en 1844 par vingt-huit tisserands de Rochdale au Royaume-Uni (Le Loarne et Sadi, 2014).

Même si l'histoire retient surtout que l'ouvrier est à l'origine du modèle coopératif et de la première entreprise coopérative, la réalité est légèrement différente, comme en témoigne d'ailleurs le cas des tisserands de Rochdale. L'entrepreneur de la coopérative de production est certes un travailleur, mais est surtout un ancien membre de corps de métier, issu de la classe de la petite bourgeoisie. Il a reçu une éducation scolaire de base et surtout une formation professionnelle selon les méthodes du compagnonnage. Catholique, son éducation religieuse le porte sur le respect de l'autre et sur l'aide au plus faible. Diplômé d'une école d'ingénieur, il est un inventeur créatif, capable de réfléchir sur des procédés techniques et de les exploiter en développant des dispositifs innovants. Ses origines sociales lui permettent de trouver les fonds nécessaires pour acquérir un terrain et construire une usine ou bien développer ses premiers prototypes. Il dispose aussi de tous les réseaux sociaux nécessaires pour échanger sur ses découvertes.

Puis, dans les années 1980, le mouvement coopératif a progressivement perdu de son attrait, tant les exigences du modèle semblaient incompatibles avec un chômage croissant et une économie haletante. L'entreprise coopérative restait alors associée à une vision utopique et datée d'un monde qui avait changé. Un corollaire de ces crises économiques se manifeste avec le vieillissement de la population qui se traduit alors par la plus grande difficulté pour les entrepreneurs de trouver des repreneurs une fois qu'ils prennent leur retraite. C'est alors qu'au milieu des années 1990, le modèle coopératif est considéré comme une manière pour un entrepreneur d'assurer la succession de l'entreprise qu'il a créée.

Cette démarche consiste alors à faire évoluer le statut de l'entreprise plutôt que de créer une nouvelle entité. L'entrepreneur qui a créé et géré son entreprise depuis un plus ou moins grand nombre d'années et qui souhaite désormais prendre sa retraite se retrouve face à une situation où il lui faut trouver un repreneur. La refonte du statut de l'entreprise lui permet de trouver ce repreneur parmi ses salariés. Dans ce cas, il ne s'adresse pas à un seul salarié, qui, parmi d'autres repreneurs individuels potentiels, devrait investir lourdement pour acquérir l'outil de production et les actifs de l'entreprise, mais à un collectif de salariés.

L'investissement financier par individu est moindre et ainsi, les salariés peuvent poursuivre l'aventure économique, conservant ainsi leur emploi et étant décisionnaires sur l'utilisation des actifs. Le recours à cette solution reste certes encore à l'état de plaidoyer, en témoignent les communiqués de presse émanant des cabinets de conseil en succession et en reprise d'entreprises, ou encore les brèves proposées par les organismes destinés à promouvoir les coopératives. Cette solution a néanmoins permis à quelques entreprises de poursuivre leur activité, même après le retrait du fondateur du capital et du comité exécutif : la revue *Alternatives Économiques*, les charpentiers de partis, mais aussi le groupe Acome, employant plus de 1 000 salariés, en sont des exemples marquants (Le Loarne et Sadi, 2014).

Depuis, de nombreux cas de reprises d'entreprises par leurs salariés, soit pour en assurer la pérennité, soit pour lui éviter la faillite, se sont fait jour. Le cas le plus emblématique est sans conteste celui de SeaFrance, une filiale possédée à 100 % par la SNCF. En 2011, cette entreprise qui exploite des lignes de ferry entre la France et la Grande-Bretagne est liquidée, laissant sans emploi huit cents salariés en France et cent trente au Royaume-Uni. Cinq cents salariés ont décidé de s'associer et de reprendre l'entreprise sous forme de SCOP. Depuis, celle-ci reconstitue progressivement son activité, depuis juillet 2011. L'initiative des salariés de SeaFrance n'est pas unique. En août 2012, les salariés de Fralib, usine de fabrique de thé marseillaise et ancienne filiale d'Unilever qui produit, entre autres, les thés de la marque française Éléphant, se mobilisent pour créer une SCOP et poursuivre une activité à partir des actifs restants de l'entreprise.

On perçoit qu'en 2011, le mouvement coopératif regagne en intérêt et en popularité, si bien que l'ONU déclare l'année 2012 « Année internationale des coopératives ». De nombreux colloques sont organisés de par le monde pour informer sur les coopératives. L'ONU met en place un programme de formation et de financement du monde coopératif en Afrique, afin de fournir des outils de développement économique qui viendraient s'ajouter au microcrédit. L'année 2012 s'achève sur la tenue à Québec du sommet international sur les coopératives. Véritable succès, cet événement rassemble près de 2 000 participants, acteurs du monde coopératif, consultants, financeurs et universitaires.

À l'issue de ce sommet est créé par la coopérative financière Desjardins un fonds de financement de jeunes coopératives, associé à un programme de formation de jeunes *leaders*. Chaque année, Desjardins permet à une cinquantaine de jeunes créateurs d'entreprise de suivre un programme de formation continue et de bénéficier d'un apport financier conséquent pour constituer une coopérative (Brassard et Molina, 2012).

Le sommet et le programme des jeunes *leaders* rencontrent un tel succès qu'en 2014 est organisé un nouvel événement, toujours à Québec. Il accueille cette fois

3 000 participants venus du monde entier et confirme l'engagement coopératif. Des responsables de grandes entreprises non coopératives sont présents afin de mieux comprendre le fonctionnement de ce mouvement. Les grands cabinets d'audit, d'avocats et de conseil participent afin de se tenir informés des derniers développements de ce mouvement qui ne faiblit pas. Il a été décidé de rééditer un sommet en 2016 et très certainement en 2018 aussi.

Structures de l'économie coopérative

Selon l'Alliance coopérative internationale, en 2014, le secteur coopératif compte plus de 800 millions de coopérateurs (membres détenant une partie du capital et ayant un droit de vote), emploie 250 millions de salariés et vient en aide à 150 millions de personnes dans 96 pays. Le tableau 1 résume la situation de l'emploi coopératif dans le monde.

Tableau 1
L'emploi coopératif dans le monde en 2014

	Salariés	Coopérateurs salariés	Coopérateurs producteurs	Total
Europe	4 627 853	1 231 102	10 132 252	15 991 207
Afrique	1 467 914	237	5 715 212	7 183 363
Asie	7 734 113	8 200 505	204 749 940	220 684 558
Amériques	1 762 797	1 409 608	3 048 249	6 220 654
Océanie	26 038	nd	34 592	60 630
Total	15 618 715	10 841 452	223 680 245	250 140 412

nd : non disponible.
Source : rapport ACI (Alliance coopérative internationale) 2014.

Au-delà du constat que les coopératives asiatiques emploient le plus grand nombre de salariés au monde, il convient de ne pas négliger l'impact du facteur démographique : ce continent est le plus peuplé au monde et voit, à l'exception du Japon, sa population croître. Aussi, en ramenant le taux d'emploi coopératif au taux d'emploi, on peut remarquer que les coopératives emploient en moyenne 8,73 % de la population active dans le monde, l'écart type étant très faible d'un continent à l'autre. Cela signifie donc que le monde coopératif a connu sensiblement le même développement et la même popularité dans tous les pays qui l'accueillent. Selon le Moniteur des coopératives, en 2014, le chiffre d'affaires mondial de ces entreprises s'élève à près de 2 000 Md€, répartis comme indiqué dans le tableau 2 (*infra*).

Tableau 2
Chiffre d'affaires des coopératives par secteur d'activité

Banque et assurance	Agriculture	Vente en gros et détail	Industries et énergie	Santé et social	Autres
45 %	27 %	20 %	5 %	1 %	2 %
900 Md€	540 Md€	400 Md€	100 Md€	20 Md€	40 Md€

Source : rapport ACI 2014.

En 2014, le monde coopératif connaît un triple développement, avec les coopératives de salariés représentant 60 % des coopératives, les coopératives agricoles représentant 20 % de l'ensemble, les autres coopératives de fournisseurs comptant 15 % des coopérateurs et les coopératives d'usagers regroupant 5 % de cet univers. Lorsqu'on s'intéresse aux coopératives, on a souvent tendance à se limiter à la première catégorie dont la structure est pourtant loin d'être homogène.

Contrairement à une première idée reçue, on constate donc que les coopératives ne sont pas essentiellement le fait d'artisans ou de très petites entreprises. En revanche, on compte un nombre très limité de coopératives dans l'industrie lourde, tandis que ce modèle d'entreprise séduit de plus en plus dans les services. Ce phénomène peut s'expliquer par le fait qu'une entreprise industrielle requiert des capitaux propres d'un montant trop élevé pour que les salariés puissent disposer des fonds nécessaires, sauf à recruter massivement de nouveaux coopérateurs, chose impossible si le niveau d'activité est insuffisant.

Dans le cadre de normes de sécurité financière croissantes imposées aux banques, on peut difficilement envisager que celles-ci consentent des prêts qui accroîtraient le ratio d'endettement au-delà d'un niveau acceptable pour une entreprise privée du même secteur d'activité. C'est donc la difficulté d'accès au financement qui exclut presque de fait l'industrie du monde coopératif.

Une deuxième idée couramment acceptée veut que les coopératives appartiennent au secteur industriel et soient surtout composées d'ouvriers. Pour autant, en 2014, force est de constater que les coopératives les plus importantes en nombre de membres, de capitalisation et de chiffre d'affaires appartiennent au secteur de la banque et de l'assurance.

Suivent les coopératives immobilières opérant souvent comme conseils syndicaux de copropriétés, et ce, surtout en Amérique du Nord. Elles gèrent pour le compte de leurs membres des biens immobiliers, des contrats de location et des infrastructures collectives, tels des courts de tennis, des piscines, des salles de sport, des ascenseurs ou encore l'entretien des parties communes. Là où un conseil syndical conventionnel repose sur le principe d'une voix associée à un millième, la coopérative immobilière doit son succès à la stricte égalité entre propriétaires. L'une des raisons du succès de ces coopératives en Amérique du Nord tient à une profonde méfiance à l'égard de la dictature que pourrait exercer une majorité sur la minorité de propriétaires, tout particulièrement lorsqu'une infime minorité de propriétaires représentent plus de la moitié des votes au conseil syndical. On trouve ce type de coopératives principalement en Amérique du Nord où la dictature de la minorité fait réellement débat et où l'individu compte plus que son poids relatif dans la copropriété.

UN NOUVEAU MODÈLE POUR L'ENTREPRISE DE DEMAIN

Après presque trois décennies de relatif désintérêt pour les acteurs économiques, les coopératives apparaissent à nouveau comme un moyen d'atténuer les effets des crises économiques et financières, mais aussi comme une nouvelle manière d'entreprendre et de manager. De nombreuses entreprises de toute taille envisagent d'adopter ce modèle. Dans ce contexte, deux enjeux majeurs ressortent, qui devraient s'avérer centraux pour le monde coopératif dans les années à venir. L'impératif d'internationalisation doit conduire à un nouveau modèle de développement propre aux coopératives, tandis que de nouveaux outils de financement commencent à voir le jour.

Vers un nouveau modèle de développement

Parce qu'il implique de repenser entièrement le rapport au management, au profit et au travail et conduit à des processus décisionnels lourds, le modèle coopératif est particulièrement adapté à des structures simples. La notion de simplicité de la structure ne signifie pas que le nombre de coopérateurs doit être limité, mais que l'activité en elle-même doit l'être (Thénot, 2011 et 2014).

Le modèle coopératif en tant que tel est difficilement applicable à des filiales implantées à l'étranger (Jaumier *et al.*, 2012 ; Jaumier et Javicoli, 2014 ; Jaumier 2015). Soit la filiale étrangère suit le modèle coopératif, auquel cas la maison-mère ne détient aucune part. Soit la maison-mère détient tout ou partie des fonds propres et des actifs de la filiale, auquel cas le modèle coopératif n'est plus respecté. Face à ce problème, on peut envisager deux types de solutions.

En premier lieu, la maison-mère détient sa filiale en propre, mais y développe un modèle de management coopératif. La filiale répartit les richesses entre coopérateurs locaux et ne fait remonter aucun dividende ; en revanche, un contrôle des coordinations internationales s'impose, comme le fait avec succès la société Alma.

En second lieu, la maison-mère ne détient pas sa filiale en propre. Celle-ci appartient formellement aux coopérateurs locaux. En revanche, les liens entre les deux entités sont assurés par la coopération des deux dans une troisième entreprise qui devient alors la maison-mère de l'ensemble, comme on peut le voir dans les groupes producteurs de Champagne.

À cet égard, la société Alma, éditrice de logiciels, dont le siège est à Lyon, apparaît comme un modèle de la seconde option. Cette coopérative s'est internationalisée ces dernières années, créant des filiales à l'étranger. Face à la question de la continuité du modèle coopératif, elle a pris le parti de détenir ses filiales étrangères en propre, mais de les constituer en « scopettes » de fait. Ces filiales sont localement organisées comme des coopératives, distribuant des capitaux virtuels à leurs membres, mais les associant pleinement aux décisions et aux bénéfices. Elle ne fait remonter aucun dividende de ses filiales à l'étranger et exerce un contrôle étroit des opérations et de leur conformité avec l'esprit de la maison-mère.

L'enjeu de l'internationalisation des coopératives soulève une autre question relative à l'organisation en coopératives d'entités constituant d'autres coopératives. Le modèle coopératif que nous connaissons s'applique généralement à une société, mais peut avoir une déclinaison en cascades comme le suggère la situation de l'internationalisation de l'entreprise. Notamment, nous avons vu dans le cas des coopératives de producteurs et de fournisseurs que les membres coopérateurs sont des entreprises. Il est tout à fait possible d'envisager que les sociétés les constituant soient elles-mêmes des coopératives de salariés.

Nouveaux outils de financement pour les coopératives

Pour continuer à progresser, le modèle coopératif a dû s'adapter aux évolutions du capitalisme auquel il propose pourtant une alternative. Dans cette perspective, ce paradigme est en train de se doter de nouveaux outils propres à assurer son financement dans des secteurs nécessitant de lourds investissements.

Le premier défi pour les coopératives est de parvenir à lever des fonds suffisants pour ne pas se heurter à des barrières trop lourdes à l'entrée dans un secteur d'activité. Il s'agit d'attirer des investisseurs dont les motivations sont traditionnellement relatives à la rémunération – dividendes ou plus-values – et/ou aux droits de propriété – et donc aux possibilités de contrôle et de stratégie, alors même que la spécificité du capital des coopératives ne le permet pas. Le développement à venir des coopératives empruntera les voies suivantes (Monvoisin et Ansart, 2014 ; Sadi, 2014 ; Sadi et Moulin, 2014).

Tout d'abord, le capital s'ouvre peu à peu aux investisseurs extérieurs. Cette disposition autorise des investisseurs non usagers de la coopérative à devenir associés. Ils acquièrent un droit de vote proportionnel au capital détenu, limité à 35 % ou à 49 % si l'investisseur est une coopérative. Ainsi, cette réforme permet la constitution de groupes coopératifs sans détention majoritaire de l'une des coopératives. Elle introduit aussi une dérogation à la gouvernance égalitaire « un homme = une voix » et à la double qualité car le vote devient proportionnel et les actionnaires n'ont plus qu'une seule qualité.

Il apparaît comme corollaire que les parts sociales feront l'objet d'une évaluation sur le marché. D'une part, il est rendu possible de rembourser les parts sociales au-dessus de leur valeur nominale grâce à l'incorporation des réserves soit en leur intégrant des réserves préalablement prélevées, soit en créant des réserves spéciales consacrées au sociétaire sortant après plus de cinq ans. Les restrictions législatives limitent le procédé à une partie des réserves disponibles et à des catégories de coopératives comme les SCOP. D'autre part, les parts à avantages particuliers – parts B – permettent une rémunération plus importante ou des droits spécifiques car leur montant est plus élevé. Elles ont un droit de priorité sur l'intérêt du capital ou elles procurent un droit de remboursement immédiat en cas de sortie. Cette disposition introduit une dérogation au principe d'impartageabilité des réserves.

Des titres distincts des parts sociales sont créés. Il existe trois types de titres diversement appréciés qui visent à diversifier les possibilités et les modalités de rémunération. Le premier, le titre participatif, donne lieu à une rémunération en partie fixe, remboursable après une échéance d'au moins sept ans ou une liquidation – au choix –, sans droit de vote. Si ces titres ont été introduits en Bourse sans grand succès, ils permettent de financer 290 coopératives et des établissements financiers. Le deuxième, le certificat coopératif d'investissement, donne lieu à une rémunération déterminée chaque année par l'assemblée générale, sans droit de vote, avec un droit sur l'actif net dans la proportion du capital qu'il représente, mais dans la limite de 50 % – pour le certificat coopératif d'associés, le titre est réservé aux associés. Le troisième, les parts sociales à intérêt prioritaire, donne lieu une rémunération déterminée par les statuts de la coopérative, sans droit de vote, à des associés ou des tiers non usagers.

CONCLUSION : UN NOUVEAU PARADIGME ENTREPRENEURIAL

Le modèle coopératif est en progression partout dans le monde, particulièrement du fait des crises économiques et financières successives qui appellent à des voies alternatives, mais réalistes, au capitalisme financier.

Sans pour autant représenter une quelconque forme d'angélisme ou manque de réalisme économique, le paradigme coopératif assume des postulats forts en marge de la théorie microéconomique néoclassique qui semble dicter le comportement des acteurs au sein de l'entreprise.

La coopération produit des résultats supérieurs à l'absence de collaboration et *a fortiori* à la compétition systématique. Les gains pour tous, y compris l'individu, sont tels que personne n'a vraiment intérêt à ne pas coopérer. Cela contredit alors les développements de la théorie des jeux qui défendent l'inverse, sans qu'aucune validation empirique convaincante ne permette de confirmer l'intérêt à ne pas coopérer.

Du fait de l'intérêt à coopérer et de l'absence d'égoïsme systématique chez les coopérateurs, le risque qu'un membre du groupe triche est assez faible. Les mécanismes de coopération sont tels qu'aucun membre du groupe n'aurait besoin de tricher, sauf à s'inscrire dans un modèle incompatible avec celui de l'entreprise coopérative. Dans ce cas, l'acteur en question n'aurait pas sa place au sein du groupe et serait amené à le quitter. Cela vient contredire l'idée véhiculée par la théorie de l'agence que l'individu cherche systématiquement à tirer une situation à son avantage au détriment d'autres.

Le paradigme de la coopération se concentre sur la valeur que le fait de coopérer permet de créer pour l'entreprise, son environnement et l'individu. Dans ce modèle socioéconomique, la problématique des coûts n'est pas aussi centrale que dans les modèles économiques traditionnels. En cela, le choix entre la coopération et la non-coopération ne se fonde pas uniquement sur une comparaison des coûts de transaction liés à chacune des deux options.

Le modèle coopératif est particulièrement adapté à des entreprises intensives en capital humain, intellectuel et, plus généralement, immatériel. Dans ce cas, le facteur travail est générateur d'un avantage concurrentiel par rapport à une société qui ne serait pas coopérative. Procéder à ce changement de paradigme permettrait de placer le salarié créateur de richesse au centre du processus décisionnel et au cœur des interactions sociales, politiques et économiques dans lesquelles s'inscrit l'entreprise. Ce modèle trouverait à s'appliquer parfaitement à des sociétés de services. Pour autant, aujourd'hui, dans la société du service, peu d'entreprises ont franchi le pas, s'inscrivant dans l'esprit du capitalisme industriel et financier qui a caractérisé les années suivant le premier choc pétrolier de 1973 et les crises financières et économiques consécutives.

À l'inverse, contrairement à une idée reçue, le modèle coopératif peut difficilement s'appliquer à une entreprise intensive en matériels nécessitant de lourds investissements. L'idéal social et égalitaire de la coopérative ne garantit pas que les actionnaires coopérateurs soient systématiquement en mesure de contribuer au financement de tels investissements par une participation systématique à des augmentations de capital successives. À moins que l'entreprise soit dans un cercle de croissance tel qu'elle ait besoin de recruter de nouveaux coopérateurs pour contribuer à son développement autrement que financièrement.

Face à la difficulté de mobiliser des fonds propres, une entreprise coopérative industrielle serait alors amenée à emprunter les sommes nécessaires au financement de l'investissement productif ou à mettre son modèle et ses idéaux en péril en ayant recours à des investisseurs extérieurs. À ce jour, la faible compréhension du monde coopératif par les banques traditionnelles et le manque de banques spécialisées dans le crédit coopératif se traduisent par une insuffisance de fonds à prêter. Ce problème se trouve aggravé par la crise de la dette européenne et le rationnement du crédit aux entreprises. Sauf à entretenir des relations de long terme avec des établissements bancaires spécialisés, le modèle coopératif serait risqué pour la pérennité de l'entreprise et de son environnement local.

Bibliographie

Brassard M.-J. et Molina E. (éd.) (2012), *L'étonnant pouvoir des coopératives*, Sommet international des coopératives, Québec.

Jaumier S. (2015), « The Big Leap? A Story of the Public Accounting Firm that Wanted to Become a Co-Operative », *Journal of Accounting & Organizational Change*, vol. 9, (à paraître).

Jaumier S. et Javicoli V. (2014), « La coopérative et ses engagements : de la responsabilité au militantisme », in Joannidès V. et Jaumier S. (éd.), *L'entreprise coopérative : l'organisation de demain ?*, Ellipses, pp. 29-52.

Jaumier S., Joannidès V. et Moulin F. (2012), « Traduire, transmettre, coopérer : mais qu'est-ce qui intéresse vraiment le monde coopératif ? », in Brassard M.-J. et Molina E. (éd.), *L'étonnant pouvoir des coopératives*, Sommet international des coopératives, Québec.

Le Loarne S. et Sadi N.-E. (2014), « Créer son entreprise sous statut coopératif », in Joannidès V. et Jaumier S. (éd.), *L'entreprise coopérative : le management de demain ?*, Ellipses, pp. 71-88.

Monvoisin V. et Ansart S. (2014), « Banque et financement coopératifs », in Joannidès V. et Jaumier S. (éd.), *L'entreprise coopérative : le management de demain ?*, Ellipses, pp. 125-148.

Sadi N.-E. (2014), « Un modèle comptable spécifique aux coopératives », in Joannidès V. et Jaumier S. (éd.), *L'entreprise coopérative : le management de demain ?*, Ellipses, pp. 175-204.

Sadi N.-E. et Moulin F. (2014), « La gouvernance des entreprises coopératives », in Joannidès V. et Jaumier S. (éd.), *L'entreprise coopérative : le management de demain ?*, Ellipses, pp. 149-174.

Thénot M. (2011), *Spécificité coopérative et groupes coopératifs agricoles – Le cas Champagne Céréales*, Thèse de doctorat, université de Reims Champagne-Ardenne.

Thénot M. (2014), « Mutation organisationnelle des coopératives en groupes », in Joannidès V. et Jaumier S. (éd.), *L'entreprise coopérative : le management de demain ?*, Ellipses, pp. 89-108.

Grandes entreprises mondialisées et démocratie : au-delà de la souveraineté de l'actionnaire

Olivier BASSO*

La grande entreprise, mondialisée et cotée en Bourse, déploie aujourd'hui une influence considérable, au-delà de ses effets économiques, et participe activement au façonnement de notre société et à la construction d'une gouvernance mondiale.

En ce sens, la grande entreprise, transnationale, se distingue radicalement des autres entreprises, les PME-PMI. Et elle est ainsi devenue *de facto* un acteur politique. Or quel est aujourd'hui le principe de légitimation de l'exercice de son pouvoir ? Le seul principe qui est aujourd'hui mis en avant et qui a profondément marqué le management de ces organisations gigantesques depuis vingt ans, c'est celui de la souveraineté de l'actionnaire. Il évalue la performance de l'organisation à l'aune de la création de valeur pour l'actionnaire (dividendes ou cours de l'action).

Or ce principe nous paraît insuffisant à légitimer les activités extra-économiques de la grande entreprise. Celle-ci souffre de ce fait d'un fort déficit de légitimité démocratique.

Nous nous proposons donc de :

– définir les caractéristiques de cette classe très particulière d'organisations, la grande entreprise mondialisée, qui ne saurait être confondue avec les autres types d'entreprises existantes ;

– souligner l'activité proprement politique de ces organisations géantes qui participent au façonnement de notre monde ;

– caractériser leur ressort interne, le moteur de leur dynamique de développement ;

---

* Professeur associé, Centre national des arts et métiers (CNAM).

Cet article propose une présentation synthétique et partielle des thèses exposées dans Basso (2015).

– montrer l'inefficacité des solutions actuellement proposées ;

– proposer *in fine* une nouvelle voie, plus démocratique, et, dans un second temps, trois mesures qui permettent de définir de nouvelles formes de légitimité, interne et externe[1], pour cet opérateur international qui est devenu progressivement, au-delà de sa nature économique, un acteur politique.

QU'EST-CE QU'UNE GRANDE ENTREPRISE ?

Une grande entreprise se caractérise par trois traits spécifiques : (1) sa taille, (2) sa nature transnationale et (3) le fait d'être coté sur un marché financier boursier. Dans cette partie, nous rappelons les deux premières caractéristiques. La troisième caractéristique sera traitée dans la troisième partie.

Une taille comparable à celles de certains États nationaux

La taille constitue l'élément distinctif de l'activité économique considérée (*big business*). Cela ressort des différentes dénominations utilisées pour désigner le phénomène (firmes multinationales – FMN – (Mouhoud, 2011), grandes sociétés transnationales – GST – (Andreff, 2003), grandes unités multinationales (Bauchet, 2003), pour en citer quelques-unes). Mais comment la mesurer ?

Ce n'est pas un indicateur unidimensionnel et il peut renvoyer à différentes caractéristiques : effectifs, chiffre d'affaires, nombre de clients, capital immobilisé, capitalisation boursière, implantations géographiques, etc., autant de paramètres donnant lieu à certaines difficultés méthodologiques (limites, mesurabilité, consolidation des données).

Je suggère une approche minimaliste : le croisement de ces différents critères[2] permet déjà de délimiter un ensemble minimal des organisations que nous évoquons sous le terme de « grandes entreprises » : Royal Dutch-Shell, Volkswagen, Ikea, Sony, Danone, Caterpillar, Philips, Hewlett-Packard, General Motors, Amazon, Xerox, Motorola, Nokia, Google, etc. La plupart des chercheurs évaluent à environ 300 ou 400 le nombre de ces très grandes entreprises.

Ainsi, en termes de chiffre d'affaires, elles représentent des ordres de grandeur considérables, ainsi qu'en atteste une comparaison avec les PIB des pays (année de référence 2012). Le chiffre d'affaires d'Exxon Mobil, par exemple, est de 482 Md$, à comparer à 3,1 % du PIB américain, soit l'équivalent du PIB de la Norvège ; Royal Dutch Shell pour sa part possède un chiffre d'affaires de 467 Md$, soit 19,2 % du PIB britannique, ou encore celui de l'Argentine ; enfin, Toyota, dans un autre secteur, a un chiffre d'affaires de 254 Md$, soit 4,2 % du PIB japonais, ou du PIB de la Grèce.

Cet effet de taille est également perceptible sur le plan des emplois : ainsi, en 2013, Walmart (grande distribution) emploie 2,20 millions de personnes, soit l'équivalent de la population active de l'Irlande ; McDonald's (groupe et franchisés) emploie 1,7 million de personne.

Le poids des grandes entreprises est aussi impressionnant en termes de dépenses en R&D (recherche et développement) (L'Expansion Magazine, 2013), moteur de l'innovation et des futurs revenus : ainsi, Microsoft représente 9 % de la R&D publique des États-Unis, 101 % des dépenses de la Corée du Sud !

Pour d'autres, c'est le montant des bénéfices dégagés en 2013 (Fortune Magazine, 2014) qui frappe l'imagination : Vodaphone (94,13 Md$), Apple (37 Md$), Exxon (32,5 Md$), etc.

Nous avons bien affaire à des entités organisationnelles dont la surface financière et l'importance économique les placent au niveau d'un État de petite taille.

L'insaisissable entreprise transnationale

La grande entreprise est sortie du territoire national et évolue dans un espace mondialisé où elle semble naviguer sans pouvoir être appréhendée dans son unité.

Sur le plan organisationnel, elle est par construction soustraite aux regards nationaux : le point de vue national ne peut plus englober l'entreprise tout entière.

Elle peut être partout et donc nulle part : on ne peut apparemment la saisir en son entier. Elle peut apparemment déplacer et transférer les composantes de son activité là où elle évalue avoir accès à des ressources au moindre coût et en mettant en compétition les territoires (politique fiscale, législation du travail, subventions, compétences, etc.).

Sur le plan légal, elle échappe à l'assignation en justice : elle ne semble pas localisable en tant que telle. Certes, le siège social du groupe international, sa holding de tête, est inscrit dans un espace national donné, mais l'organisation – l'ensemble des filiales rattachées à la holding et dispersées dans le monde – ne constitue pas juridiquement parlant un être entier et demeure donc difficilement saisissable dans son unité.

En résumé, elle semble quasiment insaisissable : elle a dispersé son activité aux quatre coins du monde. Elle ne possède pas de statut juridique à part entière : elle n'existe donc pas en tant que telle au regard du droit international.

Or elle dispose aujourd'hui d'un pouvoir considérable au sein de notre société qu'elle contribue à modeler, en poursuivant ses propres objectifs.

LES GRANDES ENTREPRISES : *DE FACTO* DES ACTEURS POLITIQUES

Le mot « entreprise » recouvre des réalités très différentes.

La grande différence entre une PME et une grande entreprise, c'est que la PME peut certes tenter d'influer sur son environnement local, de faire du *lobbying*, etc., mais elle rencontre toujours la puissance publique, un élu, un représentant des citoyens. Quand l'espace de jeu économique devient le monde, ce n'est plus le cas : la grande entreprise n'a plus d'interlocuteur : il n'y a plus de face-à-face avec la puissance publique. C'est pourquoi on parle de gouvernance planétaire, avec des acteurs hétérogènes (des États, des grandes entreprises, des ONG – Organisations non gouvernementales –, etc.), et non plus de gouvernement mondial qui supposerait un acteur unifié.

À ce niveau, la grande entreprise participe à la définition du destin du monde : elle a le pouvoir de faire porter son action sur son champ d'action même, sur les conditions de possibilité de l'exercice de son activité, sur les dimensions de la société humaine dans lesquelles elle évolue.

Elle déploie un pouvoir spécifique, au-delà de la seule activité économique. Elle exerce un pouvoir de nature politique : il touche en effet aux conditions mêmes du « vivre ensemble ».

Elle peut ainsi modifier durablement les conditions de la vie humaine, telle que le montre, par exemple, l'impact environnemental des acteurs liés aux matières premières. Elle influe également sur les grandes décisions qui touchent aux grands problèmes mondiaux : écologie, travail, faim, maladies, etc., dans le cadre de multiples instances (convention cadre des Nations unies, *think tanks*, groupes d'influence[3], Forum de Davos, *World Policy Conference* de l'IFRI – Institut français des relations internationales –, etc.).

Le pouvoir particulier de la grande entreprise s'exerce également à un niveau supérieur, moins visible : du fait du nombre de personnes qu'elle emploie, elle pèse sur le façonnement des vies des individus (leur présence corporelle au travail, leurs manières de mobiliser leur esprit, leurs valeurs comportementales, leurs visions de la vie, etc.), en promouvant, notamment depuis la fin des années 1980 et la prédominance de l'intérêt des actionnaires, une certaine vision de l'efficacité[4] entendue comme une valeur en soi.

La puissance de la grande entreprise ne réside donc pas tant dans sa capacité stratégique de changer les règles du jeu concurrentiel du ou des marchés de biens ou de services dans lesquels elle évolue que dans sa faculté d'influer sur la construction des sociétés humaines dans lesquelles elle s'inscrit.

Cette influence s'exerce donc à deux niveaux qui constituent son espace d'action spécifique : le projet de société dans le monde qui nous entoure et les modes de vie des individus qu'elle contribue à façonner.

Cette puissance nous paraît indubitable et reconnue par l'ensemble des observateurs de la vie humaine, quelles que soient leurs options politiques. L'entreprise, acclamée ou combattue, est unanimement perçue comme le lieu probable d'élaboration de la société humaine de demain.

Le Forum de Davos montre que le destin de la planète se discute avec les chefs d'État et... les dirigeants des grandes entreprises (et non des PME...) qui revendiquent souvent explicitement cette part de responsabilité : les États incapables de s'entendre sur les mesures collectives à prendre pour gouverner le monde devraient s'inspirer de la capacité des entreprises à agir conjointement, unies par une même rationalité d'efficacité, au-delà de leurs rivalités.

La question est alors de comprendre ce qui meut la grande entreprise : quels sont les buts qu'elle poursuit ? quel est son propre intérêt ?

QUEL EST AUJOURD'HUI LE RESSORT INTIME DES GRANDES ENTREPRISES ET LEUR PRINCIPE DE PILOTAGE ?

Ce qui distingue aujourd'hui les grandes entreprises des autres grandes entreprises transnationales, c'est leur cotation sur un marché boursier international. C'est cette vie parallèle propre aux grandes entreprises cotées, en plus de leurs vies industrielles et commerciales, qui est ici déterminante. La vie boursière impacte radicalement la vie de l'entreprise (*firm*) et notamment son mode de pilotage et sa culture.

« La financiarisation ne s'est (...) pas simplement traduite par la mise en place d'outils de gestion de contrôle financier nouveaux, mais par la mise en place d'outils valables pour toutes les entreprises afin que leur comparaison et donc leur mise en compétition spéculative soient possibles. On a ainsi assisté à une normalisation comptable et financière des organisations (cf. normes IFRS – International Financial Reporting Standards –, par exemple) et donc du travail. » (Gomez, 2013).

Le mouvement de financiarisation interne de la grande entreprise s'est traduit par la prise de pouvoir de la direction financière sur les responsables de la production : « Le contrôle de la gestion et le contrôle financier orientés pour servir la valeur pour l'actionnaire structurent désormais les organisations contemporaines. » (Gomez, 2009). C'est cette visée qui a imprégné la majeure partie des grandes transformations stratégiques des entreprises à partir des années 1990, avec notamment la diffusion de la théorie de la création de valeur pour l'actionnaire (*shareholder value, economic value added* – EVA).

De ce fait, la dynamique humaine de la grande entreprise s'est considérablement appauvrie à partir des années 1990. En l'espace de vingt-cinq ans, la grande entreprise est devenue le lieu contrôlé de l'extraction d'un profit destiné à récompenser les actionnaires : cette perspective est devenue le principe de pilotage de l'organisation humaine, quel que soit le souhait de ses dirigeants et managers d'échapper à cette pression.

La grande entreprise cotée, devenue un placement financier, est entrée dans le même temps dans les grandes manœuvres de fusions et d'acquisitions. Les années 1990 resteront marquées par une grande vague d'OPA (offres publiques d'achat) et d'OPE (offres publiques d'échange) qui ont abouti à de multiples cessions, scissions et restructurations.

Devenue un bien partageable et cessible, l'organisation n'a pu maintenir sa dimension de communauté humaine : les conditions de travail se sont détériorées, avec leur cortège de violences liées à la déshumanisation du travail (stress, maladies psychosomatiques, perte de sens, etc.) et la légitimité syndicale s'est affaiblie.

Le management lui-même – et ses relations interpersonnelles bâties dans la coordination du travail collectif – s'est retiré de nombreux espaces de travail : il a été souvent sous-traité aux cadres intermédiaires, les *middle managers*, rebaptisés pour la circonstance « managers de proximité » et, plus récemment, à la filière des ressources humaines qui est devenue le lieu d'aboutissement de tous les dysfonctionnements managériaux.

La souveraineté de l'actionnaire s'est traduite par la promotion du PDG comme représentant de ses seuls intérêts avec, comme mécanisme d'assurance de sa loyauté, un intéressement direct de celui-ci aux profits de l'entreprise qui le conduit à s'enrichir et à faire sa fortune... en le transformant en actionnaire.

La *corporate governance* a placé l'actionnaire au cœur d'un dispositif normatif qui encadre le comportement du dirigeant.

La légitimation de ce discours normatif repose sur une thèse juridiquement erronée : les actionnaires (*shareholders*) se proclament propriétaires de l'entreprise. L'objectif de l'entreprise, et donc de ses dirigeants, est de maximiser la valeur des actionnaires. C'est une vision économico-financière de la firme : dans un tel cadre, le dirigeant est mandaté par les propriétaires pour accroître la valeur du bien, mesurée par le cours de Bourse dans le cas des entreprises cotées.

Le diagnostic de l'ensemble et des maux qu'il a engendrés est désormais connu. Ils sont identifiés tant en Europe que dans les pays anglo-saxons : ainsi, les conclusions du rapport Kay (2012) en Grande-Bretagne plaident pour la prise en compte de la santé à long terme des entreprises face aux « pressions liées aux prises de décisions de court terme qui surviennent lors de *reportings* excessivement fréquents des performances financières et d'investissement (comprenant les *reportings* trimestriels des entreprises), et du fait d'une confiance excessive aux modèles et aux indicateurs particuliers des mesures de performance, évaluant les risques et les actifs ».

Cependant, cet appel à introduire du « *long-termism into companies' DNA* » pourra sonner comme une exhortation vaine.

En effet, quel est, au-delà des discours stratégiques, le moteur de la grande entreprise contemporaine ?

C'est bien la production, non de biens et de services, mais d'un résultat positif, qui est le critère du bon fonctionnement d'une grande entreprise, telle qu'elle sera évaluée par le marché financier qui la cote et qui exprime les positions des actionnaires.

Ce sont bien ces actionnaires qui évaluent la bonne marche de l'entreprise en réagissant, par la cession ou l'achat d'actions, sur les marchés financiers qui disent, publiquement, sa valeur d'échange.

La cotation de l'entreprise va au-delà de sa seule valorisation. Elle juge aussi de sa conduite, en prétendant actualiser la performance future. En ce sens, les grandes entreprises telles que nous les avons qualifiées (taille, transnationalité, cotation) ont bien pour principe moteur de faire croître leur valeur boursière. Le juge de la bonne conduite de la grande entreprise, c'est sa valeur en Bourse. Et l'indicateur est devenu une finalité en soi.

De ce fait, ce qui meut aujourd'hui une grande entreprise, ce qui constitue son âme au sens technique du terme (principe d'automouvement au sein des êtres animés), c'est l'intérêt de ses actionnaires, c'est essentiellement la production d'un bénéfice ou d'une plus-value.

QUE FAIRE AUJOURD'HUI ? QUATRE SOLUTIONS + 1

Face au double constat de puissance politique et d'absence de légitimation démocratique des mégafirmes mondialisées et financiarisées (les PFPM – puissances financières privées mondialisées)[5], il existe aujourd'hui quatre solutions possibles.

L'option révolutionnaire

Il faut démanteler les grandes entreprises qui exercent un pouvoir considérable et façonnent notre monde sans qu'aucun mandat ne leur ait été confié en ce sens.

Position révolutionnaire illustrée par l'ouvrage de Susan George (Attac) de 2014 au titre évocateur *Les usurpateurs : comment les entreprises transnationales prennent le pouvoir*. Au-delà de la pertinence du diagnostic, je ne crois pas que les conditions d'une telle révolution soient aujourd'hui réunies.

La réglementation internationale

Le rêve de Kant d'un gouvernement mondial des États nations dont l'action concertée régulerait harmonieusement le comportement des grandes entreprises est illusoire : les États sont à la fois juges et parties.

Ils sont eux-mêmes en compétition les uns avec les autres et leurs grandes entreprises nationales sont les fers de lance de leur compétitivité. Par exemple, Google est aujourd'hui en position de monopole manifeste aux États-Unis et dans le monde, mais l'administration américaine ne réitérera pas le fait de démanteler ATT des années 1970 car Google porte aussi le *leadership* américain. L'option apparaît donc peu crédible.

La voie de l'autorégulation

La croyance dans la capacité des grandes entreprises à se comporter en êtres de raison refuse d'identifier le moteur aveugle qui les anime, à savoir la création de valeur financière. La production de *soft law* (codes de bonne conduite, principes d'action, etc.) témoigne de la bonne volonté des dirigeants à discipliner leurs organisations, mais ils ne peuvent rien contre la force inconsciente et mécanique qui les meut.

Le principe de la souveraineté de l'actionnaire ne permet pas réellement l'exercice d'une responsabilité, qui suppose une autonomie du sujet, et la conscience d'un être moral. L'entreprise est régie par l'actionnaire, qui nomme et démet lui-même le dirigeant de l'organisation : elle ne contient pas en elle-même de principe interne d'arrêt ; la création de valeur pour l'actionnaire n'a pas de limite intégrée. De ce fait, l'évocation d'une « responsabilité » de l'entreprise qui renvoie à un être de raison, capable d'arbitrage selon des principes moraux, s'applique aujourd'hui de manière très particulière à l'entreprise : c'est le plus souvent à l'intérieur de la sphère circonscrite par l'intérêt de l'actionnaire, et une fois cette exigence remplie, que les actions de responsabilité sociale peuvent se déployer. Cette voie paraît donc illusoire.

La *pax americana*

L'approche américaine de la problématique est extrêmement pragmatique et efficace. Elle repose sur une extension de la juridiction américaine qui comble le vide laissé par le droit international.

Sont considérées comme relevant en droit du système national juridique américain les entreprises qui exercent tout ou partie de leur activité sur le sol américain, sont cotées sur une Bourse de valeurs américaine, font transiter des opérations bancaires sur le sol américain, voire libellent leurs opérations en dollars américains. Il est clair que dans ces conditions la grande majorité des grandes entreprises relèvent du droit américain.

Le sens de la démarche américaine est clair : au lieu de peser sur la reconnaissance des grandes entreprises comme sujets de droit internationaux et d'entrer dans la construction collective d'un ordre juridique mondial partagé, les États-Unis font le choix de régler « à domicile » les problèmes de gouvernement économique du monde.

Vers une cinquième voie ?

La cinquième voie consiste à légitimer les grandes entreprises en reconnaissant la nature politique de leur activité et en allant jusqu'au bout de la logique : il s'agit de les constituer telles que nous les avons définies, en corps politiques légitimes.

À quelles conditions est-il possible de conférer à la grande entreprise et à ses agissements une légitimité politique qu'elle ne possède pas aujourd'hui ?

LA VOIE DÉMOCRATIQUE

La légitimité politique d'une organisation dépend de la qualité de sa pratique de la démocratie (sur le plan de ses fondations, dans l'exercice du pouvoir, dans ses processus de délibération et de décision, etc.).

L'idée démocratique, initialement portée par les États d'Europe et d'Amérique du Nord, repose sur l'existence irréductible d'un débat possible avec une ou des oppositions fortes et légalisées.

Elle a d'abord conquis la vie politique des Républiques, puis, à la faveur de l'affaiblissement généralisé de l'autorité[6] traditionnelle, elle questionne aujourd'hui d'autres espaces (Église, famille, école, etc.), d'autres formes de pouvoir (éducatif, mais aussi politique, judiciaire, médical), qui, dans les sociétés traditionnelles, ont longtemps fonctionné sur le mode de l'autorité surplombante, dépositaire unilatérale de principes d'action à respecter.

Les interrogations démocratiques qui traversent aujourd'hui la famille, l'école et, plus généralement, tous les lieux de pouvoir peuvent-elles s'arrêter à la porte de la grande entreprise ?

Le point de départ

Je suis parti de l'idée qu'il fallait rééquilibrer les pouvoirs au sein de l'entreprise car aujourd'hui, c'est la souveraineté – et j'emploie à dessein ce vocable politique – de l'actionnaire qui régit le dispositif de gouvernement d'entreprise.

Il s'agit de renforcer le point pivot de l'entreprise, à savoir son dirigeant, et faire en sorte qu'il puisse s'appuyer sur une légitimité autre que celle du seul actionnaire. Il ne s'agit donc pas d'exclure le point de vue de l'actionnaire, mais de proposer un second pilier de légitimité.

Le dirigeant de la grande entreprise peut retrouver une légitimité de nature démocratique en s'appuyant sur la volonté et les aspirations du corps social de l'entreprise, le seul capable de revivifier et de faire advenir le projet industriel, le « rêve entrepreneurial » qui anime toute organisation vivante et que le dirigeant moderne se doit d'incarner.

Les dirigeants : pivots du système

Les dirigeants des grandes entreprises sont aujourd'hui *de facto* les agents des actionnaires. Ils ne reçoivent pas leurs ordres des actionnaires, mais ils leur doivent la pérennité de leur position et leur niveau de rémunération, qui sont deux prérogatives du conseil d'administration.

La cotation du titre de propriété de la société ne reflète pas l'intérêt de l'entreprise en tant que telle. Si le cours de l'action est érigé par les dirigeants, consciemment ou inconsciemment, en indicateur ultime de la santé d'une entreprise et partant en un principe d'action, alors le projet collectif qui anime la communauté de travail court le risque souvent avéré d'être relégué au rang d'outil de communication interne.

Une telle approche place les dirigeants dans une posture difficile, voire impossible à tenir : porteurs potentiels d'un projet pour l'entreprise, ils sont contraints, à de multiples égards, de considérer la « corporation » comme un bien économique sous la pression directe ou indirecte d'actionnaires activistes ; pensons, par exemple, aux *hedge funds*, pressés de créer pour eux-mêmes de la valeur financière immédiate, sans se soucier des autres parties prenantes.

Le dirigeant ne peut alors tenir la posture du jardinier qui a pour charge de développer un espace permettant à une communauté humaine donnée, les employés de l'entreprise, de tendre, au-delà de sa propre subsistance, à la prospérité, la sécurité et l'unité.

Une source de légitimité négligée : le projet vivant de l'entreprise

La prise de pouvoir réussie des actionnaires est venue directement percuter le projet industriel de la grande entreprise.

Elle est également un être collectif vivant, une communauté d'actions qui est née à partir d'un projet de création d'activité et qui s'est ensuite développée en faisant vivre ce projet initial.

Une voie de responsabilisation interne de la grande entreprise serait donc de redonner force et voix à son « âme organisationnelle », cette âme collective qui transparaît dans la dynamique créatrice de l'entreprise, sa capacité à susciter des projets nouveaux. Elle se laisse percevoir, de temps à autre, quand ses membres éprouvent une grande fierté d'appartenance, fêtent de belles réalisations, selon les modalités propres à leur culture organisationnelle, ou encore sont capables d'imaginer de nouveaux développements (nouvelles activités, nouveaux produits, etc.), manifestant par là leur élan créateur. C'est là que se (re)joue le vrai projet d'entreprise, sa mission, « son ambition d'innover, de créer des produits nouveaux, de conduire des progrès collectifs » (Segrestin et Hatchuel, 2012).

Le corps politique de l'entreprise : une nature tripartite

Dans la pensée fouriériste[7], chaque membre de l'entreprise peut (ou non) apporter une contribution spécifique : le travail, c'est-à-dire sa participation physique, le capital, c'est-à-dire sa participation financière, et le talent, c'est-à-dire sa participation à l'innovation et à la gestion. À cette triplicité de places correspondent trois populations distinctes : les actionnaires, les contributeurs salariés et les dirigeants.

La responsabilité du président est dès lors de définir un espace qui permette aux trois parties (apporteurs de capital, producteurs et dirigeants) de débattre des modalités de concrétisation de ses finalités, de veiller à l'animation et de prendre les décisions en visant l'« intérêt de l'entreprise ».

Il s'agit de rouvrir la possibilité de discuter, selon un calendrier et des procédures précises, le destin de l'entreprise. Ce processus viserait à préserver la faculté de choix des entreprises et de leurs membres en accordant des droits fondamentaux à leurs membres et un espace procédural de discussion sur ces choix.

Comme le souligne Bertrand Collomb, ancien président de Lafarge : « Une entreprise ne marche pas de façon optimale si ses collaborateurs n'adhèrent pas à son action, et un chef d'entreprise peut difficilement réussir dans la durée si sa légitimité n'est pas reconnue et s'il est incompris, méprisé ou haï par ses troupes. Cette réalité, valable pour tout groupe humain, n'implique pas un fonctionnement à proprement parler démocratique, où la majorité acquiescerait formellement à chaque décision, mais oblige les patrons responsables à se préoccuper des réactions du terrain. » (Collomb, 2010).

Il nous semble de ce fait nécessaire de progresser dans la constitution politique de la grande entreprise en désolidarisant le pouvoir décisionnel stratégique dans l'entreprise de la seule possession d'actions dans la société qui porte juridiquement cette entreprise[8]. Seule la propriété d'une action fonde aujourd'hui la légitimité du pouvoir qui s'exerce dans le cadre juridique de la société et, par conséquent, sur la sphère de production. En conservant cette approche, on subordonne nécessairement la grande entreprise à la finalité financière des actionnaires. La démocratie, entendue comme une participation de tous au pouvoir, ne peut donc exister en tant que telle dans un contexte de souveraineté actionnariale.

TROIS PROPOSITIONS POUR UNE NOUVELLE GOUVERNANCE

Que pouvons-nous proposer pour aller plus loin ? Nous ne croyons pas à la pertinence d'énoncer une série d'impératifs pour les grandes entreprises. Nos propositions ne prendront sens que dans le travail effectif qu'entreprendront ces organisations pour se les approprier et les adapter à leur propre culture.

Les suggestions qui vont suivre ne modifient pas le socle légal de la grande entreprise cotée : il s'agit ici de construire une légitimité élargie de l'entreprise, qui corresponde à son statut d'acteur politique. Ce mouvement passe également par le renforcement de la légitimité du président, au-delà de celle qui lui est conférée, légalement, par les seuls actionnaires.

Proposition n° 1 – Affirmer le projet industriel de l'entreprise

Derrière le terme de « projet industriel », nous distinguons deux notions : d'une part, la définition de la mission propre de l'entreprise, sa raison d'être ; d'autre part, le projet de développement de l'entreprise, la vision dynamique de son futur.

Ce projet pourrait être soumis, tous les cinq ans, à un mécanisme d'adhésion démocratique, à un engagement de nature politique. Sa préparation et sa discussion seraient assurées par un collège stratégique, composé de 210 personnes[9], élues par tirage au sort au sein de l'entreprise dans le monde entier, et associant à parts égales les représentants des trois catégories (producteurs, actionnaires et cadres dirigeants). Ce collège pourrait travailler selon diverses modalités (auditions, études préparatoires, etc.), mais en privilégiant une démarche collective de cocréation, selon une perspective que nous détaillons plus loin.

Une telle démarche permettrait de manière récurrente de réinterroger les croyances stratégiques de l'entreprise, de se reposer la question de la pertinence sociétale de ses activités ou de ses produits, de réaffirmer aussi les valeurs qui guident son action. Ces éléments de référentiel constitueraient des repères formalisés pour éclairer la prise de décisions, pour donner un sens à la relation managériale. L'exemplarité des acteurs pourrait ainsi être mesurée à l'aune de ce manifeste[10].

Cette « politisation » du projet permettrait de mobiliser réellement le corps de l'entreprise et de sortir des opérations de communication classique. L'idée serait d'instaurer tous les cinq ans un fort débat interne sur le destin de l'entreprise et d'assurer ainsi une voix explicite à l'ensemble des salariés.

Ce projet serait ensuite présenté au président de l'entreprise qui serait alors libre de s'en inspirer ou non pour définir son propre projet pour l'entreprise.

C'est ce projet, préparé par le collège stratégique et retravaillé éventuellement par le dirigeant et son comité exécutif, qui serait ensuite soumis au vote de l'ensemble des employés.

Cette démarche possède deux grandes vertus : elle permet de doter le projet de l'entreprise d'une légitimité accrue et renforce par là même la capacité du dirigeant à le défendre face aux actionnaires. Inversement, les résultats négatifs du vote envoient un signal fort : une grande entreprise, sans élan reconnu par l'ensemble des salariés, devrait pouvoir changer de gouvernement ou tout au moins imposer de changer de politique. Cela lui éviterait de tomber dans la spirale de l'optimisation financière qui conduit tôt ou tard à sa disparition.

Proposition n° 2 – Étendre la légitimité du président, au-delà de la nomination actionnariale

Nous proposons que toute volonté du conseil d'administration de changer le dirigeant à la tête de la grande entreprise soit précédée, avant de devenir une décision possible, d'un vote de l'ensemble des salariés de l'entreprise.

Le vote ne porterait donc pas sur le choix du profil d'un candidat, mais sur la décision de se séparer du président en exercice. Il s'agit bien ici de créer un contre-pouvoir à la seule souveraineté de l'actionnaire dans le choix de se séparer du dirigeant.

Ce vote serait seulement consultatif, mais il donnerait le sens profond de l'engagement ou non de l'ensemble des contributeurs au côté du dirigeant. Le résultat du vote donnerait également au conseil d'administration une précieuse indication sur la pertinence de son projet de décision. Le résultat de ce vote serait largement communiqué et diffusé au sein de l'organisation et en externe. Les bulletins blancs seraient également comptabilisés afin de prendre la mesure exacte de l'engagement démocratique de chacun (vote avec opinion tranchée, vote sans prise de positions). Tous les salariés de toutes les filiales à travers le monde seraient concernés par cette opération essentielle.

L'enjeu est de donner de la voix aux salariés avec un fort effet de publicité externe, pour le grand public et tous les acteurs en relation avec l'entreprise. L'idée est bien que l'entreprise fasse entendre une voix intérieure et ne soit pas seulement l'instrument muet des actionnaires.

Proposition n° 3 – Sécuriser le développement de l'entreprise

Les actionnaires, par la voix de leur conseil d'administration, disposent de la toute-puissance pour décider de l'allocation des ressources dégagées par l'entreprise. Nous suggérons deux points.

D'une part, il serait, à notre sens, pertinent que le conseil d'administration puisse rendre compte aux salariés de la nature et du montant des investissements décidés, destinés à assurer la durabilité du projet d'entreprise, qui aura par ailleurs été validé par l'ensemble de l'entreprise.

D'autre part, afin de s'assurer du maintien de la capacité de l'organisation à enrichir sa force productrice (investissements et personnel), nous proposons que le conseil d'administration se prononce clairement sur les choix du niveau d'endettement : c'est le levier d'endettement qui détermine la rentabilité des fonds propres moyennant une augmentation du risque.

C'est là aussi que se jouent la pérennité de l'entreprise et l'intégrité de son corps social. Pour le dire autrement, l'idée est bien d'éviter que l'arbitrage ne fasse nécessairement sacrifier la communauté de travail sur le principe de l'anticipation des risques de bourrasque (restructurer en contexte de bonne performance pour prévenir des difficultés plus fortes à venir), alors même qu'en parallèle, les actionnaires auront, quant à eux, été déjà servis par une politique généreuse de dividendes.

CONCLUSION : LIBÉRER LA FORCE VITALE ET CRÉATRICE DE LA GRANDE ENTREPRISE

Avec ces trois mesures, il s'agit bien d'indiquer un chemin qui permette de redonner sa cohésion interne au corps de la grande entreprise et de lui donner une « respiration » démocratique, en redonnant une voix/voie à son personnel et en renforçant la légitimité de son dirigeant.

Il s'agit de redonner vie à la volonté commune de l'entreprise pour lui rendre sa capacité créatrice. Le corps social de l'entreprise peut se muer, à intervalle régulier, en corps politique qui réfléchit sur ses orientations et sur la manière dont il est gouverné. Et ce, sans remettre en cause les fondements légaux du système.

L'horizon qu'ouvrent ces quelques mesures est considérable. Il s'agit de libérer la grande entreprise en posant des conditions-cadres qui pourront :

– remettre de la vie dans le système organisationnel ;

– permettre à nouveau la joie de créer ensemble ;

– redonner sens au travail et au collectif, avec le partage d'un projet commun et le ressort d'une authentique dynamique entrepreneuriale ;

– inscrire l'action de l'entreprise dans la maîtrise d'un destin collectif commun.

C'est à cette seule condition que la grande entreprise pourra trouver une place durable dans la société moderne du XXIe siècle et contribuer durablement à la prospérité du monde.

Notes

1. Étant donné le cadre de cette brève présentation, nous concentrerons notre propos sur la dimension interne. Pour une vue de la problématique externe, lire le chapitre 12 de notre ouvrage (partie 3 – « Constituer la grande entreprise en sujet de droit international »).

2. Sans sous-estimer la finesse des analyses requises, posons ici que trois des critères évoqués, dont l'implantation géographique, suffisent pour caractériser une grande entreprise. Un autre moyen étant de croiser les classements effectués par les grands journaux d'informations économiques, notamment américain ou anglais (Top 500 établis par *Forbes*, *Fortune* ou *Financial Times*).

3. Cf., par exemple, le World Business Council for Sustainable Development (WBCSD, Conseil mondial des affaires pour le développement durable), basé à Genève, une coalition de 190 compagnies internationales qui œuvrent à la diffusion de programmes d'action de développement durable en conciliant trois axes : croissance économique, équilibre écologique et progrès social.

4. L'efficacité est un concept machinique qui a été étendu pour mesurer la valeur des activités humaines.

5. Expression forgée par Capron et Quairel (2015).

6. Lire, par exemple, Renaut (2009).

7. Voir, par exemple, Gabet (1842).

8. Rappelons que ce qui fonde la légitimité du droit de vote dans les sociétés, quel que soit leur statut juridique (SA ou SCOP – sociétés coopératives participatives), c'est bien la possession d'actions. « Le salarié intègre la communauté politique en tant qu'associé, apporteur de capital et détenteur d'une part sociale, et non en tant que travailleur », ainsi que le montre l'analyse de cette démocratie limitée, à régime censitaire, de Barreto (2012).

9. En prenant le principe d'une représentation de 1/1 000 pour la moyenne des grandes entreprises (chiffres à décliner selon l'effectif considéré).

10. S'esquisse ici ce qui pourrait peut-être à terme jouer le rôle d'une constitution pour chaque grande entreprise : la performance des dirigeants et la nécessité pour eux de rendre des comptes (*accountability*) pourraient être alors rapportées aux engagements collectifs du corps vivant de la grande entreprise, et non à des indicateurs d'efficacité, souvent peu reliés à la stratégie industrielle de l'entreprise.

Bibliographie

ANDREFF W. (2003), *Les multinationales globales*, La Découverte.

BARRETO T. (2012), « Société coopérative de production (SCOP) et démocratie dans l'entreprise », in Roger B. et Favereau O. (sous la direction de), *L'entreprise, formes de la propriété et responsabilités sociales*, Lethielleux, pp. 347-366.

BASSO O. (2015), *Politique de la très grande entreprise : leadership et démocratie planétaire*, Puf.

BAUCHET P. (2003), *Concentration des multinationales et mutation des pouvoirs de l'État*, CNRS Éditions.

CAPRON M. et QUAIREL F. (2015), « Puissance financière privée mondialisée », in *L'entreprise, une question politique*, La Découverte.

COLLOMB B. (2010), « La démocratie dans l'entreprise », *Académie des sciences morales et politiques*, séance du lundi 8 février.

FORTUNE MAGAZINE (2014), « The Global 500 », 21 juillet.

GABET G. (1842), *Traité élémentaire de la science de l'homme considéré sous tous ses rapports*, vol. 3, Paris, Baillière-La Phalange, p. 239.

GEORGE S. (2014), *Les usurpateurs : comment les entreprises transnationales prennent le pouvoir*, Plon.

GOMEZ P.-Y. (2009), « La gouvernance actionnariale et financière : une méprise théorique », *Revue française de gestion*, n° 198-199, pp. 369-391.

GOMEZ P.-Y. (2013), *Le travail invisible – Enquête sur une disparition*, François Bourin éditions, p. 114.

KAY J. (2012), *The Kay Review of UK Equity Markets and Long-Term Decision Making, Final Report*, commissionné par le Department for Business Innovation and Skills, juin.

L'EXPANSION MAGAZINE (2013), « Ces entreprises plus fortes que les États », mai.

MOUHOUD (2011), *Mondialisation et délocalisation des entreprises*, La Découverte, collection Repères.

RENAUT A. (2009), *La fin de l'autorité*, Flammarion.

SEGRESTIN B. et HATCHUEL A. (2012), *Refonder l'entreprise*, Seuil, p. 87.

Les conditions d'une entreprise éthiquement irréprochable

Jean-Marc LE GALL*

Les entreprises sont aujourd'hui mises en demeure de démontrer leur caractère éthique irréprochable, en particulier au travers de l'accent mis sur leur responsabilité sociale (RSE – responsabilité sociale des entreprises) à l'égard de leurs « parties prenantes », c'est-à-dire de « tout groupe ou individu qui affecte ou est affecté par l'accomplissement des objectifs de l'organisation » (Freeman, 1984). Nous analyserons les comportements actuels des entreprises, encore souvent opportunistes, et ensuite nous montrerons, à partir de l'exemple de leurs relations avec leurs salariés, à quelles conditions elles peuvent inscrire éthique et responsabilité au cœur de leur fonctionnement.

LA RSE : NOUVEAU LOGICIEL DE L'ENTREPRISE ÉTHIQUEMENT IRRÉPROCHABLE

La RSE se présente comme une nouvelle articulation de son efficacité économique et de son obligation éthique. Concrètement, elle se construit à partir d'un dialogue organisé avec les actionnaires et les salariés, mais aussi avec les clients et les fournisseurs, ainsi que la société, incarnée le plus souvent par les défenseurs de l'environnement et des droits de l'homme. La RSE, comme le développement durable et en lien avec lui, est une innovation qui vise à refonder la légitimité de l'action de l'entreprise et à l'inscrire dans le « temps long ». Elle vise d'abord à sécuriser l'environnement de l'entreprise, en nouant des relations constructives avec ses différentes composantes, et en particulier les organisations militantes (et menaçantes) que sont les ONG (organisations non gouvernementales).

Des pratiques d'entreprise à géométrie variable

La popularité de ces concepts ne doit pas masquer le fait que leur adoption par les entreprises n'est pas exempte d'ambiguïtés, voire de complaisance de leur part.

* Conseil en stratégies sociales ; professeur associé, CELSA, Paris-Sorbonne.

Invoquer le développement durable peut en effet être une manière consensuelle et peu contraignante de donner des gages – à l'opinion publique, aux politiques, aux clients –, alors même que les actions engagées demeurent souvent marginales, voire avant toutes commerciales ou d'image (Vogel, 2008). Les stratégies de communication mobilisant des thématiques environnementales jugées populaires sont aussi fréquentes, comme le projet qu'avait eu Total de devenir le sponsor exclusif de la Fédération française de voile pour « rétablir son image, qui s'était dégradée après la catastrophe de l'Érika »[1]. Face à la mobilisation d'élus et d'associations, le groupe décidait « avec regret » d'abandonner son projet. Comme le relevait alors Jean-Christophe Alquier, conseiller du pétrolier, « il commençait à se créer une forte hostilité et cela devenait problématique »[2]. À l'origine de cette mobilisation citoyenne, le fort décalage entre l'image perçue de Total et sa volonté, considérée comme illégitime, d'être associé à une activité des plus respectueuses de l'environnement. Les accidents survenus dans plusieurs sites du groupe (quatre décès et plusieurs blessés graves en 2009) avaient alors rappelé que « Total devra faire beaucoup plus d'efforts en matière de sécurité comme sur le plan environnemental, et se doter d'un code éthique encore plus rigoureux, pour se mettre enfin à l'abri des aléas » (Pogam et Goncalves, 2009).

Les actions philanthropiques d'une entreprise ne sont dignes d'intérêt qu'à la condition que cette dernière assume préalablement la totalité de sa responsabilité sociale directe à l'égard des conséquences de ses activités. Faute de quoi, ces actions sont des dérivatifs, qui masquent une responsabilité de surface. Cécile Renouard, professeur d'éthique sociale au Centre Sèvres et à l'ESSEC, cite à ce propos le cas de Nestlé qui, selon elle, illustre la manière dont de nombreuses entreprises font leurs causes qui servent leurs intérêts commerciaux et négligent celles qui pourraient remettre en question leur *business model* (Renouard, 2007). C'est aussi ce que montre l'étude publiée en 2012 par trois ingénieurs des Mines, qui détaille les initiatives en matière de *social business* de Danone, Veolia Environnement, Lafarge, Essilor et Schneider Electric. Si ces initiatives sociales, destinées aux seules populations fragiles, témoignent d'un réel investissement de la part de ces entreprises, elles n'entraînent pas pour autant de remise en cause de leur *business model* (Calpéna *et al.*, 2012).

L'invocation de cette responsabilité sociale remet en cause *a priori* la primauté des actionnaires. Elle invite en effet leurs dirigeants à prêter désormais attention aux autres parties prenantes de son activité que sont les clients, les fournisseurs et la société. Concrètement, il s'agit de prendre en compte dans leurs décisions les intérêts de ces différents acteurs, et en particulier les acteurs non gouvernementaux que sont les diverses ONG et associations militantes. Toutes les entreprises sont aujourd'hui incitées à adopter cette manière responsable de développer leurs activités du fait d'un arsenal normatif et d'évolutions réglementaires, mais aussi en raison des pressions évoquées et du souci de leur réputation. Pour attester de la réalité de leurs efforts dans ce domaine, elles s'attachent à établir un « rapport de développement durable »[3], largement diffusé aux médias et aux acteurs concernés. Il produit toute une série d'informations extra-financières, censées caractériser leurs actions et leurs résultats en matière sociale et environnementale.

Force est de constater que, dans l'ensemble, ces documents relèvent encore plus souvent de la communication (choix par les dirigeants des sujets privilégiés et des modes de présentation) que d'une démarche d'audit véritable de la responsabilité sociale assumée concrètement par chaque entreprise. Cette dimension forte de communication « sans preuves » peut biaiser l'évaluation de certains enjeux. Enfin, dans ces rapports de développement durable figurent nombre d'actions philanthropiques, soigneusement « marketées », qui se substituent en fait à des remises en cause moins spectaculaires mais plus fondamentales des modes de production ou de travail.

Une utopie d'harmonie naturelle des intérêts

S'agissant de l'intérêt de l'entreprise, le discours dominant des dirigeants élude la question des contradictions qui peuvent exister entre leur propre discours et ceux des parties prenantes, autrement dit entre les objectifs économiques, sociaux et environnementaux. Ce *credo* postule que l'entreprise est bénéficiaire sur tous les plans, « qu'il s'agisse de gagner les marchés de consommateurs conscientisés, d'entamer un dialogue avec les groupes de pression contestataires, de soigner son image publique ou d'acquérir une notoriété d'entreprise respectable susceptible de faciliter le dialogue avec les pouvoirs publics » (Gendron *et al.*, 2004). La RSE incarne une nouvelle utopie, qui postule l'harmonie naturelle des intérêts des parties prenantes, et exclut d'emblée les contradictions et les conflits entre ces dernières.

Cette vision irénique n'est tout simplement pas réaliste. Un engagement fort pour le développement durable induit certes des bénéfices pour l'entreprise, voire de nouvelles sources de profit pour les plus innovantes d'entre elles, mais il est aussi à l'origine de coûts et d'exigences, parfois jugés insupportables pour le *business*. Évoquer les parties prenantes présente l'intérêt de souligner la multiplicité des acteurs que rencontre l'entreprise dans son activité, mais tout peut-il être mis sur le même plan comme, par exemple, l'intérêt des actionnaires et celui des salariés (Boidin *et al.*, 2009) ? La direction de France Telecom, groupe confronté à une dramatique vague de suicides au travail parmi ses salariés, annonce alors qu'elle décide de suspendre les restructurations et les mutations en cours pendant six semaines. Mais, dès le lendemain, son DRH (directeur des ressources humaines) Olivier Barberot déclare à la presse qu'il est inenvisageable d'arrêter ces restructurations au-delà, car l'entreprise serait pénalisée dans la compétition internationale. Argument économique compréhensible, mais qui montre bien les limites d'une vision consensuelle de la responsabilité sociale. Ce n'est qu'après un nouveau suicide et une très forte pression des pouvoirs publics et des médias que la direction s'est enfin décidée à reconnaître publiquement sa responsabilité.

Des conditions exigeantes à l'acceptabilité des entreprises

Force est de constater que la RSE ne constitue encore, sauf exception, qu'un modeste infléchissement des modalités d'action des entreprises. À un horizon de moyen terme, le risque de réputation sera très pénalisant pour l'entreprise prise en défaut, car l'opinion publique se montre plus critique. La mobilisation des internautes sur les réseaux sociaux est à cet égard souvent efficace. Ainsi, les pétitions en ligne qui ont circulé en 2010 sur Facebook ont rapidement contraint Carrefour à mettre fin à son partenariat avec une entreprise indonésienne de pâte à papier responsable de déforestation en Indonésie[4]. Le problème n'est pas que la réalisation du profit demeure la finalité première des entreprises, ni même qu'elles envisagent la RSE comme un possible avantage concurrentiel ; tels sont, par construction, leur « ADN » et leur dynamique. L'enjeu est qu'elles identifient et assument l'intégralité des conséquences secondaires de leurs activités, même si cela obère à court terme leurs performances. Et aussi qu'elles remettent en question les choix stratégiques et les modes d'action qui les détournent de leur responsabilité.

Le besoin se fait donc sentir de pratiques d'audits indépendantes, comme les récentes agences de notation sociale ou non financière s'efforcent de les développer. Si elles ne sont pas encore parvenues à établir des évaluations suffisamment fiables pour faire autorité, leurs progrès sont réels. Alors seulement, les communications d'entreprise pourront administrer la preuve de leurs résultats en matière de responsabilité sociale et engager des échanges fructueux sur des bases objectives et partagées. Ainsi précisée, opposable et évaluée, la RSE sera à même de faire progresser sensiblement les entreprises au plan de l'éthique, comme le montre l'exemple de ses relations avec les salariés, partie prenante trop souvent négligée.

UNE ENTREPRISE IRRÉPROCHABLE À L'ÉGARD DE SES SALARIÉS

Il existe une entreprise pour laquelle l'éthique est une préoccupation essentielle. Ses dirigeants revendiquent un devoir d'attention et de solidarité à l'égard de toutes les parties prenantes, et notamment de leurs salariés. S'agissant de ces derniers, ils leur donnent des responsabilités et leur communiquent de façon régulière et complète leur stratégie. Leurs objectifs concernent autant la performance économique que ses dimensions sociale, sociétale et environnementale. Le management de cette entreprise, attentif et bienveillant, tient également compte des compétences, des qualités, des capacités et des aspirations de chacun dans la définition des objectifs individuels. La lutte effective contre les discriminations y remplace les propos politiquement corrects sur la « diversité ». Sa culture favorise délibérément dans les équipes la coconstruction et la coopération. L'écoute des salariés encourage enfin la remontée d'idées et de propositions. En toile de fond, la reconnaissance du courage dans l'entreprise et de la prise d'initiatives s'accompagne du droit à l'erreur.

Cette « entreprise irréprochable » (Le Gall, 2011) n'est autre que celle, ainsi décrite, qu'appelle de ses vœux la Commission Respect de l'homme du Medef, dans son « Manifeste pour un nouveau management ». Ce document concret et engagé, qui alerte en mai 2011 les dirigeants sur l'urgence de « réinscrire l'homme au cœur du projet d'entreprise », témoigne d'une incontestable prise de conscience des impasses actuelles de la part de l'organisation patronale. À l'évidence, est-il suggéré, les salariés sont des parties prenantes à réhabiliter. Si les contours de cette entreprise idéale sont convaincants, en revanche, rien n'est dit des leviers à mobiliser pour qu'advienne une telle transformation en profondeur. Or l'invocation de l'engagement indispensable des salariés dans la mondialisation, rituelle dans les discours managériaux, n'a pas pour autant déclenché les changements radicaux proposés. Comme l'a souligné Antoine Frérot, PDG de Veolia Environnement, lors d'un colloque[5] organisé en 2011 par le Collège des Bernardins, cette modernisation nécessaire du management requiert le renforcement des contre-pouvoirs. La force des mécanismes démocratiques (les contre-pouvoirs en sont un, essentiel), ce n'est pas qu'ils rendent inutile le consensus sur les grands principes, c'est qu'ils l'empêchent de sonner creux. Les chefs d'entreprise s'attacheront d'autant plus volontiers à construire les bases de ce nouveau management qu'ils y seront fortement incités par les salariés (et leurs représentants) ayant réellement voix au chapitre.

Les fortes attentes des salariés en matière de conditions de travail, de reconnaissance et de participation appellent des solutions réellement innovantes. Comment définir concrètement la responsabilité de l'entreprise à l'égard de ses salariés et évaluer ses résultats ? Et comment reconnaître à ces derniers un pouvoir accru, qui ne remette pas en question l'autorité légitime du dirigeant ? Cinquante ans après le rapport Bloch-Lainé, le temps est venu de reconnaître aux salariés la qualité pleine et entière de « partie prenante ». C'est à ces conditions que se mettra en place une représentation positive de l'entreprise qui « donne un sens au fait de s'y engager » (Sainsaulieu, 2002).

Des instances dirigeantes ignorantes des questions sociales

Si les Français sont parmi les salariés les plus attachés à leur activité professionnelle, ils sont aussi très nombreux à exprimer un relatif mal-être au travail. Ce constat est aujourd'hui bien documenté[6]. Cette critique de l'entreprise a également été renforcée par de nombreuses décisions de justice, comme l'illustre celle condamnant, par exemple, le président de Renault[7]. Il serait bien sûr injuste de résumer les politiques d'entreprises à ces défaillances, mais il serait aussi inconséquent de négliger ces avertissements, comme le souligne lui-même le Medef. Or de nombreuses enquêtes témoignent d'un désintérêt fréquent des dirigeants et des conseils d'administration pour le facteur humain.

Selon les travaux menés par les cabinets Deloitte et Misceo[8], la grande majorité d'entre eux méconnaissent les sujets et les risques RH (ressources humaines) et n'exercent pas de contrôle des politiques menées. Le président du cabinet Korn Ferry constate de son côté que « dans les missions d'évaluation du fonctionnement du conseil qu'un cabinet comme Korn Ferry est susceptible de mener, on constate que le temps imparti à ce sujet [le facteur humain] est mineur »[9]. Les résultats de l'enquête de l'Institut français des administrateurs avec ce cabinet auprès des administrateurs des sociétés du SBF 120 montrent ainsi que seulement 6 % d'entre eux déclarent aborder ce thème en comité stratégique (Binvel *et al.*, 2010). De son côté, l'étude réalisée par Cegos (Observatoire Cegos, 2011) auprès de trois cents membres de Comex ou de Codir les montre peu sensibles à la dimension sociale de leur fonction. Ainsi, la prévention des risques psychosociaux n'est considérée comme « importante dans leur rôle de dirigeant » que par 5 % d'entre eux. L'enquête menée conjointement par l'AMRAE (Association pour le management des risques et des assurances pour l'entreprise) et l'ANDRH (Association nationale des DRH) auprès de leurs membres confirme cette faible implication du top management dans la gestion des risques RH[10] : selon ces experts et ces dirigeants, elle n'est suffisante que dans 23 % des entreprises représentées. Illustration de cet état de fait, après Didier Lombard, c'est le président de Renault, Carlos Ghosn, qui exprime publiquement un *mea culpa*. Sévèrement mis en cause pour sa mauvaise gestion d'une pseudo-affaire d'espionnage, il reconnaît avoir appris de cette profonde crise managériale que les fonctions support, dont les ressources humaines, sont en fait aussi « essentielles » pour le groupe que celles qui constituent son cœur de métier (*Les Échos*, 13 avril 2011).

Conséquences logiques, la performance RH et le capital humain de l'entreprise ne font l'objet d'aucune appréciation fiable. En particulier, le facteur humain apparaît exclu de l'analyse du processus de création de valeur, faute de faire l'objet d'études et d'arbitrages au plus haut niveau de décision stratégique, au sein même du conseil d'administration. Dès lors, on voit mal comment l'entreprise pourrait exercer de manière lucide sa responsabilité sociale « interne » à l'égard de ses salariés. Le double déplacement nécessaire de la vision et des priorités des dirigeants requiert lui-même une évolution significative du cadre du management des entreprises.

Définir et généraliser la responsabilité sociale « interne »

Comme évoqué, la RSE est *a priori* une innovation à même de contribuer à ce rééquilibrage nécessaire de la gouvernance d'entreprise : identifiant les conflits d'intérêts susceptibles d'opposer les parties prenantes, elle est censée garantir qu'aucune d'entre elles ne soit lésée. L'enjeu de la RSE « interne », à l'égard des salariés, est donc d'identifier, puis de prendre en compte l'intégralité des conséquences négatives des choix de l'entreprise sur ces derniers, à des fins de prévention ou de réparation. La « réinternalisation » dans les *business models* de l'entreprise des coûts jusqu'alors cachés ou externalisés, comme, par exemple, de possibles pertes d'employabilité ou des problèmes de santé, pourra dans un premier temps affecter sa performance. Mais son objectif est d'orienter dans le bon sens les choix stratégiques, les organisations et les modes de management et de gestion des ressources humaines. Alors seulement, la RSE aura joué, toutes proportions gardées, « un rôle semblable à celui du patronat éclairé du XIXe siècle qui ouvrit la voie au droit social » (Maréchal, 2009).

La première condition est de la poser comme une obligation. Cette généralisation entraîne ensuite logiquement que soient définis ses domaines, clarifiés ses objectifs et enfin précisés ses modes d'évaluation. Ainsi explicitée et concrétisée, cette responsabilité pourra en cas de défaillances être mise en cause. Autrement dit, des obligations précises, une responsabilité juridique et sa mise en cause si nécessaire.

Les contenus opposables de la responsabilité sociale « interne »

Les domaines de cette responsabilité à l'égard des salariés ne sont pas vierges. Le droit du travail, la jurisprudence et de nombreux accords de branche et d'entreprise assignent en effet aux dirigeants des obligations ou proscrivent des pratiques jugées irresponsables, car dangereuses, inéquitables, voire humiliantes. Pour autant, cette grande hétérogénéité de ces divers référentiels se prête fort mal à l'analyse qualitative des situations de travail et des modes de management. Mobiliser sa responsabilité à l'égard de chaque salarié requiert pourtant pour l'entreprise d'identifier précisément les risques humains. Leur origine est diverse : outils de gestion inadaptés, management défaillant, relations interservices ou interpersonnelles dégradées, situations ou matériaux manipulés dangereux, ou encore gestion des ressources humaines insuffisamment anticipatrice ou vigilante. Ces facteurs de risque doivent être mis sous contrôle, afin de déclencher si nécessaire les actions correctrices. L'enjeu est de produire un consensus sur ces facteurs et sur la manière de les appréhender, puis de construire la publication, la discussion et le suivi des résultats obtenus par l'entreprise. Autrement dit, construire un dispositif d'évaluation aussi objectif que possible, qui soit accepté comme une référence impartiale par les parties prenantes.

Tel peut être l'objectif d'un « rapport de performance sociale » de l'entreprise, en produisant des éléments d'appréciation de la manière dont l'entreprise exerce pratiquement sa responsabilité sociale « interne ». Le gouvernement pourrait confier à une commission pluridisciplinaire une mission d'explicitation et de structuration de ce rapport. Ce groupe devrait être composé de professionnels des ressources humaines, de managers, de médecins du travail, d'ergonomes, de syndicalistes, mais aussi de salariés, de chercheurs et de membres d'organisations publiques et d'associations qui œuvrent sur ces différents domaines. Ses conclusions serviraient de socle à un texte de loi à ce sujet : le but n'est pas de confier à l'État le contrôle ultérieur de la production et des résultats de ce rapport, mais d'impulser, de cadrer et de généraliser cette démarche. C'est en effet bien sûr aux acteurs de l'entreprise de se l'approprier et à des sociétés d'audit de le certifier sur le modèle du rapport financier. À cette fin, ce document devrait nourrir les travaux d'un nouveau comité « Politiques RH et performance sociale » du conseil d'administration, le champ d'intervention de cette instance devant être élargi aux différents domaines de la RSE « interne ». Alors seulement, les orientations stratégiques prendraient en compte les ressources humaines.

Cette commission devrait favoriser la production d'un consensus sur les contenus de ce rapport, la nature de l'information pertinente à produire et enfin le type d'indicateurs susceptible de la documenter. À grands traits, cette démarche pourrait être structurée selon la « triple intégrité » qu'une entreprise doit assurer à ses salariés :

– physique et mentale : par la prévention des risques santé, à partir d'une bonne compréhension des contextes et de l'intensité du travail ;

– morale : par le respect de leurs droits et l'absence de discriminations, la prise en compte de leurs aspirations et de leurs besoins humains personnels (de relation, d'accomplissement de soi, de reconnaissance et de participation) ;

– professionnelle : en leur donnant les moyens de maîtriser leur activité et en leur assurant d'être bien managés et d'être justement appréciés, ainsi que la préservation de leur employabilité et des perspectives appréciées.

Une fois le cadre général déterminé, chaque entreprise devrait ensuite spécifier, pour chacun des domaines, les indicateurs qu'elle documentera. Elle mobiliserait elle-même à cette fin managers, professionnels RH, médecins du travail et CHSCT (comités d'hygiène, de sécurité et des conditions de travail), afin de prendre en compte au mieux ses contextes et ses fonctionnements réels. Ainsi, par exemple, au-delà des données quantitatives comme le taux d'absentéisme ou de promotion, des informations plus riches sur le lien existant entre emploi, formation, mobilité et employabilité pourraient être élaborées à partir du dénombrement de salariés n'ayant pas reçu de formation au cours des trois dernières années, ou étant employés dans le même poste depuis plus de cinq ans. Ces indicateurs pourraient être complétés par des enquêtes qualitatives menées par des entretiens auprès des salariés, méthode pertinente pour appréhender la qualité des relations de travail, etc. Des audits de processus seraient aussi très efficaces, par exemple pour repérer d'éventuelles mauvaises pratiques, involontaires, mais de fait discriminatoires, au moment du recrutement ou en cours de carrière. Le but n'est pas de fixer des standards normatifs de qualité, mais de repérer les forces et les faiblesses RH et sociales de l'entreprise, d'échanger, de négocier si nécessaire, et de progresser.

Une démarche exigeante et vertueuse

Ces démarches de responsabilité sociale « interne » peuvent sembler très exigeantes. Ce travail est pourtant réalisé pour les autres domaines d'activité de l'entreprise (pour évaluer ses risques en matière de propriété intellectuelle et de production, ses risques clients et financiers, etc.), sans qu'il vienne à l'esprit de quiconque de s'en étonner. Il doit en être de même en matière de ressources humaines, dans l'intérêt évident des salariés, mais aussi pour asseoir la réputation sociale de l'entreprise. La démarche nécessaire à la réalisation de ce rapport de « performance sociale » aurait en premier lieu un impact positif sur les équipes de direction. Sa publication aurait en particulier la vertu d'inciter fortement ces dirigeants à se saisir de ces données et légitimer leur politique auprès du conseil d'administration. De plus, un tel rapport conduirait les actionnaires à se préoccuper du niveau de satisfaction et de motivation des salariés dans les entreprises où ils investissent. Cette publication rencontrerait ensuite les attentes des fonds d'investissement qui, comme Alter Equity (Savigneau, 2012) en France, souhaitent se voir remettre désormais par l'entreprise deux *business plans*, l'un financier et l'autre extra- financier.

C'est ainsi que les chefs d'entreprise seront en mesure d'« internaliser les externalités négatives », comme ils ont commencé de le faire en matière d'environnement. Autrement dit, intégrer le facteur humain dans leur réflexion et faire de la santé au travail l'un des critères de décision de l'entreprise.

CONCLUSION : RÉÉVALUER LA PARTIE PRENANTE « SALARIÉS »

Cette évolution proposée en matière de responsabilité sociale « interne » ne sera prise en compte par les dirigeants qu'à la condition d'un rééquilibrage du pouvoir au profit des salariés et de leurs représentants. En effet, le renforcement significatif de la partie prenante « interne » est à la fois une conséquence et une condition de l'exercice de cette responsabilité. En outre, la logique même de la RSE est bien, pour les prendre ensuite en compte, de faire s'exprimer les intérêts de toutes les parties prenantes, les salariés comme les autres *stakeholders*. Sachant que l'entreprise multiplie ses efforts de dialogue avec ses parties prenantes externes, comment alors comprendre qu'elle s'abstienne de le faire avec son propre personnel ?

Des évolutions institutionnelles autant que managériales sont donc indispensables afin de permettre aux salariés non de décider, mais de peser sur les processus de décision pour faire valoir leurs réflexions et leurs intérêts. La loi du 14 juin 2013 prévoit que désormais, les grandes entreprises de plus de 5 000 employés doivent accueillir un à deux administrateurs salariés dans « l'organe de tête qui définit la stratégie de l'entreprise, conseil d'administration ou conseil de surveillance » (art. 13), ces administrateurs ayant voix délibérative. Faute de porter leur nombre au minimum au tiers des membres du conseil, leur influence demeurera faible et cette innovation sociale restera alors une occasion manquée. Dans le cas contraire, une longue période d'apprentissage mutuel s'ouvrirait, qui amènerait patrons et syndicats à changer enfin de postures et de modes d'action, en matière de transparence, de dialogue et de construction de compromis productifs.

En soulignant que « chacun grandit dans l'exercice des responsabilités »[11], François Villeroy de Galhau, directeur général délégué du groupe BNP Paribas, a parfaitement cerné l'enjeu de cette évolution, celui d'une entreprise « collectivement » plus responsable. Ce qui est vrai pour la partie prenante « salariés » l'est bien sûr et tout autant pour les autres *stakeholders* : il ne saurait y avoir d'éthique irréprochable sans gouvernance irréprochable.

NOTES

1. Le président de la ligue de voile de Bretagne, au *Télégramme de Brest.*

2. *Stratégies Magazine*, n° 1274.

3. Rendu obligatoire pour les entreprises cotées par la loi NRE de 2001. Voir Igalens (2004).

4. Voir le site : www.latribune.fr/depeches/reuters/carrefour-renonce-a-se-fournir-aupres-du-papetier-indonesien-app.html.

5. Colloque du 29 au 30 avril 2011, « L'entreprise, formes de la propriété et responsabilités sociales », Collège des Bernardins.

6. Voir notamment Eurofund (2012).

7. Condamné pour « faute inexcusable » le 19 mai 2011 par la cour d'appel de Versailles, pour avoir manqué à son « obligation de sécurité de résultat ».

8. Enquête réalisée auprès d'administrateurs et de dirigeants de quarante grandes entreprises pour « Le baromètre de la gouvernance RH », août 2010 et 2011, capitalhumain@deloitte.fr.

9. Conférence « Gouvernance et capital humain », 16 septembre 2010, Le Cercle du leadership.

10. Voir le site : www.andrh.fr/information/liste-des-actualites/les-premieres-rencontres-risk-management-et-ressources-humaines-les-25-et-26-juin-2012.

11. Lors du colloque « L'entreprise et les nouveaux horizons du politique » organisé du 6 au 8 novembre 2014 au Collège des Bernardins.

Bibliographie

BINVEL Y., VUCHOT D., CLÉRY-MELIN G. et FINELLI D. (2010), *Facteur humain et création de valeur : ombre ou réalité ?*, Korn/Ferry Whitehead Mann, décembre, www.kornferryinstitute.com.

BOIDIN B., POSTEL N. et ROUSSEAU S. (2009), *La responsabilité sociale des entreprises. Une perspective institutionnaliste*, Presses universitaires du Septentrion, p. 154.

CALPÉNA S., GUÉRIN L. et LE YAOUNA Y. (2012), *Les grandes entreprises et la base de la pyramide*, Presses Mines ParisTech.

EUROFOUND (2012), *Fifth European Working Conditions Survey*, Publications Office of the European Union, Luxembourg.

FREEMAN E. R. (1984), *Strategic Management: a Stakeholder Approach*, Boston, Pitman Publishing, p. 37.

GENDRON C., LAPOINTE A. et TURCOTTE M.-F. (2004), « Responsabilité sociale et régulation de l'entreprise mondialisée », *Relations industrielles*, vol. 59, n° 1, p. 76.

IGALENS J. (2004), « Comment évaluer les rapports de développement durable ? », *Revue française de gestion*, n° 152.

LE GALL J.-M. (2011), *L'entreprise irréprochable (réciprocité, responsabilité, démocratie)*, Éditions du Collège des Bernardins, collection Humanités.

MARÉCHAL J.-P. (2009), « Les multinationales peuvent-elles se convertir au développement durable ? » *Esprit*, janvier, p. 66.

OBSERVATOIRE CEGOS (2011), *Les cadres dirigeants dans les entreprises en France*, 22 septembre.

POGAM P. et GONCALVES A. (2009), « Total, le dur chemin de la rédemption », *Les Échos*, 5 octobre.

RENOUARD C. (2007), *La responsabilité éthique des multinationales*, Puf, pp. 349-350.

SAINSAULIEU R. (2002), *L'entreprise en débat*, Presses de Sciences Po, p. 197.

SAVIGNEAU J. (2012), « Un changement radical est en train de s'opérer », *Le Monde*, entretien avec Fanny Picard, 5 mars.

VOGEL D. (2008), *Le marché de la vertu. Possibilités et limites de la responsabilité sociale des entreprises*, Economica.

Troisième partie

L'INVESTISSEMENT À IMPACT SOCIAL

Présentation

L'augmentation générale des besoins sociaux et l'incapacité avérée de l'État-providence et de la philanthropie traditionnelle à les couvrir imposent à tous les pays de trouver des cadres juridiques et des instruments de financement innovants, qui bousculent les modèles d'entreprise traditionnels et les frontières entre secteur public et secteur privé. À l'image des nouvelles entreprises sociales qui se multiplient, l'investissement à impact social, qui allie explicitement au retour financier pour l'investisseur la poursuite d'objectifs sociaux mesurables, s'inscrit dans cette tendance lourde. Ce nouvel outil n'en est encore qu'à ses balbutiements en France et son acclimatation fait débat, car il pose la question fondamentale de la mesure de l'efficience des dépenses sociales et de l'instauration de nouvelles formes de coopération entre le secteur public, les acteurs sociaux et les entreprises privées. En particulier, il doit vaincre les réticences de certaines associations qui redoutent les dérives éthiques et y voient une menace à leur indépendance.

Le débat sur la faisabilité ou non d'un nouvel instrument financier, le titre à impact social (TIS), a polarisé l'attention, mais ne doit pas masquer l'essentiel : face à l'ampleur des besoins, nous devons trouver des solutions innovantes qui mobilisent l'esprit d'entreprise et les capitaux au service du progrès social.

Sous les auspices du G8, une Taskforce internationale s'est constituée pour préciser les concepts, étudier leur application dans les différents pays et partager les expériences. Le Comité français, présidé par Hugues Sibille, a remis son rapport en septembre 2014, faisant de nombreuses recommandations. Le présent dossier du *Rapport moral* se fait l'écho de ces travaux qui devront être relayés par les principales parties concernées, porteurs de projets, notamment associatifs, investisseurs et pouvoirs publics. Il est composé de neuf contributions dont les principaux thèmes sont rappelés ci-après.

Sir Ronald Cohen, président britannique de la Taskforce du G8, introduit le dossier en rappelant les forces qui sous-tendent la « révolution » de l'*impact investing*. Le système capitaliste a historiquement délaissé le secteur social, mais face à la dimension des problèmes, il est temps de mobiliser dans un changement de paradigme les ressorts de ce système. Face à des besoins sociaux sans cesse croissants, il faut donner au marché un « cœur invisible » pour guider la « main invisible ». L'investissement à impact social, qui implique la définition par l'entreprise concernée d'un objectif social et sa mesure permanente, peut-être une réponse au besoin de financement du secteur. C'est une révolution analogue à celle du capital-risque pour les petites entreprises de croissance, qui se fonde sur deux convictions : il n'y a aucune incompatibilité entre rendement social et rendement financier ; l'investissement est souvent plus efficace que le don pour lutter contre la pauvreté. Un écosystème est à créer, adapté aux caractéristiques de chaque pays. L'investissement à impact social devrait se développer rapidement pour répondre à l'ampleur des besoins. L'auteur rappelle enfin les conclusions du rapport du Groupe de travail qu'il a présidé, créé en juin 2013 par la présidence britannique dans le cadre du G8, et qui vient de passer le flambeau au Global Social Impact Investment Steering Group (GSG).

Pour *Hugues Sibille*, président du Comité français sur l'investissement à impact social, le débat ouvert est d'abord celui du financement de l'innovation sociale en France, qui nécessite un débat ouvert et pragmatique, évitant les procès d'intention. Il rappelle les principaux apports du rapport du Comité : un diagnostic de l'écosystème français, incluant les nombreux acteurs de l'économie sociale et solidaire et les nouveaux acteurs entrepreneuriaux. La France bénéficie d'un cadre de financement globalement favorable, avec l'épargne salariale et les fonds 90/10 et l'existence d'importants intervenants publics (CDC – Caisse des Dépôts – et Bpifrance), mais deux types de besoins restent difficiles à financer : la phase R&D sociale, pour le lancement de nouveaux services et la création de *start-up* sociales, et la phase de changement d'échelle, pour faire émerger des entreprises de taille intermédiaire. Le rapport propose six orientations concernant les outils de financement, avec notamment l'expérimentation des titres à impact social, le recours à de nouvelles ressources financières, la promotion d'une nouvelle forme de société à objet social étendu (SOSE), la mobilisation des ressources des fondations, l'encouragement de ces investissements dans les pays en développement et enfin la mise en place d'un cadre de référence pour la mesure de l'impact social. Ce dernier point se heurte en France à de nombreuses réticences, qui concernent notamment une partie du secteur associatif. Un travail de sensibilisation est donc à poursuivre, en particulier en direction des pouvoirs publics, et des expériences sur le terrain doivent être conduites.

Cyrille Langendorff et Raphaëlle Sebag examinent les conditions nécessaires à la transposition en France des titres à impact social, en passant en revue les expériences étrangères. Des expérimentations à ce jour limitées, lancées majoritairement en Grande-Bretagne, mais à fort impact médiatique. Peu de résultats ont été publiés et il n'existe pas encore aujourd'hui véritablement de modèle. Les auteurs ne cachent pas la difficulté de l'implantation de tels titres en France. Les émissions devraient dans un premier temps être de faible volume et avoir des caractéristiques adaptées à l'écosystème français, notamment au profil des investisseurs, essentiellement institutionnels, qui sont demandeurs de garantie partielle en capital pour limiter leur risque. Le développement de la mesure d'impact aura des retombées favorables s'il est adapté au travail des associations et prévient les dérives éthiques. Le potentiel de ces titres, pour améliorer les modèles économiques du secteur associatif tout en préservant son autonomie, justifie une expérimentation qui pourrait être facilitée par la création d'un laboratoire en charge de développer un écosystème.

Deux contributions traitent de la mesure de l'impact social, présentant successivement le point de vue des investisseurs et celui des entrepreneurs sociaux.

Lisa Hehenberger rappelle en premier lieu les préconisations de l'European Venture Philanthropy Association (EVPA) pour répondre aux besoins des investisseurs de normaliser les pratiques. L'EVPA a développé, à partir d'une analyse des approches existantes, une méthode de mesure de l'impact social en cinq étapes. Cette méthode a inspiré, parmi d'autres travaux, le Groupe d'experts de la Commission européenne sur l'entrepreneuriat social (GECES) en charge de la mise au point d'un standard européen pour la mise en œuvre de la régulation européenne sur les fonds spécialisés européens (fonds EUSEF – *European social entrepreneurship funds*). La norme européenne adoptée en juin 2014 n'a cependant été fixée qu'au niveau de la méthodologie et non des indicateurs. Au-delà de l'approche théorique, deux principes paraissent selon l'auteur devoir guider toute pratique d'évaluation : la méthodologie doit être adaptée à l'entreprise sociale concernée pour pouvoir être utilisée par ses dirigeants pour obtenir un plus grand impact ; elle doit respecter aussi un principe de proportionnalité vis-à-vis de l'organisation visée et ne pas devenir une fin en soi. Au total, le plus important n'est pas d'obtenir des chiffres, mais de tirer parti du processus de mesure de l'impact pour améliorer l'efficacité de l'organisation et son impact social.

Pour *Guilhem Dupuy*, la recherche d'une norme de mesure de l'impact social n'est pas sans susciter des controverses au sein des entrepreneurs sociaux. Certains redoutent en effet une « grande transformation » qui aboutirait à la financiarisation du secteur social et la transformation des associations en entreprises associatives. L'auteur examine les pratiques des entrepreneurs sociaux à partir des rares enquêtes réalisées sur le terrain : les deux tiers environ de ces structures ont établi un cadre de suivi fondé sur des indicateurs, mais les pratiques sont très diverses ; certaines érigent cette mesure de l'impact en véritable stratégie, au service d'enjeux internes et externes, d'autres se cherchent face à la complexité de la tâche et au manque de moyens, d'autres enfin sont rétives, convaincues de l'évidence de leur utilité sociale. Des réticences qui s'expliquent par la complexité de la démarche, souvent vécue comme imposée par les financeurs. En particulier si la mesure des résultats est massivement intégrée dans les systèmes de pilotage, la mesure de l'impact de l'activité, toutes choses égales par ailleurs, qui ajuste ces résultats en fonction d'autres facteurs, est souvent complexe et coûteuse. Pour surmonter ces difficultés, l'auteur évoque la nécessité de respecter un principe de proportionnalité, de travailler avec les parties prenantes pour éviter la multiplicité des référentiels et les conflits de valeurs.

Une contribution présente successivement, en s'appuyant sur des expériences étrangères, deux nouvelles sources potentielles de financement pour les activités d'intérêt général. *Marcel Hipszman* évoque la possibilité de réutiliser socialement les biens confisqués à la criminalité organisée, dans laquelle l'Italie a joué un rôle pionnier, en réaffectant à des coopératives et à des associations environ un tiers des sommes confisquées à la mafia. La question se posera pour la France, à l'occasion de la transposition de la directive du 3 avril 2014 concernant le gel et la confiscation des biens mal acquis qui doit intervenir au plus tard en 2016. D'ores et déjà, à l'initiative notamment de la Chambre française de l'économie sociale et solidaire, des amendements au projet de loi pour la croissance, l'activité et l'égalité des chances ont proposé, sans être retenus à ce stade par le gouvernement, de confier à des entreprises de l'économie sociale une partie des biens confisqués. *Thierry Guillois* propose de son côté la réutilisation d'une partie des sommes laissées en déshérence en faveur de l'intérêt général. Un récent rapport de la Cour des comptes a montré l'importance des sommes qui demeurent dans des comptes bancaires inactifs, notamment ceux touchés par la prescription trentenaire, ainsi que ceux qui concernent les contrats d'assurance-vie non réclamés. À la suite de ce rapport, la loi du 13 juin 2014 impose de nouvelles contraintes aux banques et aux assureurs, notamment le transfert à la CDC des sommes non réclamées par les détenteurs ou les bénéficiaires. S'inspirant de l'exemple britannique, et notamment du *Dormant Bank and Building Society Accounts Act* de 2008, le Haut Conseil de la vie associative a proposé, dans les débats préparatoires à cette loi, à ce stade sans succès, qu'une partie des sommes figurant sur les comptes associatifs transférés à la CDC puissent venir alimenter un fonds destiné au financement de la vie associative.

Deux contributions traitent de la dimension internationale de l'investissement à impact pour aider les pays pauvres. Face aux résultats décevants de l'aide publique au développement, *Pierrick Baraton et Jean-Michel Severino* décrivent l'avènement récent des *impacts investors* (investisseurs de mission), qui se définissent avant tout par les impacts attendus de leur activité. Les fondations et certaines grandes entreprises ont joué un rôle pionnier, mais aujourd'hui, les États, les acteurs publics et le secteur financier traditionnel s'y intéressent. Des efforts importants ont été développés pour définir un cadre clair d'analyse et de mesure de l'impact, sous l'impulsion notamment du Global Impact Investing Network (GIIN). Des barrières demeurent : méconnaissance du concept par les investisseurs privés, faiblesse du nombre d'acteurs, cadre législatif et fiscal mal adapté. Les auteurs soulignent néanmoins le potentiel de ce nouvel instrument face à la multiplication des enjeux de développement durable. Instaurant de nouveaux partenariats entre les acteurs publics, privés, profitables et caritatifs, permettant un terrain de rencontre « culturel », l'investissement de mission devrait constituer un « rehausseur d'efficacité » et occuper à l'avenir une place particulière dans la solution des problèmes auxquels la planète est confrontée.

Le Groupe de travail *Social Business* de l'AFD (Agence française de développement) souligne les incertitudes qui pèsent sur le secteur des entreprises sociales dites « ES/EB », en pleine émergence et développant des *business models* innovants. Le Groupe considère que ces entreprises devraient être un outil efficace, complémentaire de l'action publique, pour relever le défi de la pauvreté et de la transition écologique. En l'absence de définition harmonisée de ces entreprises, l'AFD a retenu trois critères pour ses interventions dans ce domaine : l'objectif social ou environnemental prioritaire, la recherche de l'autonomie et de la pérennité financière, et une organisation cohérente avec la mission définie. L'analyse des besoins de ces nouvelles entreprises, le plus souvent de petite taille, impose une adaptation des instruments de l'AFD et notamment de Proparco. Une nouvelle stratégie a ainsi été présentée lors du conseil d'administration de février 2015. Le dispositif d'appui de ces entreprises représentera une enveloppe de 100 M€ de financement sous trois ans (2016-2018) et comprendra toute la panoplie des instruments pouvant être mobilisés de façon conjointe pour distribuer des subventions, des prêts, et répondre aux besoins en fond propres, de partage des risques et d'expertise.

S'appuyant sur le développement croissant de nouvelles entreprises conjuguant recherche d'impact social et profitabilité, *Laurence Méhaignerie et Blanche Segrestin* préconisent enfin, pour appuyer cette évolution, de promouvoir une conception élargie de l'entreprise, passant par la définition de nouveaux statuts incluant des objectifs sociaux distincts de la valeur actionnariale. S'il n'y a pas d'opposition fondamentale entre recherche du profit et recherche de l'impact social, la conciliation ne va pas de soi dans le cadre juridique traditionnel de l'entreprise et ses règles de gouvernance. S'appuyant sur les expériences internationales de la *benefit corporation* et de la *social purpose corporation*, mais aussi de l'*impact investing*, les auteurs détaillent leur proposition de création d'une nouvelle forme de SOSE. Cette proposition, développée par Mines ParisTech, avec le soutien du Collège des Bernardins, a été favorablement accueillie à de nombreux endroits et est déjà expérimentée dans quelques entreprises. La reconnaissance officielle de ce nouveau statut constituerait sans nul doute un puissant encouragement au développement de l'investissement à impact social.

Antoine Mérieux

Le cœur invisible des marchés

Sir Ronald COHEN*

Le monde est à l'aube d'une révolution dans la façon de résoudre les problèmes les plus épineux de la société. La force capable de provoquer cette révolution est l'« investissement à impact social » qui mobilise l'esprit d'entreprise, l'innovation et les capitaux au service du progrès social. L'investissement à impact social est d'ores et déjà source d'avancées significatives dans des domaines tels que la réduction des taux de récidive dans les prisons, la prise en charge des enfants et des personnes âgées, la revitalisation des communautés, l'inclusion financière et les logements subventionnés. Il a le potentiel de générer des bénéfices très importants, aussi bien dans les pays développés que dans les pays en développement, et de révolutionner la façon dont nous soutenons les plus vulnérables au sein de nos sociétés.

Voici deux siècles que les philanthropes s'efforcent d'améliorer la vie des laissés-pour-compte. Leurs actions charitables sont devenues de plus en plus organisées au cours de l'époque victorienne et ont conduit à la création de fondations caritatives considérables, lesquelles bénéficient d'avantages fiscaux depuis le début du XXe siècle. Pourtant, au milieu des années 1930, les gouvernements ont commencé à se rendre compte que la philanthropie ne pourrait à elle seule tout régler. Aussi ont-ils commencé à accepter la responsabilité des plus démunis et, au milieu des années 1940, de nombreux pays sont devenus progressivement des États-providence. Aujourd'hui, les États-providence conçus pour le XXe siècle baissent les bras devant l'ampleur des défis sociaux que présente ce début de siècle. Ils prennent conscience qu'ils ne sont pas les mieux placés pour innover dans la recherche de solutions aux problèmes sociaux. Les dépenses sociales qu'ils projettent sont loin de répondre aux besoins ressentis et ce gouffre béant représente pour eux, et pour la nature même de notre société, un défi considérable dans la mesure où l'augmentation constante des problèmes sociaux affecte nos valeurs, notre cohésion sociale et nos vies. Comment devons-nous

---

* Président du Groupe de travail sur l'investissement à impact social mis en place par le G8.

Cet article est tiré du rapport préparé par le Groupe de travail sur l'investissement à impact social mis en place par le G8 et intitulé *Le cœur invisible des marchés*, édité par Matthew Bishop. L'auteur a rédigé cet article avec l'aide de ses collègues du Groupe de travail.

nous attaquer à ces enjeux sociaux alors que la philanthropie traditionnelle et les gouvernements ont tous deux eu tant de mal à le faire ?

Le Groupe de travail britannique sur l'investissement social a commencé à réfléchir à cette question en 2000, lorsqu'il est apparu clairement que si notre système capitaliste se préoccupe, à bien des égards de façon admirable, de ses conséquences économiques et financières, il n'en va pas de même de ses conséquences sociales. Pourtant, entre les secteurs privé et public se trouve un « secteur social », bien souvent ignoré. Ce dernier regroupe un nombre important d'organisations caritatives et d'entreprises sociales, lesquelles emploient des millions de personnes s'efforçant d'améliorer la vie des gens et sont adossées à un réseau d'associations de bienfaisance et de fondations caritatives. Malheureusement, ces prestataires de services sociaux caritatifs, qui sont à la base du secteur social, ont pour point commun d'être de petites structures n'ayant pas suffisamment de moyens pour planifier l'avenir ou prendre de l'envergure.

Le secteur social est principalement confronté à cette difficulté parce que la philanthropie traditionnelle s'est concentrée sur les dons de bienfaisance plutôt que sur l'atteinte de résultats sociaux. Elle accorde des fonds aux organisations caritatives pendant deux ou trois ans avant de les prier d'aller collecter de l'argent ailleurs. La combinaison de l'imprévisibilité des financements et du manque d'investissement a empêché presque toutes les organisations caritatives d'atteindre des effets d'échelle optimaux.

L'investissement à impact social est la réponse aux besoins de financement des organisations et des entrepreneurs sociaux soucieux de l'innovation et de la croissance. Il représente pour le secteur social ce que le capital-risque est pour les jeunes entreprises à forte croissance. Tout comme le capital-risque et les fonds de capital-investissement avant lui, l'investissement à impact social finance une révolution dans la façon dont nous abordons les problèmes de société et deviendra, par la même occasion, une composante importante des portefeuilles d'investissement. Jusqu'ici, on l'a principalement retrouvé dans la catégorie des « investissements alternatifs », comme dans le capital-risque, l'immobilier et les titres à rendement privilégié générateurs d'impact social, mais aussi dans la catégorie des titres à revenus fixes.

L'investissement à impact social vise à améliorer directement la vie des gens et son objectif peut être social, environnemental ou lié au développement. Il englobe l'investissement dans des organisations à but non lucratif et l'investissement dans des entreprises commerciales avec mission sociale (*profit-with-purpose businesses*). Il se caractérise essentiellement par la définition liminaire d'objectifs clairs d'impact social et par la mesure continue de leur réalisation. Le choix d'opter pour un modèle à but non lucratif plutôt que pour un modèle à but lucratif revient à l'entrepreneur social ou à l'investisseur à impact social.

Il est primordial de ne pas confondre « investissement à impact social » et « investissement ayant un impact social ». Bon nombre d'entreprises ont une incidence positive de par leurs activités normales d'entreprise, par exemple en créant des emplois dans les régions les plus pauvres ou dans des pays en développement. D'autres essaient d'éliminer de leurs chaînes d'approvisionnement toute conséquence sociale indésirable, telle que le travail des enfants ou les conditions de travail déplorables. Ces entreprises représentent des exemples d'investissement ayant un impact social.

Au contraire, on parle d'investissement à impact social lorsque la poursuite d'un objectif social est intrinsèque au modèle d'entreprise ou que la réalisation des résultats sociaux est mesurée en permanence, parallèlement aux résultats financiers. Au Royaume-Uni, des entreprises comme The Gym, qui dessert les zones les plus pauvres et dont un tiers environ des clients n'ont jamais eu auparavant les moyens d'accéder à une salle de sport, ou comme Hoxton Hotel, qui s'est implanté intentionnellement dans l'un des quartiers les plus démunis de Londres, constituent des exemples d'investissement à impact social.

Le marché de l'investissement à impact social, comme tous les autres, fonctionne sous l'effet combiné de la demande (en capitaux destinés à financer les organisations axées sur l'impact, y compris les prestataires de services du secteur social et les entreprises commerciales avec mission sociale), de l'offre (en capitaux à impact) et des intermédiaires (qui contribuent à faire le lien entre l'offre et la demande). Les principales composantes de l'écosystème d'investissement à impact social sont les suivantes :

– les acheteurs cherchant à générer un impact : ils fournissent les sources de revenus qui sous-tendent l'investissement dans les organisations à impact ; ils peuvent comprendre les gouvernements, les sociétés ou les fondations ou même les consommateurs ;

– les organisations à impact : tout type d'organisation ayant une mission sociale à long terme, fixant des objectifs en matière de résultats et mesurant leur réalisation, qu'il s'agisse d'une organisation du secteur social ou d'une entreprise à impact ;

– les formes de financement : nécessaires pour répondre à diverses exigences en matière d'investissement ;

– les canaux de capitaux à impact : pour mettre en relation les investisseurs et les organisations à impact dans des situations où les sources de capitaux à impact n'investissent pas directement dans ces organisations ;

– les sources de capitaux à impact : afin de permettre les flux d'investissements nécessaires.

Dans chaque pays, l'écosystème varie selon le rôle du gouvernement, des fondations, du secteur privé, des investisseurs individuels et du secteur social. Ces variations ont une incidence sur les forces motrices qui animent l'investissement à impact social. Par exemple, en France et en Italie, cette force motrice est le secteur social tandis qu'au Japon, ce sont les grosses sociétés. Dans certains pays, des formes d'investissement à impact social existent depuis très longtemps (à l'image du financement du développement communautaire aux États-Unis, du mouvement des caisses populaires et du mouvement québécois d'économie sociale au Canada, ou du mouvement coopératif florissant en Europe). Des institutions philanthropiques modernes comme la Fondation Bill et Melinda Gates (Fondation Gates) sont à l'avant-garde de l'expérimentation grâce à des mécanismes fondés sur le marché et au recours à l'innovation financière pour provoquer un changement social durable. Le travail accompli par la Fondation Gates afin d'introduire des garanties de marché pour les vaccins, par exemple, a contribué à leur distribution à grande échelle et à faible coût dans les pays en développement, grâce à une application intelligente de l'économie de marché.

Cette approche de la résolution des problèmes de société s'appuie sur plusieurs croyances partagées : que, dans certains cas, l'investissement s'avère plus efficace que les dons pour lutter contre la pauvreté ; que les motivations sociales, attelées aux motivations financières, permettent parfois de faire le bien plus efficacement ; que, dans bien des situations, il n'existe aucune incompatibilité entre rendement financier et rendement social. Il devient toujours plus clair qu'il y a un besoin croissant de solutions innovantes et efficaces pour régler les problèmes de société. On assiste à une prise de conscience grandissante des secteurs public et privé de ce que les défis qui attendent la société du XXIe siècle sont trop importants et trop complexes pour être surmontés uniquement par le gouvernement et le secteur social. De vieux problèmes se révèlent plus résistants que prévu aux efforts mis en œuvre pour les résoudre, tandis que d'autres, comme le diabète et le récidivisme, ont acquis une urgence nouvelle, leur prévention ayant toutes les chances de s'avérer moins onéreuse que la gestion de leurs conséquences.

Les conditions pour que l'investissement à impact social décolle réellement sont réunies. La crise financière de 2008 a souligné la nécessité de déployer de nouveaux efforts afin de s'assurer que le secteur financier contribue à bâtir une société saine. Il faut pour cela procéder à un changement de paradigme dans la façon de penser le marché financier et passer d'une vision à deux dimensions à une vision à trois dimensions. En introduisant une troisième dimension, l'impact, aux dimensions du marché financier du XXe siècle que sont le risque et le rendement, l'investissement à impact social a le potentiel de transformer notre capacité à bâtir une société meilleure pour tous. Dans le même temps, les gouvernements du monde entier subissent une pression de plus en plus importante les incitant à faire des progrès significatifs dans la façon dont ils abordent les enjeux de société auxquels sont confrontés leurs pays. Dans un contexte de restrictions budgétaires, de nombreux pays font face à une pression grandissante les encourageant à affecter de manière plus efficace et plus efficiente les dépenses publiques aux besoins sociaux. L'investissement à impact social ne libère pas les gouvernements de leurs responsabilités, mais il peut les aider à les assumer plus efficacement.

Par ailleurs, un changement générationnel est en train de s'opérer dans la façon dont les gens, et en particulier les plus jeunes, envisagent leur rôle dans la résolution des problèmes de société. Agir pour le bien et réussir ne sont plus considérés comme incompatibles. De plus en plus de personnes désirent redonner un sens et un but à leur travail, changer les choses. Cette tendance a pour conséquence qu'un nombre croissant de personnes est à la recherche d'un employeur ayant pris l'engagement concret d'améliorer le sort des populations. On observe, à l'échelle mondiale, une augmentation rapide du nombre d'entrepreneurs à impact souhaitant trouver des solutions innovantes aux problèmes de société et qui, de plus en plus, adoptent des pratiques commerciales et recourent à des capitaux privés si cela peut les aider à atteindre leurs objectifs. Parmi eux se trouvent des acteurs du secteur social, lesquels peuvent désormais exploiter les marchés pour se financer en plus de solliciter des subventions auprès de donateurs, ainsi que des philanthropes désireux de financer des entreprises commerciales avec mission sociale plutôt que des organisations du secteur social si cela leur offre davantage de possibilités de produire l'impact social qu'ils souhaitent. Ils sont à la tête d'un changement philanthropique mettant l'accent non plus sur l'acte de donner en tant que tel, mais sur l'impact généré.

De ce fait, l'investissement à impact social connaît une forte croissance. Selon une étude du Global Impact Investment Network (GIIN) et de JP Morgan, les sommes investies par les 125 plus gros investisseurs à impact devaient augmenter de près de 20 % en 2014. Étant donné que 45 000 Md$ se trouvent dans des fonds d'investissement généraux ayant pris l'engagement public de prendre en compte des facteurs environnementaux, sociaux et de gouvernance dans leurs décisions d'investissement, il suffirait qu'une toute petite portion de cet argent soit engagée dans l'investissement à impact social pour que celui-ci se développe rapidement, suivant la même trajectoire de croissance que celle empruntée auparavant par les traditionnels capitaux à risque et fonds de capital-investissement.

L'investissement à impact social doit continuer de se développer rapidement si nous voulons relever les défis auxquels est confronté le monde. C'est pourquoi en juin 2013, dans le cadre de la présidence britannique du G8, un Groupe de travail dédié à l'investissement à impact social a été mis en place. L'objectif de ce Groupe de travail était de galvaniser le développement d'un marché mondial de l'investissement à impact social et de superviser la mise en œuvre des initiatives annoncées lors du Forum du G8. En septembre 2014, le Groupe de travail a publié de nombreux rapports qui étudiaient en détail les marchés nationaux de l'investissement à impact social et cherchaient également à faire des recommandations de haut niveau applicables à tous les marchés. Les recommandations étaient adressées à tout un éventail d'acteurs pouvant contribuer à la mise en place d'écosystèmes d'investissement à impact social. Parmi eux se trouvaient des gouvernements, des organismes philanthropiques privés, des sociétés et des organisations du secteur social, ainsi que des épargnants individuels désireux d'utiliser leur argent pour aider à la construction d'un monde meilleur pour leurs enfants et leurs petits-enfants. À tous, l'investissement à impact social offre l'opportunité de provoquer un changement culturel profond dans la façon dont nous abordons les problèmes de société.

Parmi les principales recommandations du Groupe de travail figuraient les propositions suivantes : établir des objectifs mesurables en termes d'impact et suivre leur réalisation ; mettre en place une structure dédiée à l'investissement à impact social financée par des actifs non réclamés afin d'inciter au développement de ce secteur ; encourager les investisseurs à prendre en compte les trois dimensions que sont le risque, le rendement et l'impact ; développer les capacités organisationnelles du secteur social ; établir des programmes de subvention visant à renforcer les capacités ; adapter les écosystèmes nationaux pour appuyer les modèles d'investissement à impact social tels que la rémunération à la réussite ; soutenir le rôle de l'investissement à impact social dans le développement international ; clarifier les obligations fiduciaires des administrateurs afin de leur permettre de prendre en compte le rendement social et financier de leurs investissements ; et donner aux entreprises commerciales avec mission sociale les moyens juridiques de s'engager dans leur mission. Les pays du Groupe de travail ont d'ores et déjà commencé à évaluer leurs progrès par rapport à ces objectifs.

En août 2015, le Groupe de travail du G8 a passé le flambeau au Global Social Impact Investment Steering Group (GSG). Ce dernier est officiellement approuvé par le gouvernement britannique, qui l'a encouragé à poursuivre l'excellent travail accompli par le Groupe de travail en termes de promotion de l'investissement à impact social dans de très nombreux pays. Alors que le Groupe de travail originel était constitué de huit pays en plus de l'Union européenne (UE), le GSG a intégré en plus cinq nouveaux pays membres (le Brésil, le Mexique, l'Inde, Israël et le Portugal) et compte donc désormais treize pays en plus de l'UE ; il a en outre suscité l'intérêt de nombreux autres et travaille en réseau avec des organisations chefs de file dans le secteur de l'investissement à impact social. Celui-ci gagne du terrain dans le monde entier.

Le GSG s'emploie à faire progresser cette avancée autour d'une vision unifiée de l'investissement à impact social. En plus de faciliter l'échange de savoir et d'encourager les changements de politique sur les marchés nationaux, le GSG s'est fixé pour objectif dès sa première année de provoquer une évolution des mentalités dans cinq domaines prioritaires : (1) libération des actifs non réclamés, (2) création de structures de financement en capitaux à impact comme Big Society Capital, (3) mise en place de fonds de résultats pour les véhicules dont la rémunération est corrélée à la réussite comme les obligations à impact social, (4) promotion des mesures réglementaires et fiscales incitatives et (5) encouragement à de nouvelles législations dans la ligne du *Community Reinvestment Act* (loi sur le réinvestissement communautaire) des États-Unis.

Le fruit des efforts du GSG sera mesuré : par des changements tangibles au sein des marchés nationaux de l'investissement à impact social, et notamment par l'ampleur des flux de capitaux issus de dotations de fondations, d'institutions d'investissement traditionnel, de riches individus et du grand public dirigés vers l'investissement à impact social ; par l'affectation par les gouvernements, les fondations et les entreprises de la rémunération liée aux résultats à l'obtention d'objectifs sociaux spécifiques ; par le nombre d'organisations à impact créées et par le nombre d'organisations à impact générant un impact à un niveau significatif ; par le nombre de gestionnaires de l'investissement à impact social ; et par le développement d'infrastructures de marché soutenant l'investissement à impact social, dont des agences de notation et des Bourses de valeurs sociales. La mesure ultime sera de voir si l'investissement à impact social permet d'obtenir de meilleurs résultats sur les grandes questions sociales et d'améliorer des millions de vies dans le monde.

Telle est la révolution que laisse présager l'investissement à impact social. Mu par l'innovation et les effets d'échelle pour générer un impact, celui-ci finira par devenir caractéristique de notre époque, amenant le « cœur invisible » des marchés à guider leur « main invisible ».

Quel investissement à impact social en France ?

Hugues SIBILLE*

Le débat sur l'investissement à impact social s'ouvre en France. Il est essentiel pour trois raisons : parce que le volume de besoins sociaux mal couverts augmente dangereusement ; parce que les finances publiques sont à bout de dépenses sociales passives ; parce que la France est attachée à son modèle social. Ce débat doit être « ouvert » en évitant les procès d'intention dont notre pays a le secret ; il doit aussi être « pragmatique » en partant des réalités et des faits. En ce sens, il ne peut se résumer à savoir si l'on est pour ou contre les titres à impact social (TIS) à l'anglo-saxonne. Évitons le style affaire Dreyfus. Le débat sérieux sur l'investissement social porte sur le financement de l'innovation sociale, la mesure de l'efficience des dépenses sociales et surtout la coconstruction de nouvelles réponses entre puissance publique, acteurs sociaux et entreprises privées. Le véhicule financier vient après.

LES TRAVAUX DE LA TASKFORCE INTERNATIONALE ET DU COMITÉ FRANÇAIS

J'ai participé à la demande de Benoît Hamon, ministre de l'Économie sociale, aux travaux de la Taskforce internationale établie par le G8 sur l'investissement à impact social dès octobre 2013 et j'ai présidé depuis le Comité français sur l'investissement à impact social[1] (ci-après désigné Comité français). À partir de la Taskforce internationale réunie successivement à Washington, Londres, Berlin, Paris, Rome et Toronto, nous avons mieux vu la France, ses points forts réels et ses faiblesses. Composé de vingt-neuf personnalités issues de la banque, du capital-investissement, de fondations, de l'entrepreneuriat social, d'administrations, de milieux académiques ou internationaux (mais insuffisamment de re-

* Président, Comité français sur l'investissement à impact social.

présentants associatifs, je le regrette), le Comité français s'est réuni à six reprises entre novembre 2013 et juillet 2014. Il a remis au gouvernement un rapport adopté collectivement, comprenant un diagnostic de l'écosystème français et vingt et une propositions visant à « innover financièrement pour innover socialement ». Il a travaillé en partant des besoins de financement des acteurs sociaux et en prenant en compte les spécificités françaises. Cependant, le rapport a suscité des réactions associatives interrogatives (voire très défensives pour certaines associations) sur la question des TIS, qui ne constituent qu'une proposition sur les vingt et une. Les pouvoirs publics, conscients de ces craintes associatives, restent pour le moment en position attentiste. Le débat doit donc se poursuivre pour progresser dans un climat serein, sans jeux de rôle et, de mon point de vue, avec une seule boussole, celle des bénéficiaires de l'investissement à impact social. Comment mieux répondre au décrochage scolaire, au chômage des jeunes des quartiers, au mal-logement des sans-domiciles, à l'insertion des sortants de prison, au surendettement, au diabète des personnes âgées, etc. ?

DÉFINITION DE L'INVESTISSEMENT À IMPACT SOCIAL

Le Comité français a retenu la définition suivante de l'investissement à impact social : « Investissement qui allie explicitement retour social et retour financier sur investissement. L'investissement à impact social implique en conséquence l'établissement d'objectifs sociaux prioritaires et spécifiques dont l'impact est mesurable par un processus continu d'évaluation. Ces investissements peuvent être réalisés dans tous types juridiques d'organisation ayant un modèle économique pérenne et viser des niveaux de rémunération s'étendant de l'absence de rémunération à des rendements proches du marché. »

Que faut-il retenir de cette définition ?

L'investissement à impact social n'a pas vocation à se substituer aux modes de financement traditionnels de l'ensemble des services sociaux d'intérêt général, mais à les compléter dans des conditions précises, notamment pour financer l'innovation des services et les actions de prévention.

Comme le souligne la Taskforce internationale, la mission sociale des organisations à impact social doit être protégée, au travers de leur gouvernance, d'une certification ou de leur forme juridique. De ce point de vue, le Comité français a retenu un périmètre des organisations à impact social proche de celui de la loi de juillet 2014 sur l'économie sociale et solidaire (organisations d'utilité sociale, soit à statut limitant la lucrativité, soit commerciales respectant des principes énumérés par la loi) sans pourtant s'y fondre. Les *mission-driven* entreprises (entreprises classiques à impact social fort) peuvent faire partie du périmètre de l'investissement à impact social.

Le marché de l'investissement à impact social se distingue du marché de l'investissement socialement responsable (ISR) ou d'investissements traditionnels avec impact (par exemple, l'investissement dans des PME ayant un impact positif sur l'emploi). Il s'agit ici d'investissements dans des organisations dont « le social est prioritaire et spécifique », leur cœur de métier, et dont les résultats sociaux sont mesurables en continu.

FORCES ET FAIBLESSES DE L'ÉCOSYSTÈME FRANÇAIS D'INVESTISSEMENT À IMPACT SOCIAL

Les propositions pour développer l'investissement à impact social en France ne sauraient partir d'abord d'une transposition pure et simple d'expériences étrangères, mais d'une caractérisation de notre écosystème, de ses forces et de ses faiblesses. Sans entrer ici dans un diagnostic exhaustif, il est nécessaire d'en proposer quelques éléments clés. Un diagnostic partagé est le plus souvent la première condition de réussite des orientations à prendre. Voici quelques points saillants du diagnostic.

UN POIDS CERTAIN DE L'ÉCONOMIE SOCIALE ET SOLIDAIRE, MAIS UN PÉRIMÈTRE PLUS LARGE

L'économie sociale et solidaire (223 000 établissements, 2,3 millions de salariés) est puissante en France, dont une partie, celle considérable du sanitaire et social (personnes âgées, handicap, réinsertion), du logement, de l'éducation, etc., est concernée au premier chef par l'investissement à impact social. Depuis une vingtaine d'années sont apparus de nouveaux entrepreneurs sociaux, dans le prolongement des entreprises d'insertion et des entreprises adaptées, travaillant sous toutes formes juridiques, y compris commerciales, et tous secteurs. L'investissement à impact social concerne aussi bien les « anciens joueurs associatifs » du secteur social qui doivent adapter leurs modèles économiques que les « nouveaux joueurs entrepreneuriaux » (il ne faut pas les opposer entre eux, mais les mettre en synergie positive). Il doit donc s'adapter à une biodiversité de ces organismes, avec comme fil rouge le financement de l'innovation. Une étude de France Active, datant de 2011, et reprise dans le rapport du Comité français, évalue à 48 000 les établissements immédiatement concernés, dans treize secteurs, avec des besoins de financement différenciés (entreprises adaptées, entreprises d'insertion, services à domicile, logement très social, enfance en difficulté, hébergement de personnes âgées, formation insérante, etc.). Si le système législatif concernant ce secteur évolue de façon favorable (par exemple, en 2014 avec la loi ESS – économie sociale et solidaire – ou les décrets régulateurs du financement participatif), de nombreux acteurs estiment qu'il constitue un cadre juridique trop complexe et difficile d'accès.

DES FINANCEURS PUBLICS IMPORTANTS QUI DOIVENT DEVENIR DAVANTAGE PROACTIFS

À la différence des pays anglo-saxons, les canaux de financement sont marqués en France par l'existence de financeurs publics qui peuvent jouer un rôle d'effet de levier et de régulateurs de l'écosystème. Bpifrance, la banque publique d'investissement, a d'ores et déjà mis en place le Fonds de financement de l'innovation sociale (Fiso) sous forme d'avances remboursables. La Caisse des Dépôts (CDC), actionnaire de référence de Bpifrance, a géré le Programme d'investissement d'avenir (PIA) consacré à l'entrepreneuriat social (100 M€), ce qui lui donne une certaine visibilité des besoins. La présence de la CDC rend, d'une certaine façon, inutile en France la création d'institutions de type *big society capital* au Royaume-Uni. Mais alors nos investisseurs publics doivent devenir davantage proactifs et dynamiser ce marché de l'investissement à impact social tel que nous l'avons défini, y attirer de nouveaux investisseurs, jouer un rôle de tiers de confiance notamment vis-à-vis des collectivités territoriales et des entreprises sociales, faire progresser la mesure de l'impact social, etc.

UNE AVANCE FRANÇAISE : L'ÉPARGNE SALARIALE ET LES FONDS 90/10

La France a développé un marché de l'épargne solidaire et salariale solidaire, quasiment unique au monde par son volume : l'encours 2014 de l'épargne solidaire en France a été de 6,8 Md€, générant 1,15 Md€ d'investissements solidaires. Ces investissements constituent d'ores et déjà des investissements à impact social puisqu'ils génèrent un double retour, social et financier. Ils constituent une base de départ significative et positive pour aller plus loin. Cette épargne a généré des instruments originaux et performants, qui donnent à la France une longueur d'avance, avec en particulier les fonds 90/10[2] représentant 864 M€ du milliard investi, qui ont permis de constituer une expertise technique sans précédent. Les sociétés de gestion d'actifs, investisseurs primaires, disposent de volumes d'actifs impactants significatifs (Mirova, Amundi, BNP Paribas, Ecofi, InterExpansion, etc.). Dans ce sillage, la France dispose maintenant d'un réseau d'investisseurs secondaires qualifiés, qui montent en qualité, spécialisés dans le social et solidaire (France Active, Comptoir de l'innovation, PhiTrust, Esfin-Ides, etc.) ou les *mission-driven* entreprises (Siparex, Citizen Capital, Alter Equity, Impact Partenaires, etc.). Cette infrastructure est loin d'être négligeable lorsqu'on la compare à d'autres pays. Les travaux du G8 ont permis de valoriser ce savoir-faire français, en particulier celui des fonds 90/10. Un récent rapport rédigé par la Social Market Foundation et Big Society Capital préconise de s'inspirer de l'approche française des 90/10 pour introduire des fonds d'investissement social dans les fonds de pension britanniques.

MIEUX QUALIFIER ET QUANTIFIER LES BESOINS DE FINANCEMENT RÉELS

Le Comité français a fait sienne l'expression d'« écosystème favorable » à l'investissement à impact social, en insistant sur la nécessaire adéquation entre les besoins des entreprises et des structures à impact social et l'offre de financements. Les besoins de financement, la capacité de lever des ressources, l'analyse du risque diffèrent selon que l'on est dans la conception du service, son lancement, sa première diffusion ou son changement d'échelle. Deux segments de besoins, fort différents, restent difficiles à financer en France : (1) la phase de R&D (recherche et développement) sociale, débouchant sur la conception et le lancement de nouveaux services par la création de *start-up* sociales ou leur introduction dans des organisations existantes ; (2) la phase de changement d'échelle pour faire émerger des entreprises sociales de taille intermédiaire, avec de forts besoins de fonds propres. Il faut y remédier et mieux qualifier et quantifier les besoins réels. De nombreux investisseurs s'interrogent sur le volume et la qualité du *deal flow* des projets à financer dans l'avenir. Évitons de créer une « bulle » des investissements à impact social. Pour l'heure, l'infrastructure d'accompagnement des entrepreneurs sociaux est composée d'acteurs agissant à petite échelle et son financement reste difficile. La thématique du *capacity building* (formation, incubation, accompagnement, etc.) reste devant nous.

Le Comité français, à partir de ce diagnostic, a dégagé six orientations et fait vingt et une propositions en direction des pouvoirs publics et, au-delà, en direction de l'ensemble des parties prenantes de l'écosystème.

AMÉLIORER L'ADÉQUATION ENTRE OFFRE ET BESOINS

La première orientation consiste à améliorer l'adéquation entre offre de financements et besoins des structures à impact social. Cette orientation passe par l'ouverture au Fonds national d'amorçage de 600 M€ gérés par Bpifrance d'investissements dans des projets socialement innovants, en toute première phase de démarrage. Elle passe à l'autre bout du cycle par le renforcement des fonds propres du secteur sanitaire et social qui va devenir à haute intensité capitalistique dans les années à venir (utilisation du titre associatif actualisé par la loi du 31 juillet 2014).

La proposition visant à expérimenter les *social impact bonds* en les adaptant au contexte national sous forme de TIS a pour objectif de compléter les outils en place. Ce sujet est traité dans cette édition du *Rapport moral* (cf. article de Cyrille Langendorff et Raphaëlle Sebag). Rappelons que le Comité français propose de concentrer au départ les TIS sur des programmes innovants non couverts par des financements existants. Il suggère également d'adapter les véhicules financiers pour réduire l'amplitude du risque et du gain pour l'investisseur, par exemple avec des dispositifs de garantie. Enfin, il préconise d'utiliser les cadres juridiques français, le TIS se présentant d'abord comme un contrat entre trois parties : un opérateur social, des investisseurs privés, un acteur public gestionnaire de programme social. La rédaction du cahier des charges et du contrat est essentielle. Cette proposition sur les TIS suggère une phase d'expérimentation, permettant de mesurer les avantages, les gains, les inconvénients et les risques de la formule. Le TIS proposé articule innovation sociale et innovation financière.

AUGMENTER LES RESSOURCES FINANCIÈRES DISPONIBLES

La seconde orientation vise à augmenter les ressources financières disponibles pour l'investissement à impact social, d'abord en amplifiant le succès de l'épargne solidaire en France. Les propositions visent à donner une déclinaison solidaire à tous les produits d'épargne, en particulier ceux de l'assurance, à distinguer les placements solidaires par un label et à promouvoir une action de promotion de ce secteur auprès des marchés financiers. S'y ajoute une proposition (inspirée du Royaume-Uni) de mobiliser les avoirs en déshérence pour amorcer la pompe, car la mobilisation des investisseurs privés pour créer des fonds significatifs, avec une infrastructure de gestion de qualité, reste difficile au regard des conditions de rentabilité. Les avoirs en déshérence, c'est-à-dire les avoirs bancaires et les contrats d'assurance-vie non réclamés par leurs propriétaires, représentent selon la Cour des comptes 4 Md€. Au Royaume-Uni, Big Society Capital a été doté grâce aux avoirs en déshérence de 600 M€. Pourquoi ne pas créer en France un fond d'impact social comparable, géré par la CDC en partenariat avec les professionnels de l'investissement social ?

La troisième orientation vise à favoriser l'émergence d'entreprises à impact social en étudiant la mise en place d'un statut de société à objet social étendu (SOSE) permettant d'inscrire, dans les statuts de sociétés commerciales classiques, des objectifs sociaux ou environnementaux, d'adopter une gouvernance en cohérence avec ces objectifs pour préserver la mission sociale quel que soit l'actionnariat et d'assurer une transparence sur les impacts effectifs.

MOBILISER LE SECTEUR DES FONDATIONS

La quatrième orientation vise à mobiliser le secteur des fondations et fonds de dotation sur l'investissement à impact social. Partant de loin, la France connaît aujourd'hui un développement certain de son secteur de fondations (2 200 fondations et 1 800 fonds de dotation en 2014) qui peut jouer un rôle essentiel dans l'investissement à impact social. Jusqu'ici, les fondations se sont pour l'essentiel caractérisées par une séparation entre une gestion de leurs actifs selon des critères de sécurité et de rentabilité et une philanthropie de mécénat selon leur objet social. L'orientation inspirée des *mission related investments* (MRI) américains consiste à ce que les fondations investissent une partie de leurs actifs dans des projets conformes à leur mission, avec un double retour social et financier. Rappelons que le total des actifs des fondations françaises était évalué en 2009 par le Centre français des fonds et fondations à un peu moins de 15 Md€, montant qui a sensiblement augmenté depuis. Un déplacement partiel de la gestion de ces actifs aurait un effet sensible. Au-delà de leurs actifs, les fondations peuvent également être des partenaires essentiels par leurs actions de mécénat, pour financer l'écosystème de l'investissement à impact social (financement du *capacity building*, prise en charge de tout ou partie des intérêts des TIS).

La cinquième orientation, non présentée ici, vise à promouvoir des investissements à impact social pour le développement des pays du Sud. Les *social impact bonds* (SIB) et les *development impact bonds* (DIB) sont proches dans leur conception. L'Agence française de développement (AFD) est très active sur le sujet. Son rapprochement avec la CDC pourrait accélérer encore le processus. Par ailleurs, de nombreux groupes privés s'intéressent à ce type d'investissements pour le sud comme en a témoigné le rapport Faber sur l'aide au développement[3] remis au gouvernement en 2014, ou la création du fonds Danone Livehoods.

METTRE EN PLACE UN CADRE DE RÉFÉRENCE POUR LA MESURE DE L'IMPACT SOCIAL

Enfin, la sixième orientation, peut-être la plus difficile, vise à mettre en place un cadre de référence pour mesurer l'impact social. Les difficultés sont en effet nombreuses, mais elles le sont sans doute davantage pour des raisons culturelles que pour des raisons techniques. Il y a une réticence française à la mesure de l'impact social et au double retour sur investissement, social et financier. Je l'ai constaté dans le secteur de l'insertion par l'activité économique, pour lequel l'État n'a pas réussi à intégrer véritablement une approche d'investisseur social. Des études ont montré que pour 1 euro d'argent public injecté dans les entreprises d'insertion, 2,3 euros reviennent dans les caisses publiques, sous forme de taxes et de charges, sans parler des coûts évités. Pourtant, l'État continue à considérer le budget alloué aux entreprises d'insertion comme de la dépense subventionnelle stricte et sans retour. De l'argent perdu ! Avant même d'associer le secteur privé, il reste beaucoup à faire pour que la puissance publique, État et collectivités territoriales, apprenne à devenir investisseur à impact social et à mesurer les impacts. De son côté, une partie du secteur associatif redoute que la mesure d'impact social ne se concentre entre les mains des financeurs et ne repose sur des indicateurs quantitatifs et simplificateurs, ou ne correspondant pas à leur projet social. Un indicateur de taux de récidive d'anciens détenus n'a pas la même signification sociale qu'un taux de réinsertion dans l'emploi. Dis-moi ce que tu mesures et je te dirai qui tu es ! Le Comité français s'est placé dans le sillage des travaux sur la mesure d'impact du groupe d'experts européens, le GECES (Groupe d'experts de la Commission européenne sur l'entrepreneuriat social), pour trois raisons. Parce que le GECES privilégie un processus évolutif avec une série d'étapes dans la mesure d'impact. Parce que le choix des indicateurs et des critères résulte d'une coconstruction entre toutes les parties prenantes. Parce que la mesure d'impact y est considérée davantage comme un système de reddition de comptes que comme un outil de pilotage de l'opérateur social pour améliorer son efficience. Pour ma part, je suis favorable à la création en France d'un *knowledge center* (observatoire ?) permettant de faire progresser tant les outils techniques que les compétences et l'éthique de la mesure d'impact.

ET MAINTENANT ?

Il faut continuer à avancer dans au moins trois directions qui ont été ouvertes par les travaux de la Taskforce internationale présidée par Ronald Cohen et le Comité français que je préside.

D'abord, poursuivre un travail de veille, de débat, de sensibilisation, de pédagogie. Le Comité français va poursuivre ses travaux et s'élargir à de nouveaux membres, en particulier le mouvement associatif. Il restera en contact étroit avec le Global Steering Committee international qui succède à la Taskforce internationale et élargit sensiblement ses membres avec l'entrée du Brésil, du Mexique, du Portugal, de l'Inde, d'Israël et sans doute de la Suède et de l'Afrique du Sud. Il est essentiel que la France participe aux travaux internationaux sur ces sujets, y compris au sein de l'OCDE (Organisation de coopération et de développement économiques) et de la Commission européenne, avec le puissant Fonds européen d'investissement (FEI).

Ensuite, faire avancer concrètement les six orientations retenues par le Comité français. Un gros travail est à faire en direction des pouvoirs publics, État et collectivités territoriales. Je suis convaincu que les collectivités territoriales vont s'intéresser rapidement à l'investissement à impact social. Les conseils départementaux en particulier sont au bout de leur capacité de dépenses sociales, ayant été contraints de prendre en charge le revenu de solidarité active (RSA), l'allocation personnalisée d'autonomie (APA) pour les personnes âgées et la prestation compensatrice du handicap (PCH). Les dépenses sociales des départements sont passées de 11 Md€ en 2005 à 15 Md€ en 2012 et sans doute à 18 Md€ en 2016. Ils commencent à témoigner d'un intérêt pour l'approche investissement à impact social.

Enfin, expérimenter sur le terrain des dispositifs innovants et en tirer des enseignements. Un portefeuille de projets de TIS voit le jour dans des domaines comme le surendettement, la sauvegarde de l'adolescence, l'insertion de populations à troubles psychiques sévères, la refonte du RSA, la prévention de la récidive du cancer du sein, la prévention du décrochage scolaire, la réinsertion de sans-abris, etc. Il faut en faire aboutir quelques-uns et les suivre attentivement pour en tirer des enseignements.

Pour faire avancer ces trois pistes de travail concrètes, nous avons mis en place un groupe restreint, l'Impact Invest Lab, qui réunit quelques membres actifs du Comité français, représentant les différents types de parties prenantes de l'investissement à impact social.

CONCLUSION

L'investissement à impact social reste devant nous, son histoire est à écrire. Il me semble inéluctable pour quatre raisons : l'importance de besoins sociaux de base ou de nouveaux besoins sociaux non satisfaits ; l'évolution de nos sociétés vers plus d'autonomie et moins d'assistance des personnes ; la désintermédiation que rend possible la révolution digitale ; la mise en cause des politiques sociales pour des raisons budgétaires, mais aussi d'efficience.

À nous d'en faire ce que nous voulons.

Notes

1. *Comment et pourquoi favoriser des investissements à impact social ?*, rapport du Comité français sur l'investissement à impact social, septembre 2014, téléchargeable sur le site du ministère de l'Économie et des Finances.

2. 90 % du fonds investis dans des entreprises cotées, selon des critères RSE, et 10 % dans des entreprises agréées solidaires.

3. *Innover par la mobilisation des acteurs : 10 propositions pour une approche de l'aide au développement*, rapport Faber, juin 2014, téléchargeable sur le site du secrétariat d'État au développement.

Comment acclimater les titres à impact social en France à la lumière des premières expériences dans le monde

Cyrille LANGENDORFF*
Raphaëlle SEBAG**

« Quand on veut enfoncer les portes ouvertes avec succès,
il ne faut pas oublier qu'elles ont un solide chambranle. »
Robert Musil, L'homme sans qualités

Depuis le premier titre à impact social (TIS) de Peterborough au Royaume-Uni en 2010, près de quarante-cinq projets ont été financés de la sorte dans le monde, et plusieurs dizaines de ces financements sont en cours d'étude. Beaucoup d'encre a coulé sur ce sujet, des articles dénonçant ce produit anglo-saxon qui permettrait de financiariser l'économie sociale et solidaire, d'autres en vantant les mérites.

Le rapport du Comité consultatif français sur l'investissement à impact social présidé par Hugues Sibille recommande l'expérimentation de ce nouveau mécanisme financier afin d'évaluer sa capacité d'adaptation au contexte français sur des problématiques concrètes[1].

Cet article a pour but de présenter le mécanisme des TIS grâce à la revue de cas existants et d'aborder les conditions paraissant nécessaires à une éventuelle transposition en France.

LES TIS : UN PRODUIT DE L'INVESTISSEMENT À IMPACT SOCIAL

L'investissement à impact social est défini comme « un investissement qui allie explicitement retour social et retour financier sur investissement. Il implique l'établissement d'objectifs sociaux prioritaires et spécifiques, dont l'impact est

* Directeur des Affaires internationales, Crédit coopératif.
** Chargée de mission, experte des titres à impact social, Crédit coopératif.
Cet article a été écrit en août 2015.

mesurable par un processus continu d'évaluation »[2]. Les TIS font partie de cette gamme de financement.

Une réponse à un besoin social soumis à une contrainte budgétaire

Les TIS sont nés d'un constat : le budget du secteur public étant contraint, le financement de la prévention en matière de problématiques sociales n'est pas favorisé, d'autant que cette prévention comporte un risque, celui de ne pas atteindre les résultats attendus et que cette contrainte budgétaire s'accentue.

Ce mécanisme a donc pour but d'inciter des investisseurs privés à financer des projets sociaux axés sur la prévention et générant quelques années après, en cas de réussite, des économies pour le secteur public. Grâce à ces économies, le secteur public peut rembourser le coût de ces projets aux investisseurs (avec une rémunération) et réinvestir les économies réalisées dans d'autres programmes de prévention. Si les projets ne fonctionnent pas, le secteur public ne rembourse pas les investisseurs qui perdent leur capital et la rentabilité attendue.

Schéma 1
Illustration de la logique inhérente aux TIS

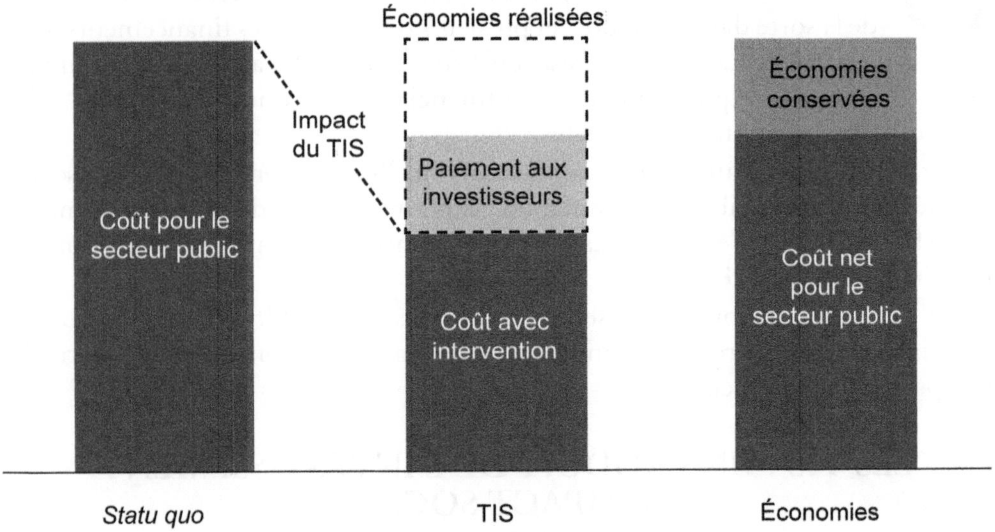

Source : « Introduction to Social Impact Bonds », Social Finance and Local Goverment Association (novembre, 2014).

Un contrat liant trois parties prenantes sur un sujet qui s'y prête

Un TIS est un contrat entre trois parties prenantes : un investisseur qui finance le fonctionnement du programme, un porteur de projets (structure de l'économie sociale et solidaire) qui reçoit les fonds et un acheteur de résultats ou tiers-payeur (en général le secteur public) qui paie les investisseurs en fonction des résultats sociaux atteints.

Chaque partie prenante se situe ainsi dans son métier : l'investisseur prend un risque et le tarifie, le porteur de projets accompagne une population défavorisée et le tiers-payeur (le secteur public ou une fondation) rembourse le financement d'une mission d'utilité publique lorsqu'elle fonctionne.

D'autres acteurs peuvent être présents comme entre autres un « facilitateur » ayant des rôles divers en fonction des TIS : de l'adaptation du financement au programme, à la recherche d'investisseurs en passant par la gestion des fonds alloués ou l'organisation des négociations entre les trois parties prenantes.

Plusieurs types de structures peuvent exister (par exemple, cf. schémas 2 et 3 *infra*).

Schéma 2
Fonctionnement de TIS : exemple 1

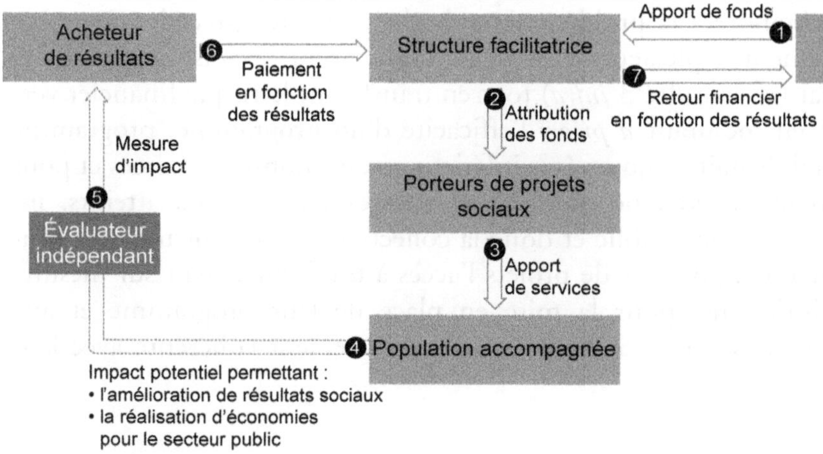

Source : « Introduction to Social Impact Bonds », Social Finance and Local Government Association (novembre, 2014).

Afin de créer ce type de financement, plusieurs conditions doivent être remplies. Tout d'abord, l'intervention et la population en bénéficiant doivent être précisément définies. Par ailleurs, le programme doit comporter un risque, un aléa, justifiant le recours à des investisseurs. Enfin, les résultats du programme doivent être quantifiables à moyen-long terme afin de permettre la rémunération des investisseurs, et les indicateurs mis en place sont souvent reliés à des économies escomptées pour le secteur public. En d'autres termes, le sujet doit s'y prêter.

Une fois ces conditions réunies, les trois parties prenantes s'accordent sur la structuration financière, les objectifs de résultats, la définition du rendement acceptable en fonction du risque lié au projet, l'identification d'un évaluateur indépendant, etc.

Schéma 3
Fonctionnement de TIS : exemple 2

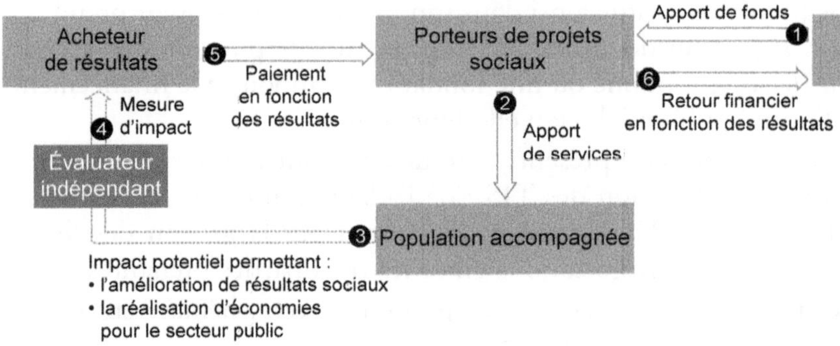

Source : recherches des auteurs.

En plus de répondre à la problématique budgétaire citée précédemment, ce type de financement a plusieurs avantages. Il incite au décloisonnement des budgets de l'État (cf. encadré 3 *infra*) tout en transférant le risque financier vers l'investisseur et en mesurant *a priori* l'efficacité d'un programme, programme dont le coût total devrait toujours être inférieur aux économies générées et pour lequel le paiement est effectué en fonction des résultats sociaux atteints. En d'autres termes, le secteur public et donc la collectivité y gagnent toujours. Par ailleurs, il permet aux porteurs de projets l'accès à un financement sur mesure, prévisible et pluriannuel pour la mise en place de leur programme et aux investisseurs d'y trouver une opportunité d'investissement cohérente avec leur mission sociale.

Un marché limité, mais une répercussion médiatique forte

Bien qu'ils aient une forte répercussion médiatique, les TIS ne représentent qu'un « marché » mondial très limité ; certains parlent à leur sujet d'« effets de mode ». Au sein d'un marché mondial de l'investissement à impact social d'environ 46 Md$ en 2014[3] (soit 0,02 % de l'investissement total sur les marchés financiers)[4], les TIS ne représentent que 0,003 % de ces investissements, environ 150 M$.

Quarante-quatre projets ont été financés sur des problématiques liées à la réinsertion : prévention de la récidive, aide sociale à l'enfance, insertion de jeunes « décrocheurs » dans l'emploi ou des formations, lutte contre la grande exclusion, etc.

Tableau 1
Les projets financés par des TIS de 2010 à 2015

Nom	Secteur	Pays	Année de lancement
Peterborough, One* (cf. encadré 1 *infra*)	Justice	Royaume-Uni	2010
DWP Innovation Fund 1 – APM UK	Emploi	Royaume-Uni	2012
DWP Innovation Fund 1 – Links4Life	Emploi	Royaume-Uni	2012
DWP Innovation Fund 1 – Living Balance	Emploi	Royaume-Uni	2012
DWP Innovation Fund 1 – Nottingham Futures	Emploi	Royaume-Uni	2012
DWP Innovation Fund 1 – ThinkForward	Emploi	Royaume-Uni	2012
DWP Innovation Fund 1 – Triodos New Horizon	Emploi	Royaume-Uni	2012
Rikers Island – ABLE[a] Program – (cf. encadré 2 *infra*)	Justice	États-Unis	2012
DWP Innovation Fund 2 – 3SC Capitalise	Emploi	Royaume-Uni	2012
DWP Innovation Fund 2 – Energise Innovation	Emploi	Royaume-Uni	2012
DWP Innovation Fund 2 – Prevista	Emploi	Royaume-Uni	2012
DWP Innovation Fund 2 – Teens & Toddlers	Emploi	Royaume-Uni	2012
ESSEX Family Therapy	Aide à l'enfance	Royaume-Uni	2012
Street Impact	Grande exclusion	Royaume-Uni	2012
Thames Reach Ace	Grande exclusion	Royaume-Uni	2012
It's All About Me	Aide à l'enfance	Royaume-Uni	2013
Newpin SBB	Aide à l'enfance	Australie	2013
Benevolent Society SBB	Aide à l'enfance	Australie	2013
Utah High Quality Preschool Program	Éducation	États-Unis	2013
Increasing Employment and Improving Public Safety	Justice et emploi	États-Unis	2013
BuzinezzClub	Emploi	Pays-Bas	2013

[a] ABLE : Adolescent Behavioral Learning Experience.

Nom	Secteur	Pays	Année de lancement
Juvenile Justice PFS Initiative	Justice et emploi	États-Unis	2013
Augsburg	Emploi	Allemagne	2013
Duo for a Job	Emploi	Belgique	2014
Sweet Dreams	Logement social	Canada	2014
Manchester Vulnerable Children	Aide à l'enfance	Royaume-Uni	2014
Child Parent Center PFS Initiative	Éducation	États-Unis	2014
Fair Chance Fund – Fusion Housing	Grande exclusion	Royaume-Uni	2014
Fair Chance Fund – Home Group	Grande exclusion	Royaume-Uni	2014
Fair Chance Fund – Local Solutions	Grande exclusion	Royaume-Uni	2014
Fair Chance Fund – Aspire Gloucestershire	Grande exclusion	Royaume-Uni	2014
Fair Chance Fund – Rewriting Future	Grande exclusion	Royaume-Uni	2014
Fair Chance Fund – Ambition East Mildlands	Grande exclusion	Royaume-Uni	2014
Fair Chance Fund – Your Chance	Grande exclusion	Royaume-Uni	2014
Massachusetts – Supportive Housing	Grande exclusion	États-Unis	2014
Partnering for Family Success	Aide à l'enfance	États-Unis	2014
Birmingham Outcomes for Children	Aide à l'enfance	Royaume-Uni	2014
Junior Code Academy	Éducation	Portugal	2015
Youth Engagement Fund – Teens & Toddlers	Emploi	Royaume-Uni	2015
Youth Engagement Fund – Prevista	Emploi	Royaume-Uni	2015
Youth Engagement Fund – FutureShapers Sheffield	Emploi	Royaume-Uni	2015
Youth Engagement Fund – Unlocking Potential	Emploi	Royaume-Uni	2015
Health and Employment Partnerships	Santé et emploi	Royaume-Uni	2015
Ways to Wellness	Santé	Royaume-Uni	2015

Source : recherches des auteurs.

Encadré 1
Peterborough : le premier TIS

Le premier TIS, lancé en 2010 au Royaume-Uni, répondait au constat selon lequel 60 % des sortants de prison ayant été condamnés à des courtes peines récidivaient dans l'année de leur sortie. Ainsi, une structure facilitatrice, 17 investisseurs (majoritairement des fondations)[5], le ministère de la Justice et 7 associations se sont réunis autour d'un TIS de 5 M£ d'investissement visant à la réinsertion de 3 000 sortants de la prison de Peterborough ayant été condamnés à moins d'un an de prison.

Schéma 4
Mécanisme du programme One*

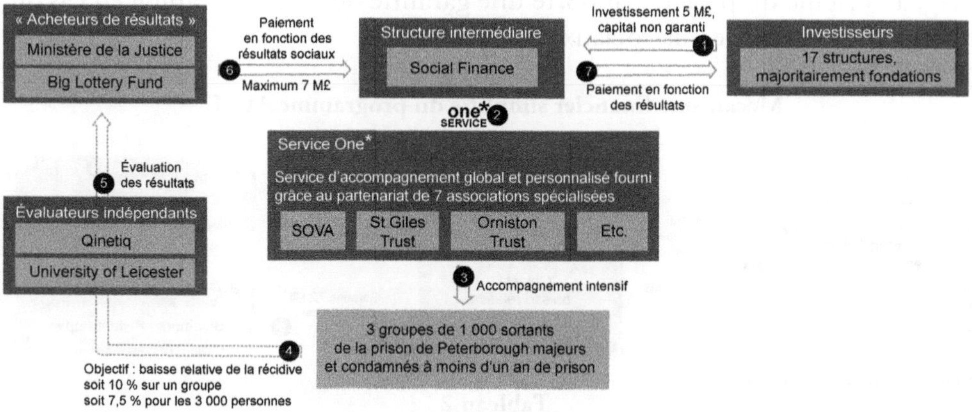

Source : recherches des auteurs.

Afin de permettre une mesure périodique, les 3 000 sortants de prison furent accompagnés en trois « cohortes » distinctes avec un indicateur unique : le taux de récidive du groupe accompagné, comparé à celui d'un groupe témoin. Le paiement aux investisseurs (remboursement du capital + intérêts de 2 % à 13 % par an) a lieu si le taux de récidive comparé est réduit d'au moins 10 % sur un ou plusieurs groupes, ou si la baisse moyenne des trois groupes est supérieure à 7,5 %.

À l'issue de l'accompagnement du premier groupe, la baisse du taux de récidive comparé a été de 8,4 %[6]. Une baisse non suffisante pour un paiement aux investisseurs en 2014, mais supérieure à la moyenne de 7,5 % nécessaire au retour financier en fin de programme, ce qui devrait donc être le cas.

À la suite de la publication des résultats intermédiaires du premier groupe, le ministère de la Justice britannique a annoncé la fin du TIS après l'accompagnement du deuxième groupe et l'intégration du service d'accompagnement expérimenté par One* dans un programme de réhabilitation de sortants de prison lancé à l'échelle nationale au Royaume-Uni[7].

Encadré 2
ABLE : la démonstration de l'utilité du produit ?

Ce TIS lancé en 2012 par la Ville de New York[8] répond au même type de constat : près de 50 % des jeunes sortants de la prison de Rikers Island retournent en prison dans l'année de leur sortie.

En plus d'être le premier TIS américain, il est le premier à intégrer un mécanisme de garantie partielle sur capital : en cas d'échec, il est prévu que l'investisseur, ici Goldman Sachs Urban Investment Group, récupère une partie de son capital. En effet, pour ce programme de 9,6 M$, le secteur public était prêt à payer, au maximum en cas d'atteinte des objectifs sociaux, 11,7 M$. Le rendement étant trop bas par rapport au risque pris, la fondation Bloomberg, à l'origine du projet, a apporté une garantie de 75 % du capital en cas de non atteinte des objectifs sociaux.

Schéma 5
Mécanisme financier simplifié du programme ABLE

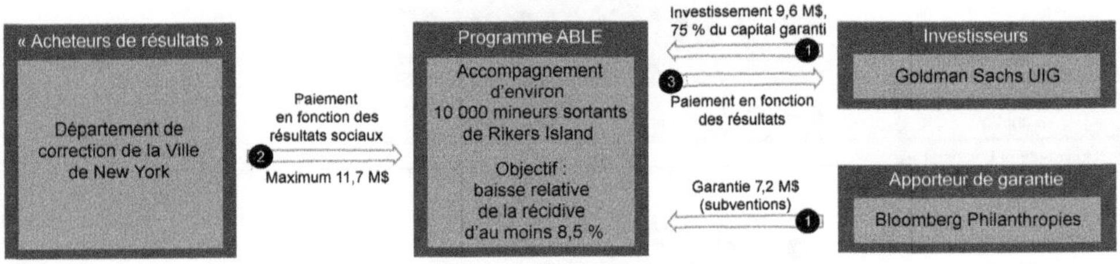

Source : recherches des auteurs.

Tableau 2
Évaluation des économies et des rendements en fonction des résultats sociaux atteints

	Secteur public	
Baisse du taux de récidive	Paiement (en $)	Économies après paiement (en $)
≥ 20,0 %	11 712 000	20 500 000
≥ 16,0 %	10 944 000	11 700 000
≥ 13,0 %	10 368 000	7 200 000
≥ 12,5 %	10 272 000	6 400 000
≥ 12,0 %	10 176 000	5 600 000
≥ 11,0 %	10 080 000	1 700 000
≥ 10,0 %	9 600 000	< 1 000 000
≥ 8,5 %	4 800 000	< 1 000 000
< 8,5 %	0	*Non publié*

Lecture : pour une baisse du taux de récidive au moins égale à 20 %, le secteur public paie 11,7 M$ à l'investisseur et économise, en plus de ce paiement, 20,5 M$. L'investisseur récupère son investissement plus 2,1 M$ et la garantie, non utilisée, est réinvestie dans d'autres programmes sous forme de subventions.
Source : « Fact Sheet: the NYC ABLE Project for Incarcerated Youth ».

En juillet 2015, après trois ans de fonctionnement, les premiers résultats du programme sont publiés : ABLE n'a mené à aucune baisse significative de la récidive[9]. Le programme est donc arrêté comme le prévoyait un article du contrat. Sur les 7,2 M$ investis par Goldman Sachs UIG, 6 M$ lui sont remboursés par la garantie de Bloomberg Philanthropies et 1,2 M$ sont perdus.

Bien que ces résultats soient négatifs, ils démontrent l'utilité du mécanisme pour le tiers-payeur qui ne paie effectivement que si les résultats sociaux sont atteints. Ils montrent également que l'évaluation du risque pour l'investisseur est délicate dans le secteur social, justifiant parfois des taux de rendement forts.

Une question reste entière. Cette méthode de financement impacte-t-elle les résultats des porteurs de projets ? En d'autres termes, ce programme aurait-il fonctionné avec une méthode habituelle de financement ? La réponse à cette question « sociologique » devra attendre la constitution d'une base de données suffisante sur les TIS.

Un type de financement encore jeune : peu de résultats publiés

Contrairement au TIS de Rikers Island qui a constitué une perte nette pour son investisseur (cf. encadré 2 ci-contre), et à celui de Peterborough dont on attend de connaître l'issue (cf. encadré 1 *supra*), d'autres TIS ont délivré des paiements avec intérêts.

Par exemple, le TIS australien Newpin d'une durée de sept ans a délivré un premier coupon de 7,5 % aux investisseurs sur un investissement de 7 M$, tandis que les porteurs du projet ThinkForward prévoient un retour sur investissement d'environ 4,5 % par an pour leurs investisseurs, en plus du remboursement du capital (cf. encadré 3 *infra*). De la même manière, Social Finance a annoncé en juillet 2015 un paiement aux investisseurs sur les TIS Teens & Toddlers et Adviza.

Une dizaine de TIS devaient prendre fin en 2015, permettant une revue plus approfondie des résultats ainsi que des paiements versés aux investisseurs.

UNE TRANSPOSITION UTILE ET POSSIBLE EN FRANCE ?

Un prérequis nécessaire : dans la plupart des TIS existants, la volonté du secteur public est un facteur clé de succès ; elle est le dernier des challenges cités dans un sondage de personnes impliquées dans le développement de TIS[10].

En France, au moment de l'écriture de cet article, aucun sponsor des TIS issus du secteur public n'a pas encore été identifié. Or son engagement dans un tel système semble nécessaire à la pérennité du projet social après preuve des résultats. En effet, en cas de réussite du programme, l'aléa portant sur les résultats sociaux et justifiant le financement par un TIS disparaît. Le financement peut être repris en direct par le secteur public avec la possibilité de généraliser le programme, comme cela a été le cas pour le TIS de Peterborough (cf. encadré 1 *supra*).

De ce fait, ce produit financier – qui peut disparaître en cas de réussite – n'a pas pour vocation à se substituer aux mécanismes de subvention ou aux autres types de financement existants. Il vient répondre à des besoins de financement lorsque ceux-ci sont non couverts et il n'est utilisable que dans des contextes particuliers, comme vu précédemment. Il fait partie d'un portefeuille de produits financiers au service des associations et des entreprises sociales, au même titre que d'autres produits, aujourd'hui davantage utilisés (titre associatif, titre participatif, avance sur subvention, cession de créance, etc.).

L'implication du secteur public permettrait d'expérimenter un TIS en France, un produit qui pourrait être utile, à condition d'être adapté à notre écosystème. Cette partie inclut quelques exemples de secteurs où le financement de projets par un TIS pourrait être justifié ainsi que les adaptations semblant nécessaires à une transposition en France.

Un objectif transposable en France : favoriser l'innovation sociale

Jusqu'ici, tous les TIS servent à financer un projet innovant répondant aux besoins d'une population pour laquelle les services d'utilité publique habituels n'ont pas fonctionné.

Ils se sont donc développés sur des problématiques relatives la plupart du temps à la réinsertion et viennent répondre à des constats d'impasse :

– le taux de récidive d'une certaine population est important ? One* permet de tester un accompagnement adapté ;

– une partie des sans-abri ne sont pas accompagnés par les programmes existants ? Les projets de Thames Reach et St Mungos mettent en place des interventions visant à leur réinsertion[11] ;

– le gouvernement souhaite expérimenter des projets favorisant l'insertion des jeunes sortis des systèmes d'éducation, de formation ou de l'emploi ? Un fond de paiement aux résultats est lancé en Angleterre pour inciter au lancement de TIS sur ce sujet (cf. encadré 3 *infra*).

Des impasses, en France comme ailleurs

Les problématiques sociales et les constats d'impasse ne manquent pas non plus en France sur les mêmes thèmes, de la récidive aux jeunes éloignés de l'emploi en passant par la lutte contre la grande exclusion, contre le surendettement ou contre l'échec scolaire, etc.

Plusieurs secteurs paraissent propices à l'expérimentation d'un TIS. De manière non exhaustive :

– lutte contre la récidive : selon une étude de la Direction de l'administration pénitentiaire de 2011, 60 % des sortants de prison libérés en 2002 étaient condamnés à nouveau dans les cinq ans suivants, et près de 50 % retournaient en prison. Ces taux sont par ailleurs d'autant plus élevés que les délits sont mineurs, le taux de retour en prison atteint 60 % pour les personnes ayant été condamnées pour « coups et blessures volontaires sans circonstance aggravantes » et 59 % pour celles ayant été condamnées pour « vol simple »[12]. Cette récidive coûte cher : un détenu coûte en moyenne 32 000 euros par an à la société[13] ;

– lutte contre le surendettement : 200 000 dossiers de surendettement sont déposés à la Banque de France par an, 40 % d'entre eux étant des redépôts, et ce nombre a augmenté en moyenne de 4 % par an depuis 1990. En 2013, la Banque de France facturait 873 euros à l'État français pour le traitement de l'un de ces dossiers[14]. Bien que ce coût soit en baisse depuis 2011, cela représente tout de même une facture de plus de 200 M€ en 2013 ;

– réinsertion de grands exclus : en 2012, l'Insee évalue à 112 000 le nombre de SDF (sans domiciles fixes) en France, une hausse de 44 % en dix ans et un « coût » non calculé en France, mais estimé à Londres à plus de 25 000 euros par an et par personne[15].

Des solutions sont mises en place. Venant du secteur public[16], mais également du secteur de l'économie sociale et solidaire : des associations et des entreprises sociales ont développé des modèles, souvent locaux, prenant en charge des missions d'utilité publique, modèles qui peinent parfois à être financés et à prendre de l'ampleur. Les TIS sont faits pour apporter des moyens de financement à ces associations et entreprises sociales, qui développent des solutions innovantes et portent l'« impact social » au cœur de leur métier.

Une garantie partielle sur capital davantage adaptée à l'écosystème français ?

Selon les pays, trois types de modèles sont apparus. Leur description permettrait de voir si l'un d'entre eux semble plus adapté au contexte français.

La majorité des TIS ont été lancés en Angleterre, soit trente des quarante-quatre TIS actifs. Les investissements sont généralement inférieurs à 5 M€, souvent issus d'appels d'offres sur une même problématique et parfois « recyclés » (cf. encadré 3 *infra*). Le gouvernement semble adepte de ce produit qui lui permet de ne payer les projets qu'en fonction des résultats atteints. Il a donc mis en place des fonds de paiement aux résultats qui sélectionnent plusieurs projets financés par des TIS. Le support du gouvernement a favorisé la création d'un écosystème d'intermédiaires financiers et d'investisseurs collaborant avec des porteurs de projets sociaux.

Quant à la structure de risque, elle est la plus proche du modèle initial : tout le capital est à risque si les objectifs ne sont pas atteints, mais la mesure des résultats et donc les paiements sont devenus individuels, réduisant ainsi le risque porté par les investisseurs.

Graphique
Montant d'investissements dans trente-six TIS
(en M€)

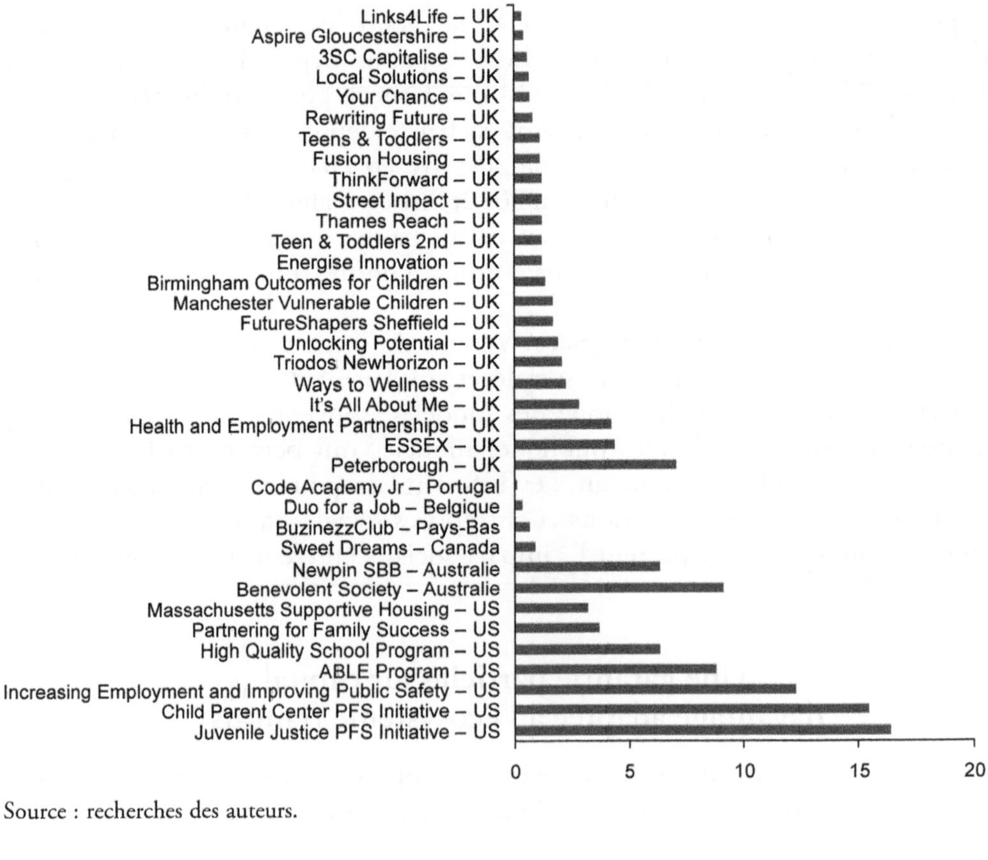

Source : recherches des auteurs.

Les sept TIS américains portent sur des investissements plus importants et des durées plus longues. Leur développement a été favorisé par le soutien du gouvernement et la proposition en 2015 d'une enveloppe de près de 500 M$ par le président Obama (0,01 % d'un budget de 3 700 Md$)[17]. Ainsi, plusieurs États ont pu tester le modèle sur des projets de plus grande ampleur : le TIS de Chicago, par exemple, vise à fournir une meilleure éducation préscolaire à près de 3 000 enfants et l'évaluation a une durée de seize ans, pour un investissement de 16,6 M$.

La structure financière de ces TIS est plus hétérogène. Elle combine investissements simples, subordonnés et/ou garanties remboursables : contrairement au modèle initial, le capital est souvent partiellement garanti.

En Europe continentale, les gouvernements sont plus réservés et le modèle de paiement aux résultats est plus controversé. Certains pays comme la Belgique, l'Allemagne ou le Portugal ont décidé d'expérimenter à plus petite échelle. Les secteurs d'expérimentation sont les mêmes, mais les durées plus courtes et les investissements moins conséquents comme celui de Lisbonne[18].

Développer un modèle à la croisée des chemins en France ?

La France pourrait sélectionner les caractéristiques adaptées à son écosystème.

Par exemple, concernant le capital à risque : celui-ci est lié au profil des investisseurs. Pour les premiers TIS anglais, les investisseurs étaient principalement des fonds et des fondations ne demandant pas de garantie sur capital. Aux États-Unis, par contre, des banques comme Goldman Sachs s'y sont intéressées dès le début, adaptant la structure financière.

Le profil d'investisseurs français justifierait l'utilisation du modèle américain. En France, seuls 9 % des fonds de dotation et des fondations réalisent leurs placements en totale cohérence avec leur mission d'utilité sociale[19]. L'investissement à impact social français est principalement composé d'investisseurs institutionnels – au premier rang desquels les fonds solidaires – pour lesquels le modèle d'origine paraîtrait trop risqué. Intégrer une garantie partielle sur capital comme celle du TIS new yorkais (cf. encadré 2 *supra*) permettrait de limiter le risque pour les investisseurs tout en plafonnant la rémunération payée par le secteur public en cas d'atteinte des objectifs de résultats sociaux.

La taille des premiers investissements pourrait être également limitée afin, dans un premier temps, de tester la pertinence du modèle en France et son utilité.

Encadré 3
Fonds acheteurs de résultats de TIS

Trois fonds d'achat de résultats de TIS sont actifs au Royaume-Uni.

Fonds	Date de lancement	Budget alloué maximum	Objectifs et projets financés
Innovation Fund	2011	28,4 M£	10 projets en 2 appels d'offres, 6 en avril 2012 et 4 en novembre 2012 pour un investissement total d'environ 10 M£ pour accompagner jusqu'à 17 000 jeunes défavorisés vers l'éducation ou l'emploi sur une période de 3 ans
Fair Chance Fund	2014	15 M£	7 projets en décembre 2014 pour accompagner 1 600 SDF de 18 à 24 ans vers un logement, l'éducation et/ou l'emploi
Youth Engagement Fund	2015	16 M£	4 projets en mars 2015 pour accompagner 18 000 jeunes de 14 à 17 ans vers l'éducation ou l'emploi

Source : recherches des auteurs.

Des objectifs définis par le secteur public

Ces fonds publient une liste de résultats à atteindre et de paiements associés dans un appel à projets de préférence financés par un TIS. Ces résultats sont individuels et le paiement maximum est limité pour chaque personne accompagnée.

Par exemple, Fair Chance Fund limite le paiement par participant à 17 000 livres sterling avec des sous-paiements maximums dans quatre catégories : diagnostic, logement, éducation/formation et emploi[20].

	Diagnostic	Logement	Éducation/ formation	Emploi
Indicateurs et paiements	1re évaluation (500 £) 2e évaluation (500 £) 3e évaluation (200 £)	Entrée dans un logement (500 £) Durée de maintien en logement : – 3 mois (1 500 £) – 6 mois (1 500 £) – 12 mois (1 500 £) – 18 mois (1 500 £)	Admission dans une formation (500£) Diplôme incluant un cours d'anglais ou de mathématiques (1 500 £) Acquisition d'un CAP ou BEP (2 500 £) Diplôme de niveau supérieur (3 500 £)	Bénévolat (6 à 16 heures par semaine) : – 6 semaines (500 £) – 13 semaines (500 £) – 20 semaines (250 £) – 26 semaines (250 £) Embauche (500 £) Emploi à temps partiel : – 13 semaines (3 000 £) – 26 semaines (2 000 £) Emploi à temps plein : – 13 semaines (4 500 £) – 26 semaines (3 500 £)
Paiement maximum de la catégorie	1 200 £	6 500 £	8 000 £	15 000 £

Source : « Fair Chance Fund. Full Bid Specification Document », Department for Communities and Local Government, Cabinet Office, juin 2014.

Un décloisonnement des budgets du secteur public

Ces fonds s'apparentent à des budgets mis en commun par différentes administrations de l'État pour un paiement aux résultats. Par exemple, le Fair Chance Fund est financé à hauteur de 10 M£ par le ministère des Communautés et du Gouvernement local et pour 5 M£ par le Bureau du Conseil des ministres britannique, tandis que le Youth Engagement Fund est tripartite, 10 M£ du Bureau du Conseil des ministres, 5 M£ du ministère du Travail et des Retraites et 1 M£ du ministère de la Justice.

Un « recyclage » des investissements

De manière générale, les investissements dans chacun des projets sont deux à trois fois moins élevés que les budgets maximums de paiements aux résultats correspondants. Par exemple, 900 000 livres sterling ont été investis dans le projet ThinkForward et les paiements maximums (par le secteur public au porteur de projets et à l'investisseur), au bout de trois ans, sont de 3 M£.

Ce décalage s'explique par des coûts de fonctionnement plus élevés et couverts par un « recyclage » de ces investissements : en instaurant des paiements mensuels du secteur public en fonction des résultats atteints, le capital est remboursé mensuellement et réutilisé pour financer la suite du projet. Dans cet exemple, les 900 000 livres sterling ont permis de financer environ 2,5 M£ de projets. Les investisseurs sont remboursés en fin de contrat avec un retour sur investissement qui serait, ici, de l'ordre de 4,5 % par an.

Le décloisonnement des budgets : une idée à importer ?

Ce modèle de paiement aux résultats est controversé en France. Toutefois, la mise en commun de budgets permettrait de décloisonner et donc faciliter le financement de projets d'utilité publique dont plusieurs ministères ou collectivités locales bénéficieraient. Par exemple, un projet d'insertion dans l'emploi de personnes souffrant de troubles psychiques impacterait entre autres les ministères du Travail, de la Santé, de la Justice et les départements.

Favoriser le développement d'une mesure d'impacts adaptée au travail des associations

La mesure d'impacts, inhérente aux TIS, est sujet à contestation. En effet, comment s'assurer de la durabilité d'une réinsertion lorsqu'un objectif est fixé à deux ans ? Et comment éviter ce que les Anglo-Saxons appellent le *cherry-picking*, à savoir la sélection de la population la plus facile à réinsérer, délaissant les cas les plus difficiles, pas assez rémunérateurs ?

Les TIS sont censés prévenir ces dérives, en ne finançant que les programmes dont les résultats sont mesurables à moyen terme et en définissant, en amont, la population accompagnée. Le secteur public signataire n'a pas intérêt à voir abandonnés les cas les plus difficiles qui sont ceux qui lui « coûtent » le plus cher à long terme. Par ailleurs, la généralisation d'un programme ayant fonctionné pour les cas les plus défavorisés aura plus de chance de réussir que celle d'un programme n'ayant réussi que pour les cas les plus « faciles ».

Dans leur modèle originel, les TIS préviennent les craintes associées à la mesure des résultats et des impacts, mais cela pourrait être amené à évoluer avec le modèle. En effet, à l'origine, les TIS s'intéressent à la mesure d'impacts (résultats uniquement dus au programme en retranchant les conséquences d'effets extérieurs), une évaluation robuste, mais coûteuse. Cette mesure d'impacts a évolué vers une mesure de résultats, permettant une réduction du risque pour les investisseurs et une baisse du coût de l'évaluation, la mesure d'impacts coûtant généralement plus chère.

Schéma 6
Étapes principales de l'évaluation d'impacts d'un programme social

Effets évalués pour un TIS (Résultats, Impacts)

	Entrants	Processus	Réalisations	Résultats	Impacts
Description	Moyens nécessaires à la mise en place d'un programme	Utilisation des moyens pour l'atteinte de résultats	Réalisations du programme à court terme, liées à la capacité du projet	Effets à moyen terme des activités	Effets causés par le programme (court, moyen ou long terme) – retranchement de cde qui ne vient pas du programme
Exemple	*Budget alloué pour la création des supports de formation*	*Formation des enseignants*	*Nombre d'enseignants formés*	*Amélioration de l'éducation (ou taux de réussite des étudiants)*	*Amélioration de l'éducation due au programme, hausse des salaires*

Source : schéma inspiré et adapté du guide de l'EVPA : *A Practical Guide to Measuring and Managing Impact.*

Importer la mesure d'impacts en France, en conservant des garde-fous

La mesure des résultats et des impacts des programmes sociaux est encore peu pratiquée en France. Quelques guides ont été publiés, des cabinets ont développé des méthodologies et les grandes écoles de commerce l'enseignent dans leurs programmes dédiés à l'économie sociale. Certaines associations ont également fait l'objet d'études d'impacts et démontré par là même leur efficacité et les économies qu'elles génèrent pour le secteur public. Mais cette pratique reste rare.

Une mesure d'impacts adaptée pourrait se développer avec l'adoption de TIS, favorisant ainsi la visibilité du travail du milieu associatif. Les associations et le secteur public, au centre de cette évaluation, sont les garants d'un modèle éthique de mesure de résultats pour la population accompagnée.

Des coûts de structure à réduire pour une transposition en France

Un TIS est un contrat entre trois parties prenantes ; il fait l'objet de négociations et de propositions de chacune des structures impliquées. Chaque contrat est donc un cas « hybride »[21].

Du fait de ces négociations, mais également de la complexité des problématiques qu'ils ont pour ambition de résoudre et de la jeunesse du produit, les TIS sont parfois difficiles et longs à mettre en place. Sur les trente-huit contrats analysés au sein du rapport de Brookings, le développement a duré entre six mois et trois ans et la moitié des personnes interrogées ont souligné la complexité comme le challenge majeur du produit[22]. Les frais de structure de mise en place d'un TIS sont donc élevés[23].

Afin de faciliter l'expérimentation du produit et réduire son coût, des Lab sont créés dans plusieurs pays comme le Social Impact Bond Technical Assistance Lab de Harvard Kennedy School aux États-Unis. Ce laboratoire, qui fournit une assistance technique gratuite aux États et aux collectivités locales, a été impliqué dans l'élaboration de plusieurs contrats. De son côté, le gouvernement britannique a mis à disposition un site internet « boîte à outils » afin d'aider les structures s'intéressant aux TIS. Ce site internet contient entre autres une base de données de coûts évités par différentes interventions[24].

Une réelle expertise se développe et se transmet entre pays, permettant ainsi une réduction de la complexité de mise en place, mais également des coûts de structure de ce financement.

Réduire les frais de structure en utilisant le cadre juridique français

Un Lab pourrait galement voir le jour en France afin de favoriser le financement de l'innovation sociale et exprimenter un TIS. Par ailleurs, l'expertise internationale ainsi que le cadre juridique français (notamment des contrats tripartites adaptés au mécanisme des TIS) pourraient être utilisés et venir ainsi limiter les frais de structure.

CONCLUSION

Il est encore difficile de se prononcer sur l'avenir des TIS en France.

Des freins devront être levés, comme le besoin de développer et transmettre des bases de données fiables sur des problématiques sociales ou encore la montée en expertise des investisseurs quant à l'évaluation du risque lié à l'atteinte d'objectifs sociaux.

Par ailleurs, au-delà du secteur public, tout un écosystème devrait être créé, dont le but serait de trouver des financements ou parfois d'aider à l'amélioration de modèles économiques pour le secteur associatif, tout en lui garantissant son autonomie.

Quel que soit le potentiel de développement des TIS en France, ceux-ci ont pour avantage de favoriser des discussions entre trois parties prenantes généralement éloignées, mais qui ont la même mission : favoriser l'apport de financements pour servir l'innovation sociale et l'utilité publique.

Des dérives sont possibles et, comme tout outil, celui-ci peut être mal utilisé ou dévoyé. Mais le potentiel des TIS vaut la peine d'expérimenter ce produit qui pourrait être fort utile à la collectivité (censée y trouver son compte quels que soient les résultats atteints) et au secteur associatif financé sur mesure.

Il est donc de la responsabilité de chacune des parties prenantes de ne pas perdre de vue la population qu'elle souhaite accompagner et de se faire garante de l'éthique du projet et de la mesure des résultats associée.

Notes

1. *Comment et pourquoi favoriser des investissements à impact social ?*, Comité français sur l'investissement à impact social (septembre 2014), www.economie.gouv.fr/files/files/PDF/Rapport SIIFce_vdef_28082014.pdf.

2. Cf. note 1.

3. *The Impact Investor Survey, Spotlight on the Market*, JP Morgan et GIIN (mai 2014). Sondage effectué sur 125 investisseurs institutionnels majeurs.

4. *Private Capital, Public Good*, US National Advisory Board on Impact Investing (Comité consultatif américain sur l'investissement à impact social) (septembre 2014).

5. Dix des dix-sept investisseurs sont publiquement connus : Barrow Cadbury Charitable Trust, Esmée Fairbairn Foundation, Friends Provident Foundation, Henry Smith Charity, Johansonn Family Foundation, LankellyChase Foundation, Monument Trust, Panahpur Charitable Trust, Paul Hamlyn Foundation et Tudor Trust.

6. *Peterborough Social Impact Bond: Final Report on Cohort 1 Analysis*, Jolliffe D. (University of Greenwich) et Hedderman C. (University of Leicester), Qinetiq (août 2014).

7. Voir le site : http://payforsuccess.org/sites/default/files/social_finance_statement_-_peterborough_social_impact_bond_socialfinanceuk.pdf.

8. *Financing Promising Evidence-Based Programs – Early Lessons from the New York City Social Impact Bond*, Rudd T., Nicoletti E., Misner K. et Bonsu J., mdrc (décembre 2013).

9. « Impact Evaluation of the Adolescent Behavioral Learning Experience Program at Rikers Island », VERA Institute of Justice (juillet 2015).

10. *The Potential and Limitations of Impact Bonds – Lessons from the First 5 Years of Experience Wolrdwide*, Gustafsson-Wright E., Gardiner S. et Putcha V., Global Economy and Development at Brookings (juillet 2015).

11. Pour en savoir plus, voir *Designing an Intervention for a Rough Sleeping Social Impact Bond*, The Young Foundation (novembre 2011).

12. « Les risques de récidive des sortants de prison. Une nouvelle évaluation », Kensey A. et Benaouda A., Direction de l'administration pénitentiaire, Cahiers d'études pénitentiaires et criminologie, n° 36 (2011).

13. Conférence « Consensus sur la prévention de la récidive ». Ce coût a été évalué en divisant le budget annuel de fonctionnement des établissements pénitentiaires par le nombre de personnes détenues. Il ne prend pas en compte d'autres éléments comme les coûts de justice ou des forces de l'ordre.

14. Voir le site : http://bfmbusiness.bfmtv.com/france/banque-france-facture-prestations-a-letat-648568.html.

15. *A Social Impact Bond for Entrenched Rough Sleepers: Outline Business Case*, Social Finance (janvier 2012).

16. Par exemple, sur ces mêmes thèmes, la réforme pénale votée en 2014 vise à lutter contre la récidive en renforçant les services offerts par les services publics et la Ville de Paris a fait de la lutte contre la grande exclusion la « grande cause » de son mandat.

17. Voir le site : www.americanprogress.org/issues/economy/news/2013/04/23/61163/white house-budget-drives-pay-for-success-and-social-impact-bonds-forward/.

18. Initié par la mairie de Lisbonne, le TIS portugais, durant un an et pour un financement de 120 000 euros, a pour objectif d'améliorer les résultats scolaires d'enfants d'écoles lisboètes défavorisées.

19. « Plénière II – État des lieux des pratiques de gestion financière des fondations », Amadeis, in *Patrimoine, y es-tu ?*, Lengereau A., 8e atelier des fondations, Centre français des fonds et fondations (30 novembre-2 décembre 2011).

20. *Fair Chance Fund. Full Bid Specification Documentation*, Department for Communities and Local Government, Cabinet Office (juin 2014).

21. Présence ou non de structures intermédiaires, association d'un ou plusieurs porteurs de projets, investisseurs institutionnels ou particuliers fortunés, capital entièrement ou partiellement à risque, mesure de résultats ou mesure d'impacts, etc. Bien que des modèles commencent à apparaître, chaque caractéristique diffère en fonction des interlocuteurs.

22. Cf. note 10.

23. Dans le cas du TIS de l'État de New York, les coûts non liés au fonctionnement du programme étaient de 10 % d'un investissement de 13,5 M$.

24. Voir le site : http://data.gov/uk/sib_knowledge_box/.

De la mesure à la gestion de l'impact : la perspective de l'investisseur à impact social

Lisa HEHENBERGER*

Ces dernières années, des progrès significatifs ont été réalisés dans le domaine de la mesure de l'impact social, notamment grâce à d'importantes contributions de l'EVPA (European Venture Philanthropy Association) et à son *Guide pratique pour la mesure et la gestion d'impact* (Guide EVPA)[1], à des initiatives européennes et internationales telles que les recommandations du sous-groupe du GECES (Groupe d'experts de la Commission européenne sur l'entrepreneuriat social) sur la mesure de l'impact ainsi qu'au Groupe de travail spécifique sur la mesure de l'impact, établi dans le cadre de la Taskforce du G8 sur l'investissement à impact social.

À l'EVPA, nous avons commencé à élaborer notre Guide en 2011 afin de répondre aux besoins de nos membres – parmi lesquels figurent des fondations, des fonds de *venture philanthropy* et des investisseurs à impact social – qui désiraient davantage de clarté en termes de mesure de l'impact. Nous avions constaté que le problème n'était pas lié au manque d'information, mais plutôt à l'absence de lignes directrices sur la façon d'interpréter les informations relatives à la mesure de l'impact. C'est pourquoi nous avons entrepris une méta-analyse de près de mille approches différentes figurant dans diverses ressources telles que la base de données TRASI[2] établie par le Foundation Center, basé aux États-Unis. En s'appuyant sur les contributions d'un groupe de vingt-sept experts constitué d'organisations de *venture philanthropy*, de professionnels de l'investissement à impact social, de consultants, d'universitaires et de représentants d'autres organisations impliquées dans la mesure de l'impact, l'EVPA a sélectionné, parmi toutes ces approches, celles qui étaient les plus fréquemment utilisées et les a condensées en une méthodologie en cinq étapes. L'objectif était de déterminer les points communs existant entre les différentes approches afin de proposer des recommandations claires sur la façon de mesurer l'impact.

* Directeur de la recherche et de la politique, European Venture Philanthropy Association (EVPA).

Nous avons élaboré les définitions utilisées dans le Guide EVPA en nous basant sur la chaîne de valeurs de l'impact, celle-ci permettant d'établir clairement les différences entre ressources (*inputs*), produits (*outputs*) (résultats tangibles de l'activité), résultats (*outcomes*) (changements résultant de l'activité) et impact.

Tableau
Travail planifié et résultats attendus par l'organisation à finalité sociale

Travail planifié		Résultats attendus		
Ressources (*inputs*)	Activités	Produits (*outputs*)	Résultats (*outcomes*)	Impact
Ressources (en capital, humaines) investies dans l'activité	Actions concrètes menées par l'organisation	Produits tangibles issus de l'activité	Changements résultant de l'activité	Résultats ajustés de ce qui serait advenu de toute façon, des actions des autres et des conséquences inattendues
Coût (en €), nombre de personnes, etc.	Développement et mise en œuvre de programmes, construction de nouvelles infrastructures, etc.	Nombre de personnes concernées, unités vendues, etc.	Effets sur la population cible (par exemple, accès accru à l'éducation)	Prise en compte dans les résultats (attribution) des actions de tiers (programmes alternatifs, par exemple, cours en plein air), des conséquences inattendues, etc.
Investissement de 50 000 €, 5 personnes travaillant sur le projet	Achat d'un terrain, conception et construction d'une école	Construction d'une nouvelle école de 32 places	Étudiants disposant d'un accès accru à l'éducation : 8	Étudiants ayant accès à l'éducation, sans compter ceux ayant des alternatives : 2

Source : tableau élaboré par l'EVPA à partir des données du *Double Bottom Line Project* de la Fondation Rockefeller.

Nous avons utilisé les définitions suivantes :

– ressources (*inputs*) : toutes les ressources, qu'elles soient financières ou humaines, investies dans les activités de l'organisation ;

– activités : les actions, les tâches et les travaux concrets menés par l'organisation afin de générer des rendements et des résultats et d'atteindre ses objectifs ;

– produits (*outputs*) : les produits et les services tangibles résultant des activités de l'organisation ;

– résultats (*outcomes*) : les changements, les bénéfices, les connaissances ou autres effets (à la fois à court et à long terme) découlant des activités de l'organisation ;

– impact social : l'imputation des activités d'une organisation à des résultats plus larges et à plus long terme.

Afin de mesurer l'impact social de façon précise (en termes académiques), il convient d'ajuster les résultats en fonction (1) de ce qui serait advenu de toute façon (« effet d'aubaine »), (2) de l'action des autres (« attribution »), (3) de la probabilité que les effets de l'intervention initiale diminuent dans le temps (« diminution »), (4) du fait que la situation d'origine peut être déplacée ailleurs ou que les résultats peuvent déplacer d'autres résultats positifs potentiels (« déplacement »), et (5) des conséquences inattendues (qui peuvent être positives ou négatives).

La recommandation de l'EVPA en matière de mesure de l'impact social est d'évaluer les résultats en tenant compte (et, si possible, en ajustant en fonction) de ces facteurs qui contribuent à augmenter ou à diminuer l'impact de l'organisation, plutôt que de chercher à obtenir des données chiffrées très spécifiques en termes d'impact.

Notre point de départ pour le Guide a été de concevoir une méthodologie reconnue de mesure de l'impact afin qu'une organisation de *venture philanthropy* ou un investisseur à impact social puisse mesurer l'impact de son investissement[3] dans une organisation à finalité sociale. Le Guide s'est concentré sur deux niveaux : comment mesurer et gérer l'impact généré par des investissements spécifiques (niveau de l'organisation à finalité sociale) et dans quelle mesure une organisation de *venture philanthropy* ou un investisseur à impact social contribue à cet impact (niveau de l'organisation de *venture philanthropy*/de l'investisseur à impact social). L'objectif était de réaliser un « manuel » de la mesure de l'impact et qui représente bien souvent ce dont les organisations de *venture philanthropy* et les investisseurs à impact social en général ont le plus besoin pour se lancer. L'analyse des méthodologies existantes pour mesurer l'impact et l'expérience de la coopération avec des organisations de *venture philanthropy* et des investisseurs à impact social ont montré que la plupart des méthodes et des instruments utilisés pour mesurer l'impact partagent un cadre général qui peut se résumer en cinq étapes, comme le montre le schéma *infra*.

Schéma
Les cinq étapes de la mesure de l'impact social

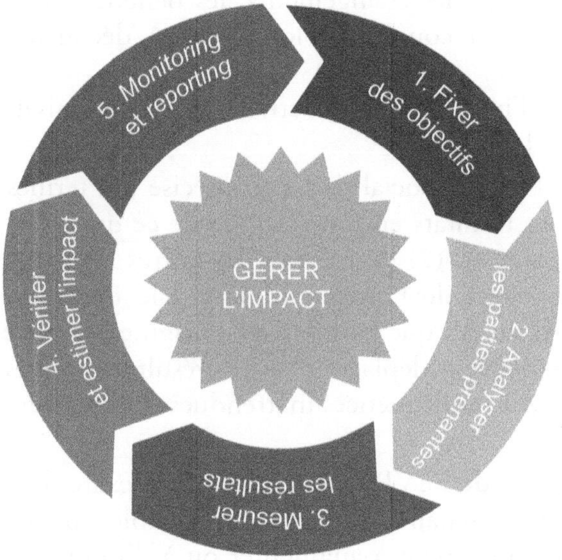

Source : EVPA.

Les étapes sont présentées dans un ordre séquentiel et nous recommandons aux organisations de *venture philanthropy* et aux investisseurs à impact social de respecter l'ordre de ces étapes. Néanmoins, dans la mise en œuvre, il sera possible de revenir à des étapes antérieures afin de les revoir, à mesure que l'on obtient de nouvelles informations et que l'on se familiarise avec le processus. Certaines organisations de *venture philanthropy* et certains investisseurs à impact social pourraient trouver utile de suivre chacune des étapes sur le plan théorique avant de les mettre en pratique.

Au cours de nos travaux, nous avons découvert que l'aspect le plus important de la mesure de l'impact n'était pas l'obtention d'une valeur réelle ou de données chiffrées à la suite de cet exercice, mais l'adoption d'une approche d'impact par l'organisation, de sorte que l'impact devient partie intégrante de l'ensemble du processus de gestion ou d'investissement. En entreprenant selon cette méthode la mesure de l'impact et en tirant des leçons de celle-ci, une organisation peut œuvrer plus efficacement à la production d'un impact social. C'est pourquoi nous sommes passés d'une approche qui n'envisageait que la mesure de l'impact à une approche qui tenait également compte de sa gestion.

Lorsque le Guide était en cours de finalisation, la Commission européenne a mis en place son sous-groupe sur la mesure de l'impact afin qu'il la conseille sur le thème de la mesure de l'impact social. L'EVPA a participé au sous-groupe (et au GECES) et a présenté les cinq étapes du Guide à l'occasion de l'une des réunions. Le GECES a débattu de l'approche EVPA – parmi beaucoup d'autres, par exemple le retour sur l'investissement social (SROI – *social return on investment*), la comptabilité sociale et les tableaux de bord prospectifs – afin de développer une approche transnationale concertée regroupant plusieurs angles de vue et qui soit pertinente aux fins du règlement sur les fonds d'entrepreneuriat social européens (EuSEF – *European social entrepreneurship funds*). Les experts du sous-groupe ont convenu que la norme européenne pour mesurer l'impact devrait être fixée au niveau du processus (en adoptant les cinq étapes de l'EVPA) et non au niveau des indicateurs. Les indicateurs ne peuvent être normalisés qu'au niveau du secteur social et ils doivent être choisis conformément à leur pertinence vis-à-vis de l'organisation sociale mesurant l'impact. La norme européenne a été officiellement adoptée en juin 2014[4] et le rapport peut être téléchargé gratuitement[5].

Le processus standard identifié implique cinq étapes (conformes aux cinq étapes présentées par l'EVPA dans son Guide) :

– identifier les objectifs des différentes parties impliquées et du service qui est mesuré ;

– identifier les parties prenantes : quel est le rôle de chacune et quels sont leurs intérêts ;

– mettre en place une méthode de mesure appropriée : l'entreprise sociale planifie son intervention et prévoit comment l'activité permet d'atteindre les résultats et l'impact dont les bénéficiaires et les parties prenantes ont le plus besoin. Ce lien entre activité et impact correspond à la théorie du changement adoptée par l'entreprise sociale. Cette dernière décide de cela et établit la méthode de mesure la plus pertinente pour l'expliquer et l'impact atteint, en accord avec les principales parties prenantes ;

– mesurer, valider et estimer : évaluer si les résultats visés ont bien été atteints en pratique, s'ils sont visibles par le bénéficiaire et s'ils sont profitables à ce bénéficiaire ;

– *reporting*, apprendre et améliorer : à mesure que les services sont rendus et que les mesures de leur efficacité émergent, de sorte que ces résultats soient diffusés régulièrement et clairement aux acteurs internes et externes.

La méthodologie commune décrite ci-dessus est pertinente à la fois au niveau des investisseurs ou des fonds et au niveau des entreprises sociales. À ces deux niveaux, elle doit prendre en compte le risque que les résultats à impact social ne soient pas atteints, le risque que des dommages sociaux (résultats négatifs non prévus) surviennent et le risque que l'équilibre financier visé ne soit pas obtenu.

À chacune des cinq étapes, les parties prenantes identifiées dans le processus seront impliquées. L'entreprise sociale comme le gestionnaire de fonds devront réfléchir au meilleur moyen de communiquer et de coopérer avec elles, et devront également expliquer comment cette coopération est réalisée. Cet aspect est traité plus en détail dans le rapport.

Un autre développement majeur pour notre secteur a été l'étude conduite par le Groupe de travail sur la mesure de l'impact (WGIM – Working Group on Impact Measurement) établi dans le cadre de la Taskforce G8 sur l'investissement à impact social. Le WGIM était composé d'experts originaires des pays du G8 (plus tard, du G7) ainsi que de représentants de la Commission européenne et de l'OCDE (Organisation de coopération et de développement économiques). Le WGIM s'est appuyé sur les travaux de l'EVPA et du GECES et les a élargis en y incorporant des étapes spécifiques pour la collecte et l'analyse de données. Il a également fourni une vision pour le futur de la mesure de l'impact pour les investisseurs à impact social, en prédisant un système standardisé similaire aux pratiques de la comptabilité financière.

Les principes clés qui sont ressortis de ces travaux, qui devraient dorénavant guider la méthode de mesure de l'impact des investisseurs à impact social, sont les suivants :

– la mesure de l'impact doit être pertinente pour l'organisation qui procède à la mesure, afin qu'elle devienne partie intégrante de son système de gestion et l'aide à améliorer son travail visant à obtenir davantage d'impact. Ce principe implique que les indicateurs de l'impact ne doivent pas être définis selon une logique *top-down* par celui qui finance, mais plutôt par l'entreprise sociale qui est financée (si nécessaire, conseillée par celui qui finance). Les données relatives à l'impact qui sont requises par celui qui finance – mais qui ne sont pas indispensables à la gestion de l'entreprise sociale – devraient être collectées par celui qui finance ou, le cas échéant, ce dernier devrait fournir les ressources nécessaires à leur obtention ;

– la mesure de l'impact doit également être proportionnée à l'organisation dont il est question, en gardant à l'esprit qu'il s'agit d'un moyen, et non d'une fin en soi.

Par conséquent, nous pouvons envisager que la mesure de l'impact devienne plus sophistiquée à mesure que l'entreprise sociale grandit et se développe, et le niveau de données nécessaires devrait augmenter en proportion.

De plus en plus, les investisseurs à impact social développent leur propre théorie du changement, avec des objectifs spécifiques et mesurables quant au changement social qu'ils désirent obtenir. Cette théorie du changement est atteinte en investissant dans des organisations à finalité sociale sélectionnées qui permettent au changement social de survenir. Bien souvent, les objectifs de ceux qui financent sont fixés à un niveau plus systémique et plus élevé que ceux de leur bénéficiaire, voire chaque organisation à finalité sociale. Mesurer l'impact au niveau de celui qui finance impliquerait donc d'autres types de mesures que celles utilisées au niveau du bénéficiaire. Par exemple, un pourvoyeur de fonds dont la théorie du changement implique d'améliorer le niveau d'éducation d'un groupe d'âge et d'une région spécifique dans un pays donné peut atteindre ses objectifs en investissant dans des écoles particulières, mais également en soutenant des organisations de défense à but non lucratif qui s'attachent à faire évoluer les programmes scolaires, et en investissant dans des entités de microfinancement qui fournissent aux parents les flux de revenus qui leur permettent d'envoyer leurs enfants à l'école. Il serait impossible pour ce pourvoyeur de fonds de mesurer son impact en agrégeant les indicateurs de ces investissements très différents. Au lieu de quoi, il lui faut mesurer son impact en trouvant des indicateurs qui reflètent la façon dont le niveau d'éducation au sein de la population cible évolue dans le temps. Il devrait également chercher à mesurer la valeur du soutien qu'il apporte aux organisations bénéficiaires afin de comprendre sa contribution dans les résultats mesurés au niveau de celles-ci. Davantage de lignes directrices sont requises quant à ces pratiques émergentes et cette dimension devrait être abordée dans les études futures.

Des tentatives de standardisation des indicateurs de la mesure de l'impact social ont été faites dans les différents secteurs sociaux et à divers niveaux, laissant de la marge à une adaptation locale au niveau du projet. Il existe plusieurs bases de données (par exemple, IRIS – Impact Reporting & Investment Standards –, Global Value Exchange) ayant collecté des indicateurs de performance clés fréquemment utilisés. Des standards de *reporting* sont déjà en train d'être développés par des investisseurs à impact social en coopération avec les bénéficiaires dans de nombreuses régions d'Europe (par exemple, la norme *Social Reporting Standard* en Allemagne). Des instruments nouveaux et plus sophistiqués (par exemple, Sinzer, PULSE) ont été créés ou sont en cours d'élaboration afin d'aider les professionnels à mesurer et à gérer l'impact.

Pour conclure, puisque la méthode de la mesure et de la gestion de l'impact évolue et devient de plus en plus sophistiquée, nous ne devrions jamais perdre de vue l'objectif global de la mesure de l'impact : aider à la fois les pourvoyeurs de fonds et les bénéficiaires à produire davantage d'impact – tout en étant pertinente et proportionnée.

Notes

1. Hehenberger L., Harling A.-M. et Scholten P. (2013), *A Practical Guide to Measuring and Managing Impact*, EVPA.

2. Voir le site: http://trasi.foundationcenter.org/.

3. Dans cet article, le terme « investissement » fait référence à divers instruments de financement, des subventions aux prêts en passant par les actions.

4. Voir le site : http://europa.eu/rapid/press-release_IP-14-696_en.htm?locale=EN.

5. Voir le site : http://ec.europa.eu/social/main.jsp?catId=738&langId=en&pubId=7735&type=2&furtherPubs=yes.

La grande transformation ? Mesure de l'impact social chez les entrepreneurs sociaux français : une approche pratique

Guilhem DUPUY*

Bien que les racines de la « finance éthique » soient très anciennes, c'est surtout depuis la crise financière et sociale de 2008 que l'on observe les prémisses d'un examen de conscience au sein du système financier mondial, désormais prompt à générer produits et opinions promouvant l'avènement d'une société meilleure.

L'une des arènes les plus caractéristiques de ces nouveaux développements est à chercher du côté du mouvement mondial de l'investissement à impact social[1] qui connaît un développement rapide depuis son initialisation en 2007. Il se définit globalement comme un investissement dans des entreprises et des organisations produisant des effets sociaux positifs et mesurables. De nombreux groupes de travail et initiatives sur ce thème ont été lancés à travers le monde par des décideurs politiques, des investisseurs professionnels, des organisations internationales : le GIIN (Global Impact Investing Network), le GECES (Groupe d'experts de la Commission sur l'entrepreneuriat social) piloté par la Commission européenne, l'initiative EVPA (European Venture Philanthropy Association), le groupe de travail de l'OCDE (Organisation de coopération et de développement économiques), pour n'en citer que quelques-uns.

Ce mouvement a été significativement accéléré depuis le lancement en juin 2013 par le G8 d'une Taskforce internationale sur l'investissement à impact social. Ses principales conclusions ont été publiées en septembre 2014[2] et parmi elles, l'une des plus consensuelles est la suivante : un investissement à impact social mesure explicitement la réalisation de ses objectifs sociaux. En tombant d'accord, les membres de cette initiative prennent position dans un vaste débat

* Chercheur et consultant.

qui a progressivement fait émerger la « mesure de l'impact social » – en France, on parle davantage d'« évaluation de l'utilité sociale » – comme l'un des principaux défis auxquels doivent répondre aujourd'hui les organisations à but non lucratif [3] à travers le monde et, plus largement, toutes les entreprises revendiquant un impact social et environnemental positif.

MESURE DE L'IMPACT SOCIAL : POURQUOI TANT D'ATTENTION ?

L'impact social a été souvent décrit comme une contrepartie, et pas seulement dans le contexte contemporain. Parler d'externalité positive est un faux-sens car en économie, une externalité est un produit non intentionnel de l'action des agents. Dans le cas présent, l'impact social positif d'une organisation est un but clairement recherché, explicite. Il fait l'objet d'une formalisation, dans le cas de la définition de la mission statutaire d'une association, par exemple, voire d'une contractualisation, lorsqu'une organisation reçoit des financements conditionnés à l'atteinte d'un ou plusieurs objectifs sociaux définis à l'avance.

Ce cadrage de l'utilité sociale comme contrepartie revient aussi à l'assimiler à un coût. En France, le fait pour une organisation d'apporter la preuve de son utilité sociale déclenche un traitement fiscal spécifique (exonération d'impôts commerciaux notamment) : l'État consent une dépense fiscale. D'une façon générale, bien que les débats soient très vifs sur ce sujet depuis quelques mois et la publication des premiers *benchmarks* financiers, le mouvement récent de l'investissement à impact social s'est structuré autour de l'idée qu'un investissement de ce type abandonnait une partie de son espérance de retour financier au profit d'une plus-value sociale (ou environnementale) : les Anglo-Saxons parlent de *trade-off* (arbitrage) entre plus-value financière et plus-value sociale d'un investissement.

C'est en particulier pour cette raison que, dans l'horizon de pensée des financeurs ou des investisseurs, la question de l'impact social ne peut être traitée de façon purement morale. Pour justifier un régime fiscal spécifique, ou un impact négatif sur la rentabilité, l'utilité sociale d'une organisation doit être « qualifiée », voire « quantifiée ». En outre, dans un contexte de raréfaction des ressources publiques et de baisse des financements subventionnels, l'invention de nouveaux vecteurs de satisfaction des besoins sociaux devient essentielle. L'évaluation porte l'espoir d'une montée en efficacité-coût des politiques publiques : mesurer l'impact social d'une action est une étape indispensable pour identifier les bonnes pratiques et favoriser leur changement d'échelle. En un mot, l'impact social doit pouvoir être « maximisé ». Enfin, les porteurs de projets sont de plus en plus fréquemment amenés à justifier efficacement de leur utilité sociale au cours de leurs recherches de financement. Ainsi, c'est dans cette relative urgence de la quantification que se situent les débats actuels. Pour éclairer ces débats, une approche pratique est essentielle. Il semble qu'à l'urgence de la quantification, il faille associer une urgence jumelle qui, seule, soit en mesure d'établir des pistes de travail suffisamment consensuelles et surtout utiles à tous : l'urgence de l'empirie.

LA LONGUE MONTÉE EN PUISSANCE DU CONCEPT D'IMPACT SOCIAL

En France, l'État, financeur historique de l'économie sociale et solidaire (ESS), a graduellement introduit le concept d'utilité sociale à partir des années 1970 pour apprécier la légalité d'une exonération d'impôts commerciaux. La première mention de ce concept remonte à l'arrêt « Clinique Saint-Luc » du Conseil d'État daté du 30 novembre 1973, dont l'argumentaire fondateur est repris ensuite par le Code général des impôts.

Dans cet arrêt, la notion est cadrée en négatif : est réputée d'utilité sociale l'action d'une organisation intervenant dans un domaine d'activité qui ne serait couvert de façon satisfaisante ni par l'État, ni par le marché. Ce cadrage monte graduellement en charge dans les années 1990 durant lesquelles il commence à être utilisé dans l'évaluation et la caractérisation du régime fiscal des associations actives dans le domaine de l'insertion, du secteur médico-social, ou du logement.

Parallèlement, le secteur associatif cherche à se structurer sur cette notion qui, à la fin des années 1980, n'est « encore qu'un mot "valorisant" parmi d'autres », comme l'estime Gadrey (2006). Dans le courant des années 1990, le Conseil national de la vie associative tente de définir l'utilité sociale à travers un certain nombre de critères : il synthétise une liste de dix critères en 1995, ramenés à cinq en 1996, sans parvenir à créer de consensus déterminant au sein de ses membres. Le débat se poursuit dans les années 2000, nourri notamment par le rapport Goulard, puis le rapport Lipietz. Le monde de l'ESS avance parallèlement sur les questions de gouvernance, avec l'idée de renforcer l'alignement des processus internes de gouvernance sur les objectifs sociaux de l'organisation et des outils tels que le bilan sociétal porté par le CJDES (Centre des jeunes, des dirigeants et des acteurs de l'économie sociale) ou encore la révision coopérative montent en charge. Dans le cadre d'un travail continu sur la qualité de leur action et de leurs services, les organisations de l'ESS se dotent progressivement d'outils de gestion et de suivi de leur utilité sociale. Pour caractériser ces années de prospective, Gadrey (2006) parle de « convention d'utilité sociale qui se cherche ».

Plus récemment, l'organisation de l'accès des entreprises sociales aux marchés publics, *via* la montée en puissance des clauses sociales, renforce la standardisation de la conception de l'utilité sociale portée par les bailleurs publics.

C'est dans ce contexte que se situe le vote de la loi sur l'ESS en juillet 2014. Fruit de longues discussions et consultations, cette loi a vocation à définir pour la première fois dans un ensemble législatif cohérent les contours de l'ESS française. Elle cherche notamment à stabiliser le concept d'utilité sociale (art. 2) ainsi que le concept d'innovation sociale (art. 15), désormais caractérisés par une longue série de critères précis. D'une certaine façon, la loi ESS signe la fin de la conception historique « en négatif » de l'utilité sociale et pose un jalon dans l'histoire de la normalisation des relations entre partenaires publics et organisations de l'ESS.

Ce processus de normalisation est également enclenché au niveau européen : depuis le lancement en 2011 de la *Social Business Initiative*, la Commission européenne cherche explicitement à favoriser le financement des secteurs sociaux européens à travers une série d'outils juridiques et financiers. L'utilité sociale et sa mesure sont explicitement mentionnées comme des sujets essentiels : l'Acte pour le marché unique II (octobre 2012) annonce l'intention de la Commission de se doter d'« outils rigoureux et systématiques permettant de mesurer l'impact des entreprises sociales », objectif pour lequel est créé le GECES. Ce dernier rend ses premières conclusions en novembre 2013, peu de temps après la publication du règlement « Fonds d'entrepreneuriat social européen » de juillet 2013, destiné à favoriser le financement d'entreprises sociales dont les effets sociaux sont « positifs et mesurables » (art. 3 § ii).

DEPUIS LA CRISE : UNE GRANDE TRANSFORMATION ?

Bien que de nombreux débats aient eu lieu sur le sujet de l'utilité sociale depuis plusieurs décennies, c'est bien sur les évolutions de la période la plus récente que la plupart des critiques semblent se concentrer. Certains parlent d'une « vogue de la mesure[4] » qui aurait été introduite par de nouvelles évolutions économiques et réglementaires, en particulier la quête des États impécunieux pour des sources de financement alternatif au modèle historique de la subvention. Tout un pan de la critique redoute l'asservissement des projets à but non lucratif, éminemment humains, irréductibles à la quantification. Certains parlent d'une financiarisation du secteur social. Le mot n'est pas anodin et rappelle les thèses de Polanyi (1944) sur les catastrophes qu'entraîna au XIXe siècle en Grande-Bretagne le désencastrement du marché vis-à-vis de la société et son objectivation en tant que principe organisateur du social. La mesure d'impact serait ainsi le porte-étendard d'une vaste entreprise de conversion des organisations européennes à but non lucratif à un statut de simples opérateurs, poursuivant une logique de rationalité comptable.

Pour Hély (2010), ces évolutions récentes ont notamment eu pour effet le passage du modèle de l'association au modèle de l'« entreprise associative », caractérisé par une montée en charge du salariat et un recul de la fonction historique du bénévolat. Ce phénomène de « rationalisation » (*ibidem*) du monde associatif a ouvert ce que Gadrey (2006) appelle un « espace de controverses », à l'intérieur duquel les oppositions entre partisans et résistants aux questions de mesure de l'utilité sociale se nourrissent de prises de positions académiques souvent divergentes. Hély (2010) estime, par exemple, que Jean-Marc Borello (président du groupe SOS, premier groupe associatif français) adopte une « posture résolument iconoclaste » vis-à-vis des institutions traditionnelles de l'économie sociale.

Il est certain que le cadrage par les politiques publiques ne suffit plus aujourd'hui. Depuis 2008, le débat entre professionnels se nourrit surtout de l'arrivée massive, dans le marché du financement de l'ESS, d'acteurs de droit privé, dont la grande variété de statuts, d'attitudes et de processus de financement a significativement complexifié les enjeux de la mesure de l'impact social. Spécificité française, l'abondance du financement d'origine privée est caractérisée par la présence marquée de grands acteurs bancaires généralistes[5], présence qui semble avoir accentué les conflits de valeurs entre parties prenantes. Par effet miroir, le marché de l'évaluation sociale indépendante s'est rapidement développé en France et ailleurs, et a contribué sur la période récente à multiplier les méthodes, les indicateurs, les référentiels et les cadres comptables ; cette multiplicité dépasse aujourd'hui l'entendement.

LA MESURE D'IMPACT EN PRATIQUE

Contrairement aux guides, aux manuels, précis, et autres articles galvanisants sur le sujet de la mesure d'impact, les études empiriques sont encore plutôt rares dans ce domaine. Fait intéressant, les résultats des quelques enquêtes existantes sont très convergents.

Dans une étude auprès de trente-cinq institutions de microfinance européennes, publiée en octobre 2014, il apparaît que dans leur grande majorité, les répondants sont *a minima* au courant de l'existence de standards de performance sociale. Les deux tiers d'entre eux ont déjà établi un cadre de suivi d'indicateurs mesurant la réalisation effective de leurs objectifs sociaux (Bénard, 2014).

Le rapport annuel 2014 de l'indice NatWest SE100, qui agrège les données financières de cent entreprises sociales britanniques, indique que 62,5 % des entreprises de l'indice disposent d'indicateurs de suivi de leur impact social[6]. Ce chiffre est monté à 70 % à l'occasion de la dernière mise à jour de l'indice.

En France, une étude à paraître sur les pratiques de mesure d'impact conduite en 2015 auprès de trente organisations et entreprises sociales donne des résultats tout à fait similaires : 72 % des organisations interrogées ont déployé ou sont sur le point de déployer une méthode de mesure de leur impact social (Dupuy, 2015).

Cette proportion d'environ deux tiers semble pour l'instant relativement consistante. Elle s'explique également par le caractère relativement large – et donc inclusif – de la question posée, les types d'indicateurs et de méthodes employés n'étant pas nécessairement précisés. Une étude britannique sur l'adoption du SROI (*social return on investment*), considéré comme l'un des standards les plus exigeants des méthodes de mesure d'impact, conduite auprès de trente organisations du secteur social britannique fournit un contre-exemple intéressant (Wood et Leighton, 2010). Les auteurs concluent que « peu d'organisations parmi l'échantillon analysé peuvent être considérées prêtes pour une mise en œuvre du SROI ».

Cette proportion est en soi un résultat particulièrement intéressant : contrairement à certaines idées reçues ou positions de principe, les organisations et les entreprises sociales, en France et ailleurs, ont développé dans leur grande majorité des outils de suivi et de mesure de leur utilité sociale.

DES MÉTHODES ADAPTÉES À DES OBJECTIFS NÉGOCIÉS

Bien que la diversité des méthodes soit la norme – et ne soit pas simplement corrélée à la diversité des secteurs d'activité dans lesquels les entreprises sociales sont actives –, les comportements d'évaluation de l'impact social suivent généralement un nombre restreint de rationalités caractéristiques (cf. *infra*), s'échelonnant selon une gradation linéaire de l'attitude la plus proactive à l'attitude la plus résistante. On peut estimer à ce stade que deux principales dimensions tendent à expliquer ces variations d'attitude.

La première dimension est le degré de conviction des équipes dirigeantes/coordinatrices vis-à-vis de l'intérêt interne d'un pilotage de l'utilité sociale. Cette gradation ne coïncide pas ou peu avec l'opposition souvent commentée entre « modernes » et « classiques » de l'ESS, c'est-à-dire une opposition entre acteurs historiques de l'économie sociale et nouveaux entrepreneurs sociaux, moins soucieux du caractère à but non lucratif de leurs structures que de la finalité sociale globale de leurs missions. La montée en charge des outils de pilotage interne de l'utilité sociale s'explique d'abord par le mouvement de professionnalisation des équipes dans tous les secteurs de l'ESS, « classiques » comme « modernes », observé depuis une vingtaine d'années. En pratique, d'ailleurs, les nouveaux entrants ne sont pas toujours bien structurés sur ces sujets, alors que des secteurs historiques comme l'insertion considèrent aujourd'hui le pilotage de l'impact social comme une compétence « cœur de métier ».

La seconde dimension explicative est l'attitude des parties prenantes, en particulier des financeurs, publics et privés, et des donneurs d'ordre. Les organisations et les entreprises sociales tendent à être d'autant plus structurées sur le sujet de la mesure de l'impact social que leurs partenaires financiers le sont également (le milieu académique parle souvent d'« isomorphisme » pour décrire ce phénomène[7]). Le système de financement complexe des organisations de l'ESS entraîne une grande variété d'attitudes des financeurs vis-à-vis de l'utilité sociale des organisations qu'ils financent. Les critères d'évaluation restent très différenciés en fonction des secteurs, des zones géographiques, des échelons territoriaux. La catégorie public/privé n'a ici que peu de pouvoir explicatif. Malgré quelques précurseurs, comme les fondations, les financeurs solidaires de droit privé ne se sont en effet saisis de la question de la mesure d'impact que très récemment, car la preuve nécessaire et suffisante de l'utilité sociale des organisations financées est apportée en France par la détention de l'agrément « solidaire » préfectoral, basé jusqu'en 2014 sur une appréciation des moyens plutôt que des fins. Les financeurs publics, en revanche, demandent depuis longtemps des comptes en matière d'utilité sociale, en particulier depuis la généralisation des évaluations *ex post* de l'action publique au cours des années 1990 faisant suite à l'abandon de la politique de rationalisation des choix budgétaires (RCB) en 1984 (Richez-Battesti *et al.*, 2008).

Au-delà de ces dimensions explicatives simples, une analyse qualitative des verbatim recueillis à l'occasion d'une enquête récente (Dupuy, 2015)[8] conduit à décrire trois principales rationalités caractéristiques des organisations de l'ESS en matière de mesure d'impact.

La mesure au service de la mission

Les organisations proches de ce profil ont érigé la mesure de leur utilité sociale en véritable stratégie, mobilisée efficacement aussi bien sur des enjeux internes que sur des enjeux externes. Les discours développés sur ce sujet sont souvent très volontaristes et mettent d'abord l'accent sur le fait que la mesure et le pilotage de l'utilité sociale sont la « raison d'être » de l'action. Ainsi, une entreprise d'insertion francilienne explique : « Nous considérons notre métier (...) comme un vecteur d'amélioration sociale. Qu'il s'agisse de la réduction de notre impact environnemental, d'un projet social innovant (insertion par l'activité économique) ou de notre modèle économique vertueux, rien n'est laissé au hasard. »

Cette recherche d'efficience et de performance n'est pas vécue comme un élément étranger aux valeurs défendues par les organisations. Mieux, valeurs et pilotage de l'action forment généralement un ensemble indissociable. Les données de l'enquête permettent de corroborer la notion de « professionnalisation autolimitée » développée par Codello-Guijarro (2012) : il s'agit d'une position alliant le souci de professionnalisation à celui d'un pilotage respectant des objectifs de « performance globale », déclinée à la fois en termes d'utilité sociale, de performance économique, de respect des parties prenantes, etc. Cette notion rappelle la notion de « performance sociale » développée dans le secteur de la microfinance. Il s'agit d'une approche multidimensionnelle de la notion d'utilité sociale, déclinée en objectifs et indicateurs pilotés au quotidien, qui fournit un appui essentiel à la poursuite de la mission sociale.

Ainsi, une organisation du secteur médico-social interrogée déclare mesurer son impact social « afin de renforcer sa notoriété en externe, mais aussi en interne, pour que l'ensemble des salariés (...) aient la fierté de participer à un engagement sociétal qui les honore. L'activité auprès des personnes âgées très dépendantes est psychologiquement difficile et pénible physiquement d'où une juste obligation de reconnaissance de l'activité déployée par les soignants ».

La mesure qui se cherche

Bien que de nombreuses organisations de l'ESS soient aujourd'hui proactives sur le sujet de la mesure de l'impact social, une partie d'entre elles continuent de se chercher sur le sujet : parties prenantes peu intéressées, manque d'utilité perçue, complexité de la tâche, manque de temps ou de moyens sont parmi les raisons généralement avancées. Il ne s'agit pas d'une position de résistance, d'ailleurs, les organisations proches de ces catégories connaissant généralement très bien les enjeux de la mesure d'impact et l'état du débat contemporain. On peut raisonnablement supposer qu'elles seraient prêtes à avancer rapidement sur ces sujets si les conditions étaient réunies, en particulier si les parties prenantes existantes structuraient leurs attentes ou si le besoin de chercher des partenaires financiers complémentaires se manifestait. Une association active dans l'habitat explique ainsi que la mesure de l'utilité sociale est une « demande nouvelle et non encore convergente de la part des *leaders* du réseau, la remontée de ce type d'actions en termes de priorités prendra du temps. Les premiers résultats seront plus le fait d'initiatives individuelles ou d'exploitation d'opportunités de financement ».

Une autre condition qu'il semble nécessaire de réunir pour faire basculer ce pan de l'ESS dans une démarche proactive semble être la coconstruction des référentiels. L'opposition entre référentiels théoriques de mesure d'impact, imposés d'en haut, et pratiques d'évaluation réellement déployées en interne, adaptées aux besoins courants des organisations et surtout à leur mission sociale, reste forte dans les discours : les demandes des parties prenantes se font très souvent sur « la base d'approches théoriques parfois séduisantes, mais [sont] très souvent [de] simples déclinaisons de méthodologies déjà appliquées pour le monde de l'entreprise privée avec substitution d'éléments de langage ou de vocabulaire ». Richez-Battesti *et al.* (2008), dans un article cartographiant les pratiques d'évaluation au sein du monde de l'ESS française, opposent d'ailleurs clairement les pratiques de bilan sociétal, ou l'utilité sociale « évaluée volontairement », et l'évaluation de l'utilité sociale résultant de l'« obligation des financeurs ». D'une façon générale, les méthodes statistiques complexes ou lourdes, de type randomisation ou SROI, sont souvent considérées par les organisations et les entreprises sociales comme n'étant applicables qu'à un nombre très restreint de cas et déployables uniquement sur budget externe (celui d'une partie prenante intéressée, par exemple).

Résistance, évidence

Une opinion encore fréquemment défendue par les nouveaux financeurs privés de l'entrepreneuriat social est la suivante : une partie des organisations traditionnelles de l'ESS seraient rétives à la mesure d'impact, convaincues de l'évidence de leur utilité sociale. Cette position ne semble guère défendable en pratique ; elle est plutôt le reflet de conflits de valeurs entre acteurs issus de mondes sociaux différents. Plusieurs chercheurs utilisent le concept de « résistance » aux outils de gestion pour caractériser l'attitude de certaines organisations de l'ESS, terme qui souligne bien le caractère interactif de cette posture (on ne résiste que face à une attaque, réelle ou perçue). L'ESS est aujourd'hui dans son ensemble familière d'une certaine culture de l'évaluation, telle qu'impulsée par les bailleurs publics notamment. C'est par rapport à ce contexte que doivent se comprendre aujourd'hui les postures de résistance aux démarches d'évaluation : ces postures sont le fait d'organisations qui défendent une conception alternative de leur utilité sociale. L'évidence n'est qu'un raccourci cognitif vers un ensemble de valeurs généralement bien définies.

Ainsi, une organisation spécialisée dans l'hébergement d'urgence de populations très précaires estime que son impact social est manifeste « du fait du public et du type d'actions menées ». Pour son représentant, la mesure de l'impact social ne représente donc pas de « véritable enjeu interne ». Vis-à-vis des parties prenantes, cette démarche ne paraît pas non plus essentielle, la priorité étant la « stabilité financière, par la recherche de fonds privés venant compléter les fonds publics. Le travail sur l'impact social n'aide pas à atteindre cet objectif primordial ». Une autre organisation, de type entreprise d'insertion, déclare ne pas chercher à évaluer son utilité sociale. Pour son représentant, « notre organisation vend avant tout un service à utilité sociale ».

La relation avec les parties prenantes – l'absence de demande particulière des bailleurs en particulier – peut expliquer une partie de ces positions. La quête d'une utilité sociale fait toutefois partie intégrante des modèles organisationnels de ce troisième type d'organisations : formalisée dans le projet associatif, le modèle économique, l'utilité sociale reste l'horizon de l'action, quand bien même la mise en place d'indicateurs de pilotage précis serait rejetée. Les conceptions défendues reposent alors sur une approche principalement qualitative, voire résolument inquantifiable, de l'utilité sociale. Une organisation active dans le secteur de la microfinance, par ailleurs très structurée sur la question de la mesure d'impact, précise ainsi : « Quand un bénéficiaire (...) nous déclare : "vous m'avez permis d'exister, d'être debout", c'est bien de cette finalité dont il s'agit et cela rejoint le souci de libération/émancipation. » Le concept de « finalité » doit être compris dans son sens philosophique, il désigne le but ultime de l'action. Au caractère principalement qualitatif de l'utilité sociale défendue est généralement associée dans les discours une insistance sur la qualité de l'action. Cette approche par la qualité se décline en principes concrets de gestion, nourris par une approche démocratique de la gouvernance. On retrouve ici une forme complémentaire du « pilotage au quotidien de l'utilité sociale », cœur de métier des organisations proches du premier profil.

SE FIXER UN CAP POUR L'AVENIR

Pilotage de l'utilité sociale et mesure d'impact ne sont pas en réalité des concepts facilement interchangeables. Dans la chaîne de l'impact, le consensus établit une différence entre « résultat » et « impact ». Le récent rapport *Impact Measurement* publié dans le contexte de la Taskforce du G8 sur l'investissement à impact social adopte sur ce sujet la définition de l'impact proposée par le GECES (2013) : il s'agit de « rendre compte des résultats sociaux et environnementaux sous forme de mesures, à la fois de court terme et de long terme, ajustées des effets de l'action d'autres acteurs, des effets qui seraient survenus de toute façon, des conséquences négatives et des effets s'affaiblissant au cours du temps ». Par construction, les simples résultats de l'action ne sont pas soumis aux procédures complexes d'attribution destinées à mesurer quantitativement leur propre effet, c'est-à-dire toutes choses égales par ailleurs.

Or c'est précisément ces « résultats » qui sont aujourd'hui massivement intégrés aux systèmes de pilotage de l'action des organisations et des entreprises sociales. La plupart des organisations mesurent leur impact, mais peu d'entre elles le mesurent toutes choses égales par ailleurs. Existe-t-il de fortes marges de progression vers ce but ultime ? Et, d'une façon générale, une telle évolution est-elle souhaitable ?

La première contrainte est la question du coût. Les études de mesure d'impact à proprement parler sont à la fois très coûteuses, très complexes à mettre en œuvre et, à la différence des approches de pilotage de la performance globale, ne rencontrent pas toujours l'intérêt des parties prenantes, bailleurs compris. Ainsi, si l'on suit le « principe de proportionnalité », principe très largement admis, explicité notamment dans le rapport du GECES[9], il semble qu'il soit très pertinent de favoriser le développement des référentiels de pilotage de l'utilité sociale, mais en général il est peu pertinent de chercher à rendre systématique l'évaluation toutes choses égales par ailleurs. Ces derniers modes d'évaluation sont cependant très utiles pour la progression de la connaissance en général et alimentent efficacement le débat sur le sens de l'action publique. On ne peut qu'inciter les laboratoires universitaires, déjà largement actifs sur l'évaluation des politiques sociales, à continuer de se saisir de ces sujets. Des partenariats publics-privés efficients, apportant des solutions concrètes au problème du tiers-payeur pour de telles enquêtes coûteuses, sont à inventer.

La deuxième contrainte est celle de la multiplicité des référentiels de mesure de l'utilité sociale. Le représentant d'une structure d'insertion synthétise efficacement cette question : « Une harmonisation des demandes des parties prenantes (1) permettrait de gagner du temps et de l'efficacité dans le travail de démonstration de notre utilité sociale, (2) nous éviterait de montrer plusieurs fois nos résultats en plusieurs langues différentes (langue FSE, langue DIRECCTE, langue bancaire, langue fondation, etc.). » Ce problème, bien connu dans le secteur précurseur de la microfinance, a fait l'objet d'une solution innovante avec le nouveau standard SPI4, base de données unique capable de délivrer automatiquement des *reportings* formatés dans toutes les « langues » parlées par les différentes parties prenantes. Une solution de ce type est facilement envisageable dans le contexte de l'investissement à impact social français. Il existe aujourd'hui en France des systèmes d'information très structurés dans la plupart des organisations et des entreprises sociales. Un vaste travail de concertation, de création et d'adaptation de métriques et de référentiels d'utilité sociale a été accompli au fil des ans, en lien avec les bailleurs publics et privés, les têtes de réseaux, les bénévoles, les usagers. Sur cette base très riche, il est possible de construire rapidement – au moins au niveau sectoriel – des systèmes agrégés de mesure de l'utilité sociale qui soient à la fois peu coûteux et utiles pour l'ensemble des parties prenantes, car susceptibles de réduire la redondance (et donc une consommation inutile de ressources) entre pratiques ordinaires de gestion de la performance globale, pilotage de la qualité de service et production de *reportings* externes.

Dernière idée importante : le respect des « finalités » de l'action, c'est-à-dire des valeurs portées par les organisations et les entreprises sociales. Les futurs référentiels de mesure de l'utilité sociale doivent absolument éviter de générer des conflits de valeurs entre parties prenantes, conflits qui expliquent aujourd'hui les comportements de résistance vis-à-vis de la « vogue » de la mesure d'impact. L'ensemble des organisations de l'ESS, et plus largement toutes les entreprises sociales, sont porteuses de valeurs fortes, intégrées à leurs modes de gouvernance. Or, comme l'explique Gadrey (2006), plusieurs dimensions essentielles de l'utilité sociale, « concernant le lien social, l'estime de soi et l'autonomie existentielle, la sociabilité, la qualité de vie, la démocratie locale et l'innovation sociale », bien qu'elles « ne résistent pas à toute quantification », courent le risque de se retrouver significativement appauvries dans un processus de mesure d'impact exclusivement quantitatif. La mise en synergie des registres quantitatif et qualitatif est d'ores et déjà un savoir-faire « cœur de métier » dans de nombreuses organisations de l'ESS. Le respect des valeurs ne pose donc pas de problème méthodologique fondamental au défi d'une certaine standardisation des référentiels.

Quelles actions sont les plus susceptibles de répondre efficacement à un problème social donné ? C'est à cette question que le mouvement mondial récent de l'investissement à impact social cherche à répondre dans un référentiel idéologique peu assumé, mais généralement hérité du *public choice*. N'oublions pas que les discussions sur l'utilité sociale, sur l'impact social sont toujours des espaces concrets de débat impliquant une certaine conception du bien commun. Or les conceptions du bien commun sont multiples et espérons qu'elles le restent longtemps dans nos sociétés démocratiques. Pragmatiques dans leur diversité, acteurs énergiques d'une transition vers la société de demain, les associations, les organisations et les entreprises sociales sont autant de mises en expérimentation pratique d'une certaine idée du bien commun. Elles contribuent activement à définir cette notion dans toute sa pluralité, et donc dans toute sa richesse.

NOTES

1. Les principaux enjeux de l'investissement à impact social sont notamment décrits dans l'article de Sibille (2015).

2. Voir le site : www.socialimpactinvestment.org.

3. Le rapport de la Taskforce utilise le terme générique de « secteur social » pour désigner tout secteur social, tiers secteur, secteur de l'ESS.

4. Voir notamment Alix et Baudet (2014).

5. Voir Dupuy (2015).

6. Voir le site : https://se100.net/analysis/annual-2014.

7. Voir Gianfaldoni (2013).

8. Les résultats de l'enquête sont ici simplifiés.

9. « Pour obtenir une bonne mesure, il est fondamental que celle-ci tienne à la fois compte des besoins des parties prenantes, de l'interdiction de gaspiller des ressources pour une mesure qui n'en vaut pas la peine. »

Bibliographie

ALIX N. et BAUDET A. (2014), « La mesure de l'impact social : facteur de transformation du secteur social en Europe », CIRIEC, *Working Paper*, n° 2014/15.

BÉNARD M. A. (2014), *European Microfinance and Social Performance: Where Do We Stand?*, European Microfinance Network, octobre.

CODELLO-GUIJARRO P. (2012), *Professionnalisation dans le monde associatif. Comment donner une place à toutes les parties prenantes de l'association ?*, Éditions universitaires européennes.

DUPUY G. (dossier dirigé par) (2014), « Cartographie de l'écosystème français d'investissement à impact social », in *Comment et pourquoi favoriser des investissements à impact social ?*, rapport du Comité français sur l'investissement à impact social, septembre.

DUPUY G. (2015), *Utilité sociale, impact social : de la mesure en toute chose ?*, groupe Crédit coopératif, septembre.

GADREY J. (2006), « L'utilité sociale en question : à la recherche de conventions, de critères et de méthodes d'évaluation », in Chopart J.-N. *et al.*, *Les dynamiques de l'économie sociale et solidaire*, La Découverte.

GECES (Groupe d'experts de la Commission sur l'entrepreneuriat social) (2013), *Proposed Approaches to Social Impact Measurement in European Commission Legislation and in Practice Relating to EuSEFs and the EaSI*, GECES Sub-Group on Impact Measurement, novembre.

GIANFALDONI P. (2013), « Les enjeux identitaires des entreprises sociales françaises », *Entreprendre & Innover*, vol. 17.

HÉLY M. (2010), « Le travail d'utilité sociale dans le monde associatif », *Management & Avenir*, vol. 2010/10, n° 40.

POLANYI K. (1944), *The Great Transformation.*

RICHEZ-BATTESTI N., TROUVÉ H., ROUSSEAU F., EME B. et FRAISSE L. (2008), « Évaluer l'économie sociale et solidaire en France : bilan sociétal, utilité sociale et épreuve identitaire », *Économie et Solidarités*, vol. 39, n° 1.

SIBILLE (2015), « Quel investissement à impact social en France ? », in *Rapport moral sur l'argent dans le monde 2015-2016*, Association d'économie financière.

WOOD C. et LEIGHTON D. (2010), *Measuring Social Value: the Gap between Policy and Practice*, Demos.

Biens mal acquis, biens en déshérence : des ressources inédites pour financer l'économie sociale et solidaire

Thierry GUILLOIS*
Marcel HIPSZMAN**

Le financement des entreprises de l'économie sociale et solidaire se heurte à des difficultés liées en partie à leur nature et leur mode de fonctionnement qui les rendent insuffisamment attractives pour les investisseurs privés. Elles subissent par ailleurs, s'agissant notamment des associations, les effets de politiques budgétaires récessives.

Dans le même temps, ces entreprises connaissent depuis plusieurs décennies un développement considérable et jouent un rôle important en appui aux politiques publiques dans de nombreux domaines. La question du financement n'en acquiert que plus d'acuité.

C'est l'un des objectifs affichés par le gouvernement en faisant adopter la loi du 31 juillet 2014 relative à l'économie sociale et solidaire que d'essayer d'y répondre. Et en effet, celle-ci contient un certain nombre de mesures qui s'ajoutent à la panoplie d'outils développés au fil du temps.

Sans anticiper sur l'effet de ces mesures, on peut cependant penser qu'elles ne suffiront pas. Il apparaît donc utile de continuer à améliorer les outils existants et à explorer de nouvelles possibilités. L'investissement à impact social est certainement de celles-là.

D'autres voies encore inédites en France, mais expérimentées à l'étranger paraissent également prometteuses.

C'est le cas du dispositif de captation ou de récupération au profit des structures de l'économie sociale et solidaire d'une partie des ressources provenant des biens mal acquis ou de « réutilisation sociale des biens confisqués à la criminalité organisée » mis en œuvre en Italie depuis 1996.

* Président de la Commission juridique et fiscale, Haut Conseil à la vie associative (HCVA) ; avocat associé, Cabinet PDGB.
** Ancien adjoint au délégué interministériel à l'économie sociale.

C'est aussi le cas du dispositif concernant l'affectation au financement d'organismes d'intérêt général des avoirs en déshérence introduit au Royaume-Uni en 2008.

Cet article présente successivement, en s'appuyant sur des expériences étrangères, deux nouvelles sources potentielles de financement d'activités d'intérêt général et de l'économie sociale et solidaire.

LA RÉUTILISATION À DES FINS SOCIALES DES BIENS CONFISQUÉS À LA CRIMINALITÉ ORGANISÉE

La notion de « crime organisé »

Le droit français ne définit pas explicitement la notion de « crime organisé ».

Toutefois, le Code de procédure pénale prévoit une procédure applicable à la criminalité et à la délinquance organisées avec la liste des infractions auxquelles elle s'applique et qui couvre un champ très vaste (trafic de stupéfiants, traite des êtres humains, extorsion, fausse monnaie, terrorisme, etc.).

En l'absence de définition plus précise, la notion d'« association de malfaiteurs » ou de « bande organisée » définie dans le Code pénal comme « tout groupement formé ou toute entente établie en vue de la préparation par un ou plusieurs faits matériels d'une ou plusieurs infractions pénales » est ce qui exprime sans doute le mieux la notion de « crime organisé ».

Dans l'opinion publique et les médias, c'est le terme générique de « mafia », que l'on emploie le plus souvent pour désigner le crime organisé, éventuellement qualifié suivant son origine : mafia italienne, russe, asiatique, etc.

Le crime organisé est aujourd'hui un phénomène planétaire qui sévit sous les formes et dans les domaines les plus divers. L'inventivité criminelle est, à cet égard, sans limite, toujours à l'affût de nouveaux terrains d'exercice. Le développement exponentiel de la cybercriminalité et de la criminalité financière en est un exemple parmi d'autres. Les ressources que les réseaux criminels tirent de leur activité et font fructifier par leur réinvestissement dans des activités licites et par la corruption et la fraude pratiquées à grande échelle leur confèrent un pouvoir considérable au point de constituer une menace pour la sécurité et le bien-être des populations (rôle de la Camorra dans le traitement des déchets à Naples), mais aussi pour les entreprises (concurrence déloyale, contrefaçon, fraude dans l'attribution des marchés publics) et dans certaines régions du monde, y compris en Europe, pour l'état de droit et les institutions démocratiques.

Selon l'ONU (Organisation des Nations unies), le montant total des produits du crime atteignait 2 100 Md$, soit 3,2 % du PIB mondial en 2009. Au sein de l'Union européenne (UE), les profits de la criminalité sont considérables.

L'estimation pour les seules ventes de drogues illicites est de 100 Md€ par an, soit à peu près le montant total du budget de l'UE. En Italie, les produits de la criminalité organisée sont estimés à 150 Md€ par an. Au Royaume-Uni, le chiffre (2006) est de 15 Md£.

Une très faible part des produits du crime organisé est saisie et confisquée (moins de 1 % selon l'ONU). Sur cette base, on obtiendrait, pour la France, un montant de l'ordre de 50 Md€.

La lutte contre le crime organisé en France et au niveau européen

Elle est au premier chef de la responsabilité de chacun des États auxquels il appartient de prévenir et réprimer les activités criminelles par l'action de la police et de la justice.

La répression ne suffit pas. Tarir les ressources des réseaux criminels par la saisie et la confiscation des produits de leurs activités est encore le moyen le plus efficace pour en entraver durablement la poursuite.

Nombre d'États se sont dotés des outils juridiques et administratifs propres à donner toute leur efficacité à ces mesures.

C'est le cas notamment de la France qui, par la loi du 9 juillet 2010 visant à faciliter la saisie et la confiscation en matière pénale, a considérablement renforcé le dispositif existant.

Afin d'améliorer la gestion des biens saisis et confisqués dans le cadre de procédures pénales, il a été notamment créé l'Agence de gestion et de recouvrement des avoirs saisis et confisqués (AGRASC) placée sous la double tutelle du ministère de la Justice et de celui des Finances.

L'ensemble des biens (numéraires, comptes bancaires, véhicules, immeubles, meubles, etc.), 34 000 au total, sous gestion représentait, à la fin de 2014, plus de 500 M€.

Le produit de la vente de ces biens inscrit sur un compte ouvert à la Caisse des Dépôts (CDC) est reversé au budget général ou pour la part provenant du trafic de drogues au fonds de concours « stupéfiants » géré par la Mission interministérielle de lutte contre les drogues et les conduites addictives (MILDECA).

Les groupes criminels organisés n'agissent pas seulement sur le territoire d'une région ou d'un État donné, ils opèrent fréquemment dans les États limitrophes, voire à l'échelle de l'UE, du continent, ou même au niveau mondial.

C'est ainsi que l'UE a fait de la lutte contre la criminalité organisée l'une de ses priorités dans le cadre du programme de Stockholm du 24 janvier 2010.

Elle a défini une stratégie qui met l'accent sur la nécessité de développer davantage la confiscation des avoirs criminels et de renforcer la coopération entre les États membres. La Commission européenne est chargée de sa mise en œuvre.

Ce sera l'objet de la directive 2014/42 du 3 avril 2014 concernant le gel et la confiscation des instruments et des produits du crime dans l'UE qui renforce considérablement l'efficacité du dispositif en prévoyant notamment :

– la confiscation élargie s'appliquant à des avoirs criminels présumés provenir d'autres activités criminelles, sans lien avec l'infraction poursuivie ;

– la confiscation en l'absence de condamnation en cas de décès, de maladie ou de fuite empêchant les poursuites ;

– la confiscation des avoirs des tiers en cas de transfert de complaisance ;

– le gel conservatoire au cas de biens risquant de disparaître.

La directive contient également une disposition tout à fait originale, introduite à l'initiative du Parlement européen. L'article 10.3 de la directive, intitulé « Gestion des biens gelés et confisqués », invite en effet les États membres à « envisager de prendre des mesures permettant que les biens confisqués soient utilisés à des fins d'intérêt public ou pour des finalités sociales ».

Il ne s'agit pas d'une obligation impérative, mais il est précisé dans les considérants (35) que « ces mesures pourraient, entre autres, inclure l'affectation de ces biens à des projets en matière d'application des lois et de prévention de la criminalité, ainsi qu'à d'autres projets d'intérêt public et d'utilité sociale ».

Il en résulte pour les États membres l'obligation de faire procéder à une analyse juridique ou à un examen des avantages et des désavantages de l'instauration de telles mesures.

L'adoption de cette mesure, inspirée de la loi italienne de 1996, qui a, pour la première fois en Europe, mis en place un dispositif de réutilisation sociale des biens confisqués à la criminalité organisée, marque l'aboutissement des efforts des parlementaires européens pour rendre plus efficace la lutte contre la criminalité organisée en y associant plus directement la société civile.

La réutilisation sociale des biens confisqués : le rôle pionnier de l'Italie

L'adoption de la loi italienne intervient à un moment clé d'une période d'affrontement brutal entre la mafia et l'État italien.

Elle se situe dans le prolongement de la loi Rognoni-La Torre de 1982, dite « loi antimafia », qui crée le délit d'association mafieuse et autorise la confiscation préventive des biens des personnes appartenant à une conspiration mafieuse. La loi de 1996, et c'est ce qui en fait tout l'intérêt, est portée par un mouvement citoyen – une pétition lancée en 1995 par l'association Libera et qui a réuni plus de 1 million de signatures. Elle exprime le refus de la violence prédatrice de la mafia et l'exigence du retour à la collectivité des biens volés.

Dans la pratique, la partie des biens confisqués affectés à une utilisation sociale, qui restent cependant la propriété de l'État, sont attribués aux collectivités locales, à charge pour elles de les mettre à disposition et d'en confier la gestion à des coopératives ou des associations sur la base d'un contrat de concession d'une durée limitée à vingt ans ou, dans le cas des terres agricoles, sous la forme d'un commodat gratuit de quinze ans à trente ans (Rizzoli/Mignemi). Le financement de l'activité reste à la charge des structures qui peuvent éventuellement bénéficier d'aides publiques.

Comme en France, la gestion administrative de l'ensemble des biens saisis et confisqués, avant affectation, est assurée par une agence relevant de la puissance publique, Agenzia nazionale per l'administrazione e la destinazione dei beni sequestrati e confiscati alla criminalità organizzata (ANBSC). Elle a toutefois une mission nettement plus étendue que l'AGRASC puisqu'elle assure la mise en œuvre du dispositif de réutilisation des biens confisqués.

La valeur du patrimoine confisqué estimée à 11 Md€ en 2012 comprend aujourd'hui 13 000 biens immobiliers et 1 700 entreprises. Sur ce total, un tiers a été attribué à des coopératives ou des associations.

Au vu de l'expérience italienne, la réutilisation sociale présente un triple intérêt :

– éviter que les biens confisqués ne soient récupérés par les organisations criminelles ;

– remettre dans les circuits légaux, à la disposition de la collectivité et de la société civile, des biens prélevés sur les territoires et contribuer à leur développement ;

– faire émerger, face à l'économie mafieuse, un autre modèle fondé sur les valeurs de l'économie sociale et solidaire (Hipszman, 2014)[1].

La « Pieuvre » demeure toujours active, en dépit de sa condamnation par une grande majorité d'Italiens, à commencer par des prêtres tel Don Luigi Ciotti, très engagé dans la dénonciation de la mafia, comme les plus hautes autorités de l'Église et de l'État.

Reste que la confiscation des biens de la criminalité organisée et son utilisation à des fins sociales (Rizzoli/Mignemi), y compris au cœur même de la domination mafieuse (Corleone), ont largement contribué à éroder le « capital social » de la mafia là où elle est la plus enracinée, en même temps qu'à la création et au développement de coopératives et d'associations sur ces territoires.

Vers l'adoption de la réutilisation sociale en France ?

La question est d'ores et déjà posée et se posera de toute façon au moment de la transposition de la directive du 3 avril 2014 concernant le gel et la confiscation des instruments et des produits du crime dans l'UE qui doit intervenir au plus tard le 4 octobre 2016.

Même si les situations ne sont pas en tout point comparables – encore que le tableau que dresse la Direction centrale de la police judiciaire (rapport SIRASCO 2012-2013) ne laisse aucun doute sur l'ampleur du phénomène –, on peut penser que la France trouverait le même avantage que l'Italie à adopter un dispositif de réutilisation sociale.

Un projet pour l'économie sociale et solidaire

La Chambre française de l'économie sociale et solidaire (CFESS) soutient l'adoption d'un tel dispositif dans lequel elle voit un outil pour le développement des entreprises de l'économie sociale et solidaire en même temps que la promotion de ses propres valeurs.

Confier la gestion d'une partie des biens confisqués ou affecter le produit de leur vente à des coopératives, des associations ou d'autres entreprises de l'économie sociale et solidaire constitueraient une démarche tout à fait positive dans le sens de l'intérêt général, et ce, d'autant que la loi relative à l'économie sociale et solidaire du 31 juillet 2014 a créé (article 2) le statut d'« entreprise solidaire d'utilité sociale » et défini les conditions d'agrément.

L'impact social, notamment auprès des jeunes sans emploi dans les zones urbaines sous l'emprise des réseaux mafieux liés au trafic de drogue, pourrait être tout à fait important.

On pourrait également en attendre un effet de levier important en termes de ressources financières et des opportunités nouvelles pour la création et le développement des entreprises de l'économie sociale et solidaire dans les territoires en partenariat avec les collectivités locales.

Une initiative parlementaire

Le Conseil des entreprises, employeurs et groupements de l'économie sociale (CEGES) d'abord, lors de l'examen à l'Assemblée nationale du projet de loi relative à l'économie sociale et solidaire adopté le 31 juillet 2014, puis la CFESS qui lui a succédé, lors de l'examen au Sénat du projet de loi pour la croissance, l'activité et l'égalité des chances, adopté le 6 août 2015, se sont employés à porter le débat devant le Parlement, sous la forme d'amendements aux textes en discussion. Ces amendements ont reçu le soutien d'un nombre important de représentants des deux assemblées appartenant à la majorité aussi bien qu'à l'opposition, dont notamment les deux rapporteurs de la loi relative à l'économie sociale et solidaire, Yves Blein et Marc Daunis, et surtout le député Jean-René Marsac, coprésident du Groupe économie sociale et solidaire, qui continue à suivre la question de très près.

Le soutien des parlementaires permet d'espérer une adoption de la mesure dans les mois qui viennent en dépit des réticences gouvernementales qui ne portent pas sur le fond du projet sur lequel aussi bien Valérie Fourneyron qu'Emmanuel Macron ont exprimé leur accord et qu'ils se sont engagés à faire progresser.

Perspectives

L'adoption d'un texte de nature législative constitue la première étape de la mise en œuvre du dispositif de réutilisation sociale. Celle-ci ne pourra se faire que progressivement, comme cela a été le cas en Italie où les esprits y étaient cependant beaucoup mieux préparés. Il reste en effet à définir très précisément le dispositif et son mode opératoire en fonction d'un environnement social, économique, politique et administratif qui est différent du contexte transalpin.

La réflexion à ce sujet est amorcée depuis un certain temps à l'initiative de la CFESS. Un effort de sensibilisation en direction des acteurs de l'économie sociale, des collectivités territoriales avec l'appui de groupements, tel le Réseau des territoires pour l'économie solidaire (RTES) et des parlementaires, est d'ores et déjà initié, en prélude à la constitution d'un groupe de travail à l'automne 2015 auquel l'association Libera apporte son concours. Des contacts sont également pris avec l'AGRASC, qui gère un stock de plus de 1 500 biens immobiliers saisis, et les ministères concernés.

La lutte contre la criminalité organisée représente pour nos sociétés un défi immense comparable par son importance – en termes économiques et financiers notamment – aux défis environnementaux auxquels la planète est confrontée. L'engagement de la société civile a un rôle essentiel à jouer dans ce combat dont l'enjeu est aussi culturel. La réutilisation sociale des biens confisqués à la criminalité organisée est, de toute évidence, comme le montre l'exemple italien, un outil dont l'impact social est important et les effets mesurables dans la durée.

Pour l'économie sociale et solidaire, c'est un formidable challenge en même temps qu'un levier de progrès.

LA DÉSHÉRENCE AU SERVICE DE L'INTÉRÊT GÉNÉRAL

En cette période de contraction récurrente des budgets publics tant au niveau de l'État que des collectivités territoriales, l'économie des organismes privés, notamment associatifs, menant des activités d'intérêt général, se trouve fragilisée. Le mécénat ne progresse guère et se montre sélectif. Par ailleurs, les recettes d'activités sont tributaires de la solvabilité des bénéficiaires, ce qui ne facilite pas le développement des actions en faveur des publics les plus fragiles.

Il est alors tentant de réfléchir à de nouvelles formes de financement de l'intérêt général en s'inspirant notamment d'exemples étrangers.

L'exemple britannique

En 2014 et à la faveur d'un rapport consacré par la Cour des comptes aux avoirs bancaires et aux contrats d'assurance-vie en déshérence publié en juin 2013, le Haut Conseil à la vie associative (HCVA) s'est intéressé à une loi adoptée par le Parlement britannique sur les comptes dormants des banques et des sociétés de crédit immobilier (*Dormant Bank and Building Society Accounts Act 2008*) qui autorise ces dernières à verser une partie des sommes issues des comptes dormants à un fonds caritatif destiné à financer de l'investissement social ou des offres de services en faveur de la jeunesse. Cette loi fait suite à la mise en place, en 2005, d'une commission indépendante sur les avoirs non réclamés, destinée à déterminer de quelle manière les comptes dormants pourraient être utilisés au bénéfice de la société. Cette commission préconisait la création d'une banque d'investissement social qui aurait pour objectif d'investir dans des *social investment finance intermediaries,* c'est-à-dire dans des véhicules d'investissement prenant en compte les externalités sociales de leur financement. Depuis 2008, le fonds créé par la loi britannique collecte les sommes des comptes dormants (n'ayant fait l'objet de la part de leur propriétaire d'aucun mouvement pendant une période de quinze ans). Il décide alors de la proportion qui sera versée en faveur de projets sociaux et de celle qui sera conservée en vue de faire face aux réclamations éventuelles des détenteurs de comptes ou de leurs ayants droit.

Le rapport incisif de la cour des comptes

En France, sollicitée par la Commission des finances de l'Assemblée nationale, la Cour des comptes a publié, en juin 2013, un rapport consacré précisément aux avoirs bancaires et aux contrats d'assurance-vie en déshérence. Ce rapport largement repris par la presse mettait en évidence qu'un certain nombre d'établissements de crédit ou de compagnies d'assurances profitaient, parfois en parfaite méconnaissance de la loi, du silence ou de l'inaction des titulaires de comptes ou de contrats soit pour « siphonner » lesdits comptes au moyen de commissions de gestion, soit pour profiter des revenus produits par les avoirs inscrits sur les contrats d'assurance-vie.

L'enquête de la Cour des comptes a porté sur un échantillon de sept groupes ou établissements bancaires représentant 80 % du total du bilan des établissements de crédit en France (BNP Paribas, BPCE, Crédit mutuel, Crédit agricole, HSBC France, Banque postale, Société générale). Dans le secteur des assurances, la cour a retenu un échantillon de neuf entreprises représentant 67 % du marché de l'assurance-vie (Allianz France, AXA, BNP Paribas Cardif, CNP, Groupama, MMA-vie, Predica, Sogecap, Swisslife).

S'agissant des comptes bancaires, la Cour des comptes estimait que les comptes identifiés comme « inactifs » pouvaient recouvrir des réalités très diverses selon la nature du compte (compte de titre ou sur livret, compte de dépôts, etc.) ou selon la durée de l'absence de mouvement (un an, vingt ans, trente ans, etc.).

Elle évaluait toutefois le nombre de comptes inactifs au sein de l'échantillon retenu à 1,8 million pour un encours de 1,6 Md€ dont près de 1,5 Md€ au titre de comptes de dépôt à vue et d'épargne, étant observé qu'il s'agissait d'une estimation basse très partielle. Parallèlement, la Cour des comptes chiffrait à 298 M€, en 2012, l'encours des comptes inactifs depuis au moins dix ans.

Sachant que sur l'échantillon considéré, l'encours des comptes inactifs progresse d'année en année, il est tentant de considérer que le stock global d'avoirs non réclamés s'élève à des montants très importants.

Or si les comptes sont inactifs, les établissements de crédit le sont, quant à eux, beaucoup moins. Ils prélèvent chaque année sur lesdits comptes des frais de gestion s'échelonnant, selon l'établissement, entre 18 euros et 500 euros, ponctions qui peuvent conduire plus ou moins rapidement, en fonction du montant des sommes inscrites, à vider le compte dans sa totalité.

Constatant que la seule obligation pesant sur les établissements résidait dans le transfert à l'État des sommes restant éventuellement sur le compte au bout de trente ans, la Cour des comptes préconisait le transfert obligatoire de ces avoirs à la CDC au terme d'un délai défini par la loi.

La Cour des Comptes s'est ensuite intéressée aux contrats d'assurance-vie non réclamés.

Depuis une loi du 17 décembre 2007, les assureurs ont l'obligation d'identifier leurs assurés décédés et de rechercher les bénéficiaires des contrats. Auparavant, dans la mesure où de nombreux bénéficiaires n'étaient pas informés de l'existence d'un contrat d'assurance-vie à leur profit, les compagnies d'assurances restaient en possession de sommes estimées à plusieurs milliards d'euros.

La Cour des comptes constatait toutefois que la loi de 2007 n'était pas appliquée intégralement par les assureurs et qu'en particulier, ceux-ci ne respectaient pas l'obligation de consulter les données relatives au décès des personnes inscrites au répertoire national d'identification des personnes physiques, afin d'identifier les assurés décédés, ou ne se pressaient pas pour rechercher les bénéficiaires des contrats.

Elle observait notamment que sur la recommandation de la Fédération française des sociétés d'assurances (FFSA), les entreprises d'assurances ne consultaient le registre national que sur la base de critères restrictifs (assurés âgés de plus de quatre-vingt-dix ans ou contrats supérieurs à 2 000 euros ; or l'âge moyen des décès est plutôt de quatre-vingts ans et les contrats de moins de 2 000 euros représentent entre 20 % et 30 % de l'ensemble des contrats d'assurance-vie).

En 2011, le montant des contrats d'assurance et de capitalisation non réclamés était estimé à 2,76 Md€, étant précisé que la Cour des comptes considérait ce montant comme sous-évalué. Là encore, il est vraisemblable que le stock réel de contrats non réclamés s'élève à une somme bien supérieure.

S'agissant de ces sommes, la Cour des comptes recommandait également leur transfert à la CDC par les assureurs, et ce, passé un délai de dix ans après le décès de l'assuré ou le terme du contrat.

Un an après le dépôt de ce rapport, le Parlement adoptait la loi du 13 juin 2014 relative aux comptes inactifs et aux contrats d'assurance-vie en déshérence. Cette loi donne une définition d'un compte inactif (compte non mouvementé durant une période de douze mois par son titulaire lequel ne s'est pas manifesté sous quelque forme que ce soit). Elle impose à l'établissement d'informer par tous les moyens le titulaire du compte ou son représentant et de publier chaque année le nombre de comptes inactifs ouverts dans ses livres, le montant des dépôts et des avoirs qui y sont inscrits.

Elle précise encore que le montant des frais et des commissions de toute nature prélevé sur les comptes inactifs est plafonné. Un décret du 28 août 2015 a précisé le montant de ces plafonds.

Par ailleurs, la loi impose aux établissements de transférer à la CDC les dépôts et les avoirs inscrits sur les comptes inactifs à l'issue d'un délai de dix ans à compter de la date de la dernière opération – ce délai est ramené à trois ans en cas de décès du titulaire du compte.

Les sommes qui n'ont pas été réclamées par leurs titulaires – ou leurs ayants droit – sont acquises à l'État à l'issue d'un délai de vingt ans à compter de la date de leur dépôt à la CDC. Ce délai est porté à vingt-sept ans dans l'hypothèse des sommes versées à la CDC, trois ans après le décès du titulaire du compte.

La loi modifie également le Code des assurances afin d'imposer aux entreprises d'assurances de publier chaque année, chacune pour ce qui la concerne, le nombre et l'encours des contrats non réglés. L'information publiée doit également porter sur les démarches réalisées par l'entreprise pour rechercher les titulaires ou les bénéficiaires des contrats.

De même que pour les comptes en déshérence, les sommes dues au titre des contrats d'assurance-vie ou des bons ou des contrats de capitalisation qui n'ont pas fait l'objet d'une demande de versement sont déposées à la CDC à l'issue d'un délai de dix ans à compter de la date de prise de connaissance par l'assureur du décès de l'assuré ou de l'échéance du contrat. Les sommes ainsi déposées à la CDC et non réclamées par le souscripteur ou les bénéficiaires sont acquises à l'État à l'issue d'un délai de vingt ans à compter de la date de leur dépôt.

Proposition pour une utilisation d'une partie des sommes en déshérence en faveur de l'intérêt général

Dans le cadre de son rapport sur le financement privé des associations, le HCVA avait proposé, en mars 2014, de s'inspirer de l'exemple britannique du *Dormant Bank and Building Society Accounts Act* de 2008, pour instaurer en France un dispositif permettant d'utiliser une partie des sommes destinées à être reversées au bout de dix ans à la CDC, en soutien au secteur associatif d'intérêt général.

La proposition du HCVA consistait à ce qu'une partie des sommes figurant sur les comptes associatifs transférés à la CDC puissent revenir à l'État annuellement sans attendre le nouveau délai de vingt ans, afin d'alimenter un fonds destiné au financement de la vie associative.

Une commission serait chargée, chaque année, de fixer le pourcentage des sommes figurant sur ces comptes qui serait reversé à ce fonds et la proportion de celles devant être maintenues au sein de la CDC afin de faire face à d'éventuelles revendications.

Lors des débats ayant précédé le vote de la loi du 13 juin 2014, cette proposition fut présentée par plusieurs députés et défendue par Régis Juanico, à l'occasion de l'examen du projet par la Commission des finances. Elle n'avait alors pas été retenue, davantage en raison de sa tardiveté que de son contenu, mais son actualité demeure.

Dans de nombreux secteurs (l'éducation populaire, l'accompagnement des personnes âgées et des publics fragilisés et, plus généralement, le secteur médico-social dans son ensemble, la culture, le sport, le tourisme, etc.), les associations rencontrent de plus en plus de difficultés à remplir leurs missions alors que du fait de la situation économique et de l'emploi, les besoins ne cessent de progresser.

Depuis plusieurs années déjà, les sommes destinées aux associations dans les budgets de l'État et de la plupart des collectivités diminuent de façon récurrente.

Une récente étude de Viviane Tchernonog démontre que la part des financements publics dans le budget moyen des associations – qui n'avait cessé de progresser jusqu'en 2011, pour parvenir à 51 % de celui-ci – s'est mise à régresser pour s'établir aux alentours de 49 %.

Parallèlement, la part du mécénat a également régressé pour se stabiliser à 4 % de ce budget moyen, étant précisé que toutes les associations ne sont pas égales, loin s'en faut, devant le mécénat, lequel se manifeste très peu dans les secteurs sanitaires et médico-social et de l'éducation populaire.

Or ces régressions ne peuvent être compensées ni par une augmentation du prix des prestations offertes – le plus souvent à des personnes faiblement solvables –, ni par les mécanismes de soutien à l'emploi mis en place par le législateur (le CICE – crédit d'impôt pour la compétitivité et l'emploi – n'est, par exemple, pas accessible aux associations).

Les conséquences sont mécaniques : d'une part, un certain nombre d'associations se retrouvent en très grande difficulté ; d'autre part, une part croissante des bénéficiaires naturels de leurs prestations n'y ont plus accès. La charge s'en trouve alors rejetée sur l'État qui ne peut faire face.

L'idée d'utiliser une partie des fonds dormants à des fins d'intérêt général relève donc d'une actualité brûlante et il paraît urgent de compléter la loi du 13 juin 2004.

Devant l'ampleur des besoins à couvrir, cet aménagement devrait s'avérer ambitieux et ne pas se limiter à un pourcentage à déterminer des seuls comptes associatifs en déshérence, mais concerner – comme en Grande-Bretagne – l'ensemble des comptes inactifs ainsi que les sommes figurant sur les contrats d'assurance-vie non réclamés et transférés à la CDC.

Une commission pourrait – comme l'a proposé le HCVA – déterminer la part de l'ensemble de ces avoirs qui pourrait être prélevée et la loi en désignerait le fonds affectataire. Compte tenu des volumes concernés, cette part devrait être établie pour permettre à la CDC de faire face à d'éventuelles réclamations de la part de titulaires, de bénéficiaires ou d'héritiers de compte ou de contrat, et à l'État de récupérer un solde confortable au terme de la prescription trentenaire.

La reprise et la mise en œuvre de cette proposition auraient le mérite de ne rien coûter au contribuable, si ce n'est le fonctionnement de la commission.

En définitive, il s'agirait, pour le législateur, de constater l'érosion des modes traditionnels de financement de la vie associative et de mettre en place une modalité nouvelle qui ne léserait ni les titulaires des comptes, qui pourraient toujours se faire rembourser leurs avoirs jusqu'au terme de la prescription trentenaire, ni l'État, qui a un intérêt réel à voir se poursuivre et se développer des activités d'intérêt général à fortes externalités sociales.

Note

1. Et donc briser l'emprise de la mafia et restaurer la confiance dans la justice et les institutions démocratiques.

Bibliographie

BUCOLO E. (2011), « L'économie sociale et solidaire et la création d'espaces d'action publique territoriale. Le cas des coopératives sociales gérant des biens confisqués », *Multitudes*, n° 44.

CUTAJAR C. (2013) « Criminalité financière », *Problèmes économiques*, n° 3064, mars.

FAMELI F. (2010), *La nouvelle économie sociale : coopérer sur les terrains confisqués aux mafias en Italie. Le modèle Libera Terra*, Mémoire, Toulouse le Mirail.

FLARE (Freedom, Legality and Rights in Europe) (2014), *Six Stories about Reuse of Confiscated Assets in Europe.*

HIPSZMAN M. (2014), « L'argent confisqué au crime organisé : de l'économie mafieuse à l'économie sociale », *La Croix*, 28 juillet.

MIGNEMI N. (2013), « Coopératives et réutilisation sociale des biens confisqués », RECMA, n° 328, avril.

RIZZOLI F. (2010), « Pouvoirs et mafias italiennes. Contrôle du territoire contre état de droit », *Pouvoirs*, n° 132.

RIZZOLI F. et MIGNEMI N. (2014), « La redistribution à des fins sociales des biens confisqués aux mafias en Italie : de l'informel mafieux au formel citoyen », in Perseil S. et Pesqueux Y. (dir.), *L'organisation de la transgression : formaliser l'informel ?*, Actes de la journée d'études organisée au Conservatoire national des arts et métiers le 29 mars 2013, L'Harmattan, p. 237-251.

VERNY E. (2015), « Note sur la réutilisation sociale des biens confisqués », Chambre française de l'économie sociale et solidaire, juillet.

VETTORI B. (2014), « The EU Funded Project of RECAST (Reuse of Confiscated Assets for Social Purposes) », université de Palerme, 9 octobre.

Plus de finance, plus de développement, plus d'impact

Pierrick BARATON*
Jean-Michel SEVERINO**

VIEUX DOUTES, NOUVEAUX ENTHOUSIASMES

Depuis vingt ans, la scène des instruments financiers destinés à répondre à des défis d'intérêt général n'a cessé de se diversifier. L'aide publique au développement (APD) a été notamment le théâtre d'une triple diversification. Vers l'amont, en recherchant des nouvelles modalités de financement, afin non seulement d'accroître les volumes, mais aussi leur qualité : stabilité, prévisibilité, coût, etc. Vers l'aval aussi, avec une profonde diversification des emplois, qui s'est faite sur tout le spectre du possible : vers des instruments de nature macroéconomique comme microéconomique. Enfin, et peut-être surtout, avec la diversification des finalités au sein de l'agenda du développement, l'apparition des problématiques de la gestion de la globalisation et du concept de biens publics globaux.

Les raisons de cette diversification sont bien connues : les doutes sur l'efficacité de l'APD « classique » ou la reconnaissance de ses limites, la contrainte budgétaire, l'évolution des besoins publics mondiaux et les révolutions technologiques. Tout a incité à repousser les bornes de l'imagination et transformer les modalités opérationnelles et instrumentales des politiques globales.

* Économiste, Investisseurs et Partenaires (I&P).
** Président, I&P ; ancien directeur général, Agence française de développement (AFD).

Cet article a bénéficié du soutien de la Fondation pour les études et recherches sur le développement international (FERDI).

Dans cette course à l'innovation, le terrain microéconomique s'est trouvé particulièrement fécond. Les raisons de cet essor doivent être recherchées dans une quadruple et paradoxale déception :

– déception vis-à-vis de la macroéconomie, qui a régné en maître sur l'économie du développement et sur l'aide au développement depuis les années 1980, mais qui ne peut traiter d'un nombre important de problèmes de qualité de croissance ;

– déception vis-à-vis de l'État, car les modes publics de gestion se révèlent souvent lourds, parfois corrompus et, dans de nombreux cas, incapables de saisir et de comprendre les mentalités, les besoins et les modes opératoires des objets à promouvoir ;

– déception vis-à-vis des marchés, contestés pour le rôle excessif qu'y jouerait l'actionnaire, pour une maximisation du profit comme seul guide des décisions d'investissement, pour leur court-termisme et leur incapacité à fournir des biens et des produits essentiels aux plus pauvres ;

– déception vis-à-vis de l'action caritative et des formes historiques de l'activité des ONG (organisations non gouvernementales) confrontées au défi de la soutenabilité financière des actions qu'elles soutiennent et à la lassitude de la subvention.

On voit bien que la convergence de ces déceptions conduit à rêver à une voie alternative. Son imaginaire ? Conserver l'entreprise ou l'acteur financier comme machine essentielle à produire du bien-être dans une situation de concurrence. Trouver un modèle économique permettant une soutenabilité financière de long terme, mais donner un sens aux activités en s'assurant de leur contribution au bien-être par l'atteinte d'objectifs précis – appelons cela des impacts, sociaux, environnementaux, éthiques, politiques, etc. Les promoteurs de voies alternatives, tant au marché qu'à l'intervention publique, identifient de nombreuses sphères dans lesquelles une activité de marché peut être aussi gouvernée par des motivations d'intérêt général, ou s'exercer de manière à le maximiser. L'intérêt général, du fait des externalités qui sont générées, peut être recherché au travers d'une activité concurrentielle, délivrant un bien ou un service particulier, ou effectuée selon des modalités qui vont dépasser le simple cadre de la recherche du profit.

Cette recherche se fait dans un climat d'enthousiasme entrepreneurial impressionnant : elle permet d'allier l'esprit d'entreprise, la créativité, l'innovation, la liberté et les marges de manœuvre que donne l'indépendance économique avec la recherche de l'intérêt général. Elle débouche sur un nombre croissant d'innovations opérationnelles et financières.

VOUS AVEZ DIT « INVESTISSEUR DE MISSION » ?

Qui sont donc ces acteurs de l'innovation d'intérêt général dans le marché ? Et que font-ils ? Disons qu'ils se divisent grossièrement en deux grandes catégories :

– ceux qui proposent des formes alternatives d'entreprise sur le marché. Cela consiste essentiellement à promouvoir une propriété de l'entreprise différente de celle de l'actionnaire : l'entreprise peut en effet aussi être détenue par ses clients, ses fournisseurs ou ses salariés. Ces entreprises connaissant des régimes de propriété différents peuvent avoir un strict objectif de rendement : c'est le cas pour une partie significative du mouvement coopératif. Elles peuvent en revanche reposer sur un système de valeurs particulier, promouvant l'intérêt collectif, et peuvent même avoir des objectifs explicites d'intérêt général : elles se situent alors clairement dans l'univers de l'« entrepreneuriat social » ;

– ceux qui souhaitent utiliser des formes de l'économie classique, en modifiant certaines de leurs caractéristiques, comme le niveau des attentes de rendement, pour tenter de prendre en compte les externalités liées à ces activités. Quand il s'agit d'entreprises de production de biens ou de services destinés à satisfaire un besoin d'intérêt général, on appelle aussi ces acteurs « *social business* », ou « entreprise sociétale ». Le terme d'« entreprise de mission » est utilisé quand la recherche de rentabilité demeure explicite malgré la vocation précise que l'entreprise peut avoir.

Quand il s'agit de financeurs (banques, fonds d'investissement, etc.), on les appelle « *impact investors* ». Ce sont eux qui sont l'objet de notre article. Nous traduirons ici le mot anglais par « investisseurs de mission ».

Les investisseurs de mission sont souvent les financeurs des entreprises sociales. Mais ils s'adressent à un plus vaste champ économique et social. Une mission d'investissement n'est en effet pas définie par la nature juridique, ni même par le niveau de profitabilité des cibles d'investissement, mais par les impacts attendus : dans nombre de cas, ces impacts peuvent être obtenus en finançant des acteurs classiques de l'économie de marché. Cela est le cas quand l'objet de l'activité de ces acteurs de marché mérite d'être soutenu du fait d'une défaillance ou d'une limite de marché. Mais ce peut être également le cas si l'on souhaite par son intervention influer sur la manière qu'ont ces acteurs de marché de fonctionner.

Prenons quelques exemples. Quand la Société financière internationale (SFI) et la Fondation Gates s'associent pour développer un fonds d'investissement consacré à la santé, si elles définissent leur impact sur les indicateurs de santé comme l'objectif de leur aventure commune, elles peuvent se réclamer de la qualification d'investisseurs de mission, et cela même si le fonds rapporte une certaine rentabilité et s'investit dans des sociétés privées à but lucratif (hôpitaux, sociétés pharmaceutiques, etc.). Mais parallèlement, une société d'investissement uniquement consacrée à la microfinance sociale, comme Solidarité internationale pour le développement et l'investissement (SIDI), proche du Comité catholique contre la faim et pour le développement (CCFD), appartient également à cet univers, même si ses espérances de rendement sont modestes. Lorsque plusieurs multinationales, sous l'impulsion de Danone, se regroupent pour investir dans des activités rentables dans des pays en développement de manière à générer des externalités explicites en matière de réchauffement climatique, aboutissant à des réductions quantifiées et certifiées de CO_2, qui sont l'objet même de l'entreprise, on peut parler d'investissement de mission. Quand Investisseurs et Partenaires (I&P) investit dans des PME ou des jeunes pousses en Afrique, dépourvues d'accès au marché et dans un créneau où les rentabilités existent clairement, mais sont au-dessous des attentes des marchés émergents, le qualificatif d'investisseur de mission s'applique également. On voit donc que le spectre des missions, tout comme le niveau de rentabilité des activités, peut être très large et les modalités opérationnelles elles-mêmes très diverses.

Ces investisseurs de mission doivent bien entendu trouver leurs investisseurs ou leurs actionnaires. En termes organiques, ils ne sont, comme les fonds de capital-investissement ou les sociétés financières classiques, que des intermédiaires entre les épargnants et les utilisateurs. Qui donc se trouve derrière ces entités en forte croissance, dans le champ du développement, depuis la fin des années 1990, moment où ces initiatives ont commencé à apparaître ?

On y trouve, certes souvent parmi les derniers arrivés, les États et les acteurs publics. Ils y voient de plus en plus un complément efficace aux instruments traditionnels de l'aide, ou de leurs propres politiques publiques domestiques. Ils poussent désormais leurs institutions financières spécialisées à soutenir l'émergence du secteur. Le G8, sous présidence britannique, a constitué un Groupe de travail sous son égide, confié à Sir Ronald Cohen, et qui a rendu ses conclusions en septembre 2014. Ce Groupe appelle notamment au renforcement de la participation des acteurs publics de financement à l'investissement de mission. Il relève les nombreuses initiatives qui sont déjà prises : celle du gouvernement britannique, par exemple, avec l'initiative conjointe prise en 2013 par la Caisse des Dépôts (CDC) et le DFID (Department for International Development). Mais de nombreux précédents peuvent être mentionnés, promus par le groupe de l'AFD, la BEI (Banque européenne d'investissement), la SFI, etc. Pour ces acteurs publics, il s'agit d'une nouvelle opportunité de contribuer à la réalisation des objectifs mondiaux du développement durable en limitant les dons, et d'améliorer encore l'efficacité de l'aide.

Les fondations se révèlent être des acteurs de plus en plus dynamiques du secteur. Elles ont beaucoup contribué à le faire naître, on l'a dit, paradoxalement en y apportant des subventions, en développant des programmes d'assistance technique et de renforcement des capacités, ou en finançant les organisations du secteur. La fondation Rockefeller, par exemple, a joué un rôle moteur en étant l'un des promoteurs des organisations fédératives de l'investissement de mission, comme le Global Impact Investing Network (GIIN), ou l'Aspen Network of Development Entrepreneurs (ANDE). Les fondations européennes ont joué un rôle majeur dans l'essor de l'European Venture Philantropy Association (EVPA). Mais peu de ces fondations osaient aller directement financer les acteurs de l'investissement de mission, comme l'a fait, par exemple, la fondation Lundin for Africa qui s'est spécialisée sur la promotion de l'entrepreneuriat africain. Cela est dû en partie à ce que leur culture historique repose sur l'allocation de dons et en partie du fait d'importantes barrières juridiques ou de risques de confusion entre leur activité caritative et la gestion patrimoniale de leurs dotations. L'apparition des *program-related investments* (PRI), encadrés par la loi dans certains pays, a permis à un nombre croissant de ces fondations d'utiliser leurs dotations pour investir avec des intentions modérées de retour financier dans des domaines cohérents avec leur mission. Certaines ont commencé à utiliser les produits mêmes de leurs placements pour investir à long terme chez ces investisseurs de mission.

Le secteur financier traditionnel fait ses premiers pas dans cet univers. Traditionnellement, il est réticent à investir dans des activités non cotées, et encore plus dans des activités en fonds propres. Mais on voit apparaître de manière croissante chez les grands investisseurs institutionnels, dans leurs compartiments d'investissement responsable, des poches consacrées à l'investissement de mission. C'est ainsi le cas, en France, de la Compagnie Benjamin de Rotschild ou de l'assureur AXA, qui ont développé récemment des initiatives spectaculaires à l'échelle historique du secteur. L'entrée des acteurs de masse, comme les fonds de pension, qui n'est pas actuellement concrétisée, consisterait en l'un des changements massifs du financement du secteur. Mais la voie a déjà été pavée par de nombreux investisseurs individuels et des *family offices* mus par des préoccupations sociales fortes et qui ont souvent été parmi les pionniers du secteur.

Les entreprises industrielles ont été aussi tôt très actives. Certaines, comme Danone, Schneider, Unilever ou Suez, ou encore le Crédit agricole, sont parmi les plus anciens acteurs de l'investissement de mission, y compris avec des visions particulièrement sociales. Pour ces grandes entreprises, consacrer une portion de leurs *cash flows* à l'investissement dans des activités de marché à but sociétal correspond à leur volonté de résoudre des problèmes stratégiques liés à leur soutenabilité de long terme comme le réchauffement climatique, la dégradation des ressources naturelles, etc. Mais elles cherchent aussi à développer des approches innovantes sur des marchés nouveaux, à atteindre des couches de population plus pauvres et plus nombreuses (c'est le cas pour le *bottom of the pyramid*), à renforcer leur tissu de fournisseurs, à renforcer leur image sociale ou environnementale vis-à-vis de leurs consommateurs ou de leurs parties prenantes, etc. Les motivations peuvent donc être nombreuses. Elles ont débouché dans la dernière décennie sur la création de plusieurs fonds très importants comme Danone Communities, Livelihoods, GDF Suez rassembleurs d'énergie, Energy Access Fund, Grameen Crédit agricole, parfois en partenariat avec des acteurs publics ou d'autres grandes entreprises.

MAIS AU FOND, DE QUOI S'AGIT-IL ?

La formalisation de l'objet de l'investissement de mission a été l'occasion d'importants débats entre ses acteurs, avec d'ailleurs une très faible implication de la communauté académique. Perçu au départ comme un mode de financement de l'économie sociale et solidaire, c'est-à-dire des entreprises fondées sur un principe de solidarité et d'utilité sociétale, le concept s'est enrichi au fur et à mesure que les modes d'exercice se diversifiaient.

Le GIIN rassemble la plupart des investisseurs de mission mondiaux (tandis que l'Aspen Institute regroupe ceux qui se consacrent plus particulièrement à la promotion de la petite et très petite entreprise). Il a consacré beaucoup d'énergie à élaborer et à faire admettre une définition. Celle-ci est actuellement la plus consensuelle. Elle repose sur trois piliers : l'intentionnalité de la part des investisseurs de générer des impacts sociaux et environnementaux, la coexistence de la rentabilité financière et des impacts de l'entreprise, le concept d'impact social et la nécessité de le mesurer.

Cependant, ces trois éléments, si leur prise en compte est laxiste, ne sont pas suffisants pour dégager une définition claire et normative de l'investissement de mission. Si l'on s'en tient à ces trois notions, il est en effet possible d'argumenter que toutes les entreprises, et donc leurs investisseurs, pourraient faire partie de ce secteur si elles définissaient leur objet en termes de missions. En effet, une entreprise rentable a des impacts sociaux puisqu'elle crée directement des emplois et contribue indirectement à la création d'emplois chez ses fournisseurs et puisqu'elle est rentable, il y a bien coexistence des deux objectifs. Enfin, tout investisseur a l'intention, assumée ou non, de créer des emplois en plus de générer du profit à travers son investissement. C'est pourquoi les investisseurs de mission doivent placer les concepts d'arbitrage et de maximisation sous contrainte au cœur de leur pratique et de leur réflexion.

De fait, ces investisseurs opèrent avec deux sortes de logiques explicites ou implicites : ils peuvent décider de maximiser leurs impacts, sous contrainte d'avoir atteint une rentabilité minimale (on va souvent rencontrer des approches de ce type dans le financement de secteurs sociaux, comme l'éducation et la santé) ; ils peuvent également décider de maximiser leurs profits, sous contrainte d'avoir atteint les objectifs d'impact fixés (on rencontrera souvent ce type d'approche dans le domaine du financement de l'emploi ou les infrastructures essentielles). Le premier cas décrit une logique que l'on qualifie souvent d'« *impact first* » : avoir le maximum d'impacts (l'utilité sociale la plus grande) sous couvert d'avoir une certaine rentabilité pour être pérenne. Le deuxième cas est souvent qualifié de « *finance first* » : il vise à conserver une logique économique de maximisation tout en optimisant les impacts créés. Dans la réalité, comme on peut l'imaginer, les frontières peuvent être très floues, selon le niveau de rentabilité que l'investisseur de mission *impact first* se donnera, et la nature de l'impact que l'investisseur *finance first* se choisira. Mais cette distinction reste intéressante à la fois pour décrire l'univers de choix de préférence des deux situations et, surtout, pour les acteurs eux-mêmes, dans la mesure où le choix de l'une des deux logiques les conduit à structurer leur modèle économique.

Si ces deux situations se distinguent par l'essence même de leur intention (valoriser avant tout l'impact ou le profit), elles partagent une différenciation essentielle avec les acteurs classiques de marché, comme avec la philanthropie : la coexistence des deux objectifs et non leur exclusion.

Schéma
Cartographie des investisseurs selon l'arbitrage rentabilité/impacts

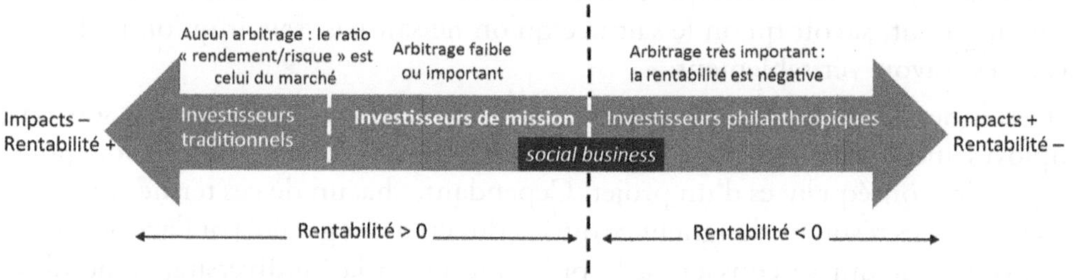

Source : d'après les auteurs.

Valoriser un impact précis à travers son investissement implique donc d'accepter de renoncer, du moins à court terme, ou s'il le faut, à une partie de sa rentabilité.

Que ce soit à cause des ressources qu'il est nécessaire de mobiliser pour atteindre l'objectif d'impact, et qui donc ne sont plus disponibles pour faire des investissements rentables, ou parce que le contexte macroéconomique dans lequel s'insère le projet est plus risqué, ou encore parce que par son essence même le projet génère des marges brutes faibles, les projets à forte utilité sociale impliquent un ratio « rentabilité/risque » plus faible que d'autres investissements ayant moins d'impact social.

Cet arbitrage que fait l'investisseur entre rentabilité financière et impact le conduit à financer des projets dans lesquels des acteurs classiques du marché ne sont pas prêts à investir, ou à se consacrer à un objectif qu'un acteur de marché ne choisirait pas de servir exclusivement. Cette concession (effective ou potentielle) de rentabilité au profit de l'utilité sociale, sans abandonner la logique d'efficacité économique dans la gestion de l'entreprise, caractérise l'investisseur de mission : investir dans des projets à forte utilité sociale qui n'auraient pas trouvé un financement auprès d'investisseurs classiques car les impacts qu'ils génèrent conduisent à une rentabilité moindre, ou pourraient conduire à un arbitrage qu'un acteur de marché classique n'accepterait pas.

L'IMPACT, CETTE MATIÈRE NOIRE : DIFFICILE À VOIR, ET POURTANT SI RÉELLE !

Arbitrer entre rentabilité et impact suppose de pouvoir mesurer l'un et l'autre. L'appréciation de la rentabilité financière est déjà en soi un sujet faussement facile et il existe de nombreuses manières de l'approcher. Celle de la rentabilité sociétale est encore plus difficile. La maturité du secteur en ce domaine apparaît encore très faible et dégage le sentiment que l'on est encore loin de l'ambition confucéenne : « Ce qu'on sait, savoir qu'on le sait ; ce qu'on ne sait pas, savoir qu'on ne le sait pas : c'est savoir véritablement. »

Les termes d'« effets », d'« impacts », voire de « résultats » sont en effet souvent employés indistinctement par les acteurs de l'investissement de mission pour désigner les conséquences d'un projet. Cependant, chacun de ces termes revêt un sens précis. Les résultats désignent ce qui est directement généré par l'action (pour un investisseur qui se consacre à la préservation de la biodiversité, le nombre d'hectares mis en conservation, par exemple). Ces résultats ont des conséquences à court et moyen terme, positives ou négatives, directes ou indirectes, intentionnelles ou non, qui sont les effets du projet (les espèces protégées, par rapport à la biodiversité restante si aucune action n'avait été entreprise). L'impact du projet est alors l'effet de long terme qu'il est possible d'attribuer directement au projet – la promotion de la biodiversité.

Ces notions ne sont donc pas synonymes. Les confondre conduit à des erreurs de sens importantes selon le public à qui l'on s'adresse. Dans la plupart des cas, par exemple, les investisseurs de mission rapportent sur les résultats immédiats de leurs investissements et sont démunis, soit de compréhension, soit de capacité d'appréhension, sur les effets de leurs activités, même envisagés sur un territoire et dans un cadre temporel limités.

Parmi les investisseurs, l'évaluation d'impact consiste donc souvent en la mise en place d'un système de mesure et de suivi d'indicateurs collectés annuellement auprès des entreprises. Ces indicateurs sont standardisés afin de faciliter le dialogue et la comparaison entre les pratiques de chacun. Par exemple, selon l'étude du GIIN[1], 95 % des investisseurs interrogés déclarent utiliser des indicateurs pour évaluer leurs impacts sociaux et environnementaux (56 % utilisent les indicateurs IRIS – *Impact Reporting and Investment Standards*). Ces indicateurs fournissent une information précieuse pour comprendre comment une entreprise interagit avec ses parties prenantes locales. Cependant, dépourvus d'un cadre théorique permettant de les contextualiser, ils ne décrivent qu'une petite partie de l'histoire. Ils sont en plus rarement rapportés aux coûts et aux rendements de l'investissement, ce qui rend difficile la comparaison de l'efficacité ou de l'efficience de l'investissement de mission, par rapport à d'autres formes d'action collective en faveur de l'intérêt général.

L'histoire que raconte la collection d'indicateurs d'impacts, en plus d'être partielle, peut s'avérer biaisée. La multiplicité des parties prenantes qui peuvent interagir avec un projet (clients, employés, fournisseurs, concurrents, etc.) et les multiples dimensions (économique, sociale, culturelle, etc.) oblige à effectuer des choix sur les aspects que l'on souhaite mesurer. Ces choix procèdent d'un arbitrage entre pertinence de l'information et disponibilité de celle-ci. Ils conduisent souvent à se limiter à certains aspects de l'impact et donc à occulter une partie de l'information, un peu comme nous observons toujours la même face de la lune : nous mesurons surtout ce qui est facile à mesurer, pas forcément ce qui est le plus pertinent.

L'absence d'un cadre théorique objectif peut créer un autre biais dans la mesure où un investisseur qui serait aussi évaluateur aurait tendance à valoriser les impacts positifs de son projet au détriment des impacts négatifs qui pourraient être plus difficiles à obtenir. Par exemple, savoir le nombre d'employés chez les concurrents de l'entreprise cible et son évolution est une information centrale, mais très difficile à obtenir, et un investissement, selon la maturité du marché et le niveau de concurrence entre les entreprises, peut très bien créer des emplois dans l'entreprise cible et détruire des emplois auprès de ses concurrents. L'impact final peut alors s'avérer négatif et les indicateurs indiquer le contraire.

L'absence d'introduction d'éléments macroéconomiques s'ajoute pour biaiser la perception et le champ du développement international est particulièrement propice à ces problèmes. Ainsi, quand il s'agit d'investissements étrangers effectués en devises fortes, par exemple, même si leurs montants sont actuellement modestes, ces investissements constituent un « choc monétaire », qui contribue à l'appréciation de la devise locale, et leur impact fiscal peut se révéler être une désincitation à collecter de la fiscalité sur d'autres bases. L'appréciation du caractère positif de l'investissement doit donc se faire « en net » et non « en brut », en tenant compte de la totalité des paramètres (contribution à l'accroissement de la productivité de l'entreprise ou du secteur, à la balance des paiements, c'est-à-dire en incluant dans le bilan total les activités import et export de l'entreprise financée, mais aussi le bilan investissement – rapatriement des capitaux et des dividendes, etc.) et de la fiscalité nette.

Sans un cadre clair et objectif d'analyse, le risque est donc de voir uniquement ce que l'on veut voir et de valider des hypothèses implicites d'impacts que l'on conçoit comme uniquement positifs et de court terme. Ce constat invite à recourir à des évaluateurs indépendants chargés de contrôler l'objectivité des informations communiquées, mais aussi à s'engager dans des travaux d'évaluation plus globaux, prenant en compte un plus grand nombre de paramètres et une temporalité plus grande de l'analyse.

Le rôle de l'évaluation d'impact consiste justement en la mesure des effets du projet et l'identification de ce qui peut lui être directement attribuable. Une fois les effets évalués, il est nécessaire de les comparer à ce qui se serait passé s'il n'y avait pas eu le projet. Cette situation, que l'on nomme contrefactuelle et qui permet d'isoler le rôle du projet parmi les multiples causes susceptibles d'influencer la situation constatée, nécessite des méthodes au protocole scientifique rigoureux, qui ont été déployées avec succès depuis une vingtaine d'années dans le champ du développement international et qui ont permis d'évaluer de manière très novatrice nombre de politiques publiques.

C'est le cas des méthodes dites « expérimentales », comme la « randomisation » qui consiste à choisir aléatoirement les personnes impactées par le projet et à comparer l'évolution de leur situation à un groupe de personnes qui ne sont pas impactées par le projet et qui sont, elles-aussi, choisies aléatoirement. Ces méthodes, qui ont l'avantage d'une grande sophistication, sont dites « attributives » car elles permettent d'attribuer au projet l'effet mesuré : elles mériteraient d'être appliquées à l'investissement de mission. Mais elles présentent toutes le point commun d'être coûteuses en temps et en moyens et de ne pas être adaptées au contexte d'un investisseur souhaitant mesurer régulièrement les impacts générés par ses entreprises.

Pour les investisseurs, il est donc souvent obligatoire d'utiliser d'autres méthodes d'évaluation qui sont néanmoins disponibles. Il s'agit des méthodes dites « contributives ». Elles consistent en la construction d'un cadre théorique présentant les liens de causalité entre le projet financé et les impacts attendus. Par exemple, si l'on s'intéresse à la création d'emplois, il est nécessaire de faire l'hypothèse que l'investissement ne détruit pas d'emplois chez les concurrents (en faisant l'hypothèse que le marché est en pleine croissance, par exemple) et que les personnes recrutées auraient eu beaucoup de difficultés à trouver un emploi de même qualité autre que celui créé par l'entreprise. Des indicateurs sont alors mis en place dans le but de valider ou non les hypothèses qui sous-tendent ce cadre d'analyse.

Menées dans le cadre de travaux particuliers et à la portée des investisseurs eux-mêmes, ces méthodes sont pourtant très peu répandues. Peu de fonds d'impact y font appel. On peut sans doute en attribuer la raison à la faible culture économique d'un secteur qui a été construit par des acteurs opérationnels venant de la finance du développement, ou des ONG, mais aussi à la contrainte des coûts. L'identification de sources de subventionnement et la collaboration avec des équipes académiques sont donc des directions prioritaires pour que le secteur progresse dans ce domaine et puisse « écrire des histoires » convaincantes sur le long terme.

ANECDOTE OU GÉANT EN DEVENIR ?

Le secteur de l'investissement de mission en est encore à ses débuts. Les évaluations exhaustives de son développement sont peu nombreuses et parfois divergentes.

En se basant sur la dernière enquête annuelle réalisée par le GIIN et JP Morgan auprès de 126 investisseurs de mission[2], cette catégorie d'actifs représenterait 46 Md$ d'actifs sous gestion en 2013 dans le monde, dont 70 % dans les pays émergents. 4 900 investissements auraient été réalisés pour 10,6 Md$ investis cette même année, chiffre qui devrait augmenter de 20 % en 2014. 2,8 Md$ auraient été levés en 2013 et les estimations tablent sur 4,5 Md$ en 2014. Selon la même étude, les investissements devraient s'accélérer en Afrique subsaharienne (qui représente 15 % des actifs sous gestion, soit 3,85 Md$) et en Asie du sud-est. Ces investissements se concentrent majoritairement dans le secteur de la microfinance qui représente 21 % des actifs gérés, devant le secteur financier hors microfinance (21 %), l'énergie (11 %) et l'habitat (8 %). Le secteur agricole, la transformation alimentaire et le secteur de la santé devraient connaître la plus forte croissance.

Cette tendance haussière est à mettre en perspective, en ce qui concerne le développement international, avec l'évolution de l'APD. Certes, depuis 2010, celle-ci a diminué de 6 % en valeur réelle[3] sous l'effet des resserrements budgétaires. Mais les flux d'aide s'établissent toujours à 136,4 Md$ en 2012[4], dont 47,4 Md$ à destination de l'Afrique subsaharienne. On voit donc que l'investissement de mission est loin de pouvoir se substituer à l'APD et qu'il se présente aujourd'hui, et sans doute dans la décennie à venir, comme un complément important, une sorte de rehausseur d'efficacité, permettant de traiter un certain nombre de défis que les formes historiques de la solidarité internationale ne pouvaient pas prendre en compte.

Cette croissance va-t-elle se maintenir ou l'investissement de mission est-il condamné à demeurer un adjuvant sympathique mais limité, non seulement vis-à-vis de l'économie de marché classique, mais aussi des instruments classiques de l'intervention collective ? La réponse renvoie à l'économie de la demande comme à celle de l'offre dans les décennies à venir.

Du côté de la demande, dans les pays en développement, la facilité avec laquelle les fonds d'investissement d'impact ont trouvé des objets de financement et la profondeur des besoins que l'on peut voir dans les univers des PME et des services essentiels plaident pour la possibilité d'une demande extrêmement élevée, bien qu'il soit impossible de mettre des chiffres sur cette réalité. En fait, la profondeur de la demande pour des investisseurs d'impact est liée à la probable poursuite, et même l'approfondissement, de défaillances publiques ou de défaillances privées. Du côté des défaillances publiques, on peut parier que la croissance démographique, d'une part, et la fragilité fiscale comme institutionnelle des États, d'autre part, vont continuer à faire surgir une importante demande d'investissement privé à but sociétal dans les biens et les services essentiels : santé, éducation, énergie, eau, assainissement, etc. Le même raisonnement peut s'appliquer aux biens publics locaux ou globaux, comme la biodiversité, les pollutions et les déchets, ou le réchauffement climatique. Du côté des défaillances privées, la faiblesse du système financier des pays en développement va continuer durant de nombreuses années à rendre très difficile par le marché le financement des jeunes pousses et des PME, comme de la microfinance ou des acteurs alternatifs (coopératives, etc.). À l'échelle globale, le marché de l'investissement d'impact pourrait être aussi considérablement accru par des dispositifs comme le marché du carbone, car ils sont moteurs pour la solvabilisation de demandes relatives à la nature et à la biodiversité.

Du côté de l'offre de financement, les perspectives apparaissent aujourd'hui positives. Pour les investisseurs particuliers, la « fatigue du don » au travers des ONG et l'attraction d'une « finance qui fait sens » sont actuellement puissantes ; l'investissement de mission offre l'avantage, au fond comme l'ISR (investissement socialement responsable), d'offrir des rendements parfois acceptables du seul point de vue de la conservation du patrimoine, tout en donnant un supplément de sens incontestable : c'est sans doute une raison pour laquelle l'offre de capitaux par ce segment de parties prenantes va continuer à s'accroître régulièrement. Les grandes entreprises multinationales vont pour leur part être un moteur de ce type d'investissements car, ainsi que nous l'avons signalé, elles y voient une possibilité originale d'intervention sur des sujets qui les intéressent stratégiquement : en réalité, pour tous ces acteurs, l'investissement de mission rend acceptable une limitation des rendements pour des raisons elles-mêmes extra-financières, qui rendent possible le financement d'activités à haut niveau d'externalité. Par ailleurs, pour les acteurs publics, le segment devient de plus en plus attractif : les institutions publiques de financement du secteur privé, qui vont voir leur légitimité historique de plus en plus contestée, vont voir de plus en plus dans l'investissement de mission une occasion de rehausser leur impact de développement. Les États donateurs vont pour leur part y voir de plus en plus aussi une possibilité d'atteindre des impacts supplémentaires et d'accroître l'efficacité de l'aide à coût budgétaire limité, voire nul.

De grandes inconnues technologiques demeurent également, mais font plutôt balancer du côté de l'expansion du secteur. Ainsi, on pourrait imaginer que le développement du *crowdfunding* profite particulièrement à l'investissement de mission : il est attractif pour de petits investisseurs mus par des considérations altruistes comme financières, mais les contraintes de la distribution dans le secteur bancaire le rendent hors d'accès *via* les modes traditionnels. Toutes les expériences de financement actuellement réalisées par le *crowdfunding* se sont révélées positives, même si le modèle économique ne sera prouvé que si des volumes considérables de transactions sont réalisés. Une grande plate-forme jusqu'à présent consacrée à la microfinance, comme KIVA, s'est récemment lancée sur le segment de l'investissement de mission tandis que d'autres s'y sont positionnées d'emblée, comme BlueBees dans le secteur agricole, par exemple, ou Babyloan, pour la microfinance.

Néanmoins, le dynamisme du secteur pourrait sans doute être accru si les barrières importantes qui demeurent et en contraignent l'épanouissement pouvaient être levées : méconnaissance du concept comme des pratiques de l'investissement de mission par les investisseurs privés, faiblesse du nombre des acteurs et de leur longévité, cadre législatif et fiscal mal adapté, etc.

EN ROUTE VERS LE FUTUR PARTENARIAT POUR LE DÉVELOPPEMENT DURABLE DE L'AGENDA POST-2015 !

Les causes d'intérêt général sur la planète sont appelées à se multiplier en intensité comme en diversité dans les trente prochaines années qui couvriront l'agenda dit « post-2015 ».

La densification de la planète, les tensions alimentaires, environnementales et sécuritaires, les disparités de revenus comme les migrations et l'urbanisation vont susciter un nombre de défis sans précédent non seulement par leur qualité, mais aussi par le fait que leur nature liera tous les pays, développés ou pauvres, dans des chaînes de causalités ou de conséquences sans précédent. Dans ce contexte, toutes les formes d'intervention collective et solidaire seront nécessaires pour résoudre les problèmes, mais un partenariat mondial liant tous les acteurs, privés et publics, profitables ou caritatifs, devra se mettre en place pour les faire converger chacun.

L'investissement de mission a de ce fait une place particulière dans cet agenda : non seulement du fait de la contribution objective qu'il peut apporter à la résolution de problèmes concrets, mais aussi que du fait même que par sa nature, il établit un lien entre acteurs privés et publics. Que ses financeurs soient publics ou privés, dans tous les cas, ils opèrent dans un but d'intérêt général et soumettent leur activité à la contrainte de la soutenabilité financière. Dans une grande majorité de cas, ils font de plus cohabiter des acteurs de différentes natures, non lucratifs ou lucratifs, publics et privés, dans les mêmes structures et constituent de ce fait un terrain de rencontre « culturel », qui permet une meilleure compréhension de chacun et une forme de convergence réelle, opérationnelle, concrète.

Notes

1. GIIN et JP Morgan (2014), *Spotlight on the Market – The Impact Investor Survey.*

2. *Op. cit.*

3. Voir le site : http:/www.oecd.org/fr/cad/stats/le-decrochage-de-laide-aux-pays-pauvres-se-poursuit-a-mesure-que-les-gouvernements-serrent-la-vis-budgetaire.htm.

4. *World Bank Indicators*, 2014.

L'AFD S'ENGAGE AUPRÈS DES ENTREPRISES SOCIALES

GROUPE DE TRAVAIL SOCIAL BUSINESS DE L'AFD

L'ÉMERGENCE D'ENTREPRISES SOCIALES/*SOCIAL BUSINESS* (ES/SB)

De nombreuses initiatives développant des *business models* innovants visant à résoudre des problèmes sociaux et environnementaux ont été lancées depuis le début de la décennie 2000, comme l'a souligné récemment le rapport Faber-Naidoo[1]. À titre d'exemple, citons la naissance en 2001 du premier fonds dédié au *social business* (Acumen Fund, États-Unis) qui a investi 80 M$ en fonds propres, la publication en 2004 du célèbre ouvrage de Coimbatore Krishnarao Prahalad intitulé *Fortune at the Base of the Pyramid*, le lancement du fonds commun de placement à risque (FCPR) Danone Communities (soutenu par l'AFD – Agence française de développement) en 2007 ou encore, plus récemment, la création du GIIN (Global Impact Investing Network), réseau et *think tank* rassemblant entreprises, fondations et investisseurs désireux de s'engager dans l'investissement dit « à impact » (*impact investing*).

S'agissant d'un secteur encore récent et novateur, la profondeur de marché pour le *social business* et les fonds d'investissement sociaux est encore incertaine. Les chiffres globaux investis dans la sphère étendue de l'*impact investing* sont sujets à débat et dépendent largement de la définition plus ou moins large retenue de l'entreprise sociale ou *social business*. Des montants extrêmement élevés ont pu être annoncés par le passé quant à la taille prévue du secteur. Les dernières études du GIIN disponibles faisaient état de 8 Md$ d'investissements réalisés en 2012 et 9 Md$ d'investissements prévus en 2013.

En l'absence de chiffres robustes et d'une définition standardisée, on peut au minimum reconnaître, comme le pointe l'étude Dalberg/Hystra[2], commandée par l'AFD, une tendance forte à un engagement réellement croissant des acteurs privés pour le développement et la multiplication des interventions d'acteurs privés et publics en faveur du *social business*.

DE QUOI PARLE-T-ON ?

Il n'existe pas de définition harmonisée du *social business*, de l'ESS (économie sociale et solidaire), des initiatives BOP (*base of the pyramid* ou base de la pyramide), de l'« économie inclusive » ou encore de l'*impact investing*. La plasticité de certaines définitions brouille, peut-être à dessein, les lignes de partage distinguant l'investissement classique de l'investissement social/environnemental ou à impact ou encore « inclusif ». Tous les intervenants (grandes entreprises, ONG, fondations, associations, coopératives, secteur mutualiste, acteurs publics, investisseurs sociaux, entrepreneurs) n'ont pas les mêmes attentes en termes de retour financier et d'impact social et environnemental. Le tableau 1 permet toutefois de distinguer certaines terminologies.

Tableau 1
Quelques terminologies

Économie sociale et solidaire (ESS)	Notion française et européenne qui regroupe l'ensemble des associations, des mutuelles, des coopératives, des fondations et désormais des entreprises commerciales d'utilité sociale ou solidaire
Social business (entreprises sociales)	Entreprises poursuivant un objectif social et/ou environnemental tout en s'assurant de la viabilité économique
Initiative BOP (base de la pyramide)	Initiatives ou stratégies mises en place principalement par les entreprises internationales pour cibler le vaste marché que représentent les 3,7 milliards d'individus vivant avec moins de 8 dollars par jour dans une démarche à la fois commerciale et de responsabilité sociale
Impact investing (investissement à impact)	Classe d'investissement ciblant des financements à fort impact. Grande diversité dans les types de projets financés et les attentes de retour social/environnemental et financier
Économie inclusive/*inclusive business*	Entreprises qui intègrent dans leurs parties prenantes une part importante de populations BOP, par la clientèle visée, la chaîne d'approvisionnement, et qui ont donc *in fine* un impact intrinsèque sur la création de revenus pour ces populations ou leur accès à des biens et des services essentiels ; si le modèle économique peut varier d'une entreprise à l'autre, la rentabilité financière est toujours recherchée

Source : AFD.

Les définitions convergent toutefois sur deux aspects : la priorité de l'objectif social et/ou environnemental et la recherche de l'autonomie financière de ces initiatives/entreprises. Il existe ensuite des critères « secondaires » retenus par d'autres bailleurs/institutions : le mode de gouvernance (plus ou moins ouvert aux parties prenantes comme dans la définition française et européenne) ; l'affectation des bénéfices (plus ou moins réinvestis dans l'entreprise avec généralement une distribution de dividendes limitée/encadrée) ; un statut juridique plus ou moins défini et spécifique selon les pays ; une place plus ou moins grande faite à l'innovation ; le caractère réplicable et le potentiel d'un changement d'échelle.

Le schéma 1 schématise le socle commun de ces définitions et les critères secondaires inclus selon certaines acceptions/définitions.

Schéma 1
Socle commun et critères secondaires

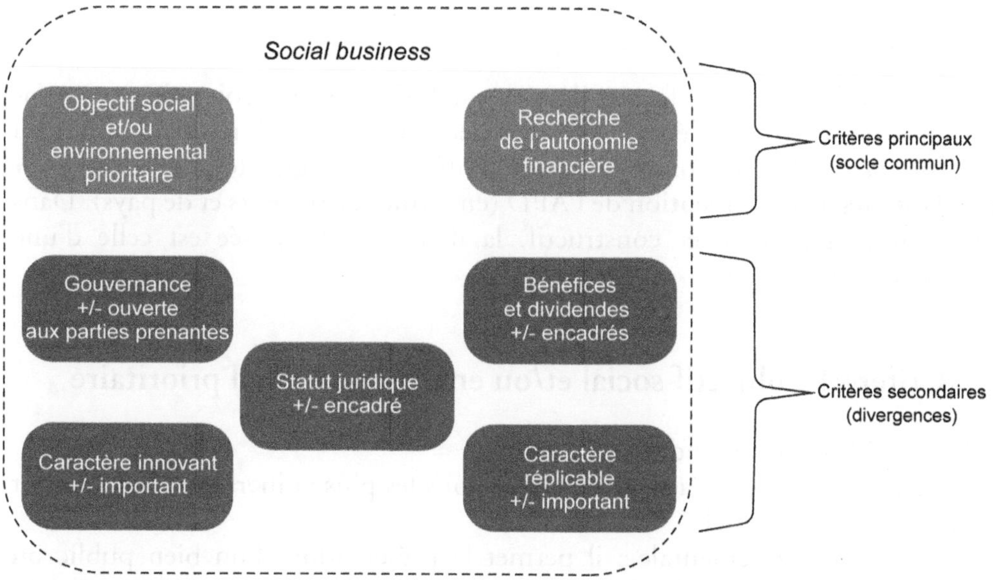

Source : AFD.

LA DÉFINITION RETENUE PAR L'AFD

Afin de ne pas desservir l'idée ambitieuse initiale, il reste primordial pour l'AFD de se doter d'une définition propre et de lignes directrices ou de critères de sélection. L'AFD a décidé de définir les interventions *social business* sur la base des trois critères cumulatifs suivants :

– une mission prioritaire axée sur une solution à un problème social/environnemental (reflet d'un engagement clair) ;

– une organisation en cohérence avec la mission définie ;
– la recherche de l'autonomie et de la pérennité financière (sur un mode généralement entrepreneurial avec une approche de marché).

Schéma 2
Les interventions *social business*

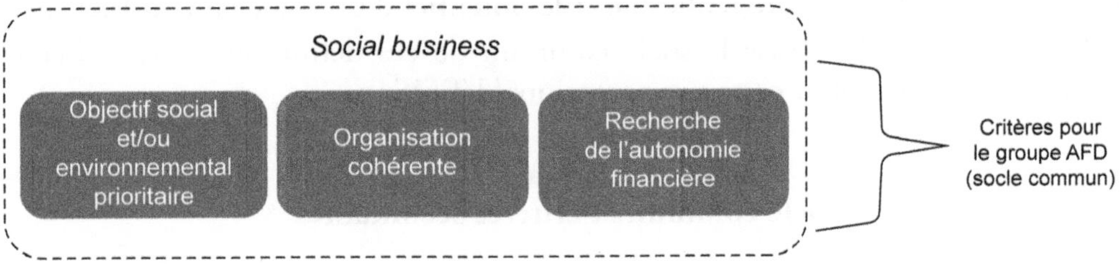

Source : AFD.

L'idée est de ne pas s'enfermer dans une définition trop étroite, de se concentrer sur les trois critères décrits *infra*, qui peuvent relever selon les cas plutôt du *social business* et de l'économie sociale ou plutôt de stratégies, tout en s'inscrivant dans la stratégie d'intervention de l'AFD (en termes de secteurs et de pays). Dans un esprit pragmatique et constructif, la démarche proposée est celle d'une sélectivité sans rigidité.

Critère 1 : objectif social et/ou environnemental prioritaire

Le *social business* répond à une finalité :
– sociale : il favorise l'accès des populations les plus vulnérables à un produit ou à un service essentiel ;
– et/ou environnementale : il permet la préservation d'un bien public ou favorise la prévention/mitigation d'un impact environnemental néfaste, pourvu que les bénéfices soient directement ciblés vers les communautés locales impliquées dans le projet.

La finalité sociale et/ou environnementale constitue la raison d'être de l'entreprise et doit être formalisée. La recherche de profit ne doit pas se faire au détriment de la finalité sociale ou environnementale.

Critère 2 : pérennité économique

Le *social business* correspond également à un projet économique, inscrit dans le marché (prise de risque, production de biens et de services, modèle économique viable, réponse à une demande, création de richesse et d'emplois, indépendance vis-à-vis des pouvoirs publics, etc.). Il vise à atteindre l'autonomie financière et ne dépend pas de subventions. Dans le cas d'une création, il devra prévoir d'atteindre sa rentabilité à moyen terme.

Critère 3 : organisation cohérente

Le mode d'organisation du *social business* doit refléter sa mission : ainsi, ses pratiques de gestion (par exemple, les rémunérations), sa gouvernance, ses ambitions financières, ses pratiques en termes de RSE (responsabilité sociale des entreprises), ses pratiques de mesure des résultats/impacts doivent être cohérentes avec les objectifs affichés.

La gouvernance est construite de manière à pérenniser sa mission grâce à la mise en place de dispositions spécifiques. Par exemple, des clauses protectrices dans le pacte d'actionnaires, la formalisation de la mission dans les statuts, une forme juridique protectrice (de nouveaux modèles juridiques peuvent être déployés), une « charte » d'investissement formalisant la finalité, un (ou des) membre(s) indépendant(s) au conseil d'administration garant(s) de la mission, un comité de suivi de la performance sociale, un système de rémunération indexé sur des objectifs d'impact.

Cette composante clé permet de faire la distinction entre un *social business* et un *business* à fort impact qui n'est pas souvent doté d'une organisation et d'une gouvernance visant à pérenniser la mission et optimiser l'impact.

QUELS SONT LES BESOINS DES ACTEURS DE L'ES/SB ?

Les besoins des entreprises sociales correspondent globalement à ceux des PME des pays du Sud avec toutefois quelques particularités intrinsèques liées à leur fort caractère innovant, au niveau de risque plus élevé, à leur rentabilité financière limitée ou différée. Il est communément reconnu que les entreprises sociales requièrent généralement plus de temps que les entreprises commerciales traditionnelles pour atteindre l'équilibre financier.

Il s'agit de besoins de soutien financier (capital patient sous forme de fonds propres à exigence de rentabilité faible et horizon de retour long, besoin de financement sous forme de prêts), mais également d'assistance technique (accompagnement sur les aspects opérationnels, ressources humaines, gestion financière et administrative, gouvernance, performance sociale, approfondissement des pratiques RSE et mesure d'impact).

Ces besoins sont également le reflet de la difficulté qu'ont les entreprises sociales à gérer les tensions liées à la dualité de leurs objectifs sociaux et économiques notamment en termes de choix de cibles, de tarification, de rémunération et de mode de gouvernance. En effet, les entreprises sociales font avant tout face à des défis inhérents à leur double objectif social et économique qui induit des tensions internes pouvant nécessiter un accompagnement spécifique. Il semble également que le besoin d'accompagnement porte sur un *continuum* d'instruments tout au long du cycle de développement des entreprises.

L'analyse des besoins au niveau des intermédiaires (principalement les fonds d'investissement sociaux) fait également ressortir la même nécessité d'un financement patient (fonds propres et mécanismes de partage des risques – garanties et mécanismes de premières pertes (*first losses*) à exigence de rentabilité modérée et d'assistance technique sur la gestion de la performance sociale et la mesure d'impact.

Enfin, les entreprises, également actives dans ce secteur, cherchent à créer de nouveaux marchés servant des populations exclues, et en cela développent des stratégies BOP. Ces initiatives requièrent souvent un accompagnement au moment de la phase pilote afin d'identifier les partenaires adéquats et comprendre l'environnement local.

Pour assurer leur passage à l'échelle, ces pilotes sollicitent un soutien de la part d'acteurs institutionnels crédibles et reconnus. Au-delà de la recherche de partenaires locaux crédibles et de l'association avec un acteur public reconnu sur les enjeux de développement, ces entreprises peuvent parfois rechercher un accompagnement financier de la part de l'AFD sous forme :

– de fonds propres lorsque ces activités sont portées par un véhicule juridique dédié ;

– de subventions afin de financer des enveloppes d'assistance technique spécifiques ou des études de faisabilité ;

– et/ou de mécanismes de partage des risques.

L'ADAPTATION DU DISPOSITIF DE L'AFD

D'ores et déjà, l'AFD a déjà su s'engager en faveur de l'ES/SB à travers ses prêts et ses subventions dans les États étrangers et dans les territoires ultramarins. Elle a déjà pu financer certains projets mis en œuvre par des acteurs de l'ES/SB, notamment à travers ses interventions en faveur d'ONG, d'institutions de microfinance et d'entreprises sociales dans des secteurs variés tels que le commerce équitable ou le logement social.

Des financements ont par ailleurs été ponctuellement octroyés dans le cadre d'approches partenariales visant à :

– la réalisation d'études consortiales ;

– l'organisation de plusieurs conférences et initiatives de sensibilisation du grand public aux enjeux de l'ESS et du *social business* en partenariat ;

– soutenir directement des opérations de *social business via* l'octroi de financements à des entreprises ou des projets initiés par des ONG, des grandes entreprises ou des fonds d'investissement sociaux.

De même, Proparco, la filiale du secteur privé de l'AFD, s'est également fortement impliqué dans la réflexion sur le *social business* avec la constitution d'un groupe de travail transversal dès juin 2011, l'élaboration d'une définition du *social business* dès 2012. Depuis, il est intervenu auprès de plusieurs entreprises ou fonds d'investissement méritant l'appellation de *social business*. Ces financements, principalement en fonds propres, ont été réalisés sur le bilan de Proparco ou par le biais du fonds d'investissement FISEA[3]. Proparco/FISEA a ainsi permis de financer de manière ponctuelle des entreprises ou des fonds labellisés « *social business* » pour un montant total de plus de 20 M€.

Toutefois, plusieurs obstacles ont été rencontrés dans le financement de projets ES/SB :

– la faible taille des projets/entreprises : les projets ES/SB sont généralement de petite taille correspondant le plus souvent à des PME, aux besoins de financement unitaire compris entre 10 000 euros et 2 M€ ; les coûts d'instruction et de gestion de ces projets et la difficulté à identifier, instruire, évaluer et gérer de très nombreux projets locaux de petite taille sont de véritables défis pour une structure comme l'AFD ;

– un niveau de risque élevé : le niveau de risque de ces projets aux *business models* innovants, parfois non testés, est élevé, généralement trop élevé par des institutions financières classiques et à la limite des niveaux acceptables pour des bailleurs ;

– un couple risque/rentabilité dégradé : de nombreuses propositions d'investissement dans des entreprises ou des fonds d'investissement sociaux présentent des perspectives d'impacts sociaux intéressantes, mais généralement des espérances de niveaux de rentabilité très faibles ; des coûts liés (temps et études) à la structuration de projets innovants pour lesquels l'AFD est sollicitée en amont à un stade nécessitant un appui technique des équipes demandant une implication nettement plus importante que sur des projets classiques.

D'interventions ponctuelles, l'AFD-Proparco se dote d'une stratégie claire et lisible. L'adoption du dispositif d'appui à l'ES/SB[4] a nécessité une adaptation des outils actuels redéfinissant leurs conditions d'utilisation et une réallocation de moyens permettant d'assumer des coûts spécifiques (temps d'instruction et de suivi, mesure d'impact, coût du risque) et des retours financiers plus faibles.

L'initiative ES/SB met en place un dispositif de cinq outils capables de répondre aux besoins des projets et des acteurs de l'ES/SB et pouvant, le cas échéant, être mobilisés de manière conjointe. À ces cinq outils, décrits *infra*, sont assignés des objectifs notamment de financement de l'ordre de 100 M€ sur trois ans (2016-2018) (tout outil confondu), selon le détail suivant :

– outil n° 1 : création d'une Facilité ES/SB, dotée en subventions, capable d'intervenir à différents niveaux (macro, méso et microéconomique), grâce à des interventions en assistance technique, des financements concessionnels (avances remboursables, dettes subordonnées, etc.) et/ou en premières pertes (mécanismes dits « *first losses* ») ; objectifs de financement : 9 M€ sur trois ans ;

– outil n° 2 : création d'une enveloppe ES/SB intégrée à FISEA dont le mandat est élargi afin de répondre aux besoins en fonds propres de fonds d'investissement sociaux et d'initiatives *social business* portées par des entreprises ; objectifs de financement : 30 M€ (en complément du compartiment « frontières » de 15 M€ approuvé en novembre 2014) investis sur une durée de trois ou quatre ans ;

– outil n° 3 : adaptation des mécanismes de partage de risque développés par l'AFD avec notamment la relance du mécanisme de garantie ARIZ à destination du *social business* ; objectifs de financement : 6 M€ sur trois ans ;

– outil n° 4 : déploiement de prêts en faveur du *social business* : principalement à travers des mécanismes intermédiés *via* les banques locales et les fonds d'investissement sociaux, mais également, de manière plus ponctuelle, en direct ; objectifs de financement : 60 M€ sur trois ans ;

– outil n° 5 : création d'une plate-forme d'expertise et de capitalisation sur la thématique ES/SB.

Les outils 1 à 4 pourront être mobilisés de manière conjointe et/ou intervenir en complément de financements déployés par le FFEM (Fond français pour l'environnement mondial) ou de ceux en faveur des ONG. Les outils présentés dans le tableau 2 (ci-contre) permettraient avec des financements de l'ordre de 100 M€ (dont 9 M€ de subventions) de soutenir directement ou indirectement de 12 à 14 fonds d'investissement sociaux et plus de 150 entreprises sociales. Ces entreprises sociales devraient elles-mêmes contribuer à fournir des biens et des services essentiels et/ou favoriser l'emploi inclusif pour une population bénéficiaire de plus de 7 millions de personnes[5].

L'AFD considère donc les entreprises sociales comme un instrument efficace et complémentaire à l'action publique pour relever le défi de la lutte contre la pauvreté et de la transition écologique, dont il convient de soutenir le développement partout dans le monde.

Tableau 2
Descriptif des cinq outils

	Outil n° 1	Outil n° 2	Outil n° 3	Outil n° 4	Outil n° 5
	Facilité *social business*	Enveloppe ES/SB dans FISEA modifié	Garantie	Prêt	Expertise et capitalisation
Porté par :	AFD	Proparco	AFD	AFD/Proparco	AFD/Proparco
Niveaux d'intervention	Macro et méso, + micro (intermédiation et direct)	Intermédiation par des fonds	Intermédiation par des fonds et des banques	Intermédiation et direct	Méso (expertise et capitalisation) et micro (projet)
Modalités d'intervention	Subvention Avance remboursable Prêt en monnaie locale Dette subordonnée *First loss*	Fonds propres AT sur gouvernance et mesure des résultats	Garantie de fonds propres Garantie de portefeuille *Stand by letter of credit*	Prêts concessionnel et non concessionnel	Pôle d'expertise Capitalisation interne Production intellectuelle
Montants	9 M€ sur 3 ans	30 M€ sur 4 ans	6 M€ sur 3 ans	60 M€ sur 3 ans	Budgets internes
Objectifs indicatifs	2 à 3 fonds d'entreprises sociales 2 à 3 programmes d'AT 24 entreprises sociales financées Environ 1,2 million de bénéficiaires finals touchés	9 fonds soutenus 100 entreprises sociales soutenues indirectement Environ 5 millions de bénéficiaires finals touchés	3 contreparties 9 entreprises sociales garanties Environ 450 000 bénéficiaires finals touchés	3 à 4 entreprises/fonds soutenus 22 entreprises sociales financées Environ 1,1 million de bénéficiaires finals touchés	2 projets (études/formations)

Source : AFD.

NOTES

1. Voir le site : www.diplomatie.gouv.fr/fr/IMG/pdf/Faber_RapportComplet_FR_cle865fc1.pdf.

2. L'étude Dalberg/Hystra se focalise sur un échantillon de 20 institutions publiques et privées et 94 initiatives lancées par celles-ci sur des thématiques de l'*impact investing* au sens large (et non strictement du *social business*). Elle sera prochainement publiée dans les collections de l'AFD.

3. Le FISEA (Fonds d'investissement et de soutien aux entreprises en Afrique) est détenu par l'AFD et géré par Proparco. Il prend des participations dans des entreprises, des banques, des institutions de microfinance et des fonds d'investissement en Afrique subsaharienne.

4. Par le conseil d'administration de l'AFD de février 2015.

5. Estimation indicative basée sur une hypothèse de 50 000 bénéficiaires finals par entreprise sociale, en ligne avec les chiffres estimés par des initiatives similaires.

SOUTENIR L'ÉMERGENCE DES ENTREPRISES À IMPACT SOCIAL : LA PROPOSITION DE LA SOCIÉTÉ À OBJET SOCIAL ÉTENDU

Laurence MÉHAIGNERIE*
Blanche SEGRESTIN**

Un nombre toujours croissant d'entrepreneurs développent des entreprises à fort potentiel de croissance avec l'objectif affirmé de relever les défis sociaux ou environnementaux qui sont devant nous : fournir des services vitaux à des populations vulnérables, contribuer au mieux-vieillir des personnes âgées, transformer les modes de consommation de leurs clients, etc. Nous assistons à une aspiration profonde des entrepreneurs de restaurer au cœur des activités économiques des objectifs d'impact sur les humains et la planète. La nature de l'entreprise serait-elle en train d'évoluer ? L'émergence des entreprises à impact restaure plutôt une conception élargie de l'entreprise comme dynamique d'action collective visant à répondre de façon inédite aux défis les plus larges de la société (Segrestin et Hatchuel, 2012).

Toutefois, si cette conception élargie de l'entreprise n'est pas neuve, elle ne va pas de soi. On constate au contraire que les entreprises ont de plus en plus de mal à engager des investissements dont la rentabilité (financière) ne serait pas rapide et optimale. Cet article essaie d'analyser pourquoi l'entreprise s'est concentrée sur des objectifs de rentabilité financière au détriment d'autres dimensions de l'entreprise et quelles peuvent être les conditions du développement des entreprises à impact. S'appuyant sur les expériences internationales de la *benefit corporation* et de la *social purpose corporation,* mais aussi du développement de l'*impact investing*[1], l'article montre que la proposition de société à objet social étendu (SOSE) en France permettrait aux entreprises de sortir de la contradiction entre lucrativité et impact, et de s'engager de manière plus franche et plus pérenne pour relever les défis sociaux et environnementaux.

---

* Présidente et cofondatrice, Citizen Capital.
** Professeur, chaire « Théorie de l'entreprise. Modèles de gouvernance et création collective », Mines ParisTech, PSL Research University.

ÉMERGENCE DES ENTREPRISES À IMPACT (*PROFIT-WITH-PURPOSE BUSINESSES*) : INNOVER AU SERVICE DES ENJEUX SOCIÉTAUX

Si l'entreprise est aujourd'hui plus ouverte aux enjeux de société, c'est que la société – et en particulier les clients, les salariés et les fournisseurs de l'entreprise – a acquis la conviction que l'État seul ne peut résoudre les grands défis sociaux et environnementaux auxquels nous sommes confrontés. Chacun de nous attend de l'entreprise qu'elle s'engage et fournisse des solutions pour répondre à certains enjeux de société pressants.

Et ces attentes sont d'autant plus fortes à l'égard de l'entreprise qu'il s'agit moins de subvenir à des besoins non solvables que d'explorer des solutions novatrices pour répondre à des questions qui sont encore très souvent sans réponse (changement climatique, aide aux démunis, etc.).

L'émergence d'un marché des entreprises privées *for profit and for purpose* suppose le développement de logiques d'investissement spécifiques à l'instar de Bridges Ventures en Grande-Bretagne ou Citizen Capital en France.

L'*impact investing* renvoie à des démarches très variées qui ont en commun de viser un impact social/environnemental, au-delà du rendement financier[2]. En termes financiers, les objectifs des fonds d'investissement à impact peuvent varier d'un souci simplement de préservation du capital jusqu'à des objectifs de retour sur investissement en ligne avec le marché. Au-delà, ils cherchent à financer des projets qui pourront développer de nouvelles solutions aux enjeux de la société.

De ce point de vue, le développement de l'*impact investing* nous semble critique pour plusieurs raisons :

– tout d'abord, parce que nous entrons dans une ère de ressources publiques rares, qui rend nécessaire le développement de modèles économiques et entrepreneuriaux qui ne dépendent pas de la subvention ;

– ensuite, parce que la recherche d'impacts humains et environnementaux peut être motrice dans l'activité économique des entreprises et avoir des retombées majeures telles que la croissance durable, le développement de technologies non polluantes, de nouveaux systèmes de mobilité, d'emploi de qualité, l'amélioration des conditions de travail, etc. ;

– enfin, parce que ces impacts humains et environnementaux sont aujourd'hui menacés dans les entreprises où la recherche de la profitabilité tend à les occulter. L'objectif d'un impact ambitieux peut nécessiter des aménagements qui affectent momentanément la rentabilité d'un investissement ou la retardent. Cet objectif est exigeant et s'avère difficile à justifier dans nombre d'entreprises.

Le tableau (ci-contre), élaboré par l'une des commissions de la Social Impact Investment Taskforce (groupe de réflexion international initié dans le cadre du G8) intitulée *Profit-With-Purpose Businesses*, montre une segmentation intéressante des démarches d'investissement selon un arbitrage recherche de profit et distribution de profit, d'une part, et engagement en matière d'impact, d'autre part.

Tableau
Combiner impact social et entreprise rentable

Impact intégré dans la mission de l'entreprise	Organismes de bienfaisance ne faisant pas de commerce	Organismes de bienfaisance faisant du commerce, mais ne distribuant pas de profits	Entreprises sociales et solidaires	Entreprises à impact
Intention de créer un impact				Entreprises recherchant l'impact
Minimum légal sur la création d'impact				Entreprises durables
				Autres entreprises
Niveau d'engagement à l'impact / Distributions d'actifs et de bénéfices	Pas de distributions	Distributions internes seulement	Distributions partiellement limitées	Distributions illimitées

Source : Social Impact Investment Taskforce, *Profit-with-purpose businesses*, septembre 2014.

L'*impact investing* s'inscrit, dans son essence, dans une courbe parfaitement symétrique entre les deux. La vie d'une entreprise n'étant néanmoins pas un long fleuve tranquille, cette harmonie entre impact et profit est dans la réalité parsemée de tensions et d'arbitrages qui peuvent amener les actionnaires à privilégier momentanément l'un ou l'autre de ces objectifs en fonction des situations (par exemple, une période difficile où la survie de l'entreprise est en jeu ou au contraire l'affirmation d'un engagement qui peut différer la promesse de rendement dans le temps).

Partout dans le monde, des entrepreneurs ambitionnent de développer des modèles économiques rentables avec l'objectif affirmé de transformer positivement la société. En plaçant ces enjeux au cœur de leur stratégie, ils répondent à une aspiration croissante de leurs salariés, leurs clients et leurs fournisseurs et développent des entreprises à forte valeur stratégique. On peut citer les exemples de Bazile, premier opérateur mobile dédié aux personnes âgées et déficientes qui développe des services adaptés nécessitant une organisation d'assistance humaine hors normes, de Patagonia, entreprise de vêtements *outdoor* durables car réparables, de Change.org, plate-forme de mobilisation des citoyens pour des causes, de Nutriset, spécialiste de la malnutrition aigüe pour les enfants.

À titre d'exemple, Camif (investissement de Citizen Capital), spécialiste de l'équipement de la maison sur Internet, a inscrit une mission sociétale au cœur de sa stratégie, alors même que l'activité ne présente pas d'impact social intrinsèque *a priori*. Le repreneur de Camif, Émery Jacquillat, a relancé l'entreprise avec un positionnement durable à tous points de vue avec une stratégie d'acquisition de clients qui adhèrent à l'idée de donner du sens à leur achat : soutien à la filière française du meuble avec plus de 70 % du chiffre d'affaires réalisé avec des fabricants français, traçabilité des références, lancement d'une collection de meubles recyclés/upcyclés, seconde vie et expérimentation en cours sur des meubles *open source*. Sur ce marché pourtant extrêmement concurrentiel et fragile, l'entreprise croît de 25 % par an.

UNE GOUVERNANCE DES SOCIÉTÉS PEU ADAPTÉE AUX ENTREPRISES À IMPACT

Ces exemples montrent, s'il en était besoin, qu'il n'y a pas d'opposition fondamentale entre objectifs économiques et objectifs d'impact social. Mais ils soulignent aussi en creux que pour la plupart des entreprises, concilier les deux objectifs ne va pas de soi. Pourquoi le projet de l'entreprise devrait-il choisir entre profit et impact social ou environnemental ? Comment nos sociétés en sont-elles arrivées à réduire l'objet social des entreprises (« mission », « *purpose* » en anglais) à la recherche du profit ?

L'histoire du glacier Ben & Jerry's en est une illustration marquante. Cédée à Unilever en 2000 malgré l'opposition des fondateurs qui avaient construit une entreprise engagée dans le partage de la création de valeur avec ses employés, ses fournisseurs et la communauté locale, l'entreprise a été au cœur d'une controverse judiciaire tranchée par la Cour suprême et confirmant que le premier rôle d'une entreprise est de maximiser la création de valeur pour les actionnaires. Or les démarches de partage de la création de valeur avec l'ensemble des parties prenantes peuvent affecter, du moins sur le court terme, la valeur pour l'actionnaire. De même, toute recherche délibérée d'impact peut être remise en cause lors d'un changement d'actionnaire. Notre conception de l'objet social n'est-elle pas trop étroite ? Comment encourager et sécuriser la mission sociale que se donnent les entreprises ?

La recherche, ces dernières années, a mis en évidence un ensemble de biais qui ont conduit à cette dichotomie entre profit et impact.

Un biais théorique

En considérant l'entreprise comme une entité dédiée au profit économique, par opposition à d'autres structures (associatives, etc.), la théorie économique a enfermé la responsabilité des dirigeants d'entreprise dans la seule maximisation du profit (Friedman, 1962). De plus, les principes de gouvernance ont, depuis les années 1980, donné davantage de moyens aux actionnaires pour surveiller les dirigeants et augmenter leur *accountability*. Or croire que la recherche du profit peut être isolée et séparée des autres impacts sociaux et environnementaux est une hypothèse fausse et dangereuse.

Un biais juridique

Si tous les actionnaires ne recherchent pas assurément exclusivement la valeur actionnariale, en revanche, le droit ne permet pas de sécuriser les entreprises vis-à-vis d'investisseurs qui n'auraient que ce seul objectif (quelles que soient les conséquences). En donnant l'exclusivité du contrôle des sociétés aux actionnaires dans un seul objectif de profit, le droit des sociétés crée donc un déséquilibre dans la décision d'investissement.

Malgré des obligations de *reporting* extrafinancier introduites récemment en France, le droit des sociétés ne permet pas aux entreprises de stipuler dans leurs statuts des objectifs sociaux ou environnementaux. Il ne donne pas les moyens d'engager les associés : au-delà de leur apport, ils n'ont pas d'obligation, pas même celle de loyauté envers la société. Dans ces conditions, toute recherche délibérée d'impact dans une entreprise peut être remise en question lors d'un changement d'actionnaire. Et rien ne permet à l'entreprise de s'en prémunir.

À l'échelle internationale, la jurisprudence interprète les devoirs des dirigeants (*fiduciary duties*) comme étant la défense de l'intérêt des actionnaires. Par exemple, le *Freshfield Report* (*United Nations Environment Programme's Finance Initiative*) sur l'ISR (investissement socialement responsable) montre que si rien n'empêche en théorie les fonds d'investissement de faire des investissements ISR, en réalité, ça n'est possible que de manière très contingente, provisoire et seulement si les souscripteurs y consentent. D'où des appels à des réformes juridiques au niveau international (Sandberg, 2011).

Un problème de confiance

L'engagement des entreprises dans la RSE pose un certain nombre de questions. Lorsque les démarches RSE des entreprises n'engagent qu'une partie et non toute l'entreprise, lorsqu'elles ne sont pas *core business*, la crédibilité de ces démarches peut être en jeu. Les ONG sont, par exemple, réticentes à collaborer avec des entreprises qu'elles suspectent de *green washing*. De même, lorsque les engagements en matière de RSE ne sont pas incarnés dans la gouvernance et pleinement intégrés dans le processus de décision de l'entreprise, ils peinent à être reconnus par la société civile. *A contrario*, l'entreprise à impact a vocation à combler ces deux failles, à la fois par l'imbrication de ses objectifs d'impact dans son modèle économique et par la mise en œuvre d'une gouvernance adaptée.

Conséquence : une aspiration croissante, mais un développement restreint

Il y a bien, depuis ces dernières années, un accroissement des entreprises affichant un objet délibérément social ou environnemental, y compris au-delà des secteurs d'activité dits « sociaux ». Mais le plus souvent, ces organisations ont construit des montages « hybrides », en combinant des sociétés commerciales avec des structures associatives ou non lucratives pour assurer leur mission sociale (Battilana *et al.*, 2012).

Ces montages, outre le fait qu'ils puissent être complexes, introduisent des incertitudes juridiques (par exemple, risque de requalification en société commerciale ; Hurstel, 2009). Plus fondamentalement, ils renforcent le préjugé d'une incompatibilité entre entreprise (lucrative) et souci de l'impact.

C'est sur ce dernier point que l'équipe de recherche de Mines ParisTech au sein de la chaire « Théorie de l'entreprise » a proposé d'agir en innovant juridiquement.

MISSION-DRIVEN COMPANIES : NOUVELLES FORMES DE GOUVERNANCE AUX ÉTATS-UNIS

Pour que l'*impact investing* puisse changer d'échelle, il faut sortir de la contradiction entre profitabilité, d'une part, et mission d'ordre social ou environnemental, d'autre part. Ce constat a été établi dans de nombreux pays, et notamment aux États-Unis. On assiste à de multiples initiatives[3] pour reconnaître en droit ce que les chercheurs ont qualifié d'entreprises à mission (*mission-driven companies*) (Levillain, 2015), c'est-à-dire les entreprises dont les objectifs ne se limitent pas à la profitabilité de l'investissement. C'est notamment l'ambition du B-Lab aux États-Unis : « Nous envisageons un nouveau secteur de l'économie, qui exploite la puissance de l'entreprise privée pour créer des bénéfices publics. Ce secteur est composé d'un nouveau type d'entreprise, qui est bien défini et crée des bénéfices pour toutes les parties prenantes, pas seulement les actionnaires. »[4]

La reconnaissance d'une mission (*purpose*) parallèle et compatible avec le profit suppose, en droit, l'extension de l'objet social. L'objet social était traditionnellement le champ d'activité que la société était autorisée à couvrir et donc les actes que les dirigeants pouvaient accomplir au nom et pour le compte de la société[5]. Depuis, cette notion a aujourd'hui perdu beaucoup de sa portée. Du coup, l'objet social a été restreint à l'objet du contrat de société, à savoir le « partage des bénéfices et des pertes » (art. 1832 du Code civil). Pour lutter contre cette réduction, l'idée la plus simple à mettre en œuvre consiste à étendre l'objet social de la société.

Ainsi, toutes les initiatives qui émergent dans le monde adoptent les principes communs suivants :

– une nouvelle forme de société commerciale est créée (ou simplement une option statutaire nouvelle) qui définit et formalise une nouvelle option aux entreprises : celle d'élargir leur objet social en intégrant des objectifs, humains, sociaux ou environnementaux ;

– cette option impose une gouvernance adaptée à cette mission étendue.

La mission doit être approuvée par les actionnaires à la majorité qualifiée (par exemple, les deux tiers).

La mission sociale ou environnementale est ainsi protégée et ne peut être modifiée par de nouveaux actionnaires que sous certaines conditions (par exemple, par un vote aux deux tiers des associés).

Les dirigeants doivent rendre des comptes sur leur gestion relativement à cette mission. Différentes formules sont possibles :

– dans le cas des *benefit corporations*, cette évaluation doit être faite par une partie neutre sur la base d'un référentiel commun (*third party assessment*). Elle est communiquée aux associés et rendue publique ;

– dans le cas des *flexible purpose corporations*, chaque entreprise définit elle-même ses objectifs (*special purposes*)[6] et la direction doit produire un rapport *ad hoc*, qui fait l'objet d'une discussion spéciale lors de l'assemblée générale.

Outre le fait que ces innovations se multiplient et gagnent partout du terrain, elles ouvrent une voie pour sortir de l'opposition entre entreprise (lucrative) et impact social :

– sur le fond, la reconnaissance des *mission-driven companies* revient à contester l'idée selon laquelle la mission d'une entreprise se réduit à la recherche du profit. Elle permet aussi de rendre visible des initiatives variées, un secteur plus étendu que les formes hybrides et en forte croissance ;

– sur la faisabilité, on reste dans le droit des sociétés, en se contentant d'ajouter une option facultative à la liste des sociétés (SA, SAS, SCOP, etc.)[7] ;

– sur la portée, ces sociétés permettent de redonner confiance aux parties (dans la mesure où il y a bien une gouvernance qui engage les associés et la direction stratégique des entreprises) ; elles offrent une nouvelle lisibilité pour différencier les entreprises (notamment pour celles qui voudraient solliciter des fonds publics) ; elles peuvent concerner aussi bien des entreprises issues de l'économie sociale et solidaire (ESS) qu'au-delà.

LA PROPOSITION DE SOSE : UN LEVIER POUR L'*IMPACT INVESTING*

Les recherches de Mines ParisTech, menées avec le soutien du Collège des Bernardins, ont conduit à formuler la proposition d'une SOSE en droit (Segrestin et Hatchuel, 2012 ; Segrestin *et al.*, 2015). À l'instar des *flexible purpose corporations* aux États-Unis, une SOSE offrirait la possibilité aux entreprises, quel que soit leur statut initial (SA, Sarl, SAS, etc.), d'opter pour un objet social étendu (OSE).

Le statut d'une SOSE offrirait ainsi aux entrepreneurs qui le souhaitent la possibilité de poursuivre non seulement le partage des bénéfices (objectifs économiques), mais aussi des objectifs sociaux et environnementaux. La mesure s'adresserait simultanément aux entrepreneurs du secteur social et aux entrepreneurs du secteur économique classique.

Schématiquement, les statuts d'une SOSE devraient prévoir deux types de clauses : une clause relative à la définition, à l'approbation et à la révision de l'OSE et une clause relative à l'évaluation de la gestion inhérente à l'OSE.

Pour fixer les idées, on peut imaginer les stipulations suivantes :

– définition, approbation et révision de l'OSE : ce dernier doit être défini, approuvé et, le cas échéant, révisé selon des procédures prévues par les statuts, et au moins par une super majorité des deux tiers des associés[8]. Les statuts peuvent également prévoir un « droit de désaccord » en cas de révision (droit de se retirer pour un actionnaire à un prix raisonnable si la majorité accepte des modifications non conformes à ses engagements) ;

– évaluation de la gestion relative à l'OSE : outre le rapport de gestion classique, la société établit un rapport relatif à la gestion de l'OSE. Les statuts peuvent prévoir la création d'un conseil spécifique et relatif à l'OSE. Ce conseil (appelons-le « conseil d'entreprise ») serait distinct à la fois de l'assemblée générale et du conseil d'administration de la société. Y seraient représentées les parties « engagées » par l'OSE, c'est-à-dire les plus compétentes pour donner un avis sur la gestion relative à l'OSE, avis qui devrait alors être pris en compte par l'assemblée générale.

À titre d'exemple, on peut prévoir, sauf stipulation contraire dans les statuts :

– la « composition » : le conseil d'entreprise est composé de représentants du personnel (50 %, membres du conseil d'entreprise par défaut), d'administrateurs (25 %, représentants du conseil d'administration par défaut) et de personnalités qualifiées représentant les parties engagées hors de l'entreprise (territoire... 25 %) ;

– le « fonctionnement » : il élit son président (pour une durée à spécifier). Il se réunit annuellement (avant l'assemblée générale) ;

– les « responsabilités » : il est chargé, le cas échéant, d'approuver une révision de l'OSE, d'évaluer la gestion sur la stratégie à l'égard de l'OSE et sur le respect de l'équilibre entre les parties engagées dans l'OSE. Il doit être informé et consulté sur toute décision de cession d'un actif essentiel à l'OSE. Il peut en outre être saisi soit par l'assemblée générale, soit par le conseil d'administration, soit par le comité d'entreprise. Il peut aussi s'autosaisir s'il considère que la société court un risque susceptible d'altérer durablement la poursuite de l'OSE. Il peut également, à la suite de plusieurs avis négatifs, convoquer une assemblée générale extraordinaire dont il fixe lui-même l'ordre du jour et qui peut porter sur l'éventuelle révision, voire l'abandon, de l'OSE.

La faisabilité et les effets d'une telle proposition demandent évidemment à être étudiés de manière plus approfondie. Plutôt que le détail précis des clauses et des mécanismes, nous avons surtout voulu montrer ici que du point de vue de la recherche, le réinvestissement de la notion d'objet social ouvrait de nouvelles perspectives pour l'*impact investing*.

CONCLUSION

En France, cette proposition a été favorablement accueillie à de nombreux endroits. Outre les premières expérimentations avec des entreprises, on peut citer, par exemple, le rapport 2012 du Conseil économique et social intitulé *Performance et gouvernance des entreprises*, qui suggère de définir un droit de l'entreprise reconnaissant sa mission de création collective. Le rapport sur l'économie positive (rapport 2013 sous l'égide de Jacques Attali, voir aussi le rapport 2015) reprend aussi la proposition de SOSE (Segrestin et Hatchuel, 2012) : il préconise la redéfinition de l'entreprise et la création de nouveaux statuts de société incluant de nouveaux objets sociaux distincts de la seule valeur actionnariale. De même, le rapport sur l'investissement à impact rédigé par la Taskforce dans le cadre du G8 (Sibille, 2014) retient également la proposition de SOSE. Au-delà, les expérimentations sont d'ores et déjà engagées. Le droit des sociétés est suffisamment souple pour rendre possible l'intégration d'une mission dans les statuts. Un pilote est actuellement en cours avec quelques entreprises[9]. Il aidera à déterminer les principes de formulation d'un OSE ainsi que les procédures d'évaluation de la gestion relative à cet objet. Car si le principe d'un engagement des associés est incontournable, en revanche, les formes et les méthodes des entreprises à mission restent à explorer et seront vraisemblablement très variées.

Notes

1. Selon la définition du Global Impact Investment Network (GIIN), l'écosystème de l'*impact investing* est constitué d'investisseurs très divers, qui présentent néanmoins les points communs suivants : (1) poursuivre un objectif de retour financier couplé à un objectif d'impact social ; (2) rechercher explicitement et intentionnellement un impact social en plus de l'objectif financier ; (3) évaluer et rendre compte de l'impact social lié à ses investissements auprès de ses parties prenantes.

2. GIIN : www.thegiin.org/cgi-bin/iowa/resources/about/index.html#1.

3. De nombreux pays aussi bien en Europe qu'outre-Atlantique ont déjà adopté de nouvelles formes juridiques pour réconcilier les activités économiques et les projets sociaux ou environnementaux. On peut citer la société à finalité sociale en Belgique (bientôt adoptée au Luxembourg), la *community interest company* britannique, la société coopérative d'intérêt collectif en France ou encore les *benefit and flexible purpose corporations* américaines.

Plusieurs mouvements ont également suggéré en France ou dans le monde des propositions participant de la même réflexion : la société à intérêt social (entreprises et pauvreté), l'association à but lucratif, ou encore la *socially responsible corporation.*

4. Voir le site : www.bcorporation.net/what-are-b-corps/legislation.

5. Au-delà, ils dépassaient leur mandat – c'est la doctrine de l'*ultra-vires* (Greenfield, 2008).

6. La loi californienne précise que ces *special purposes* doivent accentuer les effets positifs ou minimiser les effets négatifs à court ou à long terme des activités sur (1) les salariés, les fournisseurs, les clients ou les créanciers de la *flexible purpose corporation*, (2) la communauté et la société et (3) l'environnement.

7. SA : société anonyme ; SAS : société par actions simplifiée ; SCOP : société coopérative et participative.

8. On peut aussi prévoir que la définition de l'objet ne peut entrer en vigueur qu'après l'avis positif du conseil d'entreprise, d'un vote à la majorité des salariés, ou d'un conseil supérieur d'entreprise.

9. Démarche pilote de cinq entreprises (Nutriset, Camif, Citizen Capital, Nuova Vista et Ekibio) restituée le 5 novembre 2015 au Collège des Bernardins en collaboration avec Mines ParisTech et l'association Entrepreneurs d'Avenir.

Bibliographie

ATTALI J. (éd.) (2013), *Pour une économie positive*, Fayard/La Documentation française.

BATTILANA J., LEE M., WALKER J. et DORSEY C. (2012), « In Search of the Hybrid Ideal », *Stanford Social Innovation Review*, pp. 51-55.

FRIEDMAN M. (1962) (trad. 1971), *Capitalisme et liberté*, Université of Chicago, (Robert Laffont).

GREENFIELD K. (2008), *The Failure of Corporate Law: Fundamental Flaws and Progressive Possibilities*, University of Chicago Press.

HURSTEL D. (2009), *La nouvelle économie sociale. Pour réformer le capitalisme*, Odile Jabob.

LEVILLAIN K. (2015), *Les entreprises à mission. Formes, modèle et implications d'un engagement collectif*, Mines ParisTech.

SANDBERG J. (2011), « Socially Responsible Investment and Fiduciary Duty: Putting the Freshfields Report into Perspective », *Journal of Business Ethics*, vol. 101, n° 1, pp. 143-162.

SEGRESTIN B. et HATCHUEL A. (2012), *Refonder l'entreprise*, Seuil, République des idées.

SEGRESTIN B., LEVILLAIN K., VERNAC S. et HATCHUEL A. (éd.) (2015), *La société à objet social étendu : un nouveau statut pour l'entreprise*, Presses des Mines.

SIBILLE H. (éd.) (2014), *Comment et pourquoi favoriser des investissements à impact social ? Innover financièrement pour innover socialement*, rapport du Comité national consultatif sur l'investissement à impact, www.economie.gouv.fr/files/files/PDF/RapportSIIFce_vdef_28082014.pdf.

SOCIAL IMPACT INVESTMENT TASKFORCE (créée sous la présidence anglaise du G8) (2014), *Profit-With-Purpose Businesses*, Subject Paper of the Mission Alignment Working Group, septembre, www.socialimpactinvestment.org/reports/Mission%20Alignment%20WG%20paper%20 FINAL.pdf.

Quatrième partie

FINANCE ET TERRORISME

Présentation

Ce dossier aborde certaines des conséquences de la menace terroriste sur la sphère économique et financière.

En premier lieu, *Alain Rodier* en dresse un panorama. S'il note que si les définitions sont multiples, l'arme terroriste est toujours celle du « faible au fort ». Historiquement, la France a eu à faire face à trois grands types de menaces : (1) la plus traditionnelle qu'ont fait peser des mouvements insurrectionnels, (2) la menace « islamique radicale » en distinguant les sunnites d'Al-Qaïda et de Daech et les chiites inspirés par Téhéran et (3) celles alimentées par les extrémistes de toutes tendances. Aujourd'hui, trois théâtres d'opérations retiennent l'attention : le front syro-irakien, l'Afghanistan, le continent africain. Les méthodes d'action sont également variées : émeutes, coups de main, enlèvements, bombes ; l'imagination étant malheureusement sans limites en ce domaine. L'auteur conclut que le terrorisme va perdurer comme moyen de combat parce qu'il est économique et relativement facile à mettre en œuvre et qu'il a un grand retentissement auprès des populations. Par contre, il ne permet pas, à lui seul, de remettre en cause la stabilité des États. Mais ces derniers sont contraints de consacrer des moyens humains, techniques et financiers considérables pour le combattre, les terroristes conservant l'avantage de l'initiative.

Alain Bauer montre que le financement du terrorisme diffère de celui du crime organisé, même s'il y a des plages de recoupement. D'un côté se développent des institutions presque entièrement dédiées non seulement au blanchiment traditionnel, mais également à l'investissement criminel. Une industrie « officielle » du financement du crime est née, utilisant les méthodes et les outils des systèmes financiers classiques. Le crime et la finance ne vivent plus seulement côte à côte. La finance mondiale n'est plus seulement la victime des attaques à main armée ou des détournements informatiques. Une partie d'entre elle a choisi d'investir avec le crime et parfois dans les activités criminelles. De son côté, le terrorisme se fait avec des moyens réduits et la question du financement est alors secondaire car elle porte sur des montants limités. Ces deux univers peuvent communiquer, mais il est difficile de lutter contre le terrorisme par le biais du financement car ce dernier souffre peu des restrictions imposées par les États qui, d'une part, libéralisent les transferts et suppriment les frontières pour des raisons économiques et, d'autre part, tentent de réguler ce qu'ils viennent de libéraliser.

L'article de *Tracfin* rappelle les spécificités des modes de financement du terrorisme : décentralisation, montants limités, utilisation des réseaux sociaux. Il décrit, en comparaison, ceux de Daech, plus centralisés et territorialisés. Il fait le point sur l'action des autorités publiques et en particulier sur les objectifs présentés par Michel Sapin en mars 2015 : faire reculer l'anonymat dans l'économie afin de mieux tracer les opérations financières ; mieux surveiller, grâce à la mobilisation des acteurs financiers dans la lutte contre le terrorisme ; renforcer les capacités de gel contre les avoirs détenus par les financeurs ou les acteurs du terrorisme. Cette action est aujourd'hui amplifiée par celle de l'Union européenne (4e directive de mai 2015) et la coopération internationale au sein du GAFI qui vise à l'amélioration des échanges entre les autorités compétentes en matière de lutte contre le terrorisme et son financement, ainsi qu'à une meilleure coordination et un échange optimal entre homologues étrangers.

Annick Steta se penche sur l'analyse économique du terrorisme non plus en termes de financement ou de conséquences sur l'activité, mais plus spécifiquement en s'interrogeant sur les motivations des auteurs d'actes terroristes. Une idée assez répandue voudrait que le terrorisme se nourrisse de la pauvreté et du faible niveau d'éducation des populations qui lui fourniraient des bras. Ce discours est constant dans les sphères progressistes comme chez les conservateurs américains de l'ère Bush et on le retrouve aujourd'hui dans des déclarations du pape François. Une revue de la littérature sur ce thème amène à nuancer le jugement. Même si les données ne portent pas, par construction, sur des échantillons très larges, on peut en tirer deux conclusions : (1) les terroristes sont issus, en grande majorité, des classes moyennes ou aisées et ont un niveau d'éducation supérieur, les commanditaires préférant logiquement recruter les services des populations les mieux formées ; (2) s'il est vrai, en revanche, que le terrorisme se nourrit de la détérioration des perspectives économiques, il est plutôt corrélé au taux de chômage des diplômés de l'enseignement supérieur qu'à celui des moins qualifiés. D'une manière générale, les études soulignent que malgré le soutien économique apporté par les organisations terroristes à leurs membres, ces derniers ne semblent pas motivés par la perspective d'améliorer leur situation matérielle. Quant aux analyses sur les caractéristiques socioéconomiques des pays d'où sont issus les terroristes, elles ne concluent à aucune corrélation significative. Au total, l'affirmation que le terrorisme est le fruit de la pauvreté de masse et du sous-développement doit être, au minimum, fortement relativisée.

Nicolas Arpagian fait le point sur une dimension essentielle de la lutte contre le financement du terrorisme : la cybersécurité. En ce domaine, beaucoup reste à faire. En premier lieu, il s'agit d'une activité nouvelle, évolutive et sur laquelle les autorités ne se sont véritablement penchées que récemment. En second lieu, apparaissent des conflits non résolus entre sécurité et liberté dans un cadre juridique encore balbutiant au plan national comme international.

La menace terroriste : de quoi parlons-nous ?

Alain RODIER*

DÉFINITION(S) DU TERRORISME

Les définitions du terrorisme sont nombreuses, personne n'ayant véritablement réussi à se mettre d'accord sur des termes communs. La raison en est bien simple : des individus sont considérés par certains comme des « terroristes » alors que pour d'autres, ils sont des « combattants de la liberté, pour l'indépendance, de la foi, etc. ». Selon le Larousse, le terrorisme est un « ensemble d'actes de violence commis par une organisation pour créer un climat d'insécurité ou renverser un gouvernement ». La loi française du 9 novembre 1986 parle d'« infraction en relation avec une entreprise individuelle ou collective ayant pour but de troubler gravement l'ordre public par l'intimidation ou la terreur ». Le Département d'État américain décrit l'« usage calculé de la violence ou de la menace pour créer la peur destinée à contraindre ou intimider des gouvernements ou des sociétés dans le but d'atteindre des objectifs politiques, religieux ou idéologiques ».

En fait, le terrorisme est simplement une méthode de combat qui est le premier niveau de la « guerre asymétrique » appelée dans les années 1950-1960 « guerre révolutionnaire ». Elle est aussi définie comme du « faible au fort ». Lorsque le « faible » n'a que peu de moyens, il utilise le terrorisme pour se faire connaître, voire reconnaître. Au fur et à mesure de sa montée en puissance, il

* Directeur de recherche, Centre français de recherche sur le renseignement (CF2R).

passe au niveau supérieur : celui de la guérilla sans toutefois abandonner le terrorisme. Enfin, quand il se sent prêt à affronter directement son ennemi, il passe au dernier niveau : celui de la guerre classique en ne négligeant pas les deux précédents. Deux exemples viennent illustrer ces propos. La guerre d'Indochine, puis la guerre du Vietnam qui ont vu le succès des « faibles » (les Vietminhs, puis les Vietcongs) contre « les forts » (les colonialistes français, puis les impérialistes américains). Les « faibles » ont vaincu les « forts » en utilisant successivement (et simultanément) les trois moyens : le terrorisme, la guérilla et la guerre conventionnelle. À noter que lors de ces deux conflits, l'arme de l'influence sur les populations (françaises, puis américaines) a été prépondérante. Les Tigres tamouls ont par contre connu la défaite car ils se sont crus assez forts pour passer au stade de la guerre classique après avoir libéré le nord du Sri Lanka, la presqu'île de Jaffna. Cette surestimation de leurs moyens a conduit à leur perte.

Aujourd'hui, trois théâtres d'opérations retiennent l'attention :

– le front syro-irakien où les insurgés sont arrivés au niveau de la guerre classique, particulièrement Daech et le Front al-Nosra ;

– l'Afghanistan : les talibans sont incontestablement au niveau de la guérilla. Si les forces de la coalition se retirent complètement, ils passeront au troisième niveau avec de bonnes chances de l'emporter rapidement. Un rappel historique : il n'a fallu que deux ans aux rebelles afghans pour s'emparer du pouvoir à Kaboul après le départ des Soviétiques en 1989. Et ils avaient laissé une armée bien mieux équipée et motivée ;

– le continent africain où Boko Haram et différents mouvements rebelles libyens en sont au niveau de la guerre classique, la *wilaya Sinaï* de Daech et les shebabs somaliens dépendant d'Al-Qaïda à celui de la guérilla.

L'EXEMPLE FRANÇAIS

Il y a trois grands types de menaces terroristes en France : la « traditionnelle » que faisaient peser des mouvements « historiques » comme le FLNC (Front de libération nationale de la Corse), l'ETA, à peu près tous les mouvements insurrectionnels de la planète qui ont une représentation officielle ou clandestine en France ; la menace « islamique radicale » en distinguant les sunnites d'Al-Qaïda et de Daech et les chiites inspirés par Téhéran et enfin les menaces « de demain » alimentées par les mouvements insurrectionnels issus des mouvances altermondialistes, écologistes et anarchistes auxquelles il convient d'ajouter les extrémistes de toutes tendances.

Les mouvements insurrectionnels « historiques »

Le FLNC et les mouvances associées. Ces mouvements qui se disent « nationalistes » sont aujourd'hui plus criminels que politiques. Le risque terroriste qu'ils représentent est limité sur le continent, mais plus élevé en Corse. Toutefois, les « nationalistes » ne s'en prennent généralement qu'aux biens – sous couvert de nationalisme alors qu'il s'agit majoritairement de vulgaire racket – et aux représentations du pouvoir (parfois, cela est allé jusqu'au meurtre comme celui du préfet Érignac le 6 février 1998). Ce risque relativement faible n'exclut pas les pertes « collatérales », particulièrement lors des règlements de compte qui sont assez fréquents, mais qui entrent dans le domaine du droit commun. Si la plupart surviennent sur l'Île de Beauté, ils s'étendent parfois au continent et plus particulièrement à Marseille, Grenoble, Lyon et Paris.

Pour les indépendantistes de l'ETA, la France représentait plus une base arrière qu'un terrain d'opérations. Un mouvement insurrectionnel a toujours besoin d'une zone refuge pour prospérer. Toutefois, ses activistes étaient très dangereux, surtout lorsqu'ils étaient directement confrontés aux forces de police. Ce mouvement a annoncé la « fin définitive de son action armée » le 20 octobre 2011.

La France, terre d'accueil traditionnelle, reçoit sur son sol beaucoup de mouvements insurrectionnels étrangers : PKK (Partiya Karkerên Kurdistan, Parti des travailleurs du Kurdistan), LTTE (Liberation Tigers of Tamil Eelam, qui entretient toujours des réseaux à l'étranger malgré sa défaite sur le terrain), Sentier Rouge péruvien, Moudjahédines du peuple, etc. Leur objectif premier est d'y recueillir des fonds destinés à financer leur lutte. Pour cela, ils ponctionnent leurs expatriés grâce à l'« impôt révolutionnaire ». Ils profitent également des facilités offertes pour s'y livrer à des actions de propagande et de recrutement. Ces mouvements représentent un risque minime pour la sécurité intérieure du pays en dehors des règlements de compte internes qui peuvent être l'objet de bavures ou d'assassinats commis par des services spéciaux étrangers comme le Vevak iranien ou le Mossad israélien.

Les mouvements islamiques radicaux

Oussama Ben Laden souhaitait l'établissement d'un « califat mondial ». Pour cela, il avait défini des terres de djihad « proches » et « lointaines ». La France entre dans cette deuxième catégorie. À de nombreuses reprises, les *leaders* d'Al-Qaïda central basé dans les zones tribales pakistanaises ont directement menacé la France. Déjà en octobre 2010, Ben Laden avait déclaré dans un message destiné au « peuple français » que la France ne connaîtrait de sécurité que si elle se retirait d'Afghanistan et cessait ses « injustices » à l'égard des musulmans. Il avait fait également directement référence à la prise d'otages de citoyens français au Sahel : « Tout comme vous tuez, vous êtes tués. Tout comme vous prenez des prisonniers, vous êtes pris en otage. Tout comme vous menacez notre sécurité, nous menaçons votre sécurité (...). S'il est du droit de la France d'interdire aux femmes libres de porter le voile, n'est-il pas notre droit de pousser au départ vos hommes envahisseurs en leur tranchant la tête ? »

Depuis son apparition officielle en 2014, Daech multiplie les menaces, la dernière émise en français le 22 juillet 2015 par le bureau des médias de l'État islamique (EI) du district de Hama (Syrie) : « Ce message est adressé à tous les Français qui font la guerre à Allah et son Messager (...). Je jure par Allah, on vient à vous avec des hommes qui aiment la mort comme vous aimez la vie. Je jure par Allah, on vient vous égorger dans les rues de Paris. »

Les modes d'action de ces mouvements

La branche d'Al-Qaïda qui est basée au Yémen, AQPA (Al-Qaïda dans la Péninsule arabique), est chargée depuis des années d'exporter les actions terroristes de la maison-mère à l'étranger. Elle a pleinement réussi en France avec la tuerie du journal *Charlie Hebdo* le 7 janvier 2015. Les frères Kouachi qui avaient été formés au Yémen s'étaient vus désigner le magazine satyrique comme cible et en particulier Stéphane Charbonnier qui figurait en bonne place dans les cibles à abattre présentées par le magazine *Inspire* publié en mars 2013 sur le Net par AQPA. En 2011, un volontaire d'AQPA qui devait faire exploser un vol reliant le Proche-Orient aux États-Unis s'est vu remettre par ses commanditaires un engin explosif. Il l'a livré aux autorités de Riyad car, en réalité, c'était un agent infiltré par les services de renseignement saoudiens avec l'aide de la CIA. Le 29 octobre 2010, deux avions, l'un de UPS (United Parcel Services) et l'autre de Qatar Airways, se posaient en urgence, le premier en Grande-Bretagne, le second à Dubaï. Des renseignements affirmaient qu'ils transportaient des colis suspects adressés à des centres religieux juifs à Chicago. Les enquêteurs ont alors découvert des charges dissimulées dans des imprimantes. L'explosif utilisé était du PETN (penthrite) déjà employé à l'occasion de la tentative d'attentat contre le vol Northwest Ailines 253 Amsterdam-Détroit du 25 décembre 2009 et lors de la tentative d'assassinat du vice-ministre de l'Intérieur saoudien, le prince Mohammad Ben Nayef Ben Abdelaziz al Saud le 27 août de la même année. L'artificier serait le Saoudien Khalid Ibrahim Hassan Al Asiri *alias* Abou Saleh, le propre frère du kamikaze qui a tenté de tuer le prince saoudien avec un « suppositoire explosif ». À savoir que ce dernier se prétendant « djihadiste repenti » avait obtenu une audience à l'occasion de la fin du ramadan pour solliciter le pardon du prince. En réalité, il était équipé d'une bombe cachée dans ses sous-vêtements.

Au Yémen même, quelques années plus tôt, des activistes dépendant d'Al-Qaïda s'en étaient pris au navire USS Cole (en 2000, 17 tués, 50 blessés) et au navire Limburg battant pavillon français (2002, un tué, 12 blessés).

Al-Qaïda a tout d'abord utilisé des agents recruteurs que l'on pouvait rencontrer dans des mosquées, des écoles coraniques, des clubs de sport, des associations, etc. Puis, la nébuleuse, diminuée par des années de lutte, s'est servie du Net qui présente l'avantage de pouvoir toucher des populations (majoritairement jeunes) bien plus importantes, et ce, à moindres risques, du moins pour les recruteurs. L'un des plus célèbres a été Anwar al-Awlaqi. En dehors des réseaux sociaux, il utilisait la revue *Inspire*. Cette dernière offrait encore une vision « journalistique » du djihad et détaillait des recettes de terrorisme et de guérilla. Le premier numéro comportait un article intitulé « Comment fabriquer une bombe dans la cuisine de votre maman ».

Daech a encore davantage professionnalisé sa communication en tenant compte des attentes des jeunes dans le domaine cinématographique et des jeux vidéo. En effet, ses sites de propagande rappellent l'imaginaire, le morbide et la violence qui sont souvent présents dans de nombreux jeux vidéo. Il utilise, quant à lui, la revue *Dabiq* et il a lancé en décembre 2014 sa première publication en français *Dar al-Islam* (Terre d'islam). À la différence d'Al-Qaïda, Daech ne bénéficie que de peu de réseaux structurés en dehors de son noyau syro-irakien. Le risque provient surtout d'individus et de groupuscules isolés qui n'ont aucun lien tactique avec Daech, mais qui agissent à leur initiative et ensuite se revendiquent de Daech car le logo est « porteur ».

Matériellement, les filières qui peuvent agir en France pourraient aussi provenir du Caucase (filière tchétchène) ou d'Asie centrale (MIO, Mouvement islamique d'Ouzbekistan). En effet, on se rappelle encore des « filières tchétchènes » et le MIO et diverses filiales (dont l'Union du Jihad islamique) sont bien implantés en Allemagne. Enfin, Al-Qaïda au Maghreb islamique (AQMI) qui hait la France pour son passé colonial, parce que Paris « soutient » Alger, parce que des militaires français sont présents au Sahel, en Irak et au Liban et parce que les musulmans sont « maltraités » en France, reste une menace possible.

La menace d'origine chiite

L'Iran a déjà utilisé dans le passé le moyen terroriste contre la France, que ce soit sur le territoire ou à l'étranger. En règle générale, les expatriés constituent toujours des cibles de choix car plus facilement atteignables. L'Iran s'est alors livré à du « terrorisme d'État » en agissant *via* ses services spéciaux et leur bras armé, le Hezbollah libanais. Aujourd'hui, l'ambiance est à l'apaisement.

LES MOYENS ET LES MÉTHODES

Les réseaux

Les mouvements insurrectionnels sont formés de cellules de diverses tailles. Ces dernières forment des réseaux qui n'ont pas tous la même structure. Certaines sont « pyramidales » (Hezbollah libanais, LTTE, ETA, etc.), d'autres « horizontales » comme Al-Qaïda, Daech, et enfin, entre les deux, « en étoile » comme les FARC.

Le recueil de fonds

Le principal souci des mouvements clandestins est le nerf de la guerre : l'argent. Pour en obtenir, deux moyens sont employés : l'« impôt révolutionnaire » (extrême gauche) ou les dons plus ou moins forcés (islamistes) et les activités purement criminelles comme le trafic de drogue (FARC), la contrebande de pétrole, d'antiquités, etc. (AQMI et Daech), les escroqueries diverses et variées, les vols avec violence (extrême gauche, anarchistes).

Le recrutement

Un mouvement qui ne recrute pas de nouveaux membres finit par disparaître. Toutefois, la paranoïa exacerbée qui règne au sein des mouvements clandestins constitue un frein au recrutement. En effet, les activistes ont en permanence la crainte d'être infiltrés par des services de renseignement ou d'être trahis par l'un des leurs. C'est particulièrement vrai pour les islamistes qui se méfient des recrues occidentales arrivant sur un théâtre d'opération, notamment sur le front syro-irakien ou en zone AfPak (Afghanistan/Pakistan). Ces dernières sont soumises à de nombreux interrogatoires et des vérifications sont faites dans leur pays d'origine. De toute façon, les « nouveaux convertis » resteront des « musulmans de seconde zone ». Il est extrêmement rare qu'ils obtiennent un poste de responsabilité. Par contre, ils sont appréciés pour l'intendance ou comme kamikazes.

L'agit prop

Mot qui date de l'époque de l'expansionnisme soviétique. Cela veut dire : « combiner l'action et la propagande ». Le but consiste à créer un climat favorable à l'insurrection : attirer des sympathisants et terroriser les adversaires. Daech est passé maître dans ce domaine, mais Al-Qaïda fait aussi un effort dans la communication. Tous les gouvernants craignent ce phénomène qui relève de la guerre psychologique. Les mesures prises par les responsables des sociétés visées sont utilisées pour les retourner contre elles, souvent en se livrant à de la désinformation. Les médias, souvent à leur insu, participent largement à ces stratégies tactiques.

Les émeutes

Moyen classique qui consiste à transformer des manifestations revendicatives en actions violentes. Les activistes utilisent alors tous les savoir-faire de la « gestion des foules » partant du principe élémentaire qu'au sein de ces dernières, les sentiments développés sont plus émotionnels que rationnels. L'effet peut toutefois se révéler négatif avec le temps car l'opinion qui peut être au départ neutre ou même favorable aux revendications exprimées risque se « retourner » car elle est prise de peur pour ses intérêts individuels immédiats.

Les coups de main en tous genres

Très efficaces sur le plan tactique, ils nécessitent un certain professionnalisme des exécutants. Les exemples marquants sont les attentats de l'école de Beslan en septembre 2004 (344 tués), de Bombay en novembre 2008 (173 tués), de l'attaque d'Anders Behring Breivik en Norvège le 22 juillet 2011 (77 tués), de celle du centre commercial Westgate à Nairobi en septembre 2013 (68 tués), de Charlie Hebdo et de l'Hyper Casher en janvier 2015 (20 tués) et de l'université Garissa au Kenya le 2 avril de la même année (148 tués). Cette méthode permet également de se procurer des fonds grâce à des actes criminels comme les attaques de bijouteries survenues à Kirkouk à la fin d'octobre 2010 ou le pillage des banques de Mossoul en 2014.

Les enlèvements

Deux buts sont poursuivis : l'un financier en demandant une rançon, l'autre idéologique. Dans ce deuxième cas, la vie des otages est souvent gravement en danger.

Les bombes

Les attentats à la bombe ont lieu depuis l'invention de la poudre. Toutefois, les Sri Lankais du LTTE et les islamistes du Hezbollah (chiites), puis d'Al-Qaïda (sunnite) ont apporté la « nouveauté » du kamikaze.

LES LOUPS SOLITAIRES

Pour l'instant, les loups solitaires sont la menace principale qui pèse sur les pays occidentaux car les moyens des mouvements utilisant le terrorisme sont trop limités pour monter des coups comme cela a été le cas lors des attentats du 11 septembre 2001 ou même de Madrid (191 tués) en 2004, puis de Londres (56 tués) en 2005.

Toutefois, l'appellation « loup solitaire » est réductrice. Selon les observations qui ont pu être faites, particulièrement aux États-Unis qui ont connu le plus grand nombre d'attaques de ce type, la dernière en date ayant eu lieu dans le Tennessee le 16 juillet 2015 (cinq militaires tués), il est possible de distinguer quatre catégories d'individus qui peuvent répondre à ce concept.

Premièrement, les « solitaires » qui n'entretiennent aucune relation avec une organisation extérieure en dehors de consulter des pages de propagande sur le Net. Plusieurs cas répondent à ces critères. Man Haron Monis, un ancien chiite iranien converti au sunnisme radical, est l'auteur, en décembre 2014, de la prise d'otages du café Lindt à Sydney qui s'est terminée tragiquement (3 morts). Peu après, Bertrand « Biläl » Nzohabonano a attaqué un commissariat à Joué-Lès-Tours (3 blessés et le suspect abattu par la police). L'étudiant américain d'origine iranienne Mohammad Reza Taheri qui a précipité sa jeep Cherokee dans la foule de l'université de Caroline du Nord de Chapel Hill en 2006 pour « venger la mort de musulmans de par le monde » (9 blessés).

Deuxièmement, les « loups solitaires » à proprement parler. Ces derniers sont en contact avec des activistes généralement *via* les réseaux sociaux. Ainsi, le major Nidal Malik Hassan, responsable du massacre de Fort Hood (13 morts, 30 blessés) en 2009, correspondait régulièrement avec le prêcheur américain d'origine yéménite Anwar al-Awlaki. La mort de ce dernier lors d'un bombardement ciblé de la CIA le 30 septembre 2011 a interrompu ses prêches, mais ses discours continuent à circuler sur la toile, influençant d'autres activistes. Il semble que cela ait été le cas des frères Dkokhar et Tamerlan Tsarnaev, d'origine daghestanaise, auteurs de l'attentat dirigé contre le marathon de Boston le 15 avril 2013 (3 morts, 264 blessés). Ils ont également assassiné un policier sur le campus du Massachusetts Institute of Technology (MIT) avant d'être neutralisés. Toutefois, parce que les deux frères Tsarnaev agissaient ensemble, ils sont plutôt à ranger dans la catégorie suivante : les « meutes de loups ».

Troisièmement, les « meutes de loups » sont des groupuscules de quelques individus (il en faut au moins deux) qui s'autoradicalisent mutuellement dans une sorte de fuite en avant. À cette catégorie appartiennent, en dehors du cas cité précédemment, John Allen Muhammad, né Williams, et Lee Malvo qui ont tué 10 personnes au hasard en 2002 avec un fusil à lunette depuis le coffre aménagé d'une limousine. John Allen Muhammad, un vétéran de la première guerre du Golfe, avait entraîné son jeune compagnon dans sa cavale sanglante. Il était l'objet de problèmes psychiatriques liés au syndrome de la guerre du Golfe. L'intention des deux tueurs était d'exiger une rançon de la part du gouvernement américain pour ensuite financer le recrutement d'adeptes qui auraient déclenché d'autres tueries aux États-Unis.

Quatrièmement, les « attaquants solitaires » sont des individus directement activés par la hiérarchie d'une organisation terroriste avec laquelle ils n'entretiennent volontairement plus de contact par souci de clandestinité. Ils n'entrent alors plus vraiment dans la catégorie des « loups solitaires », mais dans celle des « activistes télécommandés ». En l'état actuel des enquêtes, Mohammed Merah et Medhi Nemouche, ayant eu des contacts directs avec des djihadistes (le premier au Pakistan avec Al-Qaïda « canal historique », le deuxième en Syrie avec Daech), semblent correspondre à cette catégorie. À savoir qu'il leur aurait été demandé de passer à l'action une fois de retour en Europe. Toutefois, aucune opération précise n'avait été programmée, leurs mentors leur laissant décider des modalités d'exécution de leurs crimes. Les victimes n'étaient pas choisies au hasard : il s'agissait soit de militaires, soit de membres de la communauté juive. Globalement, les *returnees*, ceux qui reviennent d'une terre de djihad, sont des « attaquants solitaires » en puissance même si, heureusement, tous ne passeront pas à l'action.

LA PSYCHOLOGIE DES TERRORISTES

Il y aurait une grande différence entre les activistes agissant isolément et ceux qui vont mener le djihad à l'étranger. Les premiers présenteraient souvent une pathologie psychiatrique ainsi qu'une inaptitude à la socialisation. Ainsi, le passé de ces individus a révélé qu'ils se mettaient volontairement à l'écart, que beaucoup avaient été les témoins de crises familiales et qu'ils étaient souvent confrontés au chômage. Certains faisaient usage de drogues quand ils ne participaient pas directement à son trafic. Beaucoup étaient dépressifs et certains présentaient des caractères obsessionnels compulsifs. Les deux « conducteurs fous » qui ont percuté volontairement la foule à Dijon et à Nantes peu avant Noël 2014 semblent en être l'illustration parfaite. Celui de Dijon était passé 147 fois en hôpital psychiatrique au cours des quatre années précédentes. Quant à celui de Nantes, en dehors du fait qu'il avait 1,8 gramme d'alcool/litre de sang (quatre fois la dose minimale tolérée), il avait laissé un carnet dans lequel il exprimait sa « haine de la société (...), le risque d'être tué par les services secrets (...), le dénigrement de sa famille sur Internet ».

Il convient aussi de prendre en compte l'effet d'entraînement provoqué par le mimétisme médiatique. Un acte terroriste qui tourne en boucle sur les chaînes de télévision peut donner le courage à des personnes isolées de passer à leur tour à l'action. Ainsi, la méthode qui consiste à faucher des passants avec un véhicule, prônée par Daech, a été employée à plusieurs reprises en Israël et deux fois au Canada à l'automne 2014. L'usage d'armes blanches comme à Joué-lès-Tours avait déjà eu lieu en mai 2013 contre un soldat patrouillant dans le cadre du plan Vigipirate dans la gare RER de La Défense et deux jours auparavant, deux individus avaient assassiné un militaire britannique de la même manière à Londres.

Au début, les futurs activistes ne sont généralement pas affiliés à une quelconque idéologie. Ce sont leurs problèmes personnels qui les poussent à en adopter une. D'ailleurs, plus leurs problèmes augmentent en intensité, plus la radicalisation s'accélère. Et plus ils se radicalisent, plus ils s'isolent et sont animés d'un mal-être qui ne peut être résolu que par le passage à l'acte. C'est un véritable cercle vicieux.

L'idéologie n'est pas, dans la plupart des cas, l'élément déclencheur du passage à l'acte. Elle n'en n'est que le prétexte avancé pour le justifier. C'est une sorte d'« idéologie de la validation » qui permet de transférer toutes les frustrations personnelles dans la transgression des règles.

CONCLUSION

Le terrorisme va perdurer comme moyen de combat car il est économique et relativement facile à mettre en œuvre et il a un grand retentissement auprès des populations. Par contre, il ne permet pas, à lui seul, de remettre en cause la stabilité des États. Mais ces derniers sont contraints de consacrer des moyens humains et techniques considérables pour le combattre. En effet, ce sont les terroristes qui ont l'avantage de l'initiative en choisissant quand et où ils vont frapper. Ils s'en prennent, à quelques exceptions près, à des cibles symboliques « molles », c'est-à-dire peu ou pas défendues. De plus, ils ont l'avantage de la surprise et la riposte ne peut s'enclencher que lorsque les premières victimes sont tombées. Anticiper grâce au renseignement est un souci constant, surtout lorsque le nombre de suspects potentiels est en perpétuelle augmentation. Quant à désamorcer les esprits belliqueux, cela relève de la gageure, ce qui ne veut bien sûr pas dire ne rien tenter dans ce domaine. Tous ces efforts consentis par les autorités hypothèquent une partie des moyens des États qui pourraient être consacrés à des missions beaucoup plus constructives et bénéfiques à la bonne marche de la société. Mais l'une des missions régaliennes principale des gouvernants est la sécurité de leurs administrés. Personne ne comprendrait qu'ils baissent la garde. Toutefois, la population a aussi une attitude à adopter : celle de la résilience. Les Britanniques ont été exemplaires dans ce domaine lors des bombardements nazis (le Blitz de septembre 1940 à mai 1941) durant la Seconde Guerre mondiale. Ils étaient destinés à les faire plier pour qu'ils poussent leurs dirigeants à accepter une paix séparée avec Berlin. C'est la résilience dont ils ont fait preuve, ajoutée aux mesures prises par le commandement (qui n'a pas pu éviter qu'il y ait 43 000 morts et plus de 150 000 blessés) qui ont permis, à terme, de vaincre l'hydre nazie.

Le financement du terrorisme : illusions et réalités

Alain BAUER*

Pendant longtemps, la question du financement du terrorisme fut clairement calquée sur celle du crime organisé. Des sommes colossales serviraient à financer des armées terroristes prêtes à déstabiliser l'Occident. Si cette fable n'est pas totalement dénuée de racines, elle s'est révélée en très grande partie inexacte. Pour l'essentiel parce que les outils de renseignement contre le terrorisme sont culturellement marqués par leur « maison » d'origine qui, jusque dans les années 2000, s'était surtout concentrée sur le contre-espionnage ou la criminalité transnationale, sans comprendre les abysses culturels qui existent, ni parfois remarquer les rapprochements pragmatiques ou les transferts.

En fait, après avoir longtemps fantasmé sur les centaines de millions de dollars de la cagnotte présumée d'Ousama Ben Laden, on découvrira que les attentats du 11 septembre auraient coûté un peu moins de 500 000 dollars (et une équipe de terroristes renverra même quelques milliers de billets verts de trop-perçu à la maison-mère).

Tout le problème réside dans plusieurs difficultés rencontrées pour analyser et comprendre le terrorisme.

L'absence de définition stable du terme perturbe grandement. On est toujours le terroriste ou le résistant de l'autre. Et de ce fait, si l'on assume assez bien de définir les modes opératoires, on a du mal à trouver un mode d'identification correct. Ainsi, l'ETA, l'organisation qui fait sauter le cortège du Premier ministre du dictateur Franco (cible légitime pour un mouvement de libération nationale), est-elle terroriste ? Ou celle qui fait sauter une caserne de la garde civile après le retour de la démocratie ? Ou celle qui fait sauter la même bombe dans un supermarché de Barcelone ? Clairement la troisième pour le criminologue, car la cible est illégitime (mais ce choix est loin de faire l'unanimité).

Il faut donc avec la plus grande prudence éviter la facilité et la dénomination mécanique. Car tout n'est pas terroriste. Et l'absence de diagnostic précis handicape à la fois le pronostic et le choix thérapeutique.

* Professeur de criminologie, Conservatoire national des arts et métiers (CNAM), New York et Beijing.

Ensuite, il convient de fixer les masses financières dont on parle. Car le crime reste un secteur porteur peu soumis aux variations économiques. L'entreprise criminelle pratique l'intégration verticale et horizontale, investit dans la R&D (recherche et développement), développe des zones de chalandise, incentive le personnel et apprend les recettes de l'investisseur actif. Seule la gestion de la concurrence est structurellement plus définitive que dans le commerce traditionnel.

Le crime a évolué, s'est modernisé, globalisé très vite. Le criminel ordinaire est devenu bande, gang, entreprise, conglomérat. Et ne s'occupe plus vraiment des petits *hold-up* d'antan. Après divers épisodes réussis de détournements massifs de fonds (*savings and loans* américaines, banques hypothécaires japonaises, russes, mexicaines, thaïlandaises, etc.), la création d'une quasi-banque criminelle (la BCCI – Bank of Credit and Commerce International), voici que le secteur intervient comme un acteur économique majeur (cf. *Rapport moral sur l'argent dans le monde 2011*).

Les amateurs sont devenus de grands professionnels, des acteurs majeurs de l'économie mondiale, contrôlant directement ou indirectement une grande partie des *offshore*. Car nul *offshore* n'est honnête. Leur principe fondateur réside dans la fraude, les fraudes.

Fraude à l'impôt, pour échapper à un fisc envahissant agissant au nom de gouvernements dispendieux et qui permettent une sorte d'excuse morale. Fraude à la commission et à la rétrocommission, pour la « bonne cause » (les ventes d'armes ou de matériels stratégiques). Mais aussi, car le même tuyau de l'« optimisation fiscale » sert en fait à tout, circuit d'évacuation de l'argent criminel.

Ainsi, sans grand effet pour le reste de la planète médiatique, l'ancien directeur général de l'Office des Nations unies contre la drogue et le crime pouvait, à la fin de 2009, expliquer au *Guardian* que l'essentiel des 350 Md$ des profits estimés du trafic de stupéfiants avaient pu être utilisés pour sauver une partie du système bancaire désespérément à la recherche de liquidités.

Pour sa part, l'agence antidrogue américaine (DEA – Drug Enforcement Administration) et le fisc américain (IRS – Internal Revenue Service) ont terminé une enquête faisant suite à l'interception d'un DC9 à Ciudad del Carmen au Mexique en avril 2006. Outre 5,7 tonnes de cocaïne (dont la valeur marchande dépassait 100 Md$), les services de sécurité mexicains et américains découvraient à bord de nombreux bordereaux mettant en cause l'une des plus importantes banques américaines (Wachovia), rachetée depuis par le groupe Wells Fargo. Le blanchiment découvert dépassait plusieurs centaines de milliards de dollars (378 Md$, soit un tiers du PIB mexicain) uniquement en opérations de change à partir de petits bureaux locaux, particulièrement à partir de 2004. La banque négocia l'abandon des poursuites contre une amende symbolique de 110 M$. Selon le procureur fédéral Jeffrey Sloan, le comportement de Wachovia « a donné une carte blanche aux cartels pour financer leurs opérations ».

Wachovia fut informée en interne et par d'autres opérateurs du système financier international, mais n'en tint aucun compte et ses profits en furent durablement « boostés ». L'usage massif de *travellers checks* en euros échangés un peu partout dans le monde dans des proportions sans commune mesure avec les besoins d'un touriste même fort dispendieux n'a pas plus forcé la banque à réagir, comme le souligne le journal anglais *The Observer* dans une enquête publiée au début d'avril 2011. Au contraire, son service de *compliance* a décidé de licencier l'émetteur interne des alertes, tout en aidant à l'achat d'un avion permettant le développement du trafic, intercepté un peu plus tard avec deux tonnes de cocaïne en soute.

Ici et là, aux frontières des Balkans, aux États-Unis, au Liban, dans le Golfe Persique, on découvre, ou on feint de découvrir, des agences bancaires, des filiales ou des organismes bancaires presque entièrement dédiés non seulement au blanchiment traditionnel, mais également à l'investissement criminel. Une industrie « officielle » du financement du crime est née, utilisant les méthodes et les outils des systèmes financiers classiques.

Et le nombre de banques condamnées, parfois lourdement, au cours des dernières années, montre à quel point le secteur financier est parfois passé du statut de victime à celui de complice, pour le moins.

Aucun de ces événements n'est véritablement isolé. S'il n'existe probablement pas encore d'organisations centralisées du crime, les modalités de coopération se développent et le poids des organisations criminelles extra-européennes sur le Vieux Continent se fait de plus en plus sentir.

Plus récemment, le rapport *OCTA 2011* publié par Europol sur le crime organisé souligne l'apport de plus en plus significatif des spécialistes des questions financières aux activités criminelles, tant la course au « bonus » surpasse les considérations légales ou morales.

L'hybridation de plus en plus développée des organisations criminelles, leur développement en conglomérat couvrant de plus en plus de secteurs, leur rôle comme agent économique majeur en période de crise, leur offre de nouveaux débouchés et de nouveaux espaces d'activité. Il n'y a plus seulement une zone « grise » marginale et secondaire, mais une entreprise criminelle mondialisée qui a réussi, en se faufilant par tous les interstices laissés ouverts par les obsessions étatiques nostalgiques d'un monde ancien, à prendre place au tout premier rang des opérateurs économiques de la planète.

Un excellent ouvrage intitulé *La grande fraude* (Odile Jacob) signé par Jean-François Gayraud dissèque ainsi avec efficacité et pédagogie le processus de corruption et d'aveuglement volontaire d'une partie importante du système financier mondial. Il en rappelle le contexte, met en perspectives les liens étroits entre le crime et ses banques, souligne la dimension frauduleuse souvent ignorée ou sous-estimée des crises financières depuis un demi-siècle au moins.

Il souligne que le crime accompagne, amplifie et provoque parfois les crises financières et rappelle l'alerte donnée en 2008 par le procureur général américain, Michael Mukasey, sur la menace grandissante pour la sécurité nationale représentée par la « pénétration des marchés par le crime organisé ».

Le crime et la finance ne vivent plus seulement côte à côte. La finance mondiale n'est plus seulement la victime des attaques à main armée ou des détournements informatiques. Une partie d'entre elle a choisi d'investir avec le crime et parfois dans les activités criminelles. L'appât du gain est devenu un puissant moteur du développement des activités illégales ou illicites, bien au-delà de la traditionnelle « optimisation fiscale » qui justifiait si bien l'existence de places *offshore* pour nombre de banques ayant pignon sur rue.

Pour sa part, et jusqu'à la chute du mur de Berlin, le terrorisme mondial était plutôt mécanique. À Washington ou à Moscou, on décidait ou pas de laisser une opération se réaliser. Armes, explosifs, papiers, moyens de transport, camps d'entraînement, tout ou presque était sous contrôle.

Depuis 1989, un premier processus d'émancipation a vu des *golems* (structures créées par des apprentis sorciers et qui se retournent contre eux) se révéler comme ce que l'on croit devoir appeler Al-Qaïda (en fait, le Front international islamique contre les Juifs et les Croisés, titre moins « vendeur », mais bien plus clair).

Des terrorismes régionalistes ont commencé à disparaître (ETA basque, IRA irlandaise), d'autres sont devenus purement criminels (FARC colombien). Puis sont apparus, en 1995 en France, avec Khaled Khelkhal et le gang de Roubaix, les premiers hybrides, gangs-terroristes, ayant un passé criminel et cultivant, dans un savant cocktail, activités délictueuses et actions terroristes drapées dans la revendication islamique radicale. Les premiers ont pu légitimement surprendre.

Mohammed Merah est venu rappeler en 2012 que les prototypes avaient accouché de successeurs. Comme Mehdi Nemmouche. Et désormais les frères Kouachi dont on peut légitimement se demander si l'on ne devrait pas plutôt les appeler le « groupe Coulibaly ».

Et d'autres, lumpenterroristes, individus souvent connus pour leurs problèmes de santé mentale, qui se lancent dans des opérations impulsives et sans stratégie.

Désormais, le(s) terrorisme(s) s'écri(ven)t au pluriel et le mode de compréhension et de classement doit évoluer pour sortir d'une vision confortable d'un monde disparu il y a vingt-cinq ans qui reste pourtant présent comme une sorte de nostalgie dans les grandes organisations nées après-guerre.

Jamais les services de renseignement n'ont pu ou su collecter autant d'informations. Jamais ils n'ont été aussi submergés par l'information. La compilation est devenue aux États-Unis une obsession. Mais l'analyse critique ne suit pas. Et trop de données tuent le renseignement quand on ne sait pas organiser la hiérarchisation de l'essentiel et quand on est projeté d'un extrême (on ne voit pas le péril naissant) à l'autre (tout est dangereux).

Le NYPD (New York Police Department, la police de New York) l'avait bien compris après le 11 septembre. Raymond Kelly, son patron, avait alors décidé de confier à des binômes mixtes (policiers et espions de terrain et universitaires) le soin de tout revoir. Et avait créé avec David Cohen l'un des services de renseignement les plus performants et les plus ouverts au monde. Et parmi les plus efficaces. Disposant de relais dans une quinzaine de capitales étrangères, le dispositif a méthodiquement analysé tous les changements de modes opératoires du terrorisme depuis 2001. Et publié un document « Radicalisation en Occident, la menace enracinée » qui expliquait déjà par le menu, il y a plus de dix ans, ce que nous vivons désormais.

Après chaque catastrophe terroriste, une commission d'enquête voit le jour. Depuis cinquante ans, leurs conclusions sont globalement identiques :

– on savait avant le déclenchement des opérations l'essentiel de ce qui aurait pu permettre de prévenir l'acte ;

– pour des raisons mystérieuses et essentiellement bureaucratiques, on n'a pas compris ce que l'on savait (« *We did not connect the dots.* », disent les Américains) ;

– ce ne se reproduira plus... Jusqu'à la commission d'enquête suivante.

À ce jour, la question du financement est perturbée par la pluralité des opérateurs concernés.

Pour le terrorisme d'État, les administrations disposent de tous les moyens nécessaires pour équiper, former, armer, transporter et payer les opérateurs. Quitte à imprimer de vrais faux dollars à profusion.

Pour les terrorismes régionalistes ou nationalistes, l'impôt révolutionnaire et le soutien populaire suffisent souvent à trouver les moyens nécessaires.

Pour les structures nébulaires de type Al-Qaïda ou plus centralisées comme Al-Nosra, il convient de trouver à la fois des sponsors et des soutiens. Ils ne manquent pas dans l'hémisphère arabe.

Pour les hybrides, la relation avec les réseaux criminels sert beaucoup.

Pour les lumpenterroristes, l'action se fait avec les moyens du bord, la question du financement est secondaire.

Reste l'État islamique, dont la réalité impose de dire qu'il s'agit moins d'une organisation terroriste (avec 50 000 hommes et plus de blindés que la plupart des forces occidentales) que d'une armée barbare inventée par la sainte alliance des sunnites et faisant aujourd'hui en direct sur les réseaux sociaux ce que l'ancienne Ikhwan saoudienne faisait hier dans l'indifférence ou l'ignorance.

Entre les produits de la *zakat* (la dime musulmane), de l'impôt révolutionnaire, du financement amical et de la subvention d'État, le financement du terrorisme ne souffre que peu des restrictions imposées par les États qui, d'une part, libéralisent les transferts et suppriment les frontières pour des raisons économiques et, d'autre part, tentent de réguler ce qu'ils viennent de libéraliser. Une très grande hypocrisie règne sur la gestion des espaces gris de la finance mondialisée. *Shadow banking*, *shadow trading*, *trading* haute fréquence, *offshore* (et *inshore/offshore* comme la City ou le Delaware) ont été inventés avec la bénédiction des grandes places financières et boursières. Pour des raisons techniquement compréhensibles de leur point de vue. Mais ouvrant systématiquement la porte au crime organisé (pour l'essentiel) et au terrorisme (qui a besoin de beaucoup moins d'argent).

Si l'on veut répondre à ce problème, alors ne serait-il pas temps de s'attaquer aux causes et pas seulement aux conséquences visibles ?

Depuis les années 1990, on dérégule. Le temps est peut-être venu d'inverser le processus.

LES MODES DE FINANCEMENT DU TERRORISME ET L'ACTION DES AUTORITÉS PUBLIQUES

TRACFIN*

L'activité des cellules terroristes est conditionnée par leur capacité à se financer pour leurs besoins opérationnels, mais également à des fins de propagande, de recrutement et de formation. Ce besoin de collecter, d'envoyer et d'utiliser des fonds est primordial pour les organisations terroristes. Si des terroristes parviennent à commettre des attentats, c'est parce qu'ils arrivent à se procurer les ressources financières qui leur sont nécessaires, en France ou à l'étranger. Néanmoins, de la même manière que la taille, la portée et la structure des organisations terroristes ont évolué, leurs méthodes pour récolter et gérer leurs fonds ont également changé. Deux grands modes de financement sont aujourd'hui observables.

Lutter contre le financement du terrorisme, c'est avant tout détecter les capacités de financement des terroristes. Mais c'est aussi récolter et partager des informations sur les relations financières qui aident à identifier les terroristes, leurs déplacements et leurs réseaux. L'action des autorités publiques pour renforcer la détection de ces flux financiers est un enjeu national et international.

LES PRINCIPAUX MODES DE FINANCEMENT DU TERRORISME AUJOURD'HUI

Sauf dans le cas très particulier de structures terroristes à grande échelle, telles que Daech, dont les capacités de financement reposent sur le contrôle d'un territoire et de ressources pétrolières, le financement du terrorisme se caractérise par la multiplicité de canaux et de flux financiers de faibles montants, qu'il faut pouvoir détecter et bloquer.

* Traitement du renseignement et action contre les circuits financiers clandestins (cellule française de lutte contre le blanchiment de capitaux et le financement du terrorisme).

Un financement décentralisé, nécessitant de faibles montants

La détection de flux financiers terroristes repose en premier lieu sur la capacité à recouper l'information pour repérer des signaux faibles dans une très grande masse d'opérations financières.

Le phénomène des combattants djihadistes étrangers n'est pas nouveau, mais le récent changement d'échelle de ce phénomène, avec un nombre important d'individus se rendant en Irak et en Syrie, est un défi pour de nombreux pays. Les combattants djihadistes étrangers utilisent surtout des méthodes traditionnelles, principalement l'autofinancement, pour lever des fonds nécessaires à leur voyage vers les zones de conflit. Les montants peu élevés dont ils ont besoin peuvent être issus de sources légitimes, avec un financement personnel, familial ou amical. Mais ces fonds proviennent souvent de divers trafics de « droit commun » (stupéfiants, contrefaçon). L'ampleur modeste de ces fonds, leur apparente légitimité et la rapidité de leur acquisition nécessitent une grande vigilance afin de les détecter de manière proactive.

Un second risque émergent (GAFI, 2015b) est lié à l'utilisation des réseaux sociaux pour collecter des fonds. Le rôle des réseaux sociaux pour propager l'extrémisme violent est déjà connu, mais ces réseaux sont également utilisés pour lever des fonds pour les terroristes et leurs groupes. Des vulnérabilités significatives sont associées aux réseaux sociaux qui permettent l'anonymat, l'accès à un large nombre de donateurs potentiels et de sympathisants, et qui intègrent avec une facilité relative les mécanismes de paiement électronique. Ces réseaux sociaux peuvent être utilisés par des organisations à but non lucratif créées de toute pièce, ayant une activité humanitaire de façade. Il est fréquent que les donateurs ne soient pas souvent au courant de l'utilisation finale de leur argent donné en soutien sur les réseaux sociaux, y compris sur des plates-formes de financement participatif (*crowdfunding*).

Enfin, la capacité à tracer les flux financiers des terroristes est d'autant moins aisée que les moyens utilisés par ces derniers pour transférer leurs petites sommes d'argent sont employés pour des transferts légitimes et rapides comme les fournisseurs de services de transfert de fonds. Les nouveaux moyens de paiement électronique et en ligne représentent également une vulnérabilité émergente pour le financement du terrorisme, qui pourrait s'amplifier à court terme, à mesure que l'utilisation et la popularité de ces systèmes augmentent. Alors que les transactions peuvent être traçables, il se révèle plus difficile d'identifier le bénéficiaire effectif des fonds transférés, comme avec les cartes prépayées anonymes.

L'autofinancement de Daech territorialisé et centralisé

Les principales ressources de l'organisation terroriste Daech proviennent des revenus illicites obtenus grâce à leur occupation de territoires (GAFI, 2015a). Ces sources comprennent le pillage de banques et l'extorsion, le contrôle de champs pétroliers et de raffineries, et le vol de biens économiques. Le soutien de donateurs qui abusent des organisations à but non lucratif, la demande de rançon liée aux enlèvements ainsi que le transport physique de capitaux représentent également d'autres sources de financement, tout comme la taxation de biens et d'argent transitant par les territoires que l'organisation terroriste contrôle. Le besoin de larges volumes d'argent nécessaires pour remplir les rôles de gouvernance de Daech représente une vulnérabilité pour la structure de cette organisation terroriste. Afin de maintenir ses capacités opératoires et ses dépenses, il semble nécessaire que l'organisation prenne le contrôle d'autres territoires afin de s'approprier les ressources s'y trouvant. Il n'est pas clair si les fonds collectés à travers les revenus illicites liés à l'occupation de ce territoire, y compris le vol et l'extorsion, seront soutenables à long terme.

La capacité de l'organisation terroriste à extraire du pétrole de manière efficace, le raffiner et le vendre a diminué à la suite des frappes aériennes, des efforts des autorités turques pour lutter contre la contrebande, ainsi que la saisie par le gouvernement autonome kurde et les autorités irakiennes de cargaisons de produits pétroliers, ce qui a diminué de manière importante ses revenus. Mais il est toujours nécessaire d'identifier les intermédiaires, les acheteurs, les transporteurs et les routes par lesquelles passe le trafic de produits pétroliers de Daech.

Le risque lié à l'utilisation des services de transfert d'argent est important dans la mesure où ce secteur, principalement informel et peu régulé dans cette zone, risque de continuer à transférer des fonds dans la région. Par ailleurs, le gouvernement irakien et la plupart des grandes institutions financières ont pris des mesures pour empêcher l'accès des banques présentes dans les zones contrôlées par Daech au système financier international.

Un soutien plus matériel qu'économique est apporté à Daech à travers les combattants terroristes étrangers venant de divers pays, ce qui constitue un risque international. D'autant plus lorsque ces derniers reviennent dans leurs pays.

En France, Tracfin (2015) appelle dans ses publications les points de vigilance nécessaires pour déceler le financement du terrorisme à partir de montants faibles, mais répétés.

La vigilance des professionnels déclarants doit être exercée à partir de montants très faibles. La grande variété des opérations (virements, transferts d'espèces, retraits d'espèces, opérations de change, de crédit, etc.) associée à la banalité de celles-ci complexifie la détection. Les flux analysés se caractérisent le plus souvent par le fractionnement et la fréquence limitée des transactions, le faible volume des montants échangés, la multiplicité des acteurs et leur éparpillement sur un plan géographique.

Il faut réunir un ensemble de signaux faibles qui, mis en relation, conduisent à effectuer une déclaration de soupçons. Les éléments de connaissance client dont dispose le professionnel déclarant jouent un rôle fondamental afin de lier le comportement financier d'un client à son environnement non financier.

L'ACTION DES AUTORITÉS PUBLIQUES CONTRE LE FINANCEMENT DU TERRORISME

Les attentats survenus en France en janvier et en novembre 2015 démontrent la nécessité que des actions décisives soient prises contre le financement du terrorisme, tant au niveau national qu'au niveau international.

Les mesures prises par le ministre des Finances en 2015

En mars 2015, le ministre des Finances Michel Sapin a présenté un plan de lutte contre le financement du terrorisme qui poursuit trois objectifs : faire reculer l'anonymat dans l'économie afin de mieux tracer les opérations financières ; mieux surveiller, grâce à la mobilisation des acteurs financiers dans la lutte contre le terrorisme ; renforcer les capacités de gel contre les avoirs détenus par les financeurs ou les acteurs du terrorisme.

Des mesures qui réduisent l'usage de l'argent liquide dans l'économie ont été prises, en abaissant tout d'abord le plafond autorisé des paiements en espèces depuis le 1er septembre 2015. Les opérations de dépôt et de retrait d'espèces supérieurs à 10 000 euros cumulées sur un mois feront l'objet d'un signalement à Tracfin à partir du 1er janvier 2016. Cette mesure complète les communications systématiques d'information (COSI 1) mises en place en 2013, introduisant l'obligation pour les établissements de crédit, de paiement et de monnaie électronique d'adresser systématiquement à Tracfin les éléments d'information relatifs aux opérations de transmission de fonds effectuées à partir d'un versement en espèces ou au moyen de monnaies électroniques (opérations supérieures à 1 000 euros ou supérieures à 2 000 euros cumulées par client sur un mois calendaire).

La mise en œuvre des autres mesures sera poursuivie en 2016, avec notamment un encadrement plus strict de l'utilisation des cartes prépayées, dont il a été fait usage dans les attentats du 13 novembre 2015, afin de faire reculer l'anonymat.

De plus, le dispositif national de gel des avoirs des terroristes aux avoirs immobiliers et aux véhicules s'appliquera aux prestations et aux autres sommes versées par les collectivités publiques et les organismes sociaux.

Le renforcement de la coopération entre les services opérationnels afin de permettre un échange rapide et adéquat sur le financement du terrorisme est en cours.

En novembre 2015, la lutte contre le commerce illicite de biens culturels a été présentée comme un nouvel axe prioritaire.

Par ailleurs, l'élargissement du pouvoir de Tracfin de recevoir et de communiquer des informations aux personnes assujetties et lui permettant de désigner à ces dernières des situations justifiant la mise en œuvre de mesures de vigilance complémentaires ou renforcées sera permis avec le projet de loi sur la transparence de la vie économique qui habilite le gouvernement à transposer la quatrième directive sur la lutte contre le blanchiment de capitaux et le financement du terrorisme. L'ouverture à Tracfin de l'accès au FPR (Fichier des personnes recherchées) et l'élargissement de son accès au TAJ (traitement d'antécédent judiciaire) feront en outre l'objet d'un décret en Conseil d'État d'ici au premier trimestre 2016.

Le terrorisme et ses financements ayant des ramifications qui cherchent à se jouer des frontières, la lutte contre le financement du terrorisme ne peut donc pas être uniquement nationale.

Amplification de la lutte contre le terrorisme au niveau européen et international

La directive 2015/849 du Parlement européen et du Conseil européen du 20 mai 2015 relative à la prévention de l'utilisation du système financier aux fins du blanchiment de capitaux ou du financement du terrorisme a été publiée le 5 juin 2015. Cette quatrième directive sur l'antiblanchiment et le financement du terrorisme vise notamment à mettre le droit de l'Union européenne en conformité avec les recommandations du Groupe d'action financière internationale (GAFI) adoptées en février 2012. Cette directive d'harmonisation minimale donnera lieu à une transposition avant le 26 juin 2017 et le règlement entrera en vigueur à la date de cette transposition.

Cette quatrième directive consacre l'indépendance et l'autonomie opérationnelle des cellules de renseignement financier (CRF), afin d'exercer de manière autonome leurs fonctions d'analyse, de demande et de partage des informations spécifiques. Les États membres doivent également veiller à favoriser la coopération entre les CRF, quel que soit leur statut.

Lorsqu'une CRF reçoit une déclaration de soupçons qui concerne un autre État membre, elle la transmet sans délai à la CRF dudit État. Enfin, lorsqu'une

CRF cherche à obtenir des informations complémentaires auprès d'un assujetti qui opère sur son territoire, mais qui est établi dans un autre État membre (exercice de son droit de communication), elle adresse sa demande à la CRF de l'État membre sur le territoire duquel est établie l'entité assujettie. Cette dernière est tenue de transmettre les demandes et les réponses rapidement. Par ailleurs, la Commission européenne est désormais responsable de la coordination, de l'identification et de l'évaluation des risques affectant le marché intérieur et liés à des activités transfrontalières. Elle devra conduire une analyse, l'assortir de recommandations et établir, avant le 26 juin 2017, un rapport qui sera actualisé tous les deux ans ou plus fréquemment si nécessaire. Les États membres pourront ainsi s'appuyer sur cette approche globale pour identifier de nouvelles menaces, renforcer leur dispositif de lutte contre le blanchiment de capitaux et de financement du terrorisme et adapter leurs vigilances.

D'autres travaux à l'échelle communautaire peuvent également être considérés, comme la mise en place du *EU Terrorist Finance Tracking System* (TFTS), afin de pouvoir exploiter les données des transferts de fonds internationaux (système SWIFT) dans le cadre de la lutte contre le terrorisme, conformément à l'accord intervenu avec le Parlement européen pour pérenniser la coopération avec les États-Unis. De même, une plus grande coopération entre les États membres pourrait être atteinte avec l'amélioration de l'efficacité du dispositif européen de détection et de gel des avoirs terroristes, permettant d'assurer un gel administratif efficace de ces avoirs à l'échelle européenne, ou l'établissement de registres des comptes bancaires dans chaque État membre, qui faciliteraient le travail des CRF et leur coopération. Enfin, un renforcement des contrôles des instruments de paiement anonymes, par un renforcement des obligations déclaratives en douane sur les mouvements d'or, les transferts opérés par le fret et d'autres types de transferts physiques de capitaux, et une réglementation plus stricte en matière de monnaie électronique et monnaies virtuelles pourraient être des axes d'action supplémentaires.

À l'échelle internationale, le G20 a demandé au GAFI une série de travaux pour lutter contre le financement du terrorisme. En 2015, 194 pays ont été évalués afin de vérifier que chacun dispose au moins d'une législation qui réprime le financement du terrorisme, ainsi que d'un mécanisme de gel des avoirs terroristes.

Le GAFI rend compte à chacun de ses plénières de l'ensemble de ses travaux concernant les principaux schémas et sources de financement du terrorisme, comme l'identification des mécanismes de financement de Daech, l'identification des risques émergents en matière de financement du terrorisme, ou encore l'extension de l'incrimination de financement du terrorisme au financement des voyages de personnes se rendant à l'étranger.

Une meilleure compréhension des risques en matière de financement du terrorisme, avec une collaboration plus étroite avec le secteur privé, est nécessaire afin de renforcer les capacités d'accès à l'information financière et contextuelle. Mais surtout, l'amélioration des échanges entre les autorités compétentes en matière de lutte contre le terrorisme et son financement, ainsi qu'une meilleure coordination et un échange optimal avec les homologues étrangers sont primordiaux pour lutter efficacement contre les réseaux terroristes.

Bibliographie

GAFI (Groupe d'action financière) (2015a), *Financing of the Terrorist Organisation Islamic State in Iraq and the Levant (ISIL),* février.

GAFI (2015b), *Emerging Terrorist Financing Risks,* octobre.

Tracfin (Traitement du renseignement et action contre les circuits financiers clandestins) (2015), *Tendances et analyse des risques de blanchiment de capitaux et de financement du terrorisme,* juin.

LA PAUVRETÉ FAIT-ELLE LE LIT DU TERRORISME ?

ANNICK STETA*

Les attentats qui ont frappé les États-Unis le 11 septembre 2001 ont marqué le début de la montée en puissance d'un terrorisme islamiste d'autant plus difficile à combattre qu'il a, au fil des ans, pris des formes diverses. Alors que le mouvement djihadiste Al-Qaïda, qui a revendiqué ces attaques, avait choisi de mener une action spectaculaire visant les symboles de la puissance économique, politique et militaire américaine – les tours jumelles du World Trade Center à New York et le Pentagone près de Washington –, la multiplication d'organisations terroristes moins centralisées et moins fortement structurées a créé une menace plus diffuse. Le fait que les auteurs des attentats les plus récents aient, en règle générale, vécu de longues années au sein de la société qu'ils ont frappée contribue à renforcer la stupeur produite par leurs actes. Les responsables des attaques du 11 septembre 2001, qui ont détourné quatre avions de ligne et ont péri lors de leur *crash*, étaient originaires de pays moyen-orientaux. Les auteurs des attentats qui ont tué près de 200 personnes à Madrid le 11 mars 2004 avaient un profil similaire : la plupart d'entre eux venaient du Maroc. Les quatre kamikazes qui ont déclenché des explosions dans les transports publics londoniens le 7 juillet 2005, faisant ainsi 56 morts, étaient par contre de jeunes Britanniques de confession musulmane. Djokhar et Tamerlan Tsarnaïev, les deux frères d'origine tchétchène qui ont perpétré le 15 avril 2013 les attentats visant la ligne d'arrivée du marathon de Boston, vivaient aux États-Unis depuis dix ans. Quant aux auteurs des attentats qui ont ensanglanté Paris en janvier et en novembre 2015, ils étaient pour la plupart de nationalité française. Contrairement aux attaques du 11 septembre 2001, celles commises à Madrid, Londres, Boston et Paris présentaient un assez faible degré de sophistication : peu de moyens matériels ont suffi aux terroristes pour faire un nombre important de victimes et ébranler les sociétés concernées.

Bien qu'ils soient en réalité peu représentatifs du terrorisme islamiste, les attentats du 11 septembre 2001 en demeurent néanmoins l'emblème. Leurs

* Docteur en sciences économiques ; chercheur associé, CEREFIGE (Centre européen de recherche en économie financière et gestion des entreprises), université de Lorraine.

commanditaires avaient choisi leurs cibles et leurs armes de façon à maximiser l'impact humain, matériel et psychologique de leur action. En transformant des avions en armes létales, ils ont voulu faire comprendre qu'ils avaient trouvé le moyen de mettre un instrument de la mondialisation économique au service de leur entreprise de destruction du capitalisme et, plus largement, de l'Occident. En montrant que les Américains n'étaient plus en sécurité sur leur propre sol, ils ont cherché à déstabiliser la première puissance mondiale. Et en visant le Pentagone, qui abrite le quartier général du Département de la Défense, ils ont établi un lien entre leur action et les interventions militaires des États-Unis au Moyen-Orient. Ces attentats, qui firent près de 3 000 victimes, ont traumatisé la population américaine : se découvrant menacée, elle a accepté que certaines libertés publiques soient rognées dans l'espoir que sa sécurité puisse être mieux assurée.

Le choc produit par les attentats du 11 septembre 2001 a donné un nouvel élan à l'analyse économique du terrorisme. Les travaux consacrés à l'évaluation des conséquences économiques du terrorisme ont montré que l'impact des attentats était moins important dans les économies avancées que dans les pays en développement. Les États qui dépendent fortement du tourisme sont particulièrement vulnérables. L'Égypte et la Tunisie ont ainsi été largement désertées par les touristes à la suite des attentats qui les ont frappées en 2015. D'autres études se concentrent sur le financement des organisations terroristes : elles cherchent à identifier les ressources de ces organisations et les canaux par lesquels transitent les fonds dont celles-ci disposent. Ce pan de la recherche économique présente un grand intérêt pour les États qui luttent contre le terrorisme : il contribue en effet à l'élaboration d'une stratégie destinée à assécher les finances des organisations terroristes et à limiter de la sorte leur pouvoir de nuisance.

L'analyse des motivations des individus qui décident de s'enrôler dans une organisation terroriste constitue un champ de recherches particulièrement intéressant. Longtemps réservé aux politologues et aux sociologues, il est devenu une terre de conquête pour les économistes à mesure que s'imposait, dans l'opinion publique, l'idée selon laquelle la pauvreté et la faiblesse du niveau d'éducation constitueraient un terreau propice à l'émergence de terroristes. De nombreux responsables politiques ont défendu cette thèse. Le 12 novembre 2001, Tony Blair, qui était alors Premier ministre du Royaume-Uni, a affirmé que « les dents de dragon du terrorisme sont plantées dans la terre fertile des torts qui n'ont pas été réparés, des différends que l'on a laissés s'envenimer durant des années ou même des décennies, des États défaillants, de la pauvreté et de la privation ». Le président George W. Bush, quant à lui, a emboîté le pas dans un discours prononcé le 22 mars 2002 lors d'une rencontre internationale consacrée au financement du développement qui s'est tenue à Monterrey (Mexique) : il a déclaré que « nous luttons contre la pauvreté parce que l'espoir est une réponse à la terreur ». Des universitaires et des intellectuels réputés, dont le politologue Joseph S. Nye (2003) et l'économiste Laura D. Tyson (2001), ont appelé à la même époque à accroître l'aide au développement afin de faire reculer le terrorisme. À l'occasion du discours qu'il a prononcé le 10 décembre 2006 pour la réception du prix Nobel de la Paix, qui lui avait été attribué pour avoir contribué au développement économique à travers la création d'une banque spécialisée dans le microcrédit, Muhammad Yunus a ainsi soutenu qu'il était essentiel de « consacrer des ressources à l'amélioration de la vie des pauvres » pour attaquer le terrorisme à la racine. La réaction du pape François à l'attentat qui a eu lieu dans un grand hôtel de Bamako en novembre 2015 a été de la même veine. Lors du voyage qu'il a effectué en Afrique du 25 au 30 novembre, il a été interrogé par de jeunes kényans sur les raisons qui peuvent pousser certains de leurs contemporains à sombrer dans le terrorisme. « Si un jeune n'a pas de travail et ne peut pas étudier, que peut-il faire ? », leur a-t-il demandé. « Devenir délinquant, dépendant, se suicider, s'enrôler, etc. Pour éviter qu'un jeune soit recruté, il lui faut une éducation et du travail. » (Le Monde, 2015).

Bien que d'importants *leaders* d'opinion aient relayé la thèse selon laquelle la pauvreté ferait le lit du terrorisme, l'existence d'une corrélation entre des opportunités économiques limitées et la participation à des activités terroristes n'est pas démontrée. Un petit nombre d'économistes se sont efforcés de comparer le niveau d'éducation et de revenu d'individus ayant commis des actes terroristes avec ceux de la population générale du pays dont ils étaient issus. Si mener à bien cette tâche est particulièrement difficile, c'est parce qu'il faut disposer de données relativement fines portant sur un échantillon suffisamment important d'individus concernés. C'est pourquoi seuls certains groupes de terroristes peuvent, à l'heure actuelle, être étudiés de la sorte. Les données antérieures aux années 1980 sont souvent fragmentaires, incohérentes et impossibles à vérifier. Quant aux auteurs des attentats commis en Europe et aux États-Unis depuis le début des années 2000, ils sont trop peu nombreux et d'origines trop diverses pour constituer des échantillons susceptibles d'être comparés à la population générale.

Professeur à l'université hébraïque de Jérusalem, Claude Berrebi a réuni, pour préparer sa thèse de doctorat, des informations relatives à des individus engagés dans des activités terroristes issus de Cisjordanie et de la bande de Gaza. En comparant leurs caractéristiques à celles de la population masculine âgée de seize à cinquante ans de ces zones géographiques, il a montré que moins de 15 % de ces kamikazes venaient de familles vivant sous le seuil de pauvreté, contre plus de 30 % des hommes palestiniens. Près de 60 % de ces terroristes avaient par ailleurs poursuivi leurs études au-delà de l'enseignement secondaire, contre 15 % des hommes appartenant à la population générale (Berrebi, 2004). Les kamikazes, dont les caractéristiques ont nourri cette étude, venant des rangs du Hamas[1] et du

Jihad islamique palestinien[2], ces chiffres ne sont pas très surprenants : ces organisations recrutent en effet principalement au sein des universités, où les enfants de familles aisées ou appartenant à la classe moyenne sont surreprésentés. Les organisations terroristes préfèrent s'assurer les services de volontaires suffisamment éduqués pour mener à bien des missions relativement complexes ayant un impact potentiel élevé. Bueno de Mesquita (2005) a, le premier, fait l'hypothèse que les conditions économiques que connaissent les individus pouvaient être corrélées à l'efficacité de l'action terroriste. Selon lui, des individus rationnels ne sont susceptibles de devenir des terroristes que si l'utilité associée à une telle activité est supérieure à celle qu'ils retirent du fait de travailler. Quand l'économie est florissante et que le taux de chômage est faible, seuls des individus peu qualifiés et incapables de trouver un emploi rejoignent une organisation terroriste. Mais lorsque les individus ayant un niveau de qualification supérieur se trouvent confrontés à la détérioration de leurs perspectives économiques, la probabilité de les voir s'engager dans des activités terroristes augmente. Dans un article utilisant des données portant sur des terroristes palestiniens ayant visé des cibles israéliennes entre 2000 et 2006, Benmelech *et al.* (2010) ont montré que l'existence de taux de chômage élevés donnait aux organisations terroristes la possibilité de recruter des individus plus éduqués, plus mûrs et plus expérimentés, qui attaquent des cibles plus importantes situées plus près de leur lieu de résidence.

Krueger et Malečková (2003) ont, pour leur part, décortiqué les biographies de 129 membres de la branche armée du Hezbollah[3] tués entre 1982 et 1994 lors d'une opération terroriste. Considérés comme des martyrs, ces individus avaient fait l'objet d'articles publiés dans *Al-Ahd*, l'hebdomadaire du Hezbollah. Ces deux auteurs ont comparé les profils de ces combattants à ceux d'un échantillon de la population libanaise composé d'individus âgés de quinze à trente-huit ans. Ils ont ainsi mis au jour certaines caractéristiques socioéconomiques des membres de la branche armée du Hezbollah : alors que la pauvreté était moins répandue au sein de ce groupe de militants que dans la population générale (28 %, contre 33 %), ceux-ci étaient davantage susceptibles d'avoir poursuivi leurs études au moins jusqu'au niveau de l'enseignement secondaire (47 %, contre 38 %). Les résultats obtenus par ces deux auteurs ne confirment donc pas l'opinion selon laquelle ceux qui vivent sous le seuil de pauvreté ou ceux qui ont un niveau d'éducation faible constituent des recrues de choix pour les organisations terroristes.

Cependant, si le terrorisme ne s'enracine pas dans la pauvreté, il peut, dans des cas particuliers, se nourrir de la détérioration des perspectives économiques de la frange la mieux formée de la population. Joshua Angrist a ainsi soutenu que la forte dégradation du niveau d'emploi et de salaire des Palestiniens les plus éduqués dans les années 1980 avait favorisé le déclenchement de la première Intifada en décembre 1987. Entre 1982 et 1988, le nombre d'hommes palestiniens en âge de travailler ayant été scolarisés durant douze ans au moins avait été multiplié par deux, tandis que le nombre de ceux qui avaient été scolarisés pendant onze ans ou moins n'augmentait que de 30 %. Mais durant cette période, le taux de chômage des diplômés du premier cycle de l'enseignement supérieur augmenta plus fortement que celui des diplômés de l'enseignement secondaire. Entre 1985 et 1988, le salaire réel journalier des diplômés du premier cycle de l'enseignement supérieur diminua par ailleurs de 30 % environ, tandis que celui des individus ayant étudié pendant douze ans restait stable et que celui des individus ayant étudié durant onze ans ou moins augmentait légèrement. Angrist (1995) a néanmoins pris soin de souligner le caractère unique de la situation dans laquelle se trouvaient les habitants de Cisjordanie et de la bande de Gaza : l'occupation de ces territoires par Israël ainsi que l'absence de marché du capital et de système bancaire dignes de ce nom se sont conjuguées pour empêcher les marchés locaux du travail de parvenir à l'équilibre.

La plupart des individus rejoignant une organisation terroriste ne semblent pas être motivés par la perspective d'améliorer leur propre situation matérielle. À cette aune, les soldats recrutés par l'organisation État islamique se distinguent de la majorité des terroristes. Cette organisation verserait à chacun de ceux qui combattent dans ses rangs dans l'ouest de l'Irak et l'est de la Syrie une solde mensuelle variant de 300 à 500 dollars. Une telle somme, importante au regard du niveau de vie des populations locales, est supérieure aux rémunérations proposées par les groupes rebelles syriens ou le gouvernement irakien. L'organisation État islamique accorde aussi à ses soldats des allocations destinées à soutenir financièrement leur famille. Elle prend également en charge l'épouse et les enfants des combattants tués. Si elle s'est, jusqu'à présent, montrée aussi généreuse, c'est parce qu'elle dispose de moyens financiers particulièrement importants : selon les diverses estimations disponibles, ils varient entre 1 Md$ et 3 Md$ par an. Jusqu'à l'automne 2014, elle tirait en moyenne 2 M$ par jour de la commercialisation, *via* des réseaux de contrebande, du pétrole extrait de puits situés sur les territoires qu'elle contrôle. Cette ressource tend toutefois à se réduire sous les effets conjugués des bombardements des infrastructures pétrolières par les forces de la coalition internationale constituée pour lutter contre l'organisation, de l'insuffisance de personnels qualifiés capables de faire fonctionner ces installations ou de les réparer, du manque de pièces détachées et, enfin, de la baisse du prix du brut. La vente de pétrole, qui serait cédé contre des liquidités à un prix voisin de 20 % du cours établi sur le marché mondial, représenterait cependant encore de 200 M$ à 300 M$ par an. Afin de pallier la diminution de la manne pétrolière, l'organisation État islamique a développé d'autres sources de financement. Les individus et les entreprises présents sur les territoires qu'elle contrôle sont soumis à un « impôt révolutionnaire ». La circulation de marchandises est également taxée au moyen de péages et de droits de douane sur les produits importés. La vente de produits agricoles, de produits manufacturés et de ressources naturelles autres que le pétrole rapporterait, quant à elle, près de plusieurs centaines de millions de dollars par an. À cela s'ajoutent les revenus du trafic d'antiquités, estimés à plus de 100 M$ par an, les rançons exigées pour libérer des otages, ainsi que le produit de campagnes internationales de levée de fonds (The Economist, 2015)[4].

Si le versement d'une rémunération ne constitue généralement pas un argument suffisant pour convaincre un individu de rejoindre les rangs d'une organisation terroriste, la promesse de verser une somme relativement importante à leur famille peut inciter certains individus à franchir le pas. Des données portant sur ce point ont été recueillies par un membre du personnel humanitaire de l'Organisation des Nations unies (ONU) ayant longtemps travaillé dans la bande de Gaza et en Cisjordanie. Entre 1996 et 1999, Nasra Hassan a interrogé près de 250 personnes liées à la fraction la plus militante de la population des territoires occupés : des volontaires pour des attentats-suicides n'ayant pas réussi à mener à bien la mission qui leur avait été confiée, les membres des familles de kamikazes tués, mais aussi ceux qui les avaient entraînés. Elle a ainsi établi que les organisations terroristes actives dans cette région versaient habituellement entre 3 000 et 5 000 dollars aux familles de kamikazes tués lors d'un attentat-suicide. Le coût total d'une telle opération, incluant le coût de fabrication d'une bombe artisanale et le coût de transport du terroriste jusqu'à la ville israélienne dans laquelle se trouvait la cible visée, n'était en moyenne que de 150 dollars (Hassan, 2001).

D'autres travaux de recherche se sont concentrés sur les caractéristiques socioéconomiques des pays d'où sont issus les terroristes et de ceux dans lesquels se trouvent leurs cibles. Ils concluent à l'inexistence d'un lien entre la faiblesse des indicateurs socioéconomiques d'un pays (PIB par habitant, taux d'analphabétisme, taux de mortalité infantile, etc.) et l'engagement de ses ressortissants dans des activités terroristes. Les terroristes actifs au niveau international sont, au contraire, plus susceptibles de venir de pays à niveau de revenu intermédiaire que de pays pauvres (Piazza, 2006 ; Krueger, 2007 pp. 6-7). Il existe par contre un lien significatif entre le taux de croissance du PIB d'un pays visé par des terroristes et la fréquence des attentats qui le frappent (Krueger, 2007, p. 75).

Krueger (2007) a comparé les actes terroristes aux crimes de haine, qui sont motivés par l'appartenance réelle ou supposée de la victime à un groupe défini par sa religion, sa race, son ethnie, ou encore son orientation sexuelle. Au début des années 1930, le sociologue Arthur F. Raper avait publié une étude postulant l'existence d'une relation inverse entre le prix du coton, considéré comme un indicateur de la situation économique, et le nombre de lynchages dans le sud des États-Unis (Raper, 1933). Des travaux conduits au début des années 2000 ont démontré l'inexistence d'une corrélation entre ces deux phénomènes (Green *et al*,

2001). Il n'existe pas de lien entre la situation économique d'une zone géographique donnée et la fréquence des crimes de haine.

La comparaison entre le terrorisme et l'engagement politique est encore plus éclairante. Si les terroristes sont particulièrement susceptibles d'appartenir aux classes moyennes ou aisées et de disposer d'un niveau d'éducation élevé, c'est parce que le terrorisme est un acte politique. Alan B. Krueger a établi une analogie entre le fait de participer à une action terroriste et celui de voter. Voter représente un coût d'opportunité d'autant plus important en termes de temps qu'un individu est plus éduqué et mieux rémunéré. Or ce sont précisément les individus au statut socioéconomique élevé qui sont les plus susceptibles d'aller voter. S'ils se comportent de la sorte, c'est parce qu'ils se préoccupent du résultat du scrutin et estiment être suffisamment bien informés pour avoir confiance en la pertinence de leur opinion et tenir à l'exprimer. Les terroristes, souligne Alan B. Krueger, se recrutent rarement dans les rangs des damnés de la terre. Ils ne font pas partie de ceux qui ont le moins à perdre. Mais ils croient si ardemment en une cause qu'ils sont disposés à mourir pour elle (Krueger, 2007, p.4). En cela, Alan B. Krueger rejoint Daniel Lerner qui, dans une étude de l'extrémisme politique portant sur six pays du Moyen-Orient, a noté que « la pauvreté prévaut uniquement au sein des masses apolitiques » (Lerner, 1958). L'analyse de sondages réalisés en février 2004 en Jordanie, au Maroc, au Pakistan et en Turquie a par ailleurs révélé que les individus les plus éduqués étaient généralement plus susceptibles que les autres de soutenir la proposition selon laquelle les attentats-suicides commis en Irak et visant des Occidentaux étaient justifiés. Les individus disposant d'un niveau d'éducation plus faible étaient par contre plus susceptibles de se déclarer « sans opinion » sur ce point (Krueger, 2007, pp. 24-25).

Bien qu'aucun élément ne vienne soutenir la thèse selon laquelle la pauvreté et un faible niveau d'éducation constitueraient des facteurs favorables à l'émergence de terroristes, cette idée demeure largement répandue – non seulement au sein des populations des pays avancés, mais aussi parmi les élites occidentales ou occidentalisées. Si cette opinion est aussi fermement enracinée, c'est peut-être parce qu'elle traduit la confiance des démocraties capitalistes dans les vertus du progrès, qu'il soit scientifique ou économique, ainsi que leur incapacité grandissante à comprendre la violence politique et religieuse[5]. Qu'un individu soit prêt à sacrifier sa vie au nom de la cause qu'il a embrassée dépasse notre entendement. Pour qu'un tel geste nous soit moins étranger, nous cherchons à lui appliquer une grille de lecture qui nous est familière. L'idée que notre civilisation puisse susciter une haine profonde au point d'en devenir aveugle est par ailleurs extrêmement inconfortable. Nous préférons donc, contre toute évidence, croire que ceux qui veulent nous détruire sont d'une pauvreté et d'une ignorance crasses. Si nous voulons combattre plus efficacement le terrorisme, il nous faudra rompre avec cette illusion.

Notes

1. Créé en 1987, le Hamas est un mouvement islamiste constitué d'une branche politique et d'une branche armée. Il est principalement actif à Gaza.

2. Fondé dans les années 1970, le Jihad islamique palestinien est une organisation terroriste et djihadiste palestinienne.

3. Fondé en 1982 en réaction à l'invasion du Liban par Israël, le Hezbollah est un mouvement politique chiite libanais possédant une branche armée.

4. Voir aussi : Chavagneux (2015).

5. Il est à ce titre intéressant de noter que dans 90 % des attentats-suicides, les terroristes et les victimes appartiennent à des religions différentes.

Bibliographie

ANGRIST J. (1995), « The Economic Returns to Schooling in the West Bank and Gaza Strip », *American Economic Review*, vol. 85, n° 5, pp. 1065-1087.

BENMELECH E., BERREBI C. et KLOR E. F. (2010), « Economic Conditions and the Quality of Suicide Terrorism », National Bureau of Economic Research, *Working Paper*, n° 16320, août.

BERREBI C. (2004), *The Causes and Consequences of Terrorism*, thèse de doctorat, Département d'économie, Princeton University.

BUENO DE MESQUITA E. (2005), « The Quality of Terror », *American Journal of Political Science*, vol. 49, n° 3, juillet, pp. 515-530.

CHAVAGNEUX C. (2015), « Le difficile combat contre l'argent de Daech », *Alternatives économiques*, n° 352, décembre, pp. 17-18.

GREEN D. P., MCFALLS L. H. et SMITH J. K. (2001), « Hate Crime: an Emergent Research Agenda », *Annual Review of Sociology*, vol. 27, août, pp. 479-504.

HASSAN N. (2001), « An Arsenal of Believers », *The New Yorker*, 19 novembre, pp. 36-41.

KRUEGER A. B. (2007), *What Makes a Terrorist*, Princeton University Press, pp. 6-7.

KRUEGER A. B. et MALEČKOVÁ J. (2003), « Education, Poverty and Terrorism: Is There a Causal Connection? », *Journal of Economic Perspectives*, vol. 17, n° 4, automne, pp. 119-144.

LE MONDE (2015), « Contre le djihadisme, le pape demande des écoles et des emplois », dimanche 29-lundi 30 novembre, p. 3.

LERNER D. (1958), *The Passing of Traditional Society: Modernizing the Middle East*, Free Press, p. 368.

NYE J. S. (2003), « The War on Terrorism after Iraq », *Project Syndicate*, 17 juin.

PIAZZA J. A. (2006), « Rooted in Poverty? Terrorism, Poor Economic Development and Social Cleavages », *Terrorism and Political Violence*, vol. 18, n° 1, pp. 159-177.

RAPER A. F. (1933), *The Tragedy of Lynching*, University of North Carolina Press.

THE ECONOMIST (2015), « Where Islamic State Gets its Money », 4 janvier.

TYSON L. D. (2001), « It's Time to Step Up the Global War on Poverty », *Business Week*, 3 décembre.

Cybersécurité : risques et enjeux économiques

Nicolas ARPAGIAN*

Un monde sans frontières, où l'identité de chacun est modifiable à l'envie, où les coûts sont marginaux, où la zone d'intervention est naturellement planétaire et où l'hyperréactivité est la norme. Autant de caractéristiques qui font du cyberespace un territoire d'épanouissement pour l'industrie financière. Qui a depuis longtemps rompu avec les séances de cotation à la corbeille de la Bourse pour adopter sans retenue dès la fin du XXe siècle la dématérialisation des échanges numériques. Les flux financiers n'ont jamais été aussi productifs et fluides : la nanoseconde devient l'unité de temps de déclenchement des ordres de Bourse. Les écrans sont les seuls témoins des transactions et les fortunes ne se matérialisent plus dans des livres de comptes, mais bien dans les seuls serveurs informatiques. Il devient nettement moins risqué, et certainement plus rentable au regard de la peine encourue, d'opter pour un détournement de fonds *via* une cyberattaque que de persister à vouloir s'en prendre physiquement aux coffres d'une agence bancaire. La rapidité des transferts de fonds et la capacité à déplacer ceux-ci en un clic d'un pays à un autre, et donc d'un régime juridique à un autre, pénalisent l'enquêteur d'un État démocratique. Il sera dépendant de la qualité de la coopération interétatique pour obtenir des informations sur la nature et l'origine de ces virements. Et si de tels franchissements de frontières se multiplient, l'ampleur de la procédure à déployer pour tenter de pister ce qu'il advient des sommes en question peut s'avérer dissuasive. De quoi rendre vaines les tentatives d'identification des flux financiers. Soit *de facto*, pour les esprits malintentionnés, un encouragement supplémentaire à basculer vers la cybercriminalité.

* Directeur scientifique du cycle « Sécurité numérique », Institut national des hautes études de la sécurité et de la justice (INHESJ) ; maître de conférences, École nationale supérieure de la police (ENSP) ; directeur de la stratégie et des affaires publiques, Orange Cyberdefense ; rédacteur en chef, *Prospective stratégique*. L'auteur s'exprime ici à titre personnel.

UNE EXPOSITION CROISSANTE AU RISQUE NUMÉRIQUE

La numérisation de nos existences est en marche. Qu'il s'agisse de nos vies personnelles où les smartphones sont devenus nos béquilles mentales, à qui nous confions les coordonnées de nos relations, les multiples mots de passe de nos réseaux sociaux et comptes bancaires ainsi que les photos et les messages qui jalonnent notre quotidien. Avec une situation paradoxale : ces téléphones intelligents rassemblent de plus en plus de données personnelles, voire intimes, mais leur sécurisation laisse encore largement à désirer. Alors que les antivirus et autres pare-feu équipent désormais les ordinateurs même domestiques, ces smartphones sont largement utilisés sans protection particulière. On demande donc à l'utilisateur/trice quels que soient son âge, sa formation ou son intérêt pour le sujet de prendre en charge la sécurisation de son équipement et de sa connexion. Chaque titulaire d'un accès à Internet a ainsi une « obligation de surveillance » dudit accès (article L-336-3 du Code de la propriété intellectuelle). Et l'article L-335-7-1 du Code de la propriété intellectuelle prévoit qu'un titulaire d'un abonnement à Internet peut voir sa responsabilité pénale engagée au titre de la contravention de négligence caractérisée. Cette exigence de sécurisation rompt avec la règle ancienne qui voulait que les services de l'État, qu'il s'agisse de l'autorisation de circuler d'un véhicule ou de la mise sur le marché d'un médicament, évaluent seuls les aspects de sécurité. Ne mettant à la disposition des consommateurs que des biens ou des services dont la dangerosité à l'usage avait été évaluée et encadrée. Dans le domaine du numérique, le consommateur final se trouve chargé de cette tâche. Quitte à voir par la suite sa responsabilité juridique et financière mise en cause.

Le canal numérique devient le moyen naturel de commercer, de se renseigner, de consommer et parfois de convoler. Autant d'occasions démultipliées de susciter la créativité des pirates. Tout ce que les délinquants et les criminels faisaient de mal dans le monde physique depuis des lustres trouve des déclinaisons par voie informatique : usurpation d'identité, détournement de fonds, chantage/extorsion, vol d'informations, vol de ressources, escroquerie, etc. La capacité de démarcher rapidement un grand nombre de futures victimes et le fait de pouvoir rapatrier sans délai et à coût réduit le fruit de son vol, le tout dans une relative impunité judiciaire, expliquent l'essor de la cybercriminalité. Celle-ci est encore recensée de manière très partielle par les services officiels, comme l'Observatoire national de la délinquance et des réponses pénales (ONDRP)[1].

Soucieuses de leur productivité, les entreprises incitent leurs collaborateurs à travailler lors de leurs déplacements et, le cas échéant, à leur domicile. Cette mobilité démultiplie les modes de connexion au système d'information central. Wifi publics, recours à des ordinateurs en libre-service ou à des équipements personnels pour se brancher sur l'informatique de la société... On est loin de la gestion d'un parc de machines entièrement maîtrisé par une Direction des systèmes d'information omnisciente. Le phénomène touche les entreprises de toutes tailles et de tous secteurs, et gagne de plus en plus les administrations.

Si des solutions techniques protègent l'accès aux systèmes d'information et assurent une réelle confidentialité des échanges, les pirates optent désormais pour une tactique plus sournoise. En effet, faute de pouvoir/savoir casser la serrure, ils se renseignent pour savoir où vous cachez vos clés. C'est toute l'utilité de l'ingénierie sociale : l'élaboration d'un scénario fondé sur une approche très personnalisée de celui/celle qui détient l'information ciblée. Une consultation assidue des réseaux sociaux fournit à peu de frais tous les éléments de contexte permettant d'aborder de manière crédible un cadre dirigeant. En ayant identifié ses *hobbies*, ses expériences professionnelles passées ainsi que ses relations en affaires, le pirate dispose d'une matière éditoriale complète et à jour pour finaliser un discours d'approche très efficace. La cible croira à une sollicitation fortuite tandis qu'il s'agira d'un moyen d'entrer dans son cercle de connaissances. Une telle cartographie permet si besoin de préparer une rencontre dans la vie bien réelle. Le piratage en 2012 de l'intranet de la présidence de la République française a débuté par un message opportunément envoyé sur Facebook à un collaborateur du chef de l'État. En cliquant sur un lien contenu dans ledit message, il a infecté l'ordinateur qui lui servait à accéder à son compte de messagerie professionnelle. Ce travail préalable de *social engineering* a donc été pertinent pour mener à bien cette mission d'espionnage.

La généralisation de la numérisation de nos activités (dossiers de santé, impôts, comptes bancaires, correspondances professionnelles et personnelles, réseaux sociaux, smartphones géolocalisés, objets connectés, etc.) ouvre autant de brèches possibles pour atteindre le but poursuivi : vol d'identités, d'argent ou d'informations confidentielles. Sans oublier des opérations spécifiquement numériques comme le déni de service (paralysie d'un site internet sous le coup d'un très grand nombre de connexions frauduleuses simultanées) ou le chantage au chiffrement (les données chiffrées par les pirates sont rendues de nouveau accessibles en échange d'une rançon). De telles pratiques peuvent atteindre indifféremment des personnes ou des institutions soigneusement identifiées au préalable comme n'importe quelle entité dès lors qu'elle est connectée au réseau. Ce qui fait de tout utilisateur du Net une victime potentielle d'une cyberattaque.

UN ARSENAL DE CYBERATTAQUANT QUI SE DÉMOCRATISE

Si l'on considère que l'internaute est par essence exposé au risque numérique, il est tout aussi important d'indiquer qu'il est également en première ligne en ce qui concerne l'attaque. En effet, la modicité des prix des outils basiques de piratage et leur simplicité d'utilisation ont déjà fait leur succès auprès du grand public. Les conjoints jaloux, les employeurs suspicieux et les parents inquiets ont trouvé facilement *via* les moteurs de recherche les applications indétectables leur permettant de récupérer le détail des déplacements, la liste des appels, l'intégralité des SMS ainsi que l'historique des sites internet visités par leur cible. Ces captations de grande ampleur qui autrefois étaient la spécialité des services de renseignement sont devenues des pratiques domestiques. La jurisprudence concernant des collégiens ou des étudiants conduisant des cyberattaques à l'encontre de leur établissement en vue de modifier leurs notes s'étoffe tous les jours. Et nombre de conflits intrafamiliaux comportent désormais leur volet numérique, notamment avec des atteintes à la réputation. La publication non autorisée de photographies intimes, vraies ou maquillées, est ainsi devenue une riposte presque habituelle à des contentieux sentimentaux. L'arme numérique fait partie de l'arsenal des particuliers. Il suffit de taper les premières lettres « comment pir » sur un moteur de recherche pour voir la facilité d'accès à des offres de piratage clés en main (cf. illustration). Cet affichage suggéré aussi précisément par le moteur témoigne de deux phénomènes : ces requêtes sont formulées par un très grand nombre d'internautes et le marché répond à cette demande par une offre diversifiée et abondante.

Illustration
Propositions spontanées de réponses sur le moteur de recherche www.google.fr avec la seule requête : « comment pir »
(consultation en décembre 2015)

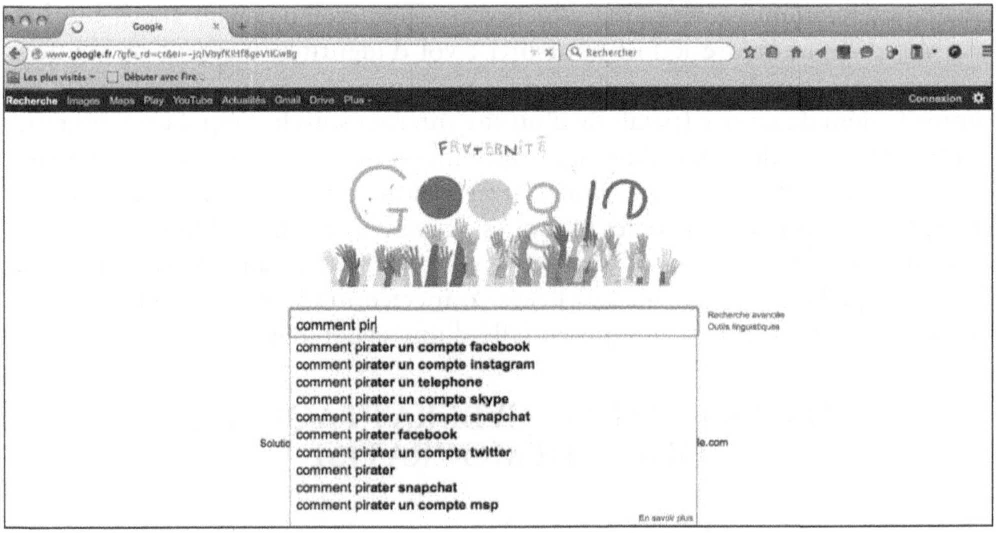

Des outils plus perfectionnés et encore plus discrets sont évidemment déjà maîtrisés par les bons connaisseurs de la pénétration informatique, qui commercialisent leur savoir-faire à des organisations visant des objectifs professionnels ou gouvernementaux. Edouard Snowden a révélé en outre dès 2013 comment les grandes plates-formes internet (Google, Apple, Facebook, Amazon, Microsoft, Twitter, etc.) collaboraient étroitement avec les autorités états-uniennes en fournissant à celles-ci les informations demandées. Une démarche qui épargne à Washington les opérations techniques d'espionnage puisque ses services peuvent ainsi se fournir directement chez ces grands équipementiers du Net. Mettant ainsi au service de la stratégie états-unienne l'ensemble des renseignements économiques, diplomatiques, personnels, connectés *via* ces sociétés qui collectent, drainent, croisent et stockent des milliards d'informations par jour.

QUAND LES ENTREPRISES DE RENOM OPTENT POUR L'ARME NUMÉRIQUE

La concurrence économique porte largement sur la capacité de l'un des compétiteurs à acquérir de l'information avant les autres. Cette aptitude à connaître ce que prévoit le rival, à identifier ses spécificités cachées et à réduire ainsi la part d'incertitude intéresse tous les dirigeants d'entreprise. Surtout si on les persuade qu'ils pourront acquérir cette information stratégique à un coût raisonnable, dans un délai rapide et sans risque réel d'être identifiés. C'est la raison pour laquelle il ne faut pas considérer les cyberattaques ou les recours offensifs aux technologies de l'information dans le monde de l'entreprise comme relevant des seules organisations mafieuses. On constate au contraire que de très grandes sociétés, en principe honorablement connues et signataires de nombre de chartes humanistes (pour le respect des droits des enfants, de la parité homme/femme, du recyclage des déchets et autres promesses de contribuer à un monde meilleur), sont prêtes à financer des campagnes d'attaques sur la Toile.

Qu'il s'agisse de voler de l'information ou d'organiser une campagne de dénigrement contre un concurrent. En octobre 2013, Samsung, le n° 1 mondial des téléphones portables, a été condamné par un tribunal de Taïwan pour avoir payé des blogueurs et des étudiants afin de dénigrer les produits de son concurrent HTC[2]. En juin 2014, Microsoft a été pris la main dans le sac à rémunérer des blogueurs influents pour publier des articles favorables à la nouvelle version de son navigateur Internet Explorer[3].

En septembre 2013, dans une enquête[4] publiée en deux volets dans le *Journal du Net*[5], j'ai expliqué comment une dizaine de grandes entreprises ou associations professionnelles avaient bénéficié de la publication de textes en leur faveur dans les colonnes de grands médias français : *Les Échos*, *L'Obs*, *Mediapart*, *Le Figaro*, le *Journal du Net*, etc. En usurpant des identités, en volant les photos de vraies personnes, en invoquant des noms d'employeurs prestigieux, de faux analystes ou experts ont pris la plume pour vanter les mérites ou critiquer vertement des sociétés commerciales ou des personnalités. Misant sur le crédit des supports de presse utilisés pour donner de la consistance et du poids à leurs prises de positions, tant vis-à-vis des internautes que des moteurs de recherche. Pour que ces articles soient le mieux référencés possibles et donc participent à la mise en avant de leurs intérêts. Et quelquefois, ce procédé est utilisé pour des opérations financières. Ainsi, le 5 janvier 2015, j'ai démontré dans le *Journal du Net*[6] comment l'offre publique d'achat (OPA) sur la société Club Méditerranée d'un montant de 1 Md€ comportait un volet d'influence visant à dévaloriser l'un des deux candidats au rachat, l'italien Bonomi. En totale violation du Règlement général de l'Autorité des marchés financiers (AMF) et du Code pénal, des articles publiés dans les pages de *Mediapart*, du quotidien *Les Échos* ou du *Journal du Net* tentaient de saper l'image de l'investisseur italien afin de décrédibiliser son offre. L'investigation technique a permis de remonter jusqu'à un cabinet de conseil. Les explications et les détails fournis par des personnes travaillant ou ayant travaillé au sein de cette officine ont complété la description de leur mode opératoire. C'est l'objet d'une enquête détaillée[7] publiée le 12 janvier 2015 dans le *Journal du Net* où l'on apprend que ces professionnels ne se contentent pas d'alimenter les médias en articles sans aucune fiabilité, mais qu'ils sont également des contributeurs très actifs de l'encyclopédie en ligne Wikipedia. Ce qui leur a permis d'accéder à un statut élevé dans la hiérarchie des rédacteurs/correcteurs de ce site très fréquenté. Ils monnaient à leurs clients leur aptitude à embellir les notices les concernant, voire à biaiser celles de leurs concurrents. Un réel pouvoir d'influence alors que nombre d'internautes considèrent Wikipedia comme leur première source d'information.

UNE RÉPONSE POLICIÈRE ET JUDICIAIRE DISPARATE

Le réseau des réseaux est international par nature. Mais la réponse policière et judiciaire reste encore largement nationale. Le seul texte de dimension planétaire relatif à la cybercriminalité est la Convention de Budapest du Conseil de l'Europe du 23 novembre 2001[8]. Les grands États ont longtemps tardé à l'intégrer dans leur droit national, ils sont encore nombreux à ne pas le prendre en compte. Même l'Union européenne, cet ensemble politique, économique et juridique particulièrement intégré, aura attendu le 12 août 2013 pour que le Parlement européen et le Conseil de l'Union européenne adoptent la directive 2013/40/UE[9] relative aux attaques contre les systèmes d'information qui vise à combattre la cybercriminalité, la date limite de transposition étant donc le 4 septembre 2015. C'est seulement en 2013 qu'Europol s'est doté d'un centre européen de coordination en matière de cybercriminalité : The European Cybercrime Center (EC3)[10]. Là encore, on parle d'échanges et de coopération entre les États membres, ce qui suppose des tractations mêmes informelles. On est encore loin d'un modèle intégré de réponse qui permettrait de gagner en réactivité. Les gouvernements restent encore très attachés à piloter eux-mêmes leurs politiques en matière de cybersécurité et de lutte contre la criminalité numérique.

CONCLUSION PROVISOIRE

Il serait déraisonnable de croire que l'on pourrait conclure de manière définitive sur les questions de cybersécurité. Ce qui explique l'adjonction du qualificatif « provisoire » à l'intitulé de cette conclusion. En effet, des facteurs multiples viendront affecter la manière dont cette sécurité numérique évoluera. Car nous nous situons à la croisée de multiples chemins. Principalement trois segments majeurs.

À commencer par le chantier de la gouvernance du Net encore largement piloté par les États-Unis, celle-ci est de plus en plus discutée par des poids lourds comme la Chine et la Russie. Dans ce débat, l'Europe est pour le moins timide et ne valorise pas comme elle le pourrait et devrait le poids économique de sa population. Le risque étant un *statu quo*, faute de pouvoir proposer une solution alternative satisfaisante au modèle existant.

Ensuite vient la question de l'influence et de l'action normative des géants du Net comme Facebook, Google, Apple, etc. dont les conditions générales d'utilisation prétendent devenir le véritable *corpus* juridique de la vie numérique. Faute de dispositifs juridiques effectivement opérationnels, comme, par exemple, la définition d'une identité numérique d'origine étatique pour chacun, les profils créés chez chacune de ces plates-formes ont quasiment valeur de pièce d'identité. Un privilège qui jusqu'à présent relevait des seuls États et auxquels elles pourraient un jour prétendre se substituer. Ces multinationales occupent peu à peu tous les champs de l'activité humaine : le commerce, la santé, la banque, la gestion des correspondances, la cartographie, l'automobile, l'équipement ménager, les relations sociales, etc. Et façonnent à leur goût nos activités en prenant soin d'en autoriser certaines, d'en bannir d'autres, tandis qu'elles enregistrent le détail de tous nos actes. L'interconnexion de ces éléments donne corps au panoptique et à la société de surveillance généralisée[11].

Cet état de fait, qui est quasiment atteint aujourd'hui, peut être le déclencheur du troisième segment d'évolution : celui de la prise de conscience des utilisateurs. Qui pensent encore être les sujets de cette société numérique en construction, alors qu'ils n'en sont essentiellement que les objets. Offrant le détail de leurs vies (personnelle, professionnelle, affective, etc.) en pâture à ces services gratuits qui fondent leur prospérité sur la mise en fiches et la commercialisation de chaque épisode ou envie de nos existences. Au point d'en prendre le contrôle avec une intensité que n'ont jamais atteint les régimes politiques les plus autoritaires. Si une prise de conscience survenait au sein de l'opinion publique, elle pourrait remettre en question cette évolution. Car rappelons-le, l'entreprise reste un corps social mortel. Qui peut se déliter et disparaître dès lors que ses clients désertent. Le consommateur-internaute vote avec sa souris sur son ordinateur ou son doigt sur son smartphone. Ce sont les bulletins de vote modernes pour décider de l'avenir de son destin personnel. En choisissant tel ou tel prestataire, on le renforce dans ses pratiques, tandis qu'en délaissant tel autre, on le fragilise et l'oblige à adapter son offre en fonction des intérêts et des exigences de ses clients. Cette prise en compte de la valeur de notre engagement lors de notre consommation numérique constitue les prémices d'une reconquête d'une part individuelle de souveraineté. L'un des derniers moyens de ne pas subir, mais de recouvrer sa place de citoyen éclairé. Il ne reste plus beaucoup de temps pour y parvenir. Nos atermoiements agissent en notre défaveur, tandis que se dessine le périmètre restreint de notre liberté individuelle. De l'utilité de relire sans tarder le roman *1984* du génial Georges Orwell et *La Peau de Chagrin* publié en 1831 par Honoré de Balzac dans *La comédie humaine*. On ne pourra pas dire que nous n'étions pas prévenus.

Notes

1. Voir le site : www.inhesj.fr/fr/page/ondrp/presentation.

2. Voir le site : www.theguardian.com/technology/2013/oct/24/samsung-fined-taiwan-campaign-against-smartphone-htc.

3. Voir le site : http://uncrunched.com/2014/06/17/microsoft-paying-bloggers-to-write-about-internet-explorer/.

4. Premier volet de l'enquête de Nicolas Arpagian publié dans le *Journal du Net* (9 septembre 2013) : « Le Plus, l'Express et le Journal du Net victimes d'une intox à grande échelle » : www.journaldunet.com/ebusiness/crm-marketing/les-pros-de-la-e-reputation-infiltrent-les-medias-web.shtml.

5. Second volet de l'enquête de Nicolas Arpagian « Opération d'intox sur Internet : Numericable, Vivarte et neuf autres marques impliquées » parue le 16 septembre 2013 dans le *Journal du Net* : www.journaldunet.com/ebusiness/crm-marketing/faux-chroniqueurs-sites-medias-influence-e-reputation.shtml.

6. Voir le site : www.journaldunet.com/ebusiness/le-net/opa-club-med-intox-internet.shtml.

7. Voir le site : www.journaldunet.com/ebusiness/le-net/istrat-manipulateur-sites-media-wikipedia.shtml.

8. Présentation sur le site du Conseil de l'Europe : www.coe.int/fr/web/conventions/full-list/-/conventions/treaty/185.

9. Dont le texte est accessible sur le site : http://eur-lex.europa.eu/legal-content/FR/TXT/?uri=celex:32013L0040.

10. Son site officiel : www.europol.europa.eu/ec3.

11. Lire à ce propos : *Liberté, Egalité... Sécurité* de Nicolas Arpagian, Dalloz, 2007.

BON DE COMMANDE

À envoyer accompagné du règlement à :

Association d'économie financière
16 rue Berthollet – Arcueil 3 – 94113 Arcueil Cedex

rapport_moral@club-internet.fr
www.aef.asso.fr

Qté	Année	Désignation	Prix Unit. TTC	Prix Total TTC
......	1994	Finance et confiance ?	30,49 €	....
......	1995	Finance, éthique et confiance	38,11 €	....
......	1996	Dysfonctionnement : réponses et perspectives du système financier	38,11 €	....
......	1997	L'éthique financière face à la mondialisation	38,11 €	....
......	1998	La mondialisation des crises financières	38,11 €	....
......	2000	Grands enjeux de l'actualité financière	33,54 €	....
......	2001	Enjeux d'une économie mondialisée Lutte contre la délinquance financière	35,00 €	....
......	2002	La crise financière et ses suites	30,00 €	....
......	2003-2004	La finance pour quoi faire ?	30,00 €	....
......	2005	La face cachée de la finance	30,00 €	....
......	2006	Finance et lutte contre la pauvreté dans le monde	30,00 €	....
......	2007	Les entreprises de l'économie sociale en question	30,00 €	....
......	2008	La crise de la finance	30,00 €	....
......	2009	Les enjeux et conséquences de la crise	30,00 €	....
......	2010	Remettre la finance au service de l'homme et de la société	30,00 €	....
......	2011-2012	La lutte contre la criminalité et les délits financiers	31,00 €	....
......	2013	L'entreprise responsable / Régulation et contrôle de la finance / Religions et crise financière	31,00 €	....
......	2014	Régulation, gouvernance et complexité dans la finance mondialisée	31,00 €	....
......	2015-2016	Progrès et tensions : Nouveaux modèles d'entreprise / Don et partage / Investissement à impact social / Terrorisme	31,00 €	....

NB : l'édition 1999 est épuisé.

Société : ....
Nom/Prénom : ....
Fonction : ....
Adresse : ....
....
....

Et je règle par :

❑ Chèque à l'ordre de l'AEF (France uniquement)

❑ Virement bancaire

40031 00001 0000359057D 67

IBAN : FR17 4003 1000 0100 0035 9057 D67 / BIC : CDCGFRPP

Date : **Signature :**

REVUE
D'ECONOMIE
FINANCIERE

Bon de commande

À retourner à : ASSOCIATION D'ÉCONOMIE FINANCIÈRE
16 rue Berthollet - Arcueil 3 - 94113 Arcueil cedex
Tél. 33 (0)1 58 50 95 10 - Fax 33 (0)1 58 50 05 17

Nom : _

Société : _ _ _ _ _ _ _ _ _ _ _ _ _ _ _ _ _ _ _

Adresse : _ _ _ _ _ _ _ _ _ _ _ _ _ _ _ _ _ _ _

Code postal : _ _ _ _ _ _ _ _ Ville : _ _ _ _ _ _ _ _

Email : _

Mode de paiement : ❑ Chèque bancaire à l'ordre de l'AEF (pour la France uniquement)
❑ Virement bancaire (coordonnées bancaires sur demande)

Je commande les ouvrages suivants :

LES DERNIERS NUMÉROS DE LA *REVUE D'ÉCONOMIE FINANCIÈRE* :

Qté	N°	Titre	Prix	Total
....	121	Les défis d'une économie à taux zéro	32,00 €	....
....	120	Innovation, technologie et finance	32,00 €	....
....	119	Monnaies et globalisation financière	32,00 €	....
....	118	Les mutations de l'industrie financière	32,00 €	....
....	117	Changement climatique et finance durable	32,00 €	....
....	116	La finance africaine en mutation	32,00 €	....
....	115	Les marchés du logement et leur financement	32,00 €	....
....	114	PME : financer la compétitivité	32,00 €	....
....	113	Les banques centrales – Crises et défis	32,00 €	....

LES DERNIÈRES ÉDITIONS DU *RAPPORT MORAL SUR L'ARGENT DANS LE MONDE* :

❍ Édition 2015/2016 - Partage, don et responsabilité — 31,00 €
Vers de nouveaux modèles d'entreprise ?
Investissement à impact social – Finance et terrorisme

❍ Édition 2014 - Fondements et limites de la régulation financière — 31,00 €
Gouvernance financière internationale – Technologie et complexité
Essor de la finance participative

Je souscris un accès privilège au site de l'AEF pour accéder pendant 1 an à tous les articles de la *Revue* et du *Rapport moral* à un tarif de :

❍ 110 € pour les institutions ❍ 83 € pour les particuliers ❍ 51 € pour les étudiants/enseignants

Nos ouvrages les plus récents sont disponibles **en version numérique** sur Internet : http://aef.izibookstore.com (24,00 €).

L'ANNÉE DES PROFESSIONS FINANCIÈRES

Centre des Professions Financières

BULLETIN DE SOUSCRIPTION

À retourner à : ASSOCIATION D'ÉCONOMIE FINANCIÈRE
16 rue Berthollet • Arcueil 3 • 94113 Arcueil Cedex
Tél. : 01 58 50 95 10 • Fax : 01 58 50 05 17

Société : ____________________
Nom : ____________________ Prénom : ____________________
Adresse : ____________________
Code postal : ____________________ Ville : ____________________
Tél. : ____________________ E-mail : ____________________

MODE DE RÈGLEMENT

❏ Chèque bancaire à l'ordre de l'Association d'économie financière (AEF)

❏ Virement bancaire : CDC
Code Banque : 40031 • Code Guichet : 00001 • Numéro de compte : 0000359057D - clé 67

Une facture acquittée sera envoyée avec l'ouvrage.

SOUHAITE SOUSCRIRE À :

L'ANNÉE DES PROFESSIONS FINANCIÈRES 2011

- Tarif unitaire de 25 € TTC frais de port inclus (296 pages • sortie en mars 2011)
- Nombre d'exemplaires désirés : ____________________
- Soit un montant de : ____________________

ÉTHIQUE ET RESPONSABILITÉS EN FINANCE : QUO VADIS ?

Paul H. Dembinski

La crise de 2007 a montré l'indigence éthique de la finance qui a tout misé sur la technique. Mais pourquoi la finance a-t-elle besoin d'éthique ? La visée éthique peut-elle être une finalité des activités financières ? Si le questionnement est l'affaire de tous les protagonistes (détenteur de fonds, débiteur et investisseur public ou privé), la responsabilité sociétale des institutions est de s'interroger sur leur culture d'entreprise afin de promouvoir l'expression éthique des collaborateurs.

Cet ouvrage de synthèse expose des arguments permettant d'affiner la lecture en termes éthiques de situations caractéristiques de la finance moderne. Pour rester pertinente par rapport à la finance contemporaine, la réflexion éthique doit reconnaître les spécificités (pratique, sociale, technologique, intellectuelle et politique) du contexte de cette activité humaine. Ainsi sont abordés successivement les trois niveaux de dilemmes éthiques : la personne et ses aspirations – tant les professionnels des services financiers que les utilisateurs –, les entreprises et les institutions financières, et le niveau macro : la norme légale et réglementaire et les choix politiques.